Rolf Vollmann

AKAZIE UND ORION

Rolf Vollmann

AKAZIE UND ORION

Streifzüge durch die Romanlandschaften Claude Simons

DuMont

Erste Auflage 2004

Ausstattung und Umschlag: Groothuis, Lohfert, Consorten (Hamburg)
Gesetzt aus der Dante
Gedruckt auf säurefreiem und chlorfrei gebleichtem Papier
Satz: Greiner & Reichel, Köln
Druck und Verarbeitung: Clausen & Bosse, Leck
Printed in Germany
ISBN 3-8321-7880-5

Inhalt

Claude Simon – Von A bis Z **7**

Die Bücher – Eine Übersicht **205**

CLAUDE SIMON – VON A BIS Z

A

Abenddämmerung … *indes der Himmel über ihnen allmählich vom Grün ins Rötliche, dann ins Malvenfarbene, dann in das Tiefblau der Abenddämmerung wechselte, gegen das sich bald in Schwarz die Bronzestatue auf dem Rondell abhob sowie die schwarzen reglosen Palmen (der Wind hatte sich völlig gelegt) … und in diesem Augenblick begannen die ersten Sterne zu blinken, grün, diamanten, stechend …*

Der Wind, 97 f. (88)

– und sie blinken, in Perpignan, über Jep, dem abgetakelten Boxer (aber immerhin hat er zwei Männer noch niederschlagen können, erst, und noch dazu ganz nackt, nachts den Mann der halb nackten Hélène, und dann, aber das war keine Kunst, Montès), über seinen beiden Begleitern aus dem Betonkeller unter dem Kino (der Box-Arena), und über Montès, der ihnen nachgeht, bis hinaus in die Vorstädte und noch weiter, und dann wieder zurückgeht, immer noch unter diesen Sternen, unter denen und den Platanen er sich dann, über die Liebe vielleicht, mit Rose unterhält.

Abendhimmel … *Die Wolken am Himmel, die jetzt kein Wind mehr mitzieht, verfärben sich langsam, von falb- nach lachsfarben, dann zu einem Rosa, das bald nur noch spurenweise in dem sie überwuchernden Grau fortbesteht, während sich gleichzeitig ihre Formen mit unendlicher Langsamkeit verändern. Einen Augenblick lang grün, schließlich blauviolett, erlischt der Himmel allmählich …*

Anschauungsunterricht, 87 f. (112)

Akazie … *Im Frühjahr und im Sommer in Perpignan entfaltete sich im Spiegel die Akazie, grüne Splitter, das schillernde Spiel ihrer kleinen ovalen Blätter …*

Das Seil, 9 (9)

– immer wieder diese, diese eine Akazie in Perpignan, die Blätter, das Schreiben, der Anfang allen Schreibens, so am Ende des Buchs, das nach diesem, diesem einen Baum heißt (der vielleicht dann doch derselbe wie in Salses ist, den Simon einmal gezeichnet hat, am Schreibtisch sitzend: man sieht mit den Augen des Zeichnenden den etwas schräg vor dem Fenster (draußen die Akazie) stehenden Tisch, eine Uhr darauf, Schere, Stifte, eine Muschel, eine Schale, darin abgelegte Utensilien, eine Brille halb nur noch am linken Rand, die linke Hand liegt auf einem Blatt Papier, auf dem die rechte schreibt, einen Brief, oben auf dem Papier steht: Salses, le 23 juillet 88 – das Jahr der AKAZIE). – Ist das so verwirrend? Also im Jahre 1988 schreibt Simon an einem Buch, einem familiengeschichtlichen und autobiographischen Buch, DIE AKAZIE, am Ende dieses Buchs sitzt der Held, zweifellos also Simon selbst, einige Zeit nach seiner Flucht aus der Gefangenschaft, in einer anbrechenden Nacht im Frühling – ach, sehen Sie selbst: ... *eines Abends setzte er sich an seinen Tisch vor ein weißes Blatt Papier. Es war jetzt Frühling. Das Fenster war in der lauen Nacht geöffnet. Einer der Zweige der großen Akazie, die im Garten wuchs, berührte fast die Mauer, und er konnte die von der Lampe beleuchteten Zweige mit ihren federartigen Blättern sehen, die vor dem Hintergrund der Finsternis leise bebten, die ovalen, vom elektrischen Licht hell grün gefärbten Foliolen, die hin und wieder schwankten wie Federbüschel, plötzlich wie von einer eigenständigen Bewegung durchzuckt, als ob der ganze Baum erwachte, sich schüttelte, und dann besänftigte sich alles, und sie sanken zurück in ihre Regungslosigkeit* ... – sitzt so da und beginnt die ersten Sätze eines Buchs zu schreiben, das dieses SEIL sein könnte und, wenn es so wäre – denn LE TRICHEUR, das Buch davor, hatte Simon schon vor dem Krieg angefangen, aber es kommt auch nicht darauf an, es ist immer wieder diese Akazie –, also damit anfängt, dieses Buch, welches auch immer also (während er hier nachts vor dem Blättergewirr der Akazie sitzt): dass sich im Frühjahr und Sommer in Perpignan im Spiegel die Akazie entfaltet ...

Dieser Schlusssatz der AKAZIE ist wieder fast wörtlich dem ersten Satz eines gut zwanzig Jahre davor (zwanzig Jahre nach dem SEIL) erschienenen Buchs entnommen, GESCHICHTE, dieser erste Satz (auch wenn ich glaube, er spielt – wenn man so sagen darf: spielt – eher in der Schulkindheit des Schreibenden, ich *arbeitete*, sagt er, das würde glaube ich Simon vom Schreiben nicht sagen) lautet also, dieser erste Satz dort: *einer von ihnen berührte fast das Haus und wenn ich im Sommer noch spätnachts vor dem offenen Fenster saß und arbeitete konnte ich sie sehen oder zumindest ihre äußersten von der Lampe beleuchteten Zweige mit ihren Blättern wie Federn die vor dem Hintergrund der Finsternis sachte bebten, ihre vom elektrischen Licht unwirklich grellgrün getönten ovalen Foliolen die hin und wieder schwankten wie Federbüsche jäh wie aus eigenem Antrieb durchzuckt (und dahinter konnte man ein allmählich um sich greifendes geheimnisvolles und zartes Raunen vernehmen das sich unsichtbar im dunklen Gewirr der Äste ausbreitete), als ob der ganze Baum erwachte schnaubte sich schüttelte, dann besänftigte sich alles und sie sanken zurück in ihre Reglosigkeit, wobei die ersten auf die das Licht der Glühbirne fiel sich deutlich abhoben von den weiter entfernten immer schwächer beleuchteten immer undeutlicheren Zweigen die gerade noch zu erkennen dann nur noch zu erahnen dann völlig unsichtbar waren obwohl man sie spüren konnte in ihrer Vielzahl einander kreuzend einander folgend einander überlagernd in den Schichten der Dunkelheit aus der ein leises Rascheln leise Schreie schlafender Vögel drangen die erschauerten zuckten stöhnten in ihrem Schlaf ...*

Einige Seiten vor dem Ende dieses Buchs taucht dann, in wörtlichen Anlehnungen wieder, die Akazie noch einmal auf, statt des Geräuschs der Vögel ergänzen sie hier (zu vollem Nachtbild bis ins Unendliche) verschwindende, verschwundene Sterne, Efeu und eine Backsteinmauer im Hintergrund: *ich habe Licht gemacht Sofort ist die Nacht wieder schwarz undurchdringlich geworden Vor dem Hintergrund der Dunkelheit sind die kleinen ovalen Blätter der Akazie aufgetaucht sich abhebend von grellem Grün dann immer schwächer beleuchtet in einem schraffierten Gewirr verschwimmend die Schatten der Zweige in der Nähe des Fensters fielen auf die hinter ihnen und immer so weiter sich in der Finsternis verlierend Von Zeit zu Zeit wurden sie von einem schwachen Beben erfaßt das nach und nach um sich griff dann versank alles in seine Reglosigkeit zurück Man sah die Sterne nicht mehr auch den Efeu nicht Dort wo die Strahlen der Lampe sie erreichten hatten die Backsteinreihen ihre Farbe wiedergefunden die Fugen hellgrau dann verloren sie sich drangen in die Dunkelheit ein verschwanden darin jenem imaginären Punkt im Unendlichen zustrebend an dem alles sich trifft verschmilzt zunichte wird* (339 (358)).

– Salses ist eine Ortschaft bei Perpignan, mit berühmten Befestigungsanlagen von Vauban, in Salses besaß die Familie Simon ein Weingut mit einem Haus. Vor einer restaurierten Festungsmauer hat Simon sich, im Jahre 97, dreiundachtzigjährig also, fünfzig Jahre nach dem SEIL (also dreißig nach der GESCHICHTE, zehn nach der AKAZIE), fotografisch porträtiert, und zwar so, dass man seinen blauen Schatten auf einem dunkelblauschattigen Mauerstück nach links gehen (stehend gehen, oder gehend stehen) sieht, die Sonne hinter dem Fotografen wirft seinen Schatten auf das den oberen Teil des Bildes füllende Stück der Mauer, die sie in gelbes Licht taucht: auf das also der dünne blaue Schatten des alten Mannes fällt, der offenbar auf einem Erdwall oder einer breiten anderen Mauer steht und geht, auf deren Schatten an der sonnengelben Mauer nun sein Schatten steht oder geht.

Am Meer – Traum, am Abend davor hatte ich Simons STRASSE IN FLANDERN ausgelesen: Ich wachte im Traum auf, mit einer vagen Erinnerung daran, dass ich mich irgendwo draußen hingelegt hatte, ohne genau zu wissen, beim Hinlegen schon, wo, und ich lag wie auf einer bewachsenen Düne; ein oder zwei Meter vor mir, vor meinen Füßen, war etwas wie ein Küstenabriss, dünenhoch; ich richtete mich auf, ich wusste, ich würde das Meer sehen, und indem ich mich aufrichtete, stürzte das Meer unten auf mich zu, unermesslich, grausig, bewegt, graublau; schwindlig ließ ich mich zurücksinken, und bei geschlossenen Augen hörte ich leises Wellengeräusch, als wäre es dicht an meinem Ohr.

Ansichtspostkarten … *Bruchstücke, der Oberfläche der weiten Erde entrissene Schuppen: rechteckige Luken in deren Rahmen abwechselnd erstarrte Gewitter, üppige Vegetationen, Wüsten, ausgehungerte Menschenmengen, Kamele oder kaum geschlechtsreife Eingeborene mit nackten Brüsten sich zeigten, verkleidet als Wasserträgerinnen oder Tamburinspielerinnen, die matt, klamm, mit ihrem billigen Flitter, ihren wilden Blicken und ihren begrapschten Brüsten vor dem Objektiv chinesischer oder Kairoer für englische Handelshäuser arbeitender Fotografen posierten, »Singhalese Girl, carrying water chatty«, die wimmelnde und unerschöpfliche bunte Welt, die, ungewöhnlich, prächtig, merkantil, brutal, in jene unangetastete Festung von Ehrbarkeit und Züchtigkeit eindrang oder vielmehr einbrach, in der sie …* GESCHICHTE, 16f. (19f.)

– unter den Hinterlassenschaften seiner Mutter, bündelweise, geordnet und nicht geordnet, findet Simon in Kommodenschubladen, herausgefallen auch aus ihnen, etwa als er ins Haus kommt, nachdem die Antiquitätenhändlerin dagewesen war (sie hätte allzu gern diese Kommode gehabt), Hunderte, Tausende von Ansichtspostkarten, der Mutter als junger Frau von reisenden Freunden und Verwandten geschickt, hauptsächlich aber ganz aus der Ferne von dem Mann, der vier Jahre als Kolonialoffizier in der Welt herumreisen musste, ehe er diese Frau dann endlich heiraten durfte. Und wie die GEORGICA zum großen Teil aus den wiedergefundenen Papieren jenes fernen Vorfahrs entstanden sind, jenes halb verleugneten Königsmörders und Revolutionsgenerals, so diese GESCHICHTE zu einem großen Teil aus den Ansichtspostkarten – wie immer man sich ein solches Entstehen aus … vorstellen will. (Mit einer Ansicht auf einer Postkarte, direkt mit dem Wort Postkarte fängt dann eines der nächsten Bücher an, das TRIPTYCHON, die schöne Karte, Meer, Esplanade und so weiter, liegt auf einem Küchentisch, neben einem eben gehäuteten Kaninchen, und so geht dann alles los, denn in einem kleinen Film, den Simon nach diesem Buch gedreht hat, wird aus dem Kaninchen dann ganz schnell, oder verwandelt sich das Kaninchen dann überraschend in eine schöne nackte Frau, und so weiter.)

Arbois ... *und drei Uhr nachmittags der sanft hügelige Horizont ein von Strebepfeilern flankierter hoher Kirchturm der aus dichtgedrängten Dächern ragt ein weiterer kleinerer Kirchturm in Form einer Zwiebel eine von Bäumen beschattete Landstraße in parallelen Reihen sich an den Abhängen hinabsenkende Weinberge ein Hohlweg Obstgärten der Sommer zwei Körbe tragende Frauen auf der Landstraße die Apathie des Nachmittags das dunkle Grün einer Tanne das zarte Grün der Wiesen der duftende Schatten eines Nußbaums schlafende Vögel vielleicht eine Grille in einem Straßengraben der Duft aufgeplatzter Pflaumen stilles träges Wasser Arbois (Jura) Gesamtansicht ...* GESCHICHTE, 243 (259 f.)

– nach einer Ansichtspostkarte also; Arbois, eine kleine, heute wie damals von knapp 4000 Menschen bewohnte Stadt im französischen Jura, 1761 Geburtsort des berühmten Charles Pichegru, der erst General im Dienst der Revolution, dann royalistischer Verschwörer gegen Napoleon war (ganz anders als sein zwanzig Jahre älterer Kollege Jean-Pierre Lacombe Saint-Michel, jener berühmte Vorfahr Simons mütterlicherseits, aus dem Süden, Revolutionsgeneral, Königsmörder, Verächter Gottes und der Kirche und immer der antiroyalistischen Seite treu, siehe sein Leben in den GEORGICA, wo auch zu finden ist, dass er es war, der im Namen des revolutionären Wohlfahrtsausschusses noch die Beförderung Pichegrus zum Befehlshaber unterzeichnet hat, etwas später nennt er ihn infam und freut sich über seine Verhaftung), er, also Pichegru, hat oder hatte wenigstens hier in Arbois ein Denkmal (wie auch, etwas weniger berechtigt, Louis Pasteur, dessen Vater wohl aus Arbois stammt, der selber aber in Dôle geboren ist). Arbois liegt rund 45 Kilometer südsüdwestlich von Besançon, es wird durchflossen – am Stadtrand ist es sogar aufgestaut, sodass sich, wohl für alte Mühlenwerke, tosende kleine Wasserfälle bilden – von dem Flüsschen Cuisance, das seinerseits dann bald in die Loue mündet (diese dann bei Dôle in den Doubs, dieser bei Verdun in die Saône, diese bei Lyon in die Rhône).

Das angenehm gelegene Städtchen ist sehr hübsch, mit ein paar schattigen Arkaden oben *(... still, noch mittelalterlich, mit seinen langen violettbraunen Dächern und deren zinnverkleideten Kanten, seinen kalten Arkaden, seinem hohen Kirchturm* ... DIE AKAZIE, 72 (78)) und alten Häusern unten am Fluss, ist aber auch wirklich sehr klein, man hat Mühe, ein Café zu finden (obwohl ein berühmter Chocolatier hier wirkt). Rund fünf Kilometer südsüdöstlich von Arbois – man kann aber auch von oben, aus Felsenformationen direkt hinabkommen, durch den Bergwald –, in einem ebenen weiten Tal, das an hohen, fast gewaltigen Bergen endet, die sich an ihren breiten felsigen Höhen ebenso schützend wie beängstigend zum Tal zu neigen scheinen (die Kirche in Arbois, innen, scheint sich, Säulen und Pfeiler und Wände, so gedrungen und unzerstörbar alle aussehen, nach außen wegzubeugen unter dem eigenen Gewicht)*, liegt Les Planches, ein immer noch winziges Dorf, aus ihm stammt Simons Vater, jener 1914 im Krieg umgekommene Kolonialoffizier, der junge Simon hat dort oft seine Ferien verbracht, bei seinen Tanten, den älteren Schwestern seines Vaters, und hat, sagt er manchmal, dieses grüne wasserreiche Tal sehr viel mehr geliebt (und liebt es vielleicht immer noch sehr viel mehr) als die Landschaft bei Perpignan, die Heimat seiner Mutter und ihrer Familie (... *Nichts unterschied sich stärker von dem ausgedörrten, stürmischen und staubigen mediterranen Süden mit seinen eintönigen Flächen von Weinbergen, seinen mit Platanen gesäumten Landstraßen, seinem zu blauen Himmel, wo ich als Kind lebte, als jener Jura, in den ich im Sommer, gleich zu Beginn der Schulferien, mit meiner Mutter fuhr. Der Weiler mit den langen gleichsam über die Augen der Häuser heruntergeklappten malvenfarbenen Dächern in der Tiefe des Talkessels überragt von Felswänden* ... JARDIN DES PLANTES, 69 (72 f.)).

Das südöstliche Ende des Tals, mit Bäumen und Wasserflächen, hat, wenn auch sehr für Touristen zurechtgemacht, einen schönen Zauber, fast etwas Verträumtes, wenn sie noch nicht da sind, aus einer Grotte entspringt ein wie vom Berg lebendig geborenes Flüsschen; am südwestlichen Ende dasselbe, nur hier strömt es nicht aus einer (unter Führung) begehbaren Grotte, sondern erscheint in Form eines sanften Wasserfalls, der, ganz umsonst zu betrachten, verästelt und sozusagen verschleiert, fächerartig aus bewachsenem Tuff kommt (also nicht eigentlich ein Fall, sondern mehr ein chinesisch oder japanisch wirkendes Hervor- und Herabquellen); dieses so entstehende Flüsschen, oder dieser Teil des Wassers, das, aus den Bergen hervordrängend, das ganze Tal, durch Gärten hindurch, unter kleinen

Brückchen, klar und grünlich die Pflanzen biegend und bewegend durchrinnt, zur Cuisance hin, treibt, oder trieb einige hundert Meter weiter eine Mühle, die jetzt ein viel besuchtes ländliches Hotel ist, man schläft schön an Wassern, die man hört (weit weg, am Fuß des Tienschan-Gebirges wird Simon sehr viel später einmal im mächtigen Geräusch eines Wildwassers schlafen: DIE EINLADUNG). Viele Hänge um Arbois bringen Weine hervor, für die geworben wird, Les Planches selber hinten im Tal, mit steinigem Boden und kärglichen Äckern am Berg oder auf den Höhen, war, vielleicht vom Müller abgesehen, arm, jedenfalls waren es die Bauern, unfromm und arm; Simons Großvater war Bauer (das Haus der Simons existiert nicht mehr), seine Tanten waren mit Feldarbeit großgewordene Lehrerinnen; an den Wochenenden und immer wenn sie frei hatten, sie blieben beide unverheiratet und sorgten nur für den Bruder, bearbeiteten sie weiterhin die Felder, die selber schon nur mit Mühe zu erreichen waren, Simon redet oft darüber.

* *… schließlich trat er zurück, hob den Blick zur hohen, steilen Steinwand, die mit ihren Simsen, Konsolen, Balkonen und Vorsprüngen emporragte wie die grimmige Veranschaulichung irgendeines Deliriums, irgendeiner geistigen Katastrophe, die sich, erhärtet, zur Erstürmung des grauen Himmels aufschwänge, wo der schlappe Wind vom Meer immer noch unablässig seine Decken aus schmutziger Wolle vor sich her trieb, bis sie über den letzten Balkonen verschwanden, so daß diese kurz danach umzukippen schienen, so als ob die ganze Fassade sich vorneigte, vornüberfiele und langsam und majestätisch niederstürzte, um schließlich alles unter einer apokalyptischen Anhäufung von zyklopischen Blöcken, Simsen, Kapitellen und Säulen zu zerschmettern …* DER PALAST, 155 (189 f.)

– in Arbois lebte als pensionierter Lehrer Ulysse Robbe-Grillet, Großvater väterlicherseits von Alain Robbe-Grillet, der auf jenen Fotos, auf denen Simon zusammen mit Nathalie Sarraute zu sehen ist, ebenfalls oft mit von der Partie ist, und bei Ulysse in Arbois hat der junge Robbe-Grillet, er ist neun Jahre jünger als Simon, offenbar häufig die Herbstferien verbracht, und auch in seiner Erzählung davon spielt ein altes Foto eine Rolle: *… ein sepiafarbenes und etwas unscharfes Foto, auf dem man im Hintergrund mitten in bereits kahlen Zweigen das Schloß erkennt, zeigt mich mit sieben oder acht Jahren in einer wie ein Kleidchen aussehenden Schürze aus Perkal, mit einem schmeicheln-*

den Lächeln ins Objektiv und mädchenhafter Grazie, meinen braunen Lockenkopf den blühenden Malvenstengeln zugeneigt, um die ich in runder Bewegung einen erhobenen nackten Arm gelegt habe … Alain Robbe-Grillet, DER WIEDERKEHRENDE SPIEGEL, 1984, 190f.

Arme & Reiche … *(wenn man nur ein wenig zurückblickt, zeigt sich nämlich, daß Arme und Reiche genau den gleichen Geschmack, die gleiche Verhaltensweise, die gleiche Art sich zu kleiden haben, allerdings mit einigen Jahren Abstand, so daß das, was Arme und Reiche trennt, nicht (wie die Armen glauben) die Tatsache, weniger Geld zu haben, ist, und auch nicht (wie die Reichen glauben) irgendeine angeborene geistige Überlegenheit oder Raffinesse, sondern nur Zeit, das heißt, ihre Position in bezug auf die Zeit, darum haben wir beim Betrachten alter Fotografien immer den Eindruck, daß die Reichen einer recht vulgären sozialen Schicht angehören: weil wir diese Art sich zu kleiden und sich zu betragen zum letztenmal bei Leuten niederer Klassen beobachtet haben, die nur mit Verspätung nachahmten, was sie bei den Reichen gesehen hatten) …* DAS GRAS, 45f. (70f.)

– abgelesen von jenem berühmten Hochzeitsfoto, das immer wieder in den Büchern auftaucht; Pierre, der von den beiden Schwestern Eugénie und Marie großgezogene Bruder, heiratet hier Sabine, mit auf dem Bild sind die beiden Schwestern in ihren steifen per Katalog aus Paris bezogenen Kleidern, ferner ein junger Dragoner, der später zu de Reixach wird (der sich in Flandern auf jener Straße umbringen lässt: und der Augenzeuge dieses Todes, und Hauptberichterstatter oder Perspektivfigur des Buchs, worin dieser Tod erzählt wird, DIE STRASSE IN FLANDERN, eigentlich Simon, ist, im Buch jetzt, Georges, der Sohn Pierres und Sabines, selber ein entfernter Verwandter de Reixachs, da seine Mutter Sabine von ihrer Mutter her eine de Reixach ist); ebenso, oder eben tatsächlich ist dies aber auch das Hochzeitsbild der Eltern Simons, denn wirklich ist es Simons Vater, der von den beiden Schwestern großgezogen worden ist, dann aber, anders als der etwas fiktive Pierre, aus dem das wird, was Vater und Schwestern wollten, nämlich ein Professor, Offizier wird, und gleich zu Beginn des Ersten Weltkriegs umkommt.

– vielleicht dazu noch auf dem Bahnsteig nachts die beiden Männer mit den Koffern, der jüngere in Hemd, Jacke, Hose, darunter ein Trikot, zerschlissene Eleganz, und der ältere: *trägt ein blau-violett kariertes Hemd und einen gestreiften blauen Anzug, ein Kostüm, das einmal seine Sonntagskleidung gewesen sein muß, da die armen Leute, wenn sie ein wenig Geld haben, immer nur Festtagskleider kaufen können, die sie dann als lächerliche Beweise unsinniger Ambitionen dauernd zu tragen verurteilt sind …* Der Palast, 35 (42 f.)

Aschenregen … *über dem Schuttkegel hängend, der zur Hälfte das Bett eines Flusses verstopfte, dessen graue, fast stagnierende, einer stumpfen Zinkplatte gleichende Wasserfläche geräuschlos zwischen den Trümmern dahintrieb und in trüber Durchsichtigkeit, wenn ein seltener Sonnenstrahl sie durchdrang, Myriaden schwebender Staubkörner sehen ließ, die ebenfalls langsam dahintrieben, als ob sie von ihrer Quelle an, auf ihrem ganzen Verlauf und ihren Windungen die Niederschläge irgendeines Aschenregens, irgendeiner endgültigen, totalen Verwüstung an sich zöge, dazu verdammt, ohne Hoffnung auf ein Ende jene zur Unfruchtbarkeit verdammte Erde und jene Trümmer wegzuschwemmen, zwischen denen die beiden Frauen und das Kind der unerbittlichen Wanderung derjenigen folgten, die sie hinter sich herschleppte …* Die Akazie, 12 (14 f.)

– hinter einem schlecht vermauerten Hotelflur, vermauert, weil der weiterführende Flügel des Hauses zerstört ist, in einem Hotel, in dem die drei oder vier, 1919, in Flandern auf der Suche nach dem gefallenen Vater Simons (dem, was von ihm noch dasein könnte, einem Grab, dem Baum, an dem er starb) übernachten: Simons Mutter mit dem kleinen Simon, und die beiden Schwestern des Vaters, jene aus dem Jura.

Auge … *während … das samtene, riesige Auge noch immer den Kreis der Soldaten widerspiegelt jedoch so als ignorierte es sie jetzt, als sähe es durch sie hindurch etwas das sie nicht sehen können, sie deren verkleinerte Gestalten sich überblendend auf dem feuchten Augapfel abzeichnen wie auf der Oberfläche jener goldbraunen Kugeln die in einer verzerrenden, schwindelerregenden Perspektive die Gesamtheit der sichtbaren Welt an sich zu reißen, aufzusaugen, zu verschlingen scheinen, als hätte das Pferd bereits aufgehört dazusein, als hätte es aufgegeben, auf das Schauspiel dieser Welt verzichtet um seinen Blick umzukehren, ihn auf eine innere, erholsamere Vision als die unaufhörliche Unruhe des Lebens zu konzentrieren, auf eine Realität die realer wäre als die Realität …*

Die Strasse in Flandern, 136 f. (120)

– es ist dieses in jener Scheune, bei der letzten großen Rast sterbende Pferd, dem dann das →Pferdebegräbnis zuteil wird, anders also als jenem Pferd an der Straße, dessen steigende Verwesungsgrade Georges und die andern beobachten. Ich habe dies noch gelesen: … *Die Pferde, die stolzen, dampfenden Tiere, mißbraucht in den Schlachten, die qualvoll verdrehten, großen Augen, gestochen, gestoßen mit Eisenspitzen die glänzenden Leiber, nicht geschont, von ihren Herren in die Gefahr geführt, mit ihnen sterbend, im Getümmel vergessen und unübersehbar, von Kugeln gleichgültig getroffen, vergessen ihr allmähliches Sterben im schnelleren Todeskampf der Besitzer. Nicht hilft ihnen Schönheit, Rasse, Stärke, Treue und Geschwindigkeit. Verendet die Kriegsunlustigen, die Mordunlustigen, die Nicht-Gefragten, die Schmerzempfindlichen, den Krähen zum Fraß, weggeräumt. Im Schlamm der Todeskampf der Tiere, Pferde, Rinder, kein Rettungsversuch für die großen Geschöpfe, die allmählich, bebend, erschlaffend versinken, Tag und Nacht, ungewarnt und plötzlich den Tod erkennend …*

Brigitte Kronauer, DIE FRAU IN DEN KISSEN, 1990, 31f.

Auge … *Eine Bleiminenzeichnung des Architekten Ledoux stellt ein überdimensional vergrößertes Auge dar, mit sorgfältig abschattiertem Augapfel, über den sich der Bogen der Augenbraue wölbt, deren geschwungene Haare einzeln mit einem feingespitzten Bleistift gezeichnet sind. In der Iris des Auges, das teilweise von einem Lichtkegel gestreift wird, spiegelt sich das Innere der Oper von Besançon, deren Sitzreihen und Galerie sich in umgekehrtem Bogen beiderseits einer horizontalen Mittellinie einschreiben. Das Ganze ist in strengem, von der Antike beeinflußtem Stil konzipiert …* GEORGICA, 73 (75)

– Claude Nicolas Ledoux lebte von 1736 bis 1806, ein damals sehr berühmter Architekt, Liebling des königlichen Hauses, des Adels, der Schauspielerinnen, während der Revolution war er eine Zeit lang inhaftiert; das – 1957 ausgebrannte – Theater in Besançon (nach Plänen aus dem Jahr 1775; dort hat vielleicht Lacombe Saint-Michel während einer Opernaufführung – Gluck, ORPHEUS – seine erste Frau, Marianne, kennen gelernt) ist sein Werk; erhalten ist und taucht beim Hinfahren wie aus einem Traum auf: die nur in einem von zwei geplanten Halbkreisen fertig gestellte Königliche Salinenstadt Arc-et-Senans, rund 35 Kilometer südwestlich von Besançon (von einer Stadt, die dazugehören sollte, sind nur die Pläne des unterirdischen dreistöckigen kreisförmigen Friedhofs erhalten); in einem der Häuser der Salinenstadt befindet sich ein Museum für Ledoux. Ledouxs Schreibstil war etwas emphatisch: *Die Baukunst gleicht den heilsamen Gestirnen, die die Welt erleuchten*, schreibt er etwa.

Auge um Auge ... *dunkle Taube safrangelb umrandet auf dem Kirchenfenster dagegen weiß mit ausgebreiteten Flügeln in der Mitte eines von Goldstrahlen umgebenen Dreiecks schwebend. Auffliegende Seele des Gerechten. Andere Male ein Auge in der Mitte. In einem gleichseitigen Dreieck schneiden sich die Höhen, die Winkelhalbierenden und Seitenhalbierenden in einem Punkt. Dreieinigkeit, und sie befruchtet vom Heiligen Geist, Elfenbeinschale, Turm des Schweigens, Rose von Kanaan, Dings des Salomon. Oder auf den Boden gemalt wie im Schaufenster jenes Porzellanhändlers, weit offen. Wer mag so was kaufen? Rätsel: was ist gespalten, oval, feucht und von Haaren umgeben? Also Auge um Auge wie man sagt Zahn um Zahn oder von Angesicht zu Angesicht. Das eine das andere betrachtend. Dicht aufspritzend in einem flüssigen Zischen* ... Die Schlacht bei Pharsalos, 7f. (10)

Autobiographie ... *sondern der Rückstand von sechsundzwanzig Jahren Faulheit und lässiger Untätigkeit – bestenfalls zögernder Hoffnung, enttäuschten Wartens auf etwas, was nie eingetreten war (oder was vielleicht, dachte er auch, jetzt einzutreten im Begriff war) und was keine der aufgezwungenen oder ausprobierten Verkleidungen hervorzurufen (oder zu täuschen) vermocht hatte, angefangen mit der militärisch geschnittenen steifen Uniform, in die man, nachdem der Eichenkasten verschwunden war, das elfjährige Kind gesteckt hatte, mit einem Kragen gleich einem Halseisen, vergoldeten Knöpfen und einer Mütze mit einem Schirm aus Lackleder, bis hin zu der letzten, zu der als Requisiten die Pinsel und der Malkasten eines kubistischen Malers gehörten, nachdem er es zwischenzeitlich mit einer Anarchistenjacke versucht hatte, dann, stets mit der gleichen ungläubigen Trägheit, dem gleichen ungläubigen Staunen, in Tweed und Flanell gekleidet, rings um einen zu alten, kranken Kontinent, der von knallenden Stiefeln und Ehrensalven widerhallte, dem Koffer gefolgt war, auf den Hotelportiers, einer nach dem anderen, bunte Etiketten klebten, während er nichts anderes zu tun hatte, als seine Unterschrift auf kleine Papierrechtecke zu setzen, auf denen, mit dem Datum, die auszuzahlende Summe stand, und zu einer Bank oder irgendeinem Reisebüro zu gehen* ... Die Akazie, 155 (166f.)

– Selberlebensabriss des jungen sechsundzwanzigjährigen Simon, als er im August 39 im Zug mit den Ausgehobenen sitzt, oder liegt, in dem eigentlich für die Offiziere reservierten Erster-Klasse-Abteil, und denkt, in Lyon, als der Zug dort ewig hält, dass jetzt wohl der Tod kommt, dass jetzt *sechsundzwanzig Jahre von etwas, was noch nicht wirklich zu existieren begonnen hatte, endgültig zu existieren aufhörten* … (157 (169)) – Vier Seiten später, im selben Zug, isst der junge Simon dann von den Broten, die ihm seine Geliebte mitgegeben hat, sie sind in halbdurchsichtiges Papier gewickelt, und was er isst, liegt ihm dann wie ein Stein im Magen: diese Stelle in Simons Buch liest in Undine Gruenters schöner Erzählung DAS HAUS MIT DEM KORRIDOR aus den SOMMERGÄSTEN IN TROUVILLE Bloch, als er nicht schlafen kann, und an den Mann mit den Broten in dem halbdurchsichtigen Papier erinnert er sich, lesend, als an den, der davor schon einmal auf einem Bett gelegen und dem Licht- und Schattenspiel von Akazienblättern zugesehen hat. – In einem früheren Buch Undine Gruenters, der VERTREIBUNG AUS DEM LABYRINTH, hier heißt der männliche Held Blok, sitzt Blok in einem Café, er hat eine halbgerauchte Zigarette zwischen den Fingern, vor ihm steht eine ausgetrunkene Espressotasse, und im Bodensatz des schwarzen Kaffees spiegeln sich jetzt Akazienblätter, *und aus dem Spiegelbild*, heißt es dann, stieg *ein Rest jenes Magischen auf, das in der Wirklichkeit verankert ist* …

B

Badeanstalten … *es gab wohl auch öffentliche Badeanstalten, mit ihren schwitzenden Wänden aus glasiertem Backstein, ihren faden Gerüchen von Ausschweifung und der vagen, verweichlichenden, wollüstigen, jenen Örtlichkeiten eigentümlichen Atmosphäre, in der ermattete Körper milchig und schwerelos in austerfarbenen Transparenzen schweben, von denen in grauen, kriechenden, sich kringelnden Schwaden an der Oberfläche des siedenden Wassers unfaßliche, konvulsive Dämpfe aufsteigen, wie ektoplasmatische Ausdünstungen zahlloser männlicher Umarmungen, zahlloser tariflich gestaffelter Orgasmen zahlloser Mignons* …

GEORGICA, 267 (271 f.)

– für Orwell, als er mit seinen Freunden auf der Flucht sich in Barcelona überall verstecken musste, mitunter ein willkommenes Versteck, aber nicht oft, denn die Mignons dienten als Polizeispitzel, wie auch manche Huren (wenn sie nicht selber überwacht wurden).

Badezimmer … *Wieder habe ich gelacht Speichel auf den Lippen Zahnbürste in der Schwebe Weißlackiertes Badezimmer zinnoberrotlackierte Rohre Leitungen zinnoberrote Wasserspülung rote Tür und Kopf Hals Schulter drei Viertel des Spiegels über dem Waschbecken ausfüllend Im restlichen Viertel konnte ich sie hinter mir auf dem Rand der Badewanne sitzen sehen nackt perlmutt spitze Brüste beide Arme aufgestützt ungläubig lächelnd belustigte Miene die Augen wie zwei Schlitze die Linie meiner Schultern die ihren Körper in Höhe der Knie abschnitt …*

JARDIN DES PLANTES, 13 f. (15 f.)

– zurück aus Russland und Asien, irgendwo in einem nordischen europäischen Land (bevor er nach Stockholm fährt?), mit seiner Geliebten, ein schönes durchgehendes Motiv in diesem Buch (wenn sie auf ihm sitzt, eine →Dryade; wenn er sie auf der Zunge spürt, →Hostie; und die →Seife in der Wanne, in der sie dann liegt), fast der Grund, warum es geschrieben wurde, sagt man sich.

Bambusbusch … *Bambusbusch von dem ein ohrenbetäubendes Piepsen Hunderter von Vögeln ausging die sich dort abends vor dem Einschlafen versammelten sich nach und nach beruhigend je mehr die Dunkelheit über den Garten hereinbrach durch den noch Schauer von Flügelrauschen ging und noch einige disharmonische Schreie immer seltener immer schwächer dann nichts mehr …*

DAS HAAR DER BERENIKE, 24 f. (21)

– immer wieder, bis ans Ende des Buchs (DAS GRAS jetzt), ist es auch ein Bambusgebüsch, in dem, enervierend für Louise, die Spatzen schreien, wenn sie hinuntergeht gegen Abend zu dem Liebhaber, und besonders enervierend, weil oben auch die Alte im Sterben liegt, und der Liebhaber auch alles andere als das ist, wovon sie geträumt haben wird.

Baudelaire … *so daß vermutlich nur unnennbares Magma träge in einer schwarzen, fauligen Flüssigkeit schwamm, das lange, unverwesliche, wellige Haar, das sich in trägen Voluten um das Gesicht mit den leeren Augenhöhlen rankte, dem Mund ohne Zunge, ohne Lippen, den unter der zerfressenen Nase hervorstehenden Schnei-*

dezähnen, die leeren Brüste, flachen, schwarzen Äffinnenzitzen, zähflüssigen Bitumenflüssen gleichend, die beim Erkalten mit einem dicken Film, einem durch sein Eigengewicht geschrumpelten Leder bedeckt wurden, der Bauch (dort hatte sie vermutlich angefangen zu verwesen, hatten sie die Würmer wohl zuerst befallen), durch Gase zerrissen oder vielmehr zerstückt, in sich zusammengesackt, und keine Scham, keine Vulva mehr, nur noch jener pergamentene, zusammengezogene, faltige Spalt, wie ein von innen angesogener, gekräuselter Mund, einige spärliche angeklebte Haare, die noch wie ein Bart, wie ein Spitzbart hafteten, verklumpt, unter einem Knochenvorsprung hängend, der ganze Körper (das Ding) wie eines jener Zelte aus Ziegenhaut … GEORGICA, 376 f. (381)

– Marianne, die erste schöne jung verstorbene Frau des Generals, als er in seinem letzten Jahr auf seiner Terrasse sitzend hinüberschaut auf die Pappeln, unter denen sie liegt. Und dass ich es erkläre: wie bei Vergil, in den GEORGICA, als er die Geschichte von Orpheus und Eurydike erzählt, die Bienen, nachdem die alten alle von den Schwestern Eurydikes getötet worden sind (zur Strafe für den Bienenzüchter Aristaios nach dem Tode Eurydikes), neu wieder so entstehen, dass, auf einen Rat des weisen Proteus hin (des Gottes der unendlichen Verwandlungen), Aristaios vier Stiere und vier Kühe tötet, aus deren Aas dann nach neun Tagen wimmelnd die neuen Bienen hervorkommen – so ungefähr entsteht die moderne Literatur aus dem Aas, das Baudelaire in dem großen Gedicht UNE CHAROGNE, EIN AAS, beschreibt, besingt, und dessen drei letzte Strophen (in Kemps Prosa-Version) lauten: … *Und dennoch wirst du diesem Unrat gleichen, diesem ganz durchseuchten Greuel, Stern meiner Augen, Sonne meines ganzen Wesens, mein Engel du und meine Leidenschaft! Ja! derart wirst du sein, o Königin an Reiz und Anmut, wenn, nach den Sterbesakramenten, du unter Gras und fette Blumen dich betten wirst, zu schimmeln zwischen dem Gebein. Dann, o meine Schöne! sage dem Gewürm, das küssend dich verspeisen wird, daß ich die Form, den göttlichen Gehalt bewahrte meiner Liebe, die in dir zerfällt!*

Bauwerk … *so daß der Raum zwischen beiden Schenkeln wie eine schmale Lanzenspitze aussah, die das dunkle, buschige Dreieck der Pubes trug (eine Spitze auf der anderen), als ob sich von unten her und durch die beiden Senkrechten gestützt (die linke Seite der Fensteröffnung und der Rand des Vorhangs) eine Art Konstruktion erhöbe, ein Bauwerk, eines jener barocken Gerüste zusammengewürfelter, über-*

einandergestellter Gegenstände (ein Spazierstock, ein Trichter, ein Tablett, ein Blumentopf mit einer Pflanze und allen ihren Blättern und zwei Bälle), die schwerelos auf dem Finger des Gleichgewichtskünstlers zu ruhen scheinen: die Lanzenspitze, schwarz und breit: die Pubes, und darüber, getragen von der waagerechten Seite des Haardreiecks, die Sichel aus vorgewölbtem weißem Fleisch, die dem Nabel als Sims dient, der wie eine einzigartige, einsame Frucht aussieht, wie eine Kirsche in einer Obstschale, und vom Nabel ausgehend: die schwache Schattenspur, eine verästelte Linie, die, je höher sie steigt, immer mehr verschwimmt, und beiderseits, symmetrisch, je eine schwere Kugel; der von der Seite beleuchtete Körper war in zwei bewegliche Zonen aus Schatten und Licht unterteilt: der fast ganz verdichtete, leicht kastanienbraune Schatten befand sich links auf einer weiten Fläche, die auf dem Körper durch eine geschlängelte, unscharfe Linie begrenzt wurde, jenseits der, im beleuchteten Teil, so etwas wie Schattenflecken, treibende Inseln, abgetrennt zu sein schienen (auf dem rechten Teil der Brust, der Leistengegend und auf einer Hälfte des linken Schenkels), während dunklere, deutlichere blaugraue Flecken die Pubes, den Nabel, die Brustwarzen und das buschige, durch den erhobenen Arm sichtbar gewordene Haar der Achselhöhle andeuteten … so daß er sie immer noch zu sehen glaubte und sie beschrieb (und zwar nicht nur ihren Anblick, den Umriß, sondern auch diese Schwüle, diesen perligen Dunst, diesen Geruch der Nacht, des klaffenden, leidenschaftlichen, flüchtig gesehenen Fleisches, das auch aus dem Nichts gekommen unmittelbar darauf für immer wieder ins Nichts zurückgekehrt war …

DER PALAST, 142 f. (173 f.)

– der Student, der da in Barcelona, bei seinem Revolutionstrip, nicht schlafen kann eines Nachts und diese Frau drüben, jenseits des Innenhofs wohl, in dem Zimmer sieht, das er, fälschlich, neidisch dann auch, sich ärgernd, dass er selber sich kein Mädchen geholt hat, für das des Amerikaners hält (der dann am nächsten Morgen verschwunden ist); eine Zeit lang, schreibt Simon sehr viel später in einem Stückchen AUTOBIOGRAPHIE, sei er als kubistischer Maler unterwegs gewesen, und Pinsel und Malkasten hätten zu seinen Requisiten gehört (*… während er versuchte, … die Brüste, den Bauch, das atmende zarte Fleisch … in alberne Dreiecke, alberne Vierecke oder alberne Pyramiden, oder Kegel, oder Kreise, oder Zylinder zu verwandeln …* DIE AKAZIE, 159 (171)); und ihm scheint oft vor Augen zu stehn, wie sehr die Darstellung nackter Frauen eine der Leidenschaften der Maler war; und wenn man ihn als den Schriftsteller eines Malers begreift, dann ahnt man, dass alle seine gemalten oder gemalt gesehenen oder dann auch plastisch genommenen Figuren (und dann müssen ja Figurengruppen daraus entstehen) sich eben zu bewegen beginnen werden, es treibend miteinander oder doch, für sich noch, ganz so unmittelbar an ein solches Treiben erinnernd wie hier diese junge Frau den entfernt dastehenden Betrachter (für Simons Onkel Charles wird ein Malermodell in einem Atelier das so erzählerisch vermittelte, dann aber ganz unmittelbare Objekt der Begierde; aber auch hier bewegt sich zuerst nur eine Figur auf einer FOTOGRAFIE: indem sie den Mund auftut und sagt, *komm gehn wir*).

Beinahe tot – Traum: Es war eine aus lauter Kleinigkeiten ausweglose Situation, in der ich weder aus noch ein wusste, vor allem, aber das war nur ein Unglück auch wieder unter vielen, war eine ganz bestimmte Uhr weg, ich musste sie wiederhaben, fand sie aber nicht, es waren nur lauter verkehrte Uhren da, oder bloße Ziffernblätter, dahinter nichts, viele zu groß. Ich legte mich irgendwo hin, ich lag irgendwo, verzweifelnd, weinend, auf Sand, wo Gras hätte sein sollen, mitten in einem Chaos. In einer darunter liegenden, wie früher geträumten Schicht des Traums war ich beinahe umgebracht worden, absichtlich; und lag also nun da wasserlos, denn es hätten irgendwoher Wasser, Wasserwellen kommen sollen, herunter den Sandhang, der Gras hätte sein müssen, zusammengekrümmt im Sand. Nach langer Zeit, in der ich eigentlich tot war, war hinter mir Liegendem jemand da, Tochter, Geliebte, und streichelte mich, küsste mich, und unsichtbares Wasser umströmte, überströmte mich wieder. Vor mir, ich lag zusammengekrümmt immer noch auf dem Sand, zog eine lange Menge von Leuten, Kinder darunter, vorbei, mich voll Mitleid betrachtend, fast meinetwegen da, wie an einem Verschiedenen vorbeigehend: der sie aber dabei sehen konnte: sie, die ganz offenkundig nicht sahen, dass ich schon wieder ein ganz anderer war, als sie noch dachten, getröstet, mit Händen, Küssen, Worten getröstet, es sei doch alles gut. Dann, nach einiger Zeit, in einer veränderten Situation, oder in einer wie wiederholten Situation, war mit einem Male die richtige Uhr, eine Taschenuhr, wieder da, ein ungeheures Gefühl von Glück war an die Stelle aller Empfindungen davor getreten, und wie im Aufwachen noch, und hinein ins Wachsein, dachte ich, dass ich in dieser Nacht beinahe gestorben wäre, und nun wieder lebte.

Bergsee … *und der Abendhimmel wurde dunkler, das Licht verlor an Kraft, das Band, das die Wolkendecke von der Gletscherkette trennte, nun ganz safrangelb … und nur der See wie ein Metallblatt, gleißend (der gezackte Kamm der riesigen Gebirge nun tiefblau, stumpf, beinahe schwarz), als leuchte er von innen und gäbe all das Licht zurück, das er während des Tages empfangen hatte, sein Spiegel absinthgrün, rosa, geflammt …* DIE EINLADUNG, 73f. (89f.)

– ganz hoch oben, wohin sie, diese berühmten Westler auf ihrer Russlandreise, aus jener asiatischen Stadt noch einmal geflogen worden waren.

Bericht … *denn es gab in seinem Bericht keine Verbindung zwischen den verschiedenen Episoden oder vielmehr Bildern, die er heraufbeschwor, wie in jenen Träumen, wo man plötzlich und übergangslos von einem Ort zum andern, von einer Situation in die andere gerät, wobei das einzige kontinuierliche Element jetzt jene dunkle, gebieterische Obsession von etwas war, was er ungeachtet aller Behinderungen und Hemmnisse unbedingt tun mußte, obwohl er sich nicht vorstellen konnte, was (falls er nicht mogelte, in der Hoffnung, sich selbst zu täuschen, oder ein Teil von ihm versuchte, den anderen zu beschwindeln, ihm einzureden, daß er nicht wisse, was er bereits beschlossen, entschieden und infolgedessen im voraus schon unwiderruflich vollzogen hatte), unaufhörlich gepeinigt von jener wütenden, ohnmächtigen Empfindung der Dringlichkeit, der unbarmherzig, bedrohlich, heillos verrinnenden Zeit …* DER WIND, 91 (83)

Beschreibung … *Die Beschreibung (die Komposition) kann beinahe unendlich lange weitergehen (oder vervollständigt werden), je nach der auf sie verwandten Genauigkeit, der Zugkraft der aufgegriffenen Metaphern, der Hinzufügung anderer Gegenstände, die als Ganzes sichtbar sind oder aber nur als Fragment, da sie durch Abnutzung, die Zeit, einen Stoß zerstückt worden sind (oder auch nur teilweise im Rahmen des Bildes zu sehen sind), ganz zu schweigen von den verschiedenen Vermutungen, die der Anblick erwecken kann …*
ANSCHAUUNGSUNTERRICHT, 8 (10f.)

– ein bisschen erinnert das an das bekannte Problem der Küstenlinie, die ja (von Selbstähnlichkeiten und solchen Dingen jetzt abgesehen) umso größer oder, wie Simon hier sagt, beinahe unendlich groß werden kann, je genauer man sie betrachtet; wobei Simon hier, in dieser fast programmatischen Erläuterung, in so etwas wie dem Vorspann dieses Buchs, von größeren ästhetischen Zwecken solcher Beschreibungen (Zwecken, die ja Auswirkungen auf ihre Länge und Genauigkeit haben könnten) ganz abzusehen scheint; die einzige Einschränkung in dieser Hinsicht, also ohne Rücksicht auf das, was möglich wäre (oder, würde Robbe-Grillet womöglich einwenden, aus andern Gründen auch notwendig wäre; man denke an manche eher quälende Beschreibungen in JALOUSIE), scheint jene erwähnte Zugkraft der Metaphern zu sein, also vielleicht die Idee, den Leser nicht zu langweilen, oder anders gesagt: ihn vor der drohenden Langeweile durch dauernde Sprünge aus dem Kontinuum des Beschriebenen heraus zu retten. Und natürlich ist das ganze Problem schon immer in eine ästhetische Dimension in dem Augenblick gerückt, in dem, in der Klammer, für den Ausdruck Beschreibung der der Komposition stehen kann (auch bei vielen Fotos, die Simon gemacht hat, könnten Beschreibung und Komposition füreinander stehen). – Eine kleine literaturgeschichtliche Anmerkung noch: Wenn man sich einen Begriff von den Möglichkeiten einer immer nochmaligen Vergrößerung und immer ebenso genaueren wie ausschweifenderen Beschreibung machen will, muss man einmal etwas gründlicher nicht allein Proust, sondern Samuel Richardson lesen, dessen Analysen oder Beschreibungen von Empfindungen und Gemütszuständen so sehr immer neue Verästelungen aufdecken, dass, entgegen der Vormeinung, so verschwänden alle Geheimnisse, die Geheimnisse nur desto unergründlicher werden, oder sich als desto unergründlicher (Simon würde sagen: fast unendlich unergründbar) entpuppen (dass Richardson, anders als Proust, dabei manchmal die Notwendigkeit wirklich zugkräftiger Metaphern unterschätzt, ist ein anderes Problem).

Bewegung … *als ob die Katze übergangslos von der Bewegung in die Regungslosigkeit hinüberwechseln könnte, oder vielmehr als ob die Regungslosigkeit gewissermaßen die Verlängerung der Bewegung wäre oder, noch besser, die verewigte Bewegung selber …* DAS GRAS, 12 (17)

Bildersaal … *die vergoldeten Rahmen der Bilder spiegeln sich im gewachsten, blank gebohnerten Fußboden des Museumssaals. Sie fassen dunkle Rechtecke ein, in denen mit dem Kopf nach unten die Schemen von Helden, Bischöfen und dem Bad entsteigenden Frauen sich undeutlich abzeichnen, vermischt mit den senkrechten Silhouetten der auf ihren umgekehrten Doppelgängern stehenden Besucher. Die*

Helden, die Heiligen, die Göttinnen, die Dogen in ihren pelzbesetzten Umhängen und die Badenden sind festgehalten in ungestümen, ekstatischen, hochmütigen oder wollüstigen Stellungen. In ihrem Lauf, ihrer Meditation oder ihren unvollendeten Gesten erstarrt, materialisieren die muskulösen Körper, die abgehärmten Eremiten, die gelassenen Holländerinnen oder die auffälligen Formen der Montmartre-Modelle sich außerhalb der Zeit im Zusammenprall von Licht und Schatten. Verdammt zu Kämpfen ohne Sieg, Gebeten ohne Antwort, Meditationen ohne Ausblick und ständig neuen Waschungen, antworten sie auf die Befragung des Besuchers lautlos mit rätselhaften Zeichen … DIE LEITKÖRPER, 59 (64 f.)

– vorhergeht dieser Stelle oder Szene, die sehr gut die eines Saals im Metropolitan Museum in New York sein könnte, eine ausführliche Beschreibung von Poussins ORION AVEUGLE, der dort hängt, eingeschoben ist noch eine etwas tumultuöse Debattensequenz vom großen lateinamerikanischen Schriftstellerkongress.

Blütenblatt, malvenfarben … *und in ihrer Mitte, inmitten ihres sanft in der Dämmerung leuchtenden Leibes, der schwarze Fleck, das dunkle, buschige, wuchernde Dreieck, diese Art schmarotzerische Vegetation, die sich von Fleisch nährt – und die vielleicht, wie man es von den Fingernägeln und Haaren sagt, noch lange über den Tod hinaus weiterwächst, weiterlebt –, von glattem weißem Fleisch, und der schmale, malvenfarbene, blasse Mund, der einem zarten, zerknitterten Blütenblatt gleicht …* DAS GRAS, 156 f. (249)

– als bei Proust Swann endlich einmal wieder in große Gesellschaft geht, zu einer musikalischen Soirée bei Madame de Saint-Euverte, jener Soirée, auf der dann mit einem Male, zu Swanns grenzenlosem Erschrecken, jene legendäre Vinteuil-Melodie ertönt (… *um ihm mit Macht, ohne Mitleid für seine jetzige Unseligkeit die vergessenen Strophen des Glücks zu singen …*), erscheint dort auch Madame des Laumes; und als sich vorher, bei einem Chopin-Stück, das Thema wie von selbst auf ihren Lippen mitsingt und ihre Lippen das Wort *charmant* formen, heißt es von ihnen, diesen Lippen, dass sie sich dabei *kräuselten wie schöne Blütenblätter*, und Proust, wie man dann mit Vergnügen findet, hat hier für das Gekräuselte der Lippen des Munds (oder der Blüten, die die Lippen sind) dasselbe Wort wie Simon oben für das Zerknitterte der blütenblattähnlichen Schamlippen, *froissé*. – Das Wort *malvenfarben* muss natürlich keineswegs immer eine erotische Bedeutung haben, hat sie aber zum Beispiel, wenn, in der STRASSE IN FLANDERN, Corinne sowohl ihrem Mann als auch ihrem Liebhaber, dem kleinen krummbeinigen Jockey, *hellrote, ins Mauve spielende* Jockeyjacken auferlegt hat, als, wie es dann auch heißt, *eine Art wollüstiges, laszives Symbol (wie die Farben eines Ordens oder vielmehr die Insignien sozusagen seminaler und turgeszierender Funktionen)* (161 (142)) – *séminales et turgescentes* im Französischen, also, wirklich schwer ins Deutsche zu bringen, etwa: samend und schwellend, samenstrotzend, oder so ähnlich. – Sehr schön auch, in GESCHICHTE, dort, wo Hélène so schamhaft enthaart aus dem Bad kommt, in die Übersetzung des Apuleius-Zitats eingeschmuggelt: … *die rosige, die dünne Linie den schmalen Spalt blütenblattfarben* …

blütenblattfarben … *die rosige, die dünne Linie den schmalen Spalt blütenblattfarben … aus dem Badezimmer kommend ein wenig verwirrt errötend sagte sie Ich habs gemacht die Hand davorhaltend es verbergend dann enthüllend erneut bedeckend schnell zum Bett laufend Laß sehen sagte ich oh laß es sehen sie entfernte sie … Ich nahm sie in meine Arme meine Zunge in ihrem Mund glitt dann an ihrem Hals ihren Brüsten ihrem Bauch hinab streckte meine Zunge hinein glabellum hatte ich mich vielleicht an diese Stelle erinnert als ich sie bat es zu tun …*

GESCHICHTE, 115 f. (123 f.)

– der Küssende (schon als Schüler hatte er das Buch gelesen, hatte es heimlich der Bibliothek von Onkel Charles entnommen, hatte es auch Lambert leihen müssen, diesem wenig ausstehlichen Mitschüler, der spät im Buch als Wahlredner wieder auftaucht), der Küssende jetzt erinnert sich hier (oder hatte sich erinnert, weil er so küssen wollte) an eine Stelle aus den METAMORPHOSEN oder dem GOLDENEN ESEL des römischen Autors Apuleius; im zweiten Buch dort kommt die betörende Photis endlich zu dem wartenden Erzähler, nackt, mit gelöstem Haar, und, lateinisch, *glabellum feminal rosea palmula potius obumbrans de industria quam tegens verecundia*, die gängige deutsche Übersetzung schreibt, *den marmornen Schoß mit rosiger Hand eher beschattend als züchtig bedeckend*; marmorn für glabellus ist hübsch, umschreibt aber doch etwas glatt und kalt, was bei Apuleius einfach epiliert, haarlos (*smooth-shaven* schreibt Hanson) bedeutet, wie noch heute in der botanischen Terminologie, wo zum Beispiel dem einheimischen und in Tannenwaldungen den Boden bedeckenden Erigeron acris, dem scharfen

Berufkraut (Zauberkraut volkssprachlich, auch Beschreikraut, sagt Grimm; »Blätter lineal-lanzettlich, meist rauhhaarig«, so Herbert Weymar, LERNT PFLANZEN KENNEN) in Wisconsin und auf dortigen entsprechenden Böden Erigeron glabellum gegenübersteht, Carl Fischer, der Apuleius-Übersetzer, würde das mit marmornem Zauberkraut wiedergeben. Andererseits (und abgesehen jetzt vom Marmor der Statuen, wenn sie etwa Aphrodite darstellten) fußt Fischer nur auf einer alten Tradition, eine frühere bis heute häufig nachgedruckte Übersetzung, 1783, von August v. Rode, einem Dessauer Geheimrat, der von 1751 bis 1837 lebte und auch Ovids METAMORPHOSEN übersetzt und Wörlitz beschrieben hat (etwa: ... *über künstliche, mit Gebüsch gekrönte Felsen führen uns nun Stufen bald auf bald ab; bis wir auf einmal am Rande einer Felsenkluft stehen, aus deren Tiefe ein helles Gewässer uns entgegenblickt* ... – fast als entdeckte er da seine apuleiische Fotis mitten im Wörlitzer Park; besonders schön aber ist ein Druckfehler in der Wörlitz-Anthologie – DER GARTEN UND SEINE DICHTER UM 1800, ed. Eger, Halle 2001 –, der ich diesen Rode-Text entnehme: ... *führen uns nun Stufen bald auf bald ba*...), August v. Rode also sagt, Fotis stehe da *wie Venus, die des Meeres Fluten entsteigt und lügenhaft-züchtig ihren marmornen Schoß mit rosiger Rechten beschattet, nicht deckt*. Warum sie, Apuleius legt sich da nicht fest, bei Rode den Marmor mit der Rechten beschattet, ist nicht klar, in der Tradition tut das zwar die häufig kopierte Aphrodite von Knidos, doch sind sich der fast ebenso berühmte Meister der Venus von Medici und Botticelli darin einig, dass sie's mit der Linken getan hat.

1926, 140 Jahre nach Rode, und nach ihm als Erster wieder, hat Albrecht Schaeffer das Buch übersetzt, und er zitiert in einer kleinen Einleitung eine Bemerkung Rodes, wonach Apuleius nicht gut geschrieben habe und daher er, Rode, die Unfähigkeit des Apuleius durch eigene Kunst habe beheben müssen; Schaeffer nennt das die übliche Anmaßung von Dilettanten und Philologen und meint, Rode habe die Form des Originals, so wörtlich jetzt: vollständig vertilgt. Und bei ihm nun, bei Schaeffer, tritt Fotis so auf: ... *von aller Kleidung entblößt und entfesselten Haares zur heiteren Entzügelung nach Weise der Venus, wenn sie schön verwandelt den Meeresfluten entsteigt, nur wenig mit rosigen Händulein ihr haarloses Weibesgeschlecht mehr beschattend mit Fleiß, als bedeckend aus Scham* ... Schaeffer, der in den zwanziger Jahren als Übersetzer noch mit einer deutschen ILIAS und ODYSSEE hervortrat, er war 1885 geboren worden und starb 1950 in einer Münchner Straßenbahn, wurde Anfang der zwanziger Jahre berühmt mit dem dreibändigen 2400 Seiten starken Roman HELIANTH. BILDER AUS DEM LEBEN ZWEIER MENSCHEN VON HEUTE UND AUS DER NORDDEUTSCHEN TIEFEBENE; im amerikanischen Exil, in das er 1939 freiwillig ging, schrieb er den Roman um oder im Grund noch einmal neu, in dieser Fassung, das Manuskript lag und liegt in Marbach, im Deutschen Literaturarchiv, veröffentlichte es, dreibändig auf 1850 Seiten, 1995 Rolf Bulang im Weidle Verlag in Bonn – in beiden Fassungen ist dieser Roman sehr lesenswert. Was Apuleius angeht, sind die rosigen Händulein vermutlich eine privatsprachliche Vokabel, aber wenigstens ist doch nichts mehr marmorn; im Ganzen mischt Schaeffer Archaismen und Fremdwörter so geschickt mit Genauigkeit und Preziosität, dass man das übrigens sehr schöne Buch, aus dem Leipziger Insel Verlag damals, trotz seiner mitunter etwas neckischen Verniedlichungen mit einem Vergnügen liest, das Apuleius deutsch sonst nicht bietet.

In ihrer Groninger Dissertation über dieses zweite Buch der METAMORPHOSEN des Apuleius weist Danielle Karin van Mal-Maeder auf Gabriele d'Annunzio hin, in dessen Roman IL PIACERE (LUST, 1889) eine galante junge Giulia Moceto vorkommt, von der es zweimal (I,5 und III,1) heißt, ihr *unvergleichlicher Schoß* sei *glatt wie eine Elfenbeinschale*, ihm fehle völlig jenes goldene Vlies, das der Dichter des MUSÉE SECRET so sehr an antiken Statuen vermisse; an der zweiten Stelle wird dieser Dichter dann genannt, es ist Théophile Gautier, und die jungen Leute, die dem prospektiven Liebhaber Giulias deren Schoß schildern, zitieren Gautier mit den Worten, der Schoß sei *sans plume et sans duvet*, ohne Feder und ohne Flaum, bei Gautier erklärt sich das so, dass er den Schoß der griechischen marmornen Venus eine Taube nennt, die nun nackt zittere und friere; in seinem Gedicht, nachdem er in zwei Zeilen noch einmal die Kunst (*l'Art*, die bildende Kunst) gescholten hat, die jenen süßen Bart der Frauen immer rasieren wolle, redet Gautier dann, in den nächsten zwei Zeilen, von der geringelten zarten Seide, die seine Verse küssen nun wollten (küssende Verse, das ist eine sowohl poetische als aber auch poetologische Idee, eine schöne Idee). Ein Stück weit rechtfertigt Gautier sicher die deutschen Übersetzer mit ihrem Marmor, andererseits hat natürlich d'Annunzios Elfenbein eine sehr viel deutlichere, Rilke würde sagen: gefühltere Nähe zum Original. Gautier lebte von 1811 bis 1872, sein Meisterwerk ist der erotische Roman MADEMOISELLE DE MAUPIN (deutsch bewundernswert von Alastair); d'Annunzio lebte von 1863 bis 1938.

Französisch taucht glabellus als *glabre* noch in den Georgica auf, wo die Rede ist von einer Salonzeitschrift, die sich ein Enkel offenbar jenes Revolutionsgenerals (dessen →Marmorbüste da auch steht) angeschafft hatte, unter Verschluss, diese Zeitschrift, und zwar (170 f. (174 f.)) *weniger aus Angst vor Dieben, als um vor den Augen der Kinder (sie entdeckten sie später, zum Zeitpunkt der Inventarisierung, der Erbteilung) die blassen, nackten Körper der Andromedas oder Odalisken zu verbergen, mit ihrer verzückten, prallen, durchweg enthaarten Scheide, die als bleiche Verführerinnen …* etc., französisch (174): *… aux vulves épilées, pâmées, dodues et uniformément glabres …*; und dann im Jardin des Plantes, 236 (143), wo die Rede ist von den Brüsten (sie seien wie →Kegel) und Schößen der eingeborenen Mädchen, in deren eines sich vielleicht der Maler Gastone Novelli verliebt habe.

Bomben … *doch über alldem das sinnlose, unmenschliche Dröhnen der Bomben, dieses Getöse (mehr als Getöse: Luft und Erde wurden erschüttert, in Stücke gerissen), das, selbst wenn man es schon erlebt hat, denjenigen, den es betäubt, befällt mit etwas, das stärker ist als Angst: Grauen, Fassungslosigkeit, Entsetzen, die plötzliche Offenbarung, daß es sich dabei nicht mehr um etwas handelt, woran der Mensch einen noch so kleinen Anteil hätte, sondern nur um ungebändigte, wilde, rasende, anstößige Materie (die Mischung, die Kombination einiger träger Stäube, Erze, aus der Erde geförderter Teile, die sich sozusagen von selbst entzünden mit jener Maßlosigkeit der Naturelemente, die losbrechen, sich entfesseln, wie eine Art Vergeltung am Menschen, wie blinde, wahnwütige Rache), und er, in seiner ganzen Länge flach an den Boden gedrückt, niedergeschmettert in jener Art Kataklysmus und Apokalypse, das Trommelfell vom Lärm zerrissen, kämpfte fiebrig mit dem Stift seiner ersten Bombe …* Georgica, 284 (289)

– der da mit dem Stift seiner Bombe kämpft, ist George Orwell, während jenes nächtlichen Stoßtruppunternehmens, dessen Schilderung Simon hier referiert, indem er sie mit den selbst gemachten Erfahrungen explodierender Bomben, wenn ich so sagen darf: auflädt.

Bon Pasteur … *Und mein Arsch was stellen Sie sich denn vor, was … Weil wir nämlich nichts anderes sind als unser Arsch verstehen Sie nur unser Arsch um als Huren zu gehen oder Kinder zu kriegen und das ist alles sonst nichts auch wenn es Sie schockiert glauben Sie denn so ist nun mal das Leben wenn man nur seine*

Hände hat um sein Essen zu verdienen und seinen Arsch für das einzige Vergnügen das nichts kostet was also ... »Für was halten Sie sich eigentlich«, sagte sie. »Für einen Heiligen?« ... DER WIND, 110/111/112 (100 f.)

– Resümee der großen nächtlichen Liebesszene zwischen Rose und Montès auf der Bank gegenüber dem Hotel (in der ersten Übersetzung, von Eva Rechel-Mertens, hatte es statt wie jetzt bei Eva Moldenhauer Arsch Bauch geheißen, für das französische *cul*).

Ich war dort, dort auf diesem kleinen Platz; an der einen Längsseite diese ausgediente Kaserne (vor der auf einer Bank die beiden in dieser nächtlichen Szene sitzen), auf der andern das kleine Hotel, in das Montès sich eingemietet hat und in dem Rose als Serviererin arbeitet, sie wohnt, im Buch, in dieser alten Kaserne: die da wirklich steht, auf der place du Puig, auf einem Hügel also, im jetzt ganz arabischen Viertel der Stadt, mit einem gewissen Anteil von Zigeunern wohl, an der einen Ecke des Platzes befindet sich ein kleines (wenn auch ständig geschlossenes) Büro für die Kulturen der Zigeuner, in einer Straße unterhalb des Platzes ist an einem Haus ein ähnliches Schild angebracht (*gitanes* hier – wie diese legendären Zigaretten – statt der *tziganes* dort), in der Kaserne selbst, in der vorwiegend Araber wohnen, ist das Büro einer *Église Évangélique*, mit der Werbung: *Dieu est Amour, viens il t'appelle*, komm, er ruft dich.

Die alte Kaserne, in sich quadratisch mit einem Innenhof und Arkaden und einem Hinterhof, den ein Drahtzaun begrenzt und in dem Jugendliche kicken, nimmt die nordöstliche Längsseite des Platzes ein, der Platz ist sandig, wie damals, anders als damals voller Autos, älterer kleinerer oft verbeulter Autos, umstanden ist er von Platanen, einer nächsten Generation, im Buch sind sie größer. Links und rechts von der Kaserne kommen zwei Gässchen herab, links (wenn man mit dem Gesicht zur Kaserne steht) bildet die rue Bausil zugleich den schmalseitigen Abschluss des Platzes, rechts auf den Platz mündet ein Gässchen, das oben von Saint-Jacques herkommt, den Abschluss des Platzes macht hier die rue Michelet, nach dem berühmten Historiker der Revolution, dem Beschreiber der Vögel, der Insekten, des Meeres, der Liebe, wie überhaupt in diesem armen Viertel, und als wollten sie Simons Wahl rechtfertigen, auf den Straßenschildern die Dichter, die Schriftsteller dominieren: durch die rue Rabelais, in die man ihrerseits durch die rue Pierre Loti oder die rue Rostand oder die rue de Balzac oder de Montaigne oder die rue Perrault gelangt ist, kommt man am Stift der Damen des Heiligen Sakraments und am Bischofspalais vorbei hinauf zur Kaserne, und dann kann man von der place du Puig noch einer der kleinsten Gassen, Nebengasse der rue Michelet, folgen, der rue Villon (nach jenem, der als Einziger hier auch gewohnt haben könnte, Loti vielleicht noch, aber der hätte sich verkleidet), und kommt dann, wenn man dort, wo sie sich nach rechts wendet, nach links abbiegt, und unter einem Torbogen hindurch, aber das ist nun wieder etwas ganz anderes, an die alte Doppelkirche Saint-Jacques, sie hat links und rechts, im Osten und im Westen, je einen Altar, und dann noch eine kleine an den Ostaltar nach Süden angebaute Kapelle, in deren Vorhalle ein altes kindisches Kreuz hängt, seit langer Zeit wird das der Karfreitagsprozession vorangetragen, für deren Ausrichtung die Mönche von Saint-Jacques offenbar zuständig sind: ein mannsgroßes Holzkreuz, mit einem Leiterchen daran, richtiggehend einem Leiterchen aus Holz; und oben auf dem Querbalken, in natürlicher Größe, und doch auch wie in Puppenkaufmannsläden, in gedeckten Farben angemalt, stehen die Passionsgeräte: Zange, Hammer, Essiggefäß, und so weiter; elend im Grunde, aber dann war das Ganze irgendwann mit einem Male eine Generation alt, der alte Prior hatte es schon benutzt, dann waren es zwei und drei gewesen, ein halbes Jahrhundert, ein Jahrhundert verging, und so elend und kindisch das Ding natürlich geblieben war, also von irgendeinem wahren Alter (aber was heißt das überhaupt?) im Grunde niemals eine Spur, jetzt begann es ehrwürdig zu werden, alt, eine Tradition das alles, und mittlerweile ist es fast nicht mehr von dem Kreuz zu unterscheiden, an dem der Gott damals umgekommen ist, der Erlöser auch der Zigeuner und der Araber, und der zweifellos damals auch Rose und Montès gerufen hat.

Gegenüber der Kaserne, ein paar Stufen unterhalb des Niveaus des Platzes, führt eine befahrenere Straße entlang, an einer Zeile meist nur zwei Fenster breiter Häuser vorbei: eine Metzgerei, eine Bäckerei (immer nur gewölbte Räume nach hinten), Eis, Bonbons, an der Ecke etwas neuer eine Apotheke (gegenüber der Brunnen, die Pumpe, an der sich, wie bei Simon, die Leute Wasser holen, oft die Trottel des Viertels, alte Männer, die ärgerlich murrend und gestikulierend und dabei natürlich wieder von dem Wasser verschüttend den Autos den Weg abschneiden); ziemlich in der Mitte der Zeile, zugenagelt jetzt mit Brettern über Tür- und Fensterhöhlen, ein stattlicheres drei hohe Fenster breites Haus, als Einziges mit einer Balustrade ganz oben, verblasst schwarz ist über Tür und unteren Fenstern noch zu lesen: *Café Restaurant Bon Pasteur*, zum Guten Hirten – ich habe mir vorgestellt, dass Montès hier gewohnt, dass Rose hier serviert hat, und dass Rose, als sie spätabends drüben auf der Bank sitzen vor jener Kaserne, in der sie wohnt, hier hinübergeht, Montès hat ja weder Zigaretten noch Streichhölzer, und sich eine Zigarette holt, und mit der brennenden Zigarette, die im Dunkeln leuchtet, wieder zurück zu ihm kommt, aber was heißt zu ihm, sie kommt zurück auf die Bank, auf der er sitzen geblieben ist und auf der sie beide dann wieder sitzen. Diese oder eine andere Bank gibt es jetzt dort nicht, die Bewohnerinnen sitzen auf Treppenstufen, die alten Frauen haben sich manchmal Sessel mitgebracht oder aus den Fenstern darüber herunterwerfen lassen.

Der ehemalige Gute Hirte hat keine Terrasse, bei Simon hat das Hotel eine, so etwas wie eine Terrasse hat ein fast feudal wirkendes kleines altes Haus rechts an der rue Michelet, wie stehen geblieben aus Zeiten, in denen hier einer der Mittelpunkte des alten Stadtlebens war; dieser südöstliche Teil des Platzes, vor diesem Haus, ist asphaltiert und mit Steinen belegt (auch mit solchen, in denen kleine Rohre stecken, wie für diese modernen Wasserspiele, mit denen man neuerdings oft Plätze schmückt, etwa die place des Terreaux in Lyon, aber wer weiß, ob hier, place du Puig, wirklich Wasser kommt), um die Steine herum stehen, im Kreis, fünf mattschwarze gusseiserne hübsch und bequem geschwungene mit vielen Namen beschriebene Bänke: da also wird, auf der Vorgängerin, Vorläuferin, Vorfahrin (oder wie soll man da sagen) einer dieser Bänke Montès gesessen und gedöst und Kekse gegessen haben; und ich habe dann auch oft in diesen Tagen da gesessen, der ständige Wind ließ Plastiktüten zwischen den Bäumen auf- und absteigen und kreisen (neben Saint-Jacques oben, ein Idyll im Grunde, ist ein alter Garten, Jardin de la Miranda, vorn eine Bank steht unter hohen Olivenbäumen, oben in einem dieser Bäume hing auch eine Plastiktüte, weiß), Hunde liefen herum, einmal entdeckte einer eine Katze unter einem dieser alten Autos, er wütete, kam aber an die Katze nicht heran, die unter dem Auto blieb, schließlich sprang sie weg, der Hund hinterher, sie entkam dann mit einem Sprung durch den Bretterverschlag des Guten Hirten.

Die Kaserne ist unansehnlich, sie war es damals schon, mit zerschlissener Fassade, gegenüber sind auch andere Häuser noch mit Brettern vernagelt, die meisten Häuser sind, wir würden sagen, und die Leute aus der unteren

Stadt werden das wohl tun, ungepflegt, verwohnt, fast kaputt, absolut ärmlich; dazu dieser sandige windige Platz, mit den doch grünen Platanen; viele Tauben, Kinder, und diese sehr üppigen älteren Araberinnen und diese üppigen jungen Araberinnen, die, beide, sich allmählich immer deutlicher zu wundern begannen, was ich da wieder und wieder bei ihnen wollte; denn ich verstand dann zwar sehr gut diese etwas wilde junge Frau, die sich bei Simon offenbar in Montès verliebt hat, ihm geradezu nachläuft und zornig wird, als sie ihm, und das ist im Sommer, jetzt, als ich da war, war es noch kühl und es hätte ihr vielleicht sogar gut getan, nachlaufen muss, auch noch den Berg hinauf und dann in sein schäbiges Hotel (womöglich also den Guten Hirten) an diesem so schäbigen Platz, aber immer langweiliger fand ich, wenn ich an diesen Platz dachte, die Stadt unten, dieses entweder doch eher nichts sagende (ausgenommen die place Hyacinthe Rigaud mit ihrem literarischen Café, und die fast verträumte schöne nackte junge Frau von Maillol, die, auf Wunsch wohl Maillols, der nahebei in Banyuls geboren ist, seit einigen Jahren oder Jahrzehnten mitten im Ort auf der place de la Loge steht, in einem Blumenbeet) oder für die Touristen oder andere Kauflustige zurechtgemachte Perpignan, und ging also immer wieder hinauf, die mit bunter Wäsche, Umhängen, Kleidern, Hosen verhängten engen Gassen hindurch hinauf auf diesen, wie soll ich nun sagen: lebendigen, atmenden Platz.

Ich weiß nicht, ob er so wäre, wenn es das Buch Simons nicht gäbe, oder wenn ich es nicht gekannt hätte, als ich ihn sah; aber als ich ihn sah, und nun gibt es das Buch und ich hatte es gelesen; und obwohl ich nicht wusste, dass ich so etwas finden würde wie diesen Platz, ich hatte ihn ja, wie hätte ich sollen, auch nicht gesucht, erkannte ich ihn mit dem ersten Blick, wie das Vertrauteste von der Welt, das auch gar nicht anders hätte können als hier sein, und das ich nun langsam entdecken musste, in seiner, und nun muss ich wohl sagen: seiner Schönheit, wie es einmal von jener Rose heißt (jener, die da nachts also rauchend, redend sitzt): ja, sie sei *schön, wenn man will, sogar bestimmt schön, aber von einer sozusagen geschmähten Schönheit.*

Über Maillol habe ich noch Folgendes gehört: Als sein Freund und Kollege Matisse so krank war, dass er an Arbeit und Leben zu verzagen drohte, schickte ihm Maillol sein schönstes Modell hinüber, für eine Weile, bis er wieder gesund wäre; und Matisse ließ das schöne Mädchen sich ausziehen, und zeichnete und zeichnete es, leichte Striche nur, Hüften, Schenkel, Brüste, Hals, Gesicht, und immer wieder diese gekräuselten Linien, diese schwerelosen Ornamente ihres Schamhaars.

Brennholz ... *Er sagte, im Grunde sei die Frage, die wichtiger als alles andere war, die des Brennholzes gewesen. In jenen kahlen Hügeln, eigentlich bar jeder Vegetation, den ganzen Winter über in Nebel oder eisigen Regen getaucht, zählte nichts als die Suche danach, nicht einmal die feindlichen Salven aus den Maschinengewehren, die zum Glück ohne allzu große Genauigkeit auf die Holzsammler niedergingen. Anders ausgedrückt bestand für ihn das Dilemma nicht mehr darin, sich zwischen Tod und Freiheit zu entscheiden, sondern zwischen Tod und Brennholz, oder vielmehr, wie er auch noch scherzhaft sagte, zwischen dem gewaltsamen Tod durch Kugeln oder Sprengstoff und dem Tod durch Lungenentzündung. So verging der Winter, kaum getrübt durch jene Handstreiche oder die wenigen Patrouillen, ohne anderes Ergebnis, wie es scheint, als die Vergeudung von blindlings in die Dunkelheit abgefeuerten Kugeln und die Erfahrung von Dingen wie Angst oder Gefahr, die wesentlich weniger wichtig waren als die quälende Sorge, alles aufzusammeln, was irgendwie Feuer fangen und ein wenig Wärme abgeben könnte ...*

GEORGICA, 340 f. (345 f.)

(O., 40/46: ... *Brennholz war das einzige, auf das es wirklich ankam. Die Sache mit dem Brennholz war die, daß es praktisch kein Brennholz gab ... wir kämpften gegen die Lungenentzündung, aber nicht gegen Soldaten ...*)

– das Ganze ist ein kleiner Ausschnitt aus der, man muss wohl sagen: ironischen Wiedergabe des Berichts von George Orwell über seine Erlebnisse im spanischen Bürgerkrieg, in den er sich, eigentlich nur um Zeitungsartikel darüber zu schreiben, dann als Kämpfer auf der sozialistischen (anarchistischen, kommunistischen, revolutionären, jedenfalls, wie alle glaubten: antifaschistischen, also gegen Franco gemeinten) Seite begeben hatte (wie eben für ein Weilchen auch Simon: es ist, als erzähle Simon in dieser sehr langen Sequenz, sie umfasst, 100 Seiten lang, das ganze vierte Kapitel (und dass er den Engländer O. nennt, ist fast witzig, da dieser, anders als sonst Simons gelegentliche O.s, wirklich so heißt) – als erzähle er also jetzt das, was irgendwie, aber schwer zu sagen wie, auch sein eigenes Los hätte sein können, wenn das nicht, nach seinem ganzen Naturell, auch wieder völlig unmöglich gewesen wäre: wenn man nicht sagen will, dass er hier nun sein eigenes vernünftiges, zaghafteres oder wie man das nennen will Naturell ausspielt gegen die offensichtliche (wenn auch bedauernswerte, in ihrem Leid beklagenswerte) Unvernünftigkeit eines Kollegen, der seine ganze Lebenserfahrung, wie er einmal anmerkt (340 (345)), eigentlich nur aus Büchern hatte: denen er also, ganz anders als Simon, vertraut haben musste; und womöglich weiter vertrauen würde, indem er selber eines schrieb: anders als wieder Simon, der, in seinen ständigen Wiederholungen, Wiederaufnahmen, Reflexionen darauf, in Büchern über ein halbes Jahrhundert hin, immer wieder, ganz offenbar nicht auf das Schreiben, und selbst, oder jetzt beinahe: gerade der eigenen Bücher vertrauen würde – und dadurch genau der Schriftsteller wurde, werden würde, der er nun geworden war; und daher nun sein Recht, den Kollegen sozusagen auch aus rein artistischen, kollegialen Gründen in dieser Art Ironie zu referieren; wobei er ihm durchaus alle Gerechtigkeit widerfahren lässt, etwa 343 (348), wenn er ihn da beim Schreiben sitzen zu sehen glaubt: *die Augenbrauen zusammengezogen, das Gesicht leicht verkrampft, nicht wegen der Erinnerung an das, was er zu erzählen versuchte, sondern wegen der Schwierigkeit, es zu erzählen, dieses auch glaubwürdig wiederzugeben, zögernd, wie einer, der mit dumpfer, träumerischer Stimme spräche, den Blick vor sich ins Leere gerichtet, und plötzlich innehielte …* – aber dann sei ihm alles wie einem erst noch vergnügten Jungen ein Luftballon zerplatzt, sagt Simon).

Orwell, 1903 geboren, zehn Jahre älter also als Simon, hatte in Eton studiert, bei der Militärpolizei in Indien gedient, hatte dann jahrelang als Vagabund, Tellerwäscher usw. in London und Paris gelebt, hatte darüber, 1933, ein Buch veröffentlicht, dann geheiratet, und war offenbar zusammen mit seiner Frau (sie war ihm nachgekommen, sodass sie wirklich zusammen dann erst bei ihrer Flucht aus Spanien waren) nach Spanien gegangen und schwer verwundet worden. Er starb 1950 in London.

Tatsächlich ist Orwells Buch, das er nur wenige Monate nach seinem spanischen Abenteuer zu schreiben begann und sehr rasch fertig schrieb, es erschien 1938, Homage to Catalonia (deutsch 1964, Mein Katalonien, Bericht über den Spanischen Bürgerkrieg), kein sehr gutes, jedenfalls kein sehr gut geschriebenes, im Grunde überhaupt kein richtiggehend geschriebenes Buch (das gilt aber nicht bloß für dieses Werk, denn auch 1984 und Animal Farm sind keine große Literatur, offenbar müssen solche Epochen prägenden mythenbildenden Fantasien das aber auch nicht sein; dass Bücher gut geschrieben sind, ist ein Surplus, das keinen was angeht). Die Figur eines Milizsoldaten, mit der Orwell anfängt, ist etwa so, wie sich Intellektuelle immer den einfachen Mann vorgestellt haben, wenn er dann auf die Straße geht und Revolution macht, und Orwell treibt die Sentimentalität (natürlich steckt auch ein gewisser Argwohn gegen die eigene Reflexion darin) so weit, dass er sagt (nachdem er gefunden hat, wie nah er ihm im Grunde sei, völlig vertraut, dass sie beide Abgründe überbrückt hätten und so weiter): *Ich wußte aber auch, daß ich ihn nie wiedersehen durfte, um an meinem ersten Eindruck von ihm festzuhalten.* Leicht ließe sich das so verstehen, dass es Orwell also sehr viel weniger um diesen Mann oder seine Realität geht als darum, was er selbst von ihm profitiert; aber Simon, dem diese Stelle natürlich auch etwas makaber vorkommt, kommentiert sie so, dass Orwell nichts tut, um diesen Mann nicht wiederzusehen, er schreibt, Simon also, 328 (333): *… aber anstatt seinem Instinkt zu folgen und, was das Zeug hält, zum Bahnhof zu laufen, um den ersten Zug zu nehmen, der ihn dorthin bringen würde, woher er gekommen war, verpflichtet er sich …* Orwell selbst hängt jenem Satz mit dem Eindruck, an dem er festhalten müsse, noch zwei jener Sätze an, die einen etwas ratlos machen, wenn man eine Weile Texte etwa von Simon gelesen hat: *Es ist kaum nötig zu erwähnen, daß ich ihn wirklich nie wiedersah. In Spanien hatte man dauernd derartige Begegnungen …*

Simon merkt, in einer zweiten Ebene seines Referats, später noch an, dass Orwell offenbar einiges verschweige. Tatsächlich gibt es bei ihm gewissermaßen Lücken, über die er den nicht ganz aufmerksamen Leser rasch hinüberträgt, oder hinübertragen möchte, etwa, indem er außerordentlich umständlich die politischen Hintergründe der innerantifaschistischen Auseinandersetzungen zu erklären versucht, oder indem er vorgibt, oder zu verstehen gibt, oder verstehen zu wollen bittet, dass es da um rein persönliche Dinge gegangen ist; und der Leser begreift dann, dass hier ein hochmoralischer, wenn auch vielleicht etwas dogmatischer Intellektueller in gewaltige Schwierigkeiten geraten ist (Schwierigkeiten, die nicht zu haben er offenbar an jener anfänglichen Idealfigur eines Revolutionärs so beneidenswert findet), als er sich mit der Realität und der realen, nicht bloß gedachten Gewalt eingelassen hat. Immer wieder kommt er jetzt nicht damit zurecht – noch beim Schreiben eben, und gerade beim Schreiben, und so gern er eben völlig ehrlich sein möchte –, dass er mit dem, was er beschreibt, nicht zurechtgekommen ist (er erinnere dann, so beschreibt ihn Simon, 306f. (311f.), *an jemanden, der sich mit nicht zu entmutigender, dumpfer Beharrlichkeit darauf versteift, die Bedienungs- und Montageanleitung eines hochentwickelten Geräts immer wieder durchzulesen, ohne sich entschließen zu können zuzugeben, daß die Einzelteile, die ihm verkauft worden sind und die er zusammenzusetzen versucht, die er bald beiseite legt, bald wieder aufnimmt, nicht zusammenpassen, weder um die im Katalogtext beschriebene Maschine zu bauen noch, wie es den Anschein hat, irgendeine andere Maschine, es sei denn ein knarrendes Räderwerk, das zu nichts nütze ist, außer zum Zerstören und Töten, bevor es entzweigeht und sich selbst zerstört*); und dann rettet er sich in poetologische Platitüden, eigentlich eher Stammtischwahrheiten, etwa, 286 (bei Orwell jetzt also), das ist die vorletzte Seite seines Berichts: *man weiß nichts mit Sicherheit, außer dem, was man mit eigenen Augen gesehen hat* – wobei das Problem ja nicht ist, dass man nicht auch etwas anderes als das Selbstgesehene wissen könnte (also etwa das Gelesene: das also, worauf, wie gesagt, die ganze wenn auch in Spanien leicht ins Schwanken geratene Existenz eines Intellektuellen wie Orwell ruhte), sondern eben, dass gerade das mit den eigenen Augen Gesehene noch absolut verschieden ist von dem, was man mit Sicherheit wissen könnte (das eben wird Simon gereizt haben, das Orwellsche Buch noch einmal zu erzählen, und so weiter).

Manchmal übertreibt Orwell etwas. Er erzählt zum Beispiel, wie sie (McNair, Cottman und er) in Barcelona eine Nacht am Rande eines verlassenen Baugeländes verbracht hätten, es sei kalt gewesen, keiner habe viel geschlafen, trostlose Stunden hätten sie herumlungern müssen, ehe sie irgendwo einen heißen Kaffee gekriegt hätten; und zum ersten Mal, in so viel sonst verlorener Zeit, habe er sich da die Kathedrale angesehen, eine moderne Kathedrale, sagt er, aber eines der hässlichsten Gebäude der Welt (Gaudís immer noch unvollendeten Bau offenbar); und Orwell schreibt nun, diese Kirche sei, ganz anders als die allermeisten anderen Kirchen der Stadt, während der Revolution überhaupt nicht beschädigt worden, und zwar, so heiße es, sagt er, wegen ihres künstlerischen Wertes. Er aber, schließt er, sei der Ansicht, jetzt wörtlich, *daß die Anarchisten schlechten Geschmack bewiesen, als sie diese Kirche nicht in die Luft sprengten, solange sie die Gelegenheit dazu hatten …*

Aber ein paar Seiten später ist er wieder kindlich vergnügt, als er merkt, dass er in Frankreich so viel Tabak und so viele Zigaretten kaufen kann, wie er in seine Taschen kriegt, und er tut das, und geht mit den Taschen voll an ein Büfett und trinkt endlich eine Tasse Tee, mit frischer Milch, sagt er, das hatte er (neben dem Tabak) an der Front schon einmal so sehr vermisst: die Milch zum Tee. Ich habe da an den schönen Bericht gedacht, den Leonard Woolf über sein Leben mit Virginia geschrieben hat, an die Stelle, als er nach sechseinhalb Jahren auf Ceylon und dann siebzehn Tagen auf dem Schiff endlich, im Juni 1911, in Marseille ankommt: *Was uns auf den ersten Blick an Europa am meisten verblüffte und entzückte, waren die Läden voll von Pralinen aller Art; auf der langen Zugreise nach Paris aßen wir sie unentwegt. An das Frankreich und Europa meiner Heimreise erinnere ich mich nicht, nur an diese Pralinen …*

Bridge … *übertönt von der näselnden Stimme des Zwergs, der, nunmehr seiner Schnurrbarthülle entledigt, nach wie vor so am Bridgetisch saß, daß er der Marmorbüste ostentativ den Rücken zuwandte, palavernd, Spielzüge kommentierend, spöttisch triumphierend oder seine Partner scheltend, die Karten mit der Geschicklichkeit eines alten Hasen handhabend, sie mit den dürren Händen mischend, wobei sich die beiden, einander gegenübergehaltenen Hälften der Spielkarten unter Funkenprasseln mischten, bis er (der Zwerg) sich dann erhob, neu ausgab, seinen hörnernen Zigarettenhalter (auch er von ihm selbst fabriziert) zwischen zwei Finger der linken Hand gesteckt, während sie aufeinander folgten, auf den grünen Tisch fielen, sich miteinander kombinierten, sich bald verbündeten, bald außer Gefecht setzten oder vernichteten, jene buntscheckigen Figuren von Königen, Königinnen, Buben mit prächtigen Wämsen, rätselhaften, undurchdringlichen Porzellangesichtern, im Besitz okkulter Mächte, auf jenem lächerlichen Schlachtfeld verstreut, wieder aufgesammelt, erneut gemischt, bereit, sich von neuem dem Zufall flüchtiger Begegnungen und flüchtiger Komplotte zu stellen …* GEORGICA, 180f. (184f.)

Bronze … *Über der Gruppe der Reiter hob der Soldat aus Bronze weiterhin sein Schwert gen Himmel, ungerührt unter dem Regen, den Mund geöffnet, seinen Schrei aus Bronze ausstoßend, mit seinem Zweispitz und seinem Gehrock aus Bronze in einer Haltung des Aufschwungs, der Begeisterung und der Unsterblichkeit erstarrt …* DIE AKAZIE, 53 (58)

– in Valmy, im Regen, als der Orden an die Seidenfahne des aus dem Süden gekommenen Regiments (Simons Regiments) geheftet wird, das im August untergegangen war, sich in Luft aufgelöst hatte.

Brüste … *rosa zwischen ihren fetten glatten Brüsten die ich zu sehen meinte geädert mit durchscheinenden und kurvenreichen wie Marmor schimmernden Flüssen wie jene Brüste von Statuen übersät mit Signaturen von Touristen unbeholfenen Graffiti eingeritzt mit einer harten Spitze (Messer, Nagel) die abrutscht und zerkratzter Marmor, aufgeschürft eher Brüste als Busen insofern sie unter den Kleidern nicht so aussahen als bestünden sie aus zwei getrennten Kugeln sondern wie eine einzige Brust, wie eine ab der schmalen Taille sich vorwölbende Knolle, als hätte eine riesige Faust sie geformt eine Lehmkugel zerdrückend wobei die zähflüssige Tonerde zwischen den Fingern glitscht und oben und unten, sich blähend, herausquillt und die sich öffnende Hand ein Gebilde in Form einer Sanduhr freigibt …*

GESCHICHTE, 157 (168)

– die Differenz zwischen Busen und Brüsten ist schwierig, oben zuerst bei den fetten glatten Brüsten ist französisch von *seins* die Rede, das ist der Ausdruck, den die Übersetzung dann, wo weiter unten eben von der Differenz die Rede ist, mit Busen wiedergibt; an dieser Stelle, wo es deutsch Brüste heißt wie auch dort, wo auf den Brüsten von den Graffiti die Rede ist, heißt es französisch *poitrines*; während dort, wo deutsch von der einzigen Brust anstelle zweier getrennter Kugeln die Rede ist, wieder *sein* steht – nicht dass man nicht wüsste was gemeint wäre, aber im Deutschen scheinen die Busen, sozusagen in zunehmender Delikatheit hinter den *poitrines* und den Brüsten angesiedelt, mitunter ein eignes Genre zu sein, das die (wie eine eigene Unberührtheit postulierende) Tendenz hat, den Brüsten eine leicht verwilderte Aura zu geben.

C

Canotier … *Drei Frauen, wohl von zartem Teint, den sie mit Schirmen vor der Sonne schützen, steigen den Hang des Gartens herab. Sie tragen helle, altmodische, in der Taille eng geschnürte Kleider mit Puffärmeln. Eine von ihnen wedelt mit einem Laubzweig um ihren Hut und Oberkörper herum, um die Bremsen zu verscheuchen. Aus den zerknickten Nußbaumblättern strömt ein zu Kopf steigender, von der Nachmittagshitze noch verstärkter Duft. Die Bremsen haben lange, gräuliche, schwarz gesprenkelte Flügel und einen schwarzen Kopf. Den Frauen voraus* *läuft ein kleines Mädchen in einem hellen Kleid mit einem Canotier aus glänzendem Stroh, dessen flachgedrückte Halme im V-Muster geflochten sind … Der Weg steigt leicht schräg an. Der Strohhut des vorangehenden Mädchens hebt sich vom Himmel ab. Das Stroh nimmt eine zitronengelbe Farbe an, und ein nach Jod riechender Wind läßt die zweigeteilten Enden des Bandes flattern, das um den Canotier gebunden ist … Der Wind spannt die jetzt aufeinanderklebenden und von schnellen Wellenbewegungen durchlaufenen Enden seines Hutbands beinahe waagerecht auf … Der jodhaltige Wind spielt mit dem langen grünen Schleier, der ihren Canotier umgibt, und preßt ihn ihr aufs Gesicht. Sie schiebt ihn mit der Hand beiseite. Der Wind heftet ihn wieder, mit einer Haarlocke, auf ihr Gesicht …*

Anschauungsunterricht, 10 f./32/34/40 (16/42/44/52)

– ein Canotier (frz. *canot* bedeutet ganz allgemein Boot, *canotier* ursprünglich Kahn-, Bootsführer) ist ein wenig oder gar nicht, eigentlich gar nicht schmiegsamer, ganz steifer ganz flacher Strohhut, der seinen Namen daher hat, dass man ihn, im letzten Viertel des neunzehnten Jahrhunderts kam er in Mode, gern als Zuschauer bei Regatten und ähnlichen Sommerausflügen an Wassern mit Booten dabei trug. Ein Foto aus jener Zeit (1891) zeigt vor einer prächtigen Villa an der Küste der Normandie eine Gruppe junger Leute, die im Begriff sind, ein größeres pferdebespanntes Ausflugsfahrzeug zu besteigen; einer von ihnen, so klein auf dem Foto, dass man es wissen muss, um ihn dann aber gut zu erkennen, ist Proust, er trägt einen Canotier. Die für Herren gedachten Canotiers hatten und haben in der Regel nur ein breites ungeteiltes nicht flatterndes Band (der grüne Schleier gehört zum Canotier der jungen Frau, die ein Geck, der einen Panamahut trägt, gewissermaßen einen etwas früheren Verwandten des Canotiers, er kam, aus Stroh auch er, Mitte jenes Jahrhunderts in Mode, nachts dann verführen wird).

– Nach der Niederschrift dieser Erklärung hatte ich in der Nacht folgenden Traum: Proust und ich gingen nebeneinander jenen Hang hinauf, den die Frauen mit ihren Sonnenschirmen herabkommen, ihnen entgegen; dabei macht Proust unvermittelt, mit einer ungeschickten Bewegung, die ihn in der Hüfte einknicken lässt und ihn mir fast ins Gesicht stößt, selber einen Sonnenschirm auf, einen braunen, unvermutet kleinen, aber unvernünftig hochgewölbten Schirm, der dann eher die Form eines Lampenschirms* oder einer Kaffeemütze hat.

In Prousts RECHERCHE taucht der erste Canotier auf dem Kopf einer Dame auf, *die, auf den Alltagspfaden eines Lebens wandelnd, das ich nie kennen würde, ihren hinter ihr zurückgebliebenen Windhund rief und in ihr Chalet trat, in dem die Lampe schon brannte* – das ist auf Marcels erster Reise nach Balbec, aus dem Zug heraus noch, der auf den Bahnhöfen der kleinen am Weg liegenden Badeorte hält, ehe er Balbec dann im selben Absatz noch erreicht. Wie er das öfter tut, wenn er von modischen Kleidungsstücken redet, von denen man ja nicht wissen kann, ob nicht ihr Name mitvergeht, wenn sie wieder aus der Mode kommen (etwa bei Odette, in dem ihr gewidmeten ersten Teil dieses Bandes), setzt Proust den Canotier in Anführungszeichen; im Roman befinden wir uns jetzt kurz vor der Jahrhundertwende. – In meinem Hutladen, Klett in Tübingen (dem schönsten Europas, außer vielleicht noch dem kleinen Borsalinoladen in Cuneo, unter den Arkaden im alten Teil der Stadt), in der Pfleghofgasse, zögerte die Besitzerin nicht einen Moment, als ich nach einem Canotier fragte, sondern holte ihn, in meiner Größe, zwar vom obersten Regal, aber wie etwas sonst durchaus nicht völlig aus der Mode Gekommenes herunter auf den Ladentisch.

* bei einer erneuten Lektüre der AKAZIE finde ich dort, 133 (143), anlässlich einer Beschreibung dessen, was die jung verheiratete Mutter Simons auf Madagaskar trank und trug (spanische Schokolade und eben:) ... *unter der Tropensonne Hüte in Form eines Lampenschirms ...* – man weiß nicht, was in Träumen, auch nicht, was dann in ihrer Erzählung steckt, aber es wäre ja hübsch, wenn in Prousts Schirm irgendwie der Hut dieser schönen Frau steckte, der Mutter zudem meines Helden.

Cézanne ... *Kirchen und Könige sind so: grandiose und dogmatische Aufschneidereien, die mit großer Mühe, doch ohne daß es ihnen gelänge, die Hauptinteressenten zu täuschen, einen Hintergrund aus Furcht und Bangen verhehlen. Nicht eingestandenen. Wenn Cézanne diese fürchterliche Panik nicht bei jedem Pinselstrich erkannt hätte, dazu einen vollständigen Mangel an Schneid, wäre er wahrscheinlich nie dahin gekommen, wohin noch keiner vor ihm hatte dringen können (nicht einmal die Idee hatte, daß man eindringen könnte), wie groß und kühn auch seine Selbstlosigkeit und seine Courage gewesen sein mochten* (und ich erinnere mich hier mitten in Simons Text an das Wort Chiricos: *Im Schatten eines Mannes, der in der Sonne geht, sind mehr Geheimnisse als in allen vergangenen, gegenwärti-*

gen und zukünftigen Religionen) … Er mochte etwas spüren, das in nichts dem ähnlich sah, was schon einmal gemalt, geschrieben oder gesagt worden war. Das, wenn es gelänge, es zu greifen … Der Welt Bildnis wurde und verging unter dem unablässigen Ziehen der Wolken, der Jahreszeiten, ohne Unterlaß vergehend und wiederkehrend, indes im Innern etwas existierte, jenseits dieser bunten Kruste, an der das Auge sich stieß, etwas existierte … Es gab bei Poussin einen Anfang davon, ein Murmeln … DAS SEIL, 87/111 (94/122)

– vielleicht ist Cézanne dann so sehr eins geworden mit dem Schreiben Simons, dass er nicht mehr mit Namen auftreten musste, schon hier im SEIL ist ja einmal, nachdem Cézanne wie vergessen schien inzwischen, plötzlich dann davon die Rede, er, Simon, habe ja eigentlich die ganze Zeit nicht aufgehört gehabt über Cézanne zu schreiben: womit er in diesem Moment explizit dann wieder anfängt. Dagegen kommt Poussin immer häufiger vor, etwa im PALAST, dort ist von der rötlich-feuchten Dämmerung der immer kürzer werdenden Tage in Barcelona die Rede, und es heißt: *die Stadt nahm nach und nach die Konsistenz von Bronze an (der Student dachte dabei an gewisse Bilder Poussins, gewisse Tuschzeichnungen, auf denen umgestürzte Statuen verstümmelt unter schwülen Himmeln aus flüssigem Metall liegen und Menschen, das Gesicht verhüllend, in alle Richtungen rennen, fliehen, zwischen den feierlichen Palästen, den feierlichen Reihen von Giebeln und Kolonnaden, den feierlichen mit Steinplatten belegten, leeren Perspektiven, wo zahllose, gefräßige, rasche Ratten über den Boden huschen …* (124 (151)) – umgestürzte Statuen sowie Ratten kommen bei Simon Jahrzehnte später vor, im JARDIN DES PLANTES, 102f. (106f.), als er ein Bild Poussins beschreibt, DIE PEST VON ASCHROD). Poussins ORION wird zwanzig Jahre später, oder wenige Jahre jetzt nach dem PALAST, zu einem poetologischen Leitmotiv Simons geworden sein.

Conrad … *Nein, es ist unmöglich: es ist unmöglich, die lebendige Empfindung einer bestimmten Zeit seines Lebens mitzuteilen – das, was ihre Wahrheit, ihren Sinn ausmacht – ihr subtiles und eindringliches Wesen. Es ist unmöglich. Wir leben, wie wir träumen – allein …* JARDIN DES PLANTES, Motto Teil III

Conrad … *für ihn lag der Sinn einer Begebenheit nicht im Innern wie ein Kern, sondern außerhalb, und umhüllte die Erzählung, die ihn lediglich ans Licht gebracht hatte, so wie Glut einen Dunst erzeugt …* DIE TRAMBAHN, Motto

D

Dämmerung … *Mit dem zu Ende gehenden Tag jedoch flacht sich das Relief stufenweise ab, als ob die Vorwölbungen und Vorsprünge, die von den Blättermassen, den Büschen und der gerundeten Flanke des Hügels gebildet werden, nach und nach einsänken und sich mit dem Licht langsam gleitend in ganzen Schollen ablösten, so daß nur noch Flächen einheitlicher, glatt aufgetragener Farbe in einem Grün fortbestehen, das auf dem Wald, in dem man bald keinen Baum mehr von dem anderen unterscheiden kann, dunkler wird, während die Wiesen allmählich grauer werden und die Apfelbäume auf den Hügeln nur noch Flecke mit unregelmäßigen Konturen sind* …   ANSCHAUUNGSUNTERRICHT, 86 (110)

– so entsteht auch, in sich, ein Gemälde, man kann an Cézanne denken.

Defloration … *steif glühend Säule aus Porphyr oder wie heißt jener purpurne geäderte Marmor als ich es aus ihr herauszog blutverschmiert überzogen von einem Gewebe einem Netz amarantroten Geflechts das blasse Inseln umschloß* … *sie defloriert zwischen den Waldblumen danach unter meiner Jacke die ich ausgebreitet hatte damit sie sich darauf lege das vom Gewicht unserer Körper zerdrückte Gras entdeckend die gekreuzten Halme die sich nun leicht aufrichteten um etwa einen halben Zentimeter wie eine langsame pflanzliche Atmung zu unserer Rechten sehr hoch in einem Baum sang ein Vogel in regelmäßigen Abständen ein anderer antwortete ihm irgendwo weit in der Ferne wie ein Echo ein paar Wolken glitten hinter dem komplizierten Gewirr der Zweige vorbei Es war als könnte man die winzigen Geräusche hören das leise Rascheln das die Grashalme von sich gaben als sie sich voneinander lösten sich entwirrten dann hielten sie inne sehr schräg fast waagrecht und zwischen ihnen einige zerknitterte welke kleine Blumen jene weißen mit vier grazilen herzförmigen Blütenblättern die man im Unterholz findet das duftende grüne Polster übersäend dann richteten zwei oder drei Grashalme in jäher Entspannung sich vollends auf nicht jedoch die zerquetschten Blumen An den Stellen wo sie stärker gedrückt hatte befand sich so etwas wie grünes Blut auf dem himmelblauen Tuch meines Waffenrocks* …   GESCHICHTE, 323 f. (342)

Dichter … *jenes sanften Kurzsichtigen, der seine Melancholie, seine Magerkeit, seinen Spitzbart, seinen Kneifer und seine kranken Lungen unter den Palmen und dem Blätterdach der Seebäder und Kurorte quer durch das ebenfalls kranke Europa* *mit sich trug, der jede Antwort, jedes Schweigen aus den Rollen der Schauspieler strich und nur ein Murmeln, ein Flüstern stehenließ, krank wie der alte Kontinent der Philosophen, Musiker und Maler verhangener Himmel, welcher verrunzelt, verknöchert von Monarchen mit Spitzbart oder Favoris, von Männern mit Klappzylinder regiert wurde, jener Kontinent, der von etwas Dröhnenderem, Bedrohlicherem als dem Schmettern der Blechbläser und dem Donner der Pauken erschüttert werden sollte …* DIE EINLADUNG, 17 (21f.)

– Favoris, von frz. *favori*, ist ein Backenbart, also ein Bart von den Koteletten seitlich herunter bis zum Kinn; der Dichter ist Tschechow, dessen MÖWE als Ballett vor den westlichen Besuchern von einer vergreisten Ballerina getanzt wird, die das, wie Simon vermutet, wohl schon zu Stalins Zeiten getan hat.

Dryade … *beherzt sich lösend mich auf den Rücken drehend mich besteigend Dryade rittlings auf mir jetzt lachenden Auges wie eine Herausforderung Gewicht ihres Gesäßes auf meinen Schenkeln zuerst langsam kreisend dann ein Bein anwinkelnd der rechte Fuß flach auf dem Bett in Höhe der Brüste eine zerquetschend den Oberkörper nun vorgebeugt die Falten ihres Bauches wie Marmor dann auch das andere Bein auf mir sitzend oder vielmehr kauernd jedesmal wenn sie sich aufrichtete konnte ich in ihr den geschwollenen Zylinder auftauchen und verschwinden sehen glänzend seine Wurzeln an meinen Unterleib geklammert sie hat schneller zu atmen begonnen zuerst nur durch die Nase dann zu stöhnen dann …*

JARDIN DES PLANTES, 81 (85)

– Dryaden sind Baumnymphen, von denen es heißt, dass sie mit ihrem Baum leben, mit ihm verwachsen sind, und mit ihm sterben. Vergil, in den GEORGICA, erwähnt sie mehrmals, gleich am Anfang ruft er sie samt den Faunen herbei, weil er ihre Werke preisen wolle; und dann besonders im vierten Buch, fast am Ende des Werks, als er die Geschichte von Orpheus und Eurydike erzählt, sagt er, selbst die Dryaden (ihre Schwestern) hätten beim Tode Eurydikes geweint. Die vorletzte Strophe eines längeren, achtzehnstrophigen Gedichts Paul Valérys AN DIE PLATANE lautet, in Rilkes Übertragung: *Oh, daß verliebt wie sonst die Dryas dich berührt, dem Dichter nur gelänge, daß er die Schenkelkraft, wie man ein Pferd verspürt, an deine Glätte dränge!* – Als bei Proust, wenige Seiten vor dem Schluss des ersten Bandes der RECHERCHE, der Erzähler viele Jahre später noch einmal durch den Bois de Boulogne geht, sagt er von den herbstlichen Bäumen dort, sie riefen ihm, dadurch, dass sie seit so vielen Jahren schon, durch so etwas wie eine Aufpfropfung, symbiotisch verbunden seien mit den unter ihnen lustwandelnden Frauen, die Dryade in Erinnerung, *die flüchtige farbenprächtige schöne Weltdame, die sie beim Vorübereilen mit ihren Zweigen überdecken und zwingen, auch ihrerseits die Macht der Jahreszeit zu verspüren …*; in einer nur teilweise verwendeten Skizze ist noch die Rede von menschlicher Aufpfropfung, die sie gezwungen habe, auf demselben Stamm zu leben. – Dass der Bauch seiner Geliebten marmorn ist (ihr Fleisch überhaupt), ist eines der oft gebrauchten Bilder Simons, schon 17 (19) legt er seine Hand auf ihren Bauch, den Marmor – die Geliebte hier ist jene aus dem →Badezimmer, mit der →Seife in der Wanne, die ihn die →Hostie kosten lässt.

E

Ei … *Die glatte Eioberfläche glänzt bläulich und reflektiert das Fensterrechteck, in die Länge gezogen und auf der gewölbten Flanke gerundet. Tatsächlich sammelt sich das virtuelle Bild des Zimmers (Decke, Wände, Boden) in einer anderen Lesart, in verkleinertem Maßstab, auf der blanken Wölbung, unsichtbar, aber dennoch anwesend, wobei der Schutt, die Werkzeuge, die Gerüste und die beiden Insassen in eine Art ovularen Mikrokosmos einbezogen werden, dessen Mittelpunkt das gesamte Universum komprimierte. Der junge Maurer bestreut die Spitze des Eies mit Salz und beißt sie ab. Der obere Teil des virtuellen Bildes des Fensters ist verschwunden. Wie auf der Wandung einer Kuppel, der die Kalotte abgenommen worden ist, laufen die ausgezackten Spiegelbilder zusammen und kreisen jetzt einen Krater mit einem gelben, aus bröckligem und undurchsichtigem Material bestehenden Herzen ein, als ob die Gesamtheit der von der glänzenden Oberfläche angezogenen Bilder hineindrängte, sich sozusagen überstürzte, zermahlen würde und sich in einem Kern zusammenballte, der Anfang und Ende zugleich ist und dessen ebenso solare wie pflanzliche Farbe plötzlich durch das Licht offenbar würde …*

ANSCHAUUNGSUNTERRICHT, 106 f. (136 f.)

– der ältere Maurer isst Ölsardinen.

Ekel ... *Wie? Angst? Ob ich ... Ich weiß nicht. Vielleicht nennt man das so: ein Gefühl des Ekels oder vielmehr wie wenn einem schwindlig ist oder man zuviel getrunken hat das heißt wenn die sichtbare Welt sich gewissermaßen von einem abspaltet das vertraute beruhigende Gesicht verliert das sie üblicherweise hat (weil man es in Wirklichkeit nicht anschaut), plötzlich ein unbekanntes irgendwie erschreckendes Aussehen erhält, die Gegenstände aufhören sich mit den Symbolen zu decken dank denen wir sie besitzen, sie erschaffen ... Erneut spürte ich mein Herz schneller schlagen spürte jene Art jähen Schnitt als ob die Alltagswelt verschwände sich verflüchtigte oder vielmehr wie dann wenn ihr beruhigendes übliches Aussehen erlischt und alles Gesichter Geräusche Bewegungen jenen ungewohnten brutalen irrealen zusammenhanglosen Aspekt aufweist nämlich den der auf ihre unmittelbaren Dimensionen reduzierten Materie die in Begriffen der Stärke der Gewalt des Blutes gemessen wird ...* GESCHICHTE, 166/195 (177/209)

– und unmittelbar auf die zweite Stelle folgt dann die Beschreibung einer →Schreckensszene betitelten Tuschzeichnung Poussins. Was hier bei Simon erst Angst, dann Ekel heißt, deckt sich im phänomenologischen Befund (wenn ich mich einmal so vornehm ausdrücken darf) mit dem, was einst erst Heidegger 1929 als Angst (in WAS IST METAPHYSIK?), dann Sartre 1938 als Ekel (in LA NAUSÉE) beschrieben und philosophisch interpretiert hatten, Heidegger als (wenn man dann so sagen darf: Dasein, also) das Dasein des Nichts wo sonst Gott oder das Sein oder was immer anwesend war, Sartre als Vorrang oder doch Erstgeburtsrecht der Existenz oder des bloßen Seins vor der Essenz oder dem Wesen; in der interpretationslosen untheoretischen Form bei Simon verschmelzen beide Sichtweisen: die etwas sehr hochgemut, fast nietzscheanisch genommene Angst Heideggers entpuppt sich als Schrecken, der Ekel Sartres wird zu einem plötzlichen Ereignis – wobei die Erlebniszeit, trotz der sehr späten Aufzeichnung, auch bei Simon in seine frühen, die dreißiger Jahre zurückreicht. Hier ein paar Sätze von Sartre: *Das Wesentliche ist das Zufällige ... Die Existenz ist nicht etwas, das sich von fernher denken läßt: sie muß dich plötzlich überfallen, auf dir verharren, schwer wie ein dickes, unbewegliches Tier auf deinem Herzen lasten ...* (ungefähr in der Mitte des Buchs: *Mittwoch. Sechs Uhr abends*) – oder auch: *... das Bewußtsein ... es dämmert dahin, langweilt sich. Kleine, flüchtige Existenzen bevölkern es wie Vögel die Zweige eines Baums. Bevölkern es und verschwinden wieder. Vergessenes Bewußtsein, vergessen zwischen diesen Mauern, unter dem grauen Himmel. Und dies ist* *der Sinn seiner Existenz: das Bewußtsein zu haben, daß es überflüssig ist. Es löst sich auf, zerfällt, läuft auf der braunen Mauer auseinander, den Kandelaber hinunter, verliert sich im Abendnebel. Aber es vergißt sich nie: es ist sich bewußt, ein Bewußtsein zu sein, das sich vergißt …* (gegen Ende des Buchs, im Kapitel: *Mittwoch, mein letzter Tag in Bouville*) – sehr poetisch eigentlich; vielleicht ist es so, dass das Nichtmehrdasein dessen, was früher einmal den Sinn des Lebens ausmachte, wenn es dann nur schön genug gesagt wird, doch reicht, und mehr.

Epoche … *Ob also Krieg oder nicht Krieg, gewiß war, daß wir nun allen Ernstes in eine mit Unannehmlichkeiten recht gesegnete Epoche eintraten …*

Das Seil, 128 (139 f.)

– sicher hätte sich das auch 1914 sagen lassen; überhaupt klingt bei Simon (das liegt aber nicht an ihm, das liegt mehr an den Pferden zum Beispiel) sehr vieles so, als redete er von jenem ersten Krieg (in dem sein Vater starb, in derselben Gegend, in der er selber fast gestorben wäre), auch, verwirrend oft, in den Einzelheiten: jener halb wahnsinnige Oberst sieht immer wieder aus wie – und ist im Grunde auch – eine sehr viel frühere Figur (dagegen wirken Ernst Jüngers Aufzeichnungen aus jenem ersten Krieg wie welche aus dem zweiten, vielleicht wegen ihrer gedanklichen Aufgeregtheit, ihrer Suche nach Ideen und Neuigkeiten, nach Ideologien auch – alles Sachen, die Simon völlig fremd sind, vergangen in dem, was da gekommen ist; man stellt sich auch, jedenfalls wenn man Jünger doch gern liest, ungern vor, was er alles aus jenem wahnsinnigen Oberst gemacht hätte, der fast schon erschossen von den mit Maschinengewehren bewaffneten Schützen dieses doch schon zweiten Kriegs in einer entsetzlich unwillkürlichen Bewegung den Säbel hochhält, zu Pferd, und dann tot ist; und hätte Jünger etwas davon wissen dürfen (oder sich das so ausmalen können, denn bei Simon ist diese Version ja die Romanfassung der Realität), dass dieser Oberst in seinen Krieg als Burschen den Jockey mitgenommen hat, den seine Frau gebraucht hatte für die Pferde, die sie haben musste, und mit dem sie dann schlief, und dass vielleicht deshalb der so viel ältere Oberst weiterritt ins Verderben und wenigstens also den Säbel …? – nein, ganz bestimmt nicht (Jünger, man muss das unterscheiden, ist niemals sarkastisch oder zynisch, sondern, wenn er so wirkt, einfach nur, was er immer ist: kindisch; das heißt nicht, dass er uns nicht gerade dadurch klüger machen kann). Später sieht man, dass der Oberst, der sein Regiment vertan, sinnlos hat vernichten lassen, eben deshalb vielleicht den Tod sucht, aber man weiß nicht, ob er nicht vielleicht auch schon einfach ein bisschen verrückt war (verdreht, nicht bloß von heroischem Wahn gepackt, oder von stoischer Arroganz besessen), womöglich verrückt geworden bei dem mit keiner Ehre im Grunde verträglichen Einsicht, das Regiment so vertan zu haben; und immer deutlicher auch, je mehr er verrückt scheint, sitzt er statt auf seinem feinen Pferd auf einem Zugpferd, einem hässlichen Gaul ... – hier drängen sich Arten von Realität ins Bewusstsein, von denen ein Mann wie Jünger, oder von denen jedenfalls die Prosa, die er wollte, unbehelligt blieb).

Epochen ... *schien es doch jetzt eine unumstößliche Tatsache, daß die Geschichte nicht etwa in Jahrhunderte, sondern in kurze Zeitabschnitte von etwa zwanzig Jahren eingeteilt werden müßte, gerade die Zeit für die Couturiers, bei babylonischen Gelagen die Frauen in Laméröhren zu stecken, die Augen grün zu schminken, in ihren Salons kubistische Bilder aufzuhängen, dann alles vor der Pfändung bei einer Auktion zu verkaufen, worauf der Normalzustand der Dinge (der Krieg) wieder einsetzen und die alten, in Kühlhäusern konservierten Generäle unversehrt wieder auftauchen konnten ...* GEORGICA, 119 (121)

– anlässlich des stummen Vorbeiritts eines dürren alten Generals (dem auch die klirrende Kälte nichts auszumachen scheint – jenes Generals übrigens, der sich dann erschießen wird) an der Gruppe der Kavalleristen, die eines Morgens, in jenem ewig langen Winter vor dem einsetzenden Krieg, am Waldrand junge Bäume verbrennen.

Erdrinde ... *Als hätte man das Privileg, vor Millionen von Jahren jener langsamen Drift der Kontinente beizuwohnen, die aufeinander zusteuern – oder sich voneinander entfernen –, eine nicht flache, sondern anscheinend konkave, der Rundung des Erdballs sich anschmiegende, ihr wie angegossene Kruste, als wäre, von der Sonne vergoldet und offenbar öd und leer, ein Stück der Rinde bei ihrer unaufhaltsamen Wanderung überrascht worden mitsamt ihren Ebenen, ihren Bergen, ihren Flüssen, ihren Wäldern, von Bewohnern unberührt, prächtig, beängstigend, von jener gleichsam kosmischen Majestät der allein ihren Gesetzen überlassenen Materie, einander anziehend, abstoßend oder zertrümmernd in wilder, majestätischer Langsamkeit ...* DIE TRAMBAHN, 100 (124f.)

– wenn, nach stundenlangem Flug über dem Meer, sich mit einem Mal die Küste eines Kontinents nähert.

Erinnerung … *(denn er erzählte mir das alles nur bruchstückhaft, nach und nach, und strenggenommen nicht in Form eines Berichts, sondern wenn ihm dieses oder jenes Detail wieder einfiel, ohne daß man je genau wußte, warum – falls man überhaupt je genau weiß, woran es liegt, daß, unerträglich und wütend, weniger die stets irgendwo in der Rumpelkammer des Gedächtnisses verstaute Erinnerung wieder zum Vorschein kommt, als vielmehr, die Zeit aufhebend, die Empfindung selbst, Fleisch und Materie, eifersüchtig, gebieterisch, obsessiv)* …

Der Wind, 196 (175)

– dies anlässlich der Art, in der Montès zum Beispiel unmittelbar von dem todähnlichen Zustand, in dem er ist, als der halb trunkene Maurice, nach der Schilderung seines missglückten Erpressungsversuchs, sein Zimmer verlassen hat, sagt, dass er denken musste, sie habe Glück gehabt, als er (aber das ist am übernächsten Tag) Rose tot vorgefunden hat. – Natürlich denkt und erinnert Simon hier an Proust und dessen hunderttausendmal analysierte Erinnerung, aber eher so, als wolle er nun davon ab jetzt ein für alle Mal nichts mehr hören. Ich könnte mir auch gut vorstellen, jemandem, der mir sagt, er wolle jetzt ein drittes Mal Proust lesen, vorzuschlagen, stattdessen jetzt doch einmal mit Simon den nächsten Schritt zu tun.

Erscheinung … *mit jenem Mädchen das die Lampe am Ende ihres erhobenen Arms hielt, einer Erscheinung gleich: … jene Art sozusagen ventraler Wärme in der sie stand, irreal und halb nackt, kaum oder nur schlecht erwacht, die Augen, die Lippen, all ihr Fleisch aufgedunsen von der sanften Mattigkeit des Schlafs, kaum bekleidet, mit nackten Beinen, trotz der Kälte barfuß in groben nicht zugeschnürten Männerschuhen, mit einer Art gestricktem violetten Schal den sie über ihre milchige Haut zog, den milchigen reinen Hals der aus dem groben Nachthemd ragte, in dieser gelblichen Lache des Lampenlichts das von ihrem erhobenem Arm auf sie zu fließen schien wie eine phosphoreszierende Farbschicht, bis es Wack gelungen war die Laterne anzuzünden, und da blies sie die Lampe aus, wandte sich ab und ging hinaus in die bläuliche Frühe die einem Fleck auf einem blinden Auge glich, wobei sich ihre Silhouette einen Augenblick lang dunkel abhob solange sie im Halbschatten der Scheune stand, dann, sobald sie die Schwelle überschritten hatte, dahinzu-*

schwinden schien, wenngleich sie ihr weiter mit den Augen folgten wie sie sich nicht entfernte, sondern, so hätte man meinen können, zerfloß, sich auflöste in diesem in Wahrheit doch eher gräulichen als bläulichen Etwas das wohl der Tag war, da er ja schließlich einmal kommen mußte … Die Strasse in Flandern, 38 ff. (36)

– das ist dieses Mädchen auf dem Bauernhof, in dessen Scheune die letzte Rast der da noch vorhandenen Reiterschwadron stattfindet (das Pferd stirbt da), und das dann, auch weil es offenbar zwischen zwei Männern aus dem Dorf steht, die Fantasie der Soldaten unaufhörlich erregt, Georges glaubt eine Gardine mit einem Pfau drauf sich bewegen zu sehen, als ob das Mädchen hinter dem Fenster wäre, und so fort, und unablässig wiederkehrend wie alles in dem Buch.

Erzählen *… so daß sicher auch der Bericht, den er mir davon gab, falsch, künstlich war, wie zwangsläufig jeder nachträgliche Bericht von Ereignissen, einfach aufgrund der Tatsache, daß gerade durch das Erzählen die Ereignisse, die Einzelheiten, die Kleinigkeiten ein feierliches, bedeutsames Gepräge erhalten, das sie im Augenblick selbst nicht haben …* Der Wind, 52 (49)

– das ist eine sehr simple, man möchte fast sagen: unbedacht geradlinige Begründung, vergleicht man sie etwa mit der folgenden Argumentation, die nur wenige Jahre vorher Simons literarischer Weggenosse, der viel jüngere Alain Robbe-Grillet geliefert hatte in seinem außerordentlich gründlich konstruierten Roman Die Radiergummis, 1953, wenn es dort (III, 5) von einem, der etwas erzählt, heißt: *Während er sprach, spürte er immer mehr, wie unglaubhaft seine Erzählung wirkte. Vielleicht hing es auch gar nicht an den Worten, die er gebrauchte: andere, sorgfältiger gewählte, hätten vermutlich denselben Erfolg gehabt; man brauchte sie nur auszusprechen, und schon hatte man keine Lust mehr, sie ernst zu nehmen. Schließlich verzichtete Wallas auf jeden weiteren Versuch, gegen die Gemeinplätze anzukämpfen, die ihm wie von selbst über die Lippen kamen; wahrscheinlich waren es gerade die richtigen Worte …*

Erzählen *… so daß er später, als er diese Dinge zu erzählen versuchte, merkte, daß er anstelle des Unförmigen, Wirbellosen eine Beziehung von Geschehnissen hergestellt hatte, so wie ein normaler Geist (das heißt der von jemandem, der in einem Bett geschlafen, sich erhoben, gewaschen, angekleidet, ernährt hat) sie nachträglich* *herstellen konnte, mit kühlem Kopf, gemäß einem feststehenden Brauch vereinbarter Laute und Zeichen, das heißt, die einigermaßen deutliche, geordnete, voneinander unterschiedene Bilder hervorbrachten, während das Ganze in Wahrheit weder klare Formen noch Substantive, noch Adjektive, weder Subjekte noch Objekte, noch eine Interpunktion (jedenfalls keine Punkte), weder eine genaue Temporalität noch einen Sinn, noch Konsistenz hatte, es sei denn die klebrige, trübe, weiche, unbestimmte Konsistenz dessen, was durch jene mehr oder weniger durchsichtige Glasglocke, in der er gefangen war, zu ihm drang …* Die Akazie, 266 (186f.)

– der Satz, aus dem diese kleine poetologische Erläuterung ein Ausschnitt ist, beginnt drei Seiten davor, einen eigenen Abschnitt (den zehnten) eröffnend, und knüpft inhaltlich dort an, wo, einige Abschnitte vorher (im vierten Abschnitt), der Gefreite, also wohl der Autor, nachdem er sein Gewehr weggeworfen hat und lange herumgeirrt ist, die beiden Offiziere trifft und er sich auf eines der beiden freien Pferde setzen darf, die der Jockey führt. Und jetzt wird noch einmal dieser Ritt in den Tod erzählt, um den es viele Jahre davor in der Strasse in Flandern gegangen war (mit dem Unterschied vielleicht, dass der Gefreite, jedenfalls jetzt, hinterher, vielleicht noch nicht als Autor, aber kurz davor, davon überzeugt ist, dass der Oberst verrückt war); diese ganze Passage, und damit dieser eine Satz, in dem das alles, wie jene Erläuterung andeutet, ohne Punkt erzählt wird, endet rund zwanzig Seiten nach dieser Erläuterung, also nach insgesamt gut zweiundzwanzig Seiten. Auf ihn folgen noch, dann ist der ganze Abschnitt zu Ende, zwei oder drei kleine Sätze auf vier Zeilen. Zwischendurch wird noch berichtet, dass der Gefreite, also nicht bloß der erzählende Autor hier, seine Erlebnisse tatsächlich einige Monate später in einem Bordell einem Mädchen zu erzählen versucht, hinterher; es sieht aber so aus, für ihn wenigstens, als ob das Mädchen sich nicht sehr dafür interessierte, immerhin fragt sie ihn, was das Wort Empyreum bedeute, das er gerade verwendet hat, er erklärt es ihr, indem er es durch das Wort Paradies ersetzt, wendet sich dann aber wieder, sie seien sehr hübsch, sagt er, ihren Brüsten zu (ihren Titten, sagt er, wie Paradies für Empyreum).

F

Fabrik *… in einer Kurve der Wagen schwankend schaukelnd sich nach der Innenseite der langen Biegung neigend in deren Mitte im Tal wo die Dunkelheit sich zu sammeln begann eine Fabrik sich langsam um sich selbst zu drehen* schien ein kompliziertes Gebilde von Rohren Stegen Stahltürmen Verstrebungen Würfeln und Schornsteinen das Ganze von rostigem Braun zwischen grünen Wiesen als wäre sie brennend und mineralisch mitsamt ihrer erstickenden Rauchwolke aus der Tiefe der Erde aufgestiegen unter dem dumpfen Tosen zermahlener ausgeglühter langsam vom Gewicht von Millionen und Millionen von Jahren erdrückter Dinge verschlungener versteinerter Wälder Farne Tiere Fische mit Basaltgräten dunkle Trächtigkeit im Leib der wie heißt doch diese riesige Göttin mit den vielen Brüsten aus Lehm und Felsen die dem unersättlichen Vater in Windeln gewickelte Steine gab die Schornsteine langsam im blauen Schatten des Abends ihre weißen Rauchschwaden ausspeiend die sich entrollten kreisten sich wieder ballten einander verfolgten dann zusammensackten in der Horizontalen stagnierten dann verschwand sie der Zug fuhr immer noch das Tal hörte auf …* Die Schlacht bei Pharsalos, 155 f. (161 f.)

* *… eine jener Agglomerationen oder vielmehr Agglutinationen oder auch Archipele von Dächern, wie man sie vom Fenster eines Schnellzugs aus langsam über die grünen Felder hinwegtreiben sieht, auftauchend und verschwindend zwischen den Vorhängen grüner Pappeln, die entlang den grünen, trägen Mäandern wachsen, sicher auch mit dem unvermeidlichen alten Schloß auf einem Felsenhügel und der romanischen Kirche und irgendeiner Fabrik mit langen, niedrigen Werkstätten, zwei oder drei hohen Backsteinschornsteinen mit einer Jahreszahl vom Anfang des Jahrhunderts, die sich zusammen mit der ganzen Stadt wie auf einer Bühne langsam drehen, in der Mitte der langgestreckten Kurve, die der Bahndamm beschreibt …* Der Wind, 80 (73) – so stellt sich der Erzähler die Gegend vor, aus der Montès kommt, irgendwo im Departement Aube oder Yonne, sagt er (früher hatte Montès gesagt, er sei in Eragny zu Hause, tatsächlich gibt es ein Dorf Eragny, bei Gisors, nordwestlich von Paris, das einen Ruhm dadurch hat, dass Pissarro dort wohnte und malte; die Departements Aube und Yonne liegen entgegengesetzt, um Troyes und Auxerre: sodass es sich hier also um eine kleine Mystifikation Simons handeln wird). Später in der Schlacht bei Pharsalos, um die herum und zu ihr hin viel mit dem Zug gefahren wird, gibt es noch eine schöne →Zugfahrt.

Faulkner … *Ein Photo lügt nicht Die Uniform scheint ihm zwar etwas zu groß zu sein aber immerhin … Im übrigen war er ein ausgezeichneter Schütze niemals hat er ein Opossum oder einen Bären verfehlt Auf seine alten Tage liebte er die Hetzjagd Damwild Hirsch Fuchs roter Rock weiße Krawatte Zylinder er sah prachtvoll aus Ich habe diese Art Sport selbst betrieben querfeldein jagen kennen Sie das? Taiaut …au! Taiaut…au! Taiaut…au! Sehr berauschend Sprung über Hindernisse Gräben Bäche Bloß war ich da das Wild das ist eine andere Perspektive es ist …*

Jardin des Plantes, 32 f. (35)

– in dem dort sich bewährenden Sarkasmus dem leicht ignoranten Interviewer gegenüber. Sicher bezieht sich Simon, wo er von Rock und Krawatte und Zylinder redet, auf das wunderschöne Foto, das Cofield 1960 von Faulkner gemacht hat, mit Zügeln leicht in den Händen, fast als säße er zu Pferde, aber zweifellos sitzt er auf einem Stuhl, er sitzt viel gravitätischer als auf einem Bild aus dem gleichen Jahr, auf dem er zu Pferde sitzt; sehr schön sieht er auch im selben Jahr auf einem Foto (das er so wollte) aus, das ihn stehend neben seinem Pferd Tempy zeigt. Das Foto von Cofield mochte er so, dass er unendlich viele Abzüge davon machen ließ, er verstand sich sehr gut mit seiner Eitelkeit. Was das Foto in Uniform angeht, die etwas zu groß zu sein scheine, wie Simon meint, so sieht Faulkner tatsächlich etwas merkwürdig aus, besonders wenn man bedenkt, und auch darauf wird Simon anspielen, dass er da als Leutnant posiert, der er niemals war. Den Schriftsteller Faulkner hat Simon außerordentlich geschätzt, aber wem müsste man das sagen, oder sagen, mit welchem Recht er das tat.

Fernseher … *denn er schaltete ihn, auch er mit gelangweilter Gebärde und Mimik, sofort wieder aus und setzte sich mit jener faszinierenden Sparsamkeit der Bewegungen auf den Rand seines Betts, zog den kleinen Kamm aus einer Brusttasche, fuhr damit mehrmals durch sein Silberhaar, steckte ihn wieder ein, neigte seinen Oberkörper zur Seite, streifte erst einen, dann den anderen Ärmel des Hausmantels ab, ließ ihn unter seine Hinterbacken gleiten, drehte sich dann auf diesen um, schob seine Beine unter das Laken und blieb schließlich, mit immer noch ausdruckslosem Kasperlegesicht, die Augen weit zur Zimmerdecke geöffnet, reglos liegen …*

Die Trambahn, 54 (68)

– der furchtbare Greis neben ihm im Zimmer in der Klinik, bevor Simon dann in das Einzelzimmer kommt.

Filmriss … *wo die milchige Haut allmählich eine rußbraune Färbung annimmt, sich gleichzeitig sternförmig rings um den After fältelnd, den mit einemmal die muskulöse rote Zunge des Mannes, im Halbdunkel fast schwarz, mit ihrer Spitze leckt, genau in dem Augenblick, da der Film sich im Vorführapparat verklemmt und die beiden Protagonisten plötzlich in dieser Pose erstarren, als zöge sich mit einemmal das Leben aus ihnen zurück, die Zeit stillsteht, das Bild, das nur eine vorübergehende Phase darstellte, einen bloßen Anschluß, plötzlich eine feierliche, endgültige Dimension gewinnt, als wären die Personen plötzlich an irgendeine unsichtbare und durchsichtige Wand geworfen worden, gefangen in der jäh festgewordenen Luft, von einem Augenblick zum andern in den Zustand lebloser Gegenstände übergehend, Dinge unter den Dingen, die sie auf der Fläche der Leinwand umgeben und derer sich das Auge, bisher von den beweglichen Formen in Anspruch genommen, nun nach und nach bewußt wird (der zerknitterten Falten des alten Mantels, der winkelförmigen Reliefs des riesigen Rades des Traktors über dem Paar, eines glänzenden Schimmers auf dem blanken Stahl der Pflugscharen), bis, wie um den Eindruck einer Katastrophe zu bestätigen, ein weißer, blendender Fleck erscheint, dessen angesengter Rand sich rasch vergrößert und unterschiedslos die beiden umschlungenen Körper, die Geräte und die Wände der Scheune verschlingt* …

Triptychon, 184f. (195)

Finis 1947 … *Die Zweige gehen durch mich hindurch, kommen aus den Ohren, aus meinem Mund, aus meinen Augen, sie des Schauens enthebend, und der Saft fließt in mir und verströmt sich, füllt mich mit Gedächtnis, mit der Erinnerung an die Tage, die kommen, überflutet mich mit der friedlichen Dankbarkeit des Schlafs.*

Das Seil

Finis 1957 … *Bald würde er von neuem als Sturm über die Ebene brausen, die letzten roten Blätter von den Weinstöcken reißen, die unter ihm sich krümmenden Bäume vollends entlauben, eine entfesselte Kraft ohne Ziel, dazu verurteilt, sich ohne Ende, ohne Hoffnung auf ein Ende zu erschöpfen, des Nachts in einer langen Klage stöhnend, als jammere sie, als beneide sie die schlafenden Menschen, die hinfälligen, vergänglichen Geschöpfe um ihre Möglichkeit des Vergessens, des Friedens: das Privileg zu sterben.*

Der Wind

Finis 1958 … *dann wurde das Geräusch schwächer, es wurde immer leiser, verhallte und überließ den Platz wieder der Stille, dem Frieden der Nacht, in die noch dann und wann, immer seltener, die letzten Tropfen klatschten, und dann schien, obgleich nicht der leiseste Wind wehte, wahrscheinlich ein ganzer Baum zu erschauern, wobei alle seine Blätter einen plötzlichen, letzten Regen abschüttelten, dann fielen noch ein paar Tropfen, und dann, eine ganze Weile danach, noch ein Tropfen – und dann nichts mehr.* Das Gras

Finis 1960 … *und so fort, der Krieg lag ruhig sozusagen friedlich um uns herum, indes vereinzelte Granaten mit einem dumpfen monumentalen und hohlen Geräusch in verlassenen Obstgärten einschlugen wie eine im Wind schlagende Tür in einem leeren Haus, die ganze Landschaft unbewohnt leer unter dem reglosen Himmel, die Welt stand still erstarrt zerbröckelnd sich häutend einstürzend nach und nach zerfallend wie ein aufgegebenes, unbrauchbares Gebäude, preisgegeben der zusammenhanglosen, lässigen, unpersönlichen und zerstörerischen Arbeit der Zeit.*
Die Strasse in Flandern

Finis 1962 … *nur mit einem winzigen, unsichtbaren Riß genau in der Mitte ihres Leibes, aus dem unaufhörlich das Blut in einem dünnen roten Rinnsal sickert; ein paar Tropfen, eine Lache bald, die größer wird, sich langsam auf den Fliesen des unterirdischen Pissoirs ausbreitet, in dessen Gang immer noch, inmitten des erstickenden Gestanks, mit den Rücken an der Wand aus glasierten Backsteinen, die feierlich-steife Reihe von Schuhputzern mit den Rabenflügelfrisuren stehen, ganz (Hemd und Hose) in Schwarz, nebeneinander, geduldig, dienstbereit, fürchterlich und ausgehungert hinter ihren mit Nägeln beschlagenen Kistchen, die antiken, geheimnisvollen kleinen Schreinen, winzigen, lächerlichen Kindersärgen gleichen.*
Der Palast

Finis 1965 … *die in Schwarz verschwunden die zwei Blusen die geraniumfarbene und die grüne jetzt nicht einmal mehr sichtbar*
Das Haar der Berenike

Finis 1967 … *ein gelbhäutiger Herr S. S. Ohashi ihr beim Schreiben zusehend auf einer Ecke des Tisches oder der Theke jener Frau die ihren geheimnisvollen von Spitzen umhüllten Oberkörper aus weißem Fleisch vornüber beugt jenen Schoß der vielleicht mich schon trug in seinem finsteren Tabernakel eine Art gallertartige zusam-*

mengerollte Kaulquappe mit ihren riesigen Augen ihrem Kopf einer Seidenraupe ihrem zahnlosen Mund der knorpeligen Stirn eines Insekts, ich? …

GESCHICHTE

Finis 1969 … *sich fast senkrecht von dem unsichtbaren Boden der Straße aus erhebend, fliegt eine Taube vor der Sonne vorbei, in der Flugphase, in der die Flügel ausgebreitet sind. O. spürt den Schatten der Taube schnell über sein Gesicht streichen, wie ein kurzes Reiben. Er verharrt einen Augenblick in der gleichen Stellung. Nach ein paar Minuten senkt er den Kopf. Jetzt ist nur die linke obere Ecke des Blattes im Schatten. O. schreibt: Gelb und dann schwarz Dauer eines Wimpernschlags dann wieder gelb.*

DIE SCHLACHT BEI PHARSALOS

Finis 1971 … *die faden, verblichenen Farben verschmelzen zu der ältlichen Harmonie einer Damenhandarbeit oder Straminstickerei. Mikroskopische Reste, Staubteilchen, Flaum, zu Spiralen gerollte Haare, Borsten übersäen die rosa, lila, mandelgrünen oder gelblichen Flecken, die an den abgenutzten Stellen gestreift werden von den parallelen, grauen Streifen des freigelegten Gewebes.*

DIE LEITKÖRPER

Finis 1973 … *Man hört die Türen einiger Autos schlagen, die nacheinander anfahren. Am Ende bleibt ein einziges, dessen Türgriffe mit regennassen Tüllschleifen geschmückt sind, am gegenüberliegenden Gehsteig übrig, etwas oberhalb des Kinos, dessen Außenbeleuchtung jetzt erlischt, während die Schließerinnen das Gitter zuziehen und die letzten Zuschauer sich in kleinen Gruppen, die Mantelkragen hochschlagend, den Rücken im Wind krümmend, auf den Gehsteigen entfernen, die bald menschenleer sind.*

TRIPTYCHON

Finis 1975 … *Ihr Hin- und Hergehen und den Stimmenlärm ausnutzend, beugt sich der Mann zu der dritten hin und sagt schnell also abgemacht heute abend hier? Eine Amsel singt im Obstgarten. Um besser sehen zu können, dreht die eine Frau den Schalter an, macht das Licht aber überstürzt wieder aus, als sie die vom Vorarbeiter mit einem Gipsbruchstück auf das Türblatt geschriebene Warnung vor der Gefahr eines Kurzschlusses liest.*

ANSCHAUUNGSUNTERRICHT

Finis 1981 … *noch Obst, weil man sich nicht der Mühe unterzieht, es einzumachen, obwohl mein Vater es sehr gut eingemacht hat, so finde ich weder Linsen noch*

Erbsen noch Bohnen, obwohl sie auf meinen Böden gedeihen können, man unterzieht sich aber nicht der Mühe, welche anzubauen, und da sagen Sie mir, ich sei mit nichts zufrieden, und noch einmal, glauben Sie denn, ich habe so viele Jahre zum Fenster hinauszuwerfen? GEORGICA

Finis 1987 … *vorbei an den kleinen, in Dreiergruppen gepflanzten Kiefern der Befestigungsmauer, wo unter der Reihe der Marmortafeln, exakt ausgerichtet, die einbalsamierten Mumien der ehemaligen Aufrührer mit den Professorenstirnen liegen, den nachlässig gebundenen Krawatten, den hinter ihren Kneifern geschlossenen Augen, ihre Gesichter endlich heiter, friedlich, ihre Lippen nun verschlossen.*

DIE EINLADUNG

Finis 1989 … *Eines Abends setzte er sich an seinen Tisch vor ein weißes Blatt Papier. Es war jetzt Frühling. Das Fenster war in der lauen Nacht geöffnet. Einer der Zweige der großen Akazie, die im Garten wuchs, berührte fast die Mauer, und er konnte die von der Lampe beleuchteten Zweige mit ihren federartigen Blättern sehen, die vor dem Hintergrund der Finsternis leise bebten, die ovalen, vom elektrischen Licht grell grün gefärbten Foliolen, die hin und wieder schwankten wie Federbüschel, plötzlich wie von einer eigenständigen Bewegung durchzuckt, als ob der ganze Baum erwachte, schnaubte, sich schüttelte, und dann besänftigte sich alles, und sie sanken zurück in ihre Regungslosigkeit.* DIE AKAZIE

Finis 1997 … *Ab und zu blinkt die Sonne auf den Metallteilen des Geschirrs (Schnallen, Kandaren, Steigbügel) sowie auf den Sporen, den Glocken der Säbel und den mit einer zu glänzenden Farbe überzogenen Helmen der beiden Offiziere. Um diesen Glanz, der sie dem Feind kenntlich macht, abzuschwächen, haben die beiden anderen Reiter ihre Helme mit Schlamm beschmiert, aber im Film könnte diese grobe Tarnung als unbeholfenes Werk eines um »Echtheit« bemühten Requisiteurs wirken. Man sollte also besser darauf verzichten.*

JARDIN DES PLANTES

Finis 2001 … *Als würde noch etwas anderes als der Sommer endlos im Sterben liegen in der erstickenden Reglosigkeit der Luft, in der noch immer jener Schleier zu schweben schien, den kein Windhauch vertrieb, langsam herabsinkend, mit einem eintönigen Leichentuch den buschigen Lorbeer, die sonnenverbrannten Rasenstücke, die verwelkten Schwertlilien und das mit modrigem Wasser gefüllte Becken unter* *einer ungreifbaren Schicht Asche begrabend, dem ungreifbaren und schützenden Nebel des Gedächtnisses.* DIE TRAMBAHN

Finsternis … *Und dieser Eindruck des Skandalösen, des Verbotenen, den die Dinge erwecken, deren ursprüngliche Bestimmung nicht darin bestand, den Blicken ausgesetzt zu werden, sondern die geschaffen waren, im Dunkel, in der Finsternis zu bleiben. Oder vielmehr Dinge, die selber Finsternis sind, uns erkennen lassen, daß sie nicht schwarz, Abwesenheit von Farbe sind, wie man meint, sondern (wie wenn man die Augen schließt und die Lider zusammenpreßt) Gewalt, Blendung, Glanz: Purpur, Zinnober, Schwefel, Koralle, Amarant, Feuer, Kupfer, Fuchsrot, Türkis, Jade, Bronze: eine dem opaken Herzen der Metalle, der Erde entrissene Pracht …* GESCHICHTE, 122 (130)

Flaubert … *Mit den Schritten der Zeit, den Riesenschritten eines infernalischen Riesen …* JARDIN DES PLANTES, Motto zu Teil IV

Fleisch … *und fand sie dort vor, über den Eimer gebeugt, im Begriff, den nassen Putzlappen auszuwringen, und im Ausschnitt ihrer Bluse konnte er, so sagte er mir, die Schweißtropfen sehen, die in die weiße, perlmuttfarbene Vertiefung zwischen dem Ansatz ihrer Brüste rannen, und jenes Kleid mit den gelben und violetten Blumen auf einem schwarzen Grund, der nicht wirklich schwarz war, sondern von jenem dunklen Grün, das diese billigen Stoffe annehmen, wenn sie verblassen, und unter jeder Achsel zwei große tintenfarbene Halbmonde, und unter dem schlaffen, abgenutzten Stoff jenes Etwas, das unabnutzbar war, so unverwüstlich wie die friedliche Unbesiegbarkeit des von der Zeit, der Ermüdung verstümmelten und geglätteten, aber unzerstörbaren Steins. Und er erzählte mir, daß er all dieses weibliche Fleisch riechen, atmen und das geheime Pulsieren des Bluts unter der durchsichtigen Haut mit den dünnen blauen Adern wahrnehmen konnte, und auch das gleißende Mittagslicht, das durch das offene Fenster drang, mit dem Wind, der den Vorhang aus unechter Spitze flattern ließ, als wären Licht und Wind ein und dasselbe oder vielmehr ein Fehlen von etwas: eine Leere, ein Nichts, eine Art blendendes Vakuum …* DER WIND, 83 f. (76)

– die, fast möchte man sagen: Verwechslung von Fleisch und Stein, und gerade dort, wo man sie am weitesten weg glauben könnte (bei den Brüsten: aber gerade Roses Brüste werden an einer anderen Stelle *marmoriert* genannt), zieht sich, über Statuen leicht und etwas schwieriger vielleicht über Erstarrungen vermittelt, durch weite Partien von Simons fantasierend-beschreibender Prosa, am deutlichsten wohl in der SCHLACHT BEI PHARSALOS; aber auch über Roses Gesicht, kurz vor jener Bemerkung über ihre marmorierten Brüste, heißt es ja, dass es, mit seinen Pockennarben gerade, *sie jenen verstümmelten antiken Skulpturen ähneln ließ, wie man sie auf dem Meeresgrund oder unter Ruinen findet*. Und natürlich ist der Marmor, seit den Griechen und bis zu Canova, das zu den verführerischsten Oberflächen einladende Material, zudem, verglichen selbst mit den schönsten Inkarnaten, mit diesem wirklich uneinholbaren Vorzug des Plastischen ausgestattet.

– Bei Brigitte Kronauer, im BERITTENEN BOGENSCHÜTZEN, 1986, im fünften Kapitel, als der Held wieder aus den Ferien zurück ist, trifft er in einer Zoohandlung seinen Freund mit dessen Frau, der etwas geheimnisvollen Gisela. Es ist warm, ein Sommertag, Gisela hat ein ausgeschnittenes Kleid an, rot, aus dünnem Stoff, und sie beugt sich, in die Hocke gehend, über ein Terrarium mit kleinen Schildkröten, Mathias kann ihr, bequem, heißt es, und ohne dass er das geplant hätte, zwischen die Brüste sehen (die ihm sonst immer nur im Zusammenhang mit ihrer Teekanne einfallen, wenn sie diese in deren Höhe haltend an den Tisch kommt, wenn er bei den Freunden zu Gast ist), er riecht, dass sie schwitzt. Etwas später steht sie an einem Käfig mit Leguanen, auch da geht sie ein bisschen in die Hocke, ihre Brüste drücken sich sehr deutlich aus dem Kleid heraus, und die Augen des Helden wandern nun, heißt es, hin und her zwischen der Weichheit dieses Fleisches und dem Hornschuppenkleid der Leguane; und schon bei den kleinen Schildkröten war auch ein Schweißfleck unter einer Achselhöhle sichtbar geworden. Im sechsten Kapitel umarmen sie sich, fast wie im Traum (eben dieses erste verwirrende ungeplante Mal), und bei sich zu Hause dann, erkältet, fiebernd, nachts allein im Bett, denkt er an alles; er will eigentlich nicht an die frühere Gisela denken, heißt es, und wirklich ist sie jetzt für ihn in der Vergangenheit, das heißt vor jener Umarmung, eine andere lediglich in jenen Augenblicken bei dem Leguan.

Flieger … *dasselbe Organ also, jedoch zusammengezogen, geschrumpft, mühsam aus der eleganten Reithose herausgeholt von einer enthandschuhten Hand mit ihren tauben, eiskalten Fingern, während er, das Gesicht von demselben undurchdringli-*

chen Phlegma, derselben tierischen und kindlichen Befriedigung geprägt, den Körper zu drei Vierteln aus der engen Kanzel aus Leinen und Holz geschoben, mit einer Hand an ein Halteseil oder einen Querholm geklammert, mit über der Brust hängendem Fernglas zusah, wie die Schnur aus goldenen Tröpfchen, vom Wind des Propellers verweht, auseinanderstob und zwischen den schwarzen Flocken der Explosionen verschwand ... DIE AKAZIE, 129 (139)

– aus dem Leben des Cousins von Simons Mutter, jenes Mannes, dessen nahendes Ende (er stirbt an einer Halsgeschwulst) Simon vierzig Jahre vorher beschrieben hat, am Anfang des SEILS.

Flug ... *Im Dunkeln erkennt man im Osten nach und nach eine dünne rosige Linie, die den Himmel vom Wolkenmeer trennt. Sie wird breiter, sich in die Länge ziehend und gleichzeitig die Farbe wechselnd, eine Weile feuerrot, dann lachsrot, reflektiert von der Nasenleiste des Flügels und der abgerundeten Öffnung der Triebwerke. Alles ist grau. Der Lichtschein hat die körnige Schicht der Wolken noch nicht errreicht, deren paralleles und eintöniges Gewoge sich in unabsehbare Ferne erstreckt, ohne ein Loch, ohne einen Riß, unmerklich dahingleitend unter dem Flugzeug, das reglos, metallisch und schwerelos über irgendeinem gasförmigen Planeten zu hängen scheint, über irgendeinem unbewohnten und eisigen toten Stern außerhalb der Zeit ...* JARDIN DES PLANTES, 215 (221)

Fluss, Vögel, Insekten ... *Durch den ausgefransten, fast schwarzen Vorhang, den das Dickicht der Blätter im tiefen Schatten des Gestrüpps bildet, glitzert das Wasser des Flusses, das, bevor es in den Wasserfall schwappt, langsam, blendend zwischen den Inseln aus Tuffstein fließt, den Salbeibüscheln oder den blaßgrünen, wie Halskrausen ausgeschweiften breiten Blättern, die daran hängen. Fast in der Waagrechten heben zwei Zweige einer jungen Eiche, leicht auseinanderstrebend, ihre Blätter vom hellen Lichthintergrund ab. Ihre kurvigen Umrisse zerteilen ihn in Parzellen, die sich ineinanderfügen wie die Teile eines Puzzles ... Ein Eisvogel von dunklem Blau, auf das die Sonne leuchtende Reflexe setzt, schießt dicht über das Wasser, wie ein Pfeil, mit leichtem Flügelschlag den Pflanzeninseln ausweichend, und verschwindet flußaufwärts ... Auf dem ruhigen Wasser, im Schatten, nahe dem Gestrüpp, wo die beiden Knaben kauern, lassen sich spindelförmige Insekten mit langen abgespreizten Beinen langsam treiben, reglos und unwägbar, wie auf der Fläche eines Spiegels liegend, springen dann in einem kurzen Satz ein wenig die*

Strömung hinauf und überlassen sich, wieder reglos, dem fließenden Wasser ... Über der schillernden Fläche des Flusses verharren zwei mit ihren langen Hinterleibern gepaarte Libellen an derselben Stelle, wie an einem unsichtbaren Faden hängend, vom Glitzern ihrer Flügel umgeben ... Irgendwo stößt ein Vogel kurze Schreie aus, materialisiert sich dann auf dem Stengel einer der rosa Blüten, der sich unter seinem Gewicht leicht biegt, er verweilt einen Augenblick schaukelnd, lebhaft seinen Kopf hin und her drehend und senkend. Sein Federkleid ist rauchgrau, seine Brust orange. Ebenso plötzlich wie er sich niedergelassen hat, fliegt er auf, eine Reihe schriller Schreie ausstoßend. Abermals unter dem Aufschwung sich biegend, schaukelt die Blüte noch eine Weile ... TRIPTYCHON, 111 ff. (118 ff.)

– eingebettet sind diese Stellen in die Aktion zweier Jungen, die, nass und angestrengt noch von Sprüngen in das kalte Wasser, vom Abspringplatz aus noch höher klettern, ganz nach oben, an den Fluss vor dem Fall, sich dort verstecken und ein kleines Mädchen belauschen, das sich dort unter einem Hemd den Badeanzug anziehen will und dabei, ängstlich, obgleich sich unbelauscht glaubend, nur von unten kommen Kinderstimmen, von der Badestelle unterhalb des Falls, Teile ihres Körpers enthüllt. Geräusche der Jungen und die Schreie des Vogels erschrecken das Mädchen; plötzlich erscheint dann der Kopf eines dicken angelnden Mannes, der mit einer ebenfalls bislang unsichtbar gebliebenen Frau redet; die Jungen fliehen daraufhin über eine Wiese in ein Maisfeld, in dem sie sich allmählich beruhigen. Dann wieder, als wäre diese ganze Sequenz eingelegt, die andern Personen: eine schwarze Alte, die jetzt mäht, ein Mann und eine Frau auf der dunklen Straße (eben standen sie im →Scheinwerferlicht): der Mann geht weg, die Frau steht an der Tür der Kneipe, hinter deren Fenster schon ein anderer sichtbar war, der jetzt an der Tür ist und der Frau Stück für Stück den Seidenslip aus der Tasche zieht, mit dem sie erst kurz vorher den in den Schlamm gefallenen und dann sich erbrechenden Liebhaber gesäubert hatte; er hält ihn hoch, dann lässt er ihn auf den glänzenden schwarzen Straßenasphalt fallen und zieht oder stößt die Frau, die nicht will und immerzu redet, in die Kneipe; er selber besteigt in einer Seitengasse ein Motorrad und fährt davon, offenbar dem andern nach, den er dann tatsächlich einholt. Dann heißt es: *An dieser Stelle der Erzählung angelangt, die im übrigen ein Kapitel beschließt, unterbricht die Frau ihre Lektüre ...* 119 (126) – die Frau, nackte, leicht zugedeckte liegende Heldin eines Films, die (im Film?) mit einem unsympathischen Mann geschlafen hat, den sie damit zu irgendetwas bewegen will, das ihr oder einem Sohn nützt; der Mann heißt Lambert, er war einmal ein sehr wenig sympathischer Schulkamerad Simons, und so weiter.

Fotografie ... *Auf der anderen Photographie, die ebenfalls mit Magnesiumblitz gemacht ist, ähnelt der bärtige Mann im gestreiften Matrosenhemd, der mit zurückgebeugtem Oberkörper, eine Flasche in der ausgestreckten Hand, auf einem Stuhl sitzt, dem nackten Krieger. Man kann die Staffeleien sehen, die in den Hintergrund des Ateliers geschoben sind, um mehr Platz zu bekommen. Das Licht des Magnesiumblitzes spiegelt sich auf der Oberfläche der an den Wänden hängenden Gemälde und verhindert, daß man erkennt, was auf ihnen dargestellt ist. Links jedoch, wo das Licht nicht senkrecht auf die Wand auftrifft, erkennt man auf einem Bild die Zweige eines Baumes. Ganz links auf dem Photo kann man O.s Gesicht sehen und seinen von dem Tisch abgeschnittenen Oberkörper. Er trägt ein Jackett und eine Krawatte. Neben ihm sitzt ein junges Mädchen mit sehr dunklem Haar und kindlichem Gesicht. Sie trägt ein Kleid aus einem der billigen Stoffe mit rosa und weißen Karos, die Vichy genannt werden. O.s Schulter berührt die des Mädchens. Beide sehen mit überraschtem Ausdruck in die Kamera, die Augen infolge des Magnesiumblitzes weit aufgerissen. Das Bein des jungen Mädchens berührt das von O. Seine Hand liegt auf dem Oberschenkel des Mädchens. Mit einer lebhaften Bewegung zieht diese den Rock etwas hoch und O.s Hand berührt die bloße Haut. Das junge Mädchen sagt Komm gehen wir sie sind alle besoffen* ...

Die Schlacht bei Pharsalos, 188 f. (196)

– Fotografien (ganz am Anfang des Buchs schon, 10 & 16 (12 & 19), zweimal mit dem Magnesiumblitz, das eine Mal ein Atelier mit Mädchen, Charles wieder, wie in Geschichte, das zweite Mal der Ausgang eines Künstlerballs), Bilder immer wieder in den Büchern Simons, und sehr oft wie hier unmittelbar übergehend in die Szene selber, die auflebt (und umgekehrt, als kehrte man aus dem Leben in die Stille eines Fotos ein, etwa hier: ... *die Treppe führt ein paar Stufen hinunter zu einer kleinen, vor einem braunen Samtvorhang offenstehenden Tür. Sobald er die Schwelle überschritten hat, überrumpelt ihn brutal die Kühle, die Stille und das dichte Zwielicht, in das er zögernd hineingeht, als trete er in eine jener alten Fotografien, die auf gedunkeltem, rötlichem, die Halbtöne unterdrückendem Papier abgezogen sind* ... Die Leitkörper, 79 f.

(86)). Im WIND sind der Erzähler und der Held, Antoine Montès, jener so merkwürdig begehrte Idiot, beide Fotografen, und Rose, die Serviererin, die unbewusste Geliebte des Erben, oder ihr Aussehen gibt es nur, und auch das bloß zufällig, denn hauptsächlich fotografiert er Kinder (der Erzähler fotografiert nur romanische Baudenkmäler) auf einem Foto des Erben. Im GRAS dann ist das so ausführlich beschriebene Foto (71 ff. (69 f.)) das Hochzeitsbild Pierres und Sabines, 1910 gemacht, mit einem Dragonerleutnant darauf (de Reixach, nach der STRASSE IN FLANDERN); Sabine ist durch ihre Mama eine de Reixach: auch dort dann dieses Foto; ein Dragonerleutnant, vielleicht derselbe, ist auf einem Foto zu sehen, das bei einem Pferderennen oder in einem Garten aufgenommen ist, zusammen mit Simons Mutter und dem Onkel Charles, *in der eleganten und parfümierten Menge von Toten, Frauen in jenen mit Spitzen überladenen hellen Kleidern, die in der Sonne so hell strahlen, daß sie auf dem Foto zu phosphoreszieren scheinen*, GESCHICHTE, 59 (63), und daneben den jungen Lebemännern des Südens, und es weist deutlich, mit den beiden sonderbar aus Paris bekleideten Schwestern aus der Provinz, voraus (wie eben zurück auf das Hochzeitsbild in GRAS, es sind eben dieselben Fotos, wenn man so sagen darf, nur in verschiedenen Biographien, erfundenen, wahren, gesetzt es gibt da große Unterschiede) auf die dann später öfter beschriebene Fotografie dieser Hochzeit (eigentlich also der Hochzeit der Eltern Simons); später, als Louise von ihrem Treffen mit dem Geliebten zu spät zum Essen ins Haus zurückkommt, haben für sie die aus dem hellen Zimmer sie anstarrenden Gesichter etwas wie von einem brutalen Fotoblitz Überraschtes (DAS GRAS 135 (128)): als wäre ihr Auge also das der Kamera – das ist eine fast verwirrende Metapher in diesem Falle einer im Grunde selbst Überraschten, ja Ertappten, wie sie da zu spät von ihrem heimlichen Rendezvous kommt (verwirrend auch deshalb, weil hier das Foto, Bild doch selber, zum Bild wird); dann das Foto von 1896, das Louise zufällig findet (240 ff. (223 ff.)): Pierre, ein knochiger kleiner Junge, zu Hause bei Maries Vater, und irgendwo auf dem Foto ein junger Mann auf diesem verstohlen in den Notizheften aufbewahrten Foto: der wäre es also für Marie gewesen, sagt sich Louise, und es ist nichts daraus geworden, und jetzt stirbt sie da oben im Haus.

Für Begebenheiten aus Zeiten, in denen es noch keine Fotos gab, für den Tod des Vorfahrs de Reixachs etwa, in der STRASSE IN FLANDERN, tritt an die Stelle des Fotos eine Gravüre, ein Fotoersatz (Ersatz in dem Sinne, in dem etwa für viele das Radio ein Ersatz des Fernsehens war), wie später noch öfter; und zwar, anders als oben, wo die Leute aus dem Foto, das zum lebenden Bild wird, heraustreten, gerinnt hier eine Erzählung, von der ohnehin die Frage ist, ob sie nicht bloß auf Vermutungen, Erfindungen sogar beruht, zu einer darum auch nur vorgestellten, erzählten Gravüre (offenbar lassen sich Gravüren, die ja, als Genrebilder, meistens vorgegebenen Mustern folgen, sehr viel leichter, sehr viel natürlicher – da selber eben bloß Erfindungen – erfinden als Fotos, die zur Realität ein ganz anderes Verhältnis haben), erzählt auch deshalb, weil sich diese Szenen, in denen die Gravüre vorkommt, unter den Soldaten abspielen, im Lager, auf dem Transport etwa, es gibt dort keine Bilder, man kann sie nur erzählen, hier auf der Ebene des Erzählten; im Palast, als der sonderbare Italiener dem Studenten im Zug nachts seinen Mord an dem Mann in Paris schildert, wird der Schluss dieser Tat, 76f. (93f.), wird besonders der zeitschnellste Teil der Sache, das Hinausstürzen des Täters aus der Tür, als eine Zeichnung dargestellt, also eher als Stillstand (der Inbegriff) der Zeit, der aber als Wahrheit deutlich zu erkennen, für den Täter deutlich abzulesen ist an dem kaum veränderten Moment, als er, im Hineingehn, nahebei am Straßenrand das Taxi hat halten und den ausgestiegenen Mann (die beiden Frauen sind schon ausgestiegen) sich zum Zahlen noch hat hinabbeugen sehn, und als er dann, beim Hinausstürzen, den Mann sieht, denselben Mann, der gerade nur bezahlt hat, während die beiden Frauen eben durch die Glastür ins Theater hineingegangen sind; das Innere des Restaurants, empfindet der Italiener, habe aus keiner Leere bestanden, wie sonst Räume, sondern aus einer dichten, widerstandsfähigen Materie, die Luft habe sich ihm widersetzt, sie sei wie aus Blei gewesen (oder eben die Zeit ist anders, hat einen andern Aggregatzustand, der das Abbilden erstarren lässt, und egal weshalb, also egal, was es ist, das diese Zustandsänderung bewirkt – bei dem Italiener ist von dem *unausdenklichen Grauen, dem unausdenklichen Fluch* die Rede, *der die Welt beim ersten Mord versteinert*, und so die Luft in Blei verwandelt habe; möglich aber wohl auch, dass ein Klopfen an der Tür Liebende bei der →Liebe erstarren lässt); überaus klar und schön dabei 78 (95) das Aneinanderstoßen zweier Zeiten, als der Täter draußen eben noch halb jene drei Leute sieht, den das Taxi zahlenden Mann mit den beiden Frauen, und dann sozusagen zur Tat schreitet, durch die Drehtür in das Restaurant: *wobei der Student es sich vorzustellen versuchte: nicht ihn, wie er sich gegen sein Spie-*

gelbild in der Drehtür stemmte, sondern diese Schwelle, diesen Moment, diese hauchdünne Haut, diese unsichtbare Scheibe Zeit, die zwei Welten voneinander trennte (nicht die Straße von einem Speiselokal, sondern die vertraute Welt, die vertraute, mütterliche, von Neonröhren und Werbetexten für Schwachsinnige gestreifte Nacht von der Welt des Wagnisses, der Gefahr und der Gewalt) und durch die er nun hindurcheilte …

Dann also GESCHICHTE, und hier, nach der Reihe der nach den Tageszeiten geordneten Ansichtspostkarten 250 ff. (266 ff.) ausdrücklich davon abgesetzt ein wirkliches Foto (auch vorher natürlich schon welche), nämlich Charles im Atelier wohl jenes Holländers Van Velden (aus dessen Haus in Spanien die letzte Postkarte gekommen war), offenbar mit einem Selbstauslöser gemacht, beschrieben also mitsamt dem Vorgehen beim Fotografieren, den Fehlern bei zu langer Belichtungszeit und so weiter, und Charles, 255 (271 f.), als … *jungfräulicher Heranwachsender, obwohl es damals an die fünfunddreißig Jahre her sein mochte, daß eine Frau ihn zur Welt gebracht hatte, und wahrscheinlich fünfzehn oder achtzehn Jahre, daß eine andere Frau – mit dem gleichen Teil ihres Körpers, obwohl umgekehrt verwendet, wenn dieser Ausdruck gestattet ist – ihn gewissermaßen (ihn anleitend, mit ihrer mütterlichen und präzisen Hand ihn eindringen lassend) in die Welt der Erwachsenen eingeführt haben mußte* …, Charles, dazu das nackte Modell (… *etwas Weißes und etwas Schwarzes: eine Hüfte, der Schatten zwischen den Schenkeln, die Höhlung einer atmenden Leiste: etwas Ungewöhnliches: diese Mattheit, dieser Glanz, diese erahnte Wärme, diese harmlose und erschreckende Reglosigkeit einer Falle* … – so, 256 (273), muss sie ihm vorgekommen sein, ehe er sich abwendet, sie nur noch ganz am Rand seines Gesichtsfeldes hat, … *wo die Dinge nur noch in Form vager, undeutlicher Flecken erscheinen, dergestalt, daß das Auge die schicksalhafte Aufeinanderfolge (oder Reihe, oder Aufzählung) der Teile nicht sieht, sondern sich eher an sie erinnert – Haar, Schultern, Brüste, Hüften, Bauch, Schenkel, der als Hintergrund an der Wand drapierte alte Vorhang und die tunesische Decke – nicht in ihrer eintönigen Ordnung, sondern als Kombination, als schattiges und blinkendes Geflecht von Lichtern und Linien, in dem die zersplitterten, getrennten Elemente sich gemäß der unerbittlichen Unordnung des Gedächtnisses neu zusammensetzen* …, 257 (273)), und alles jetzt durcheinander eben nach irgendwelchen unbekannten Gesetzen des Wahrnehmens und Erinnerns, gemixt mit den Bewegungen des Auges, und so weiter (… *der Geist (oder vielmehr: wiederum das Auge, aber nicht mehr nur das Auge und noch nicht der Geist: jener Teil unseres Gehirns, wo die Art Naht, der hastige und grobgestichelte Heftfaden verläuft, der das Unnennbare mit dem Benannten verbindet) …*, 258 (274)): und dies alles nun, Subjekt und Objekt in eins, oder zusammengefasst für uns, zu einem neuen Bild komponiert, das wiederum uneinheitlich sowohl eine Realität abbildet wie zu einem halb abstrakten Gewirr wird, das eine ganz andere Realität geworden ist, ein Bild, ein Text, irgendetwas; dann wieder die Fotografie, vor allem mit der so erstaunlich geheimnislosen jungen Nackten (*… ihre friedfertige und banale Nacktheit war so bar jeden Geheimnisses, daß ihr jene Art Geheimnis zweiten Grades entströmte, das sich jenseits des Fühlbaren, Sichtbaren verbirgt, das erschreckende, unlösbare, schwindelerregende Rätsel wie jenes, das der Fels, die Wolke stellt, und der bestürzte Geist sagt: »Ja? Einfach nur Kiesel, Kalk, Wassertröpfchen? – Aber was noch? Nichts als Haut, Haare, Schleimhäute? Aber was noch? Was noch? Noch? Noch? Noch?«, indes das Auge zum tausendsten Mal hartnäckig auf die schlechte Fotografie starrt …* 266 (283)). Und am Ende der Geschichte dann, 369 (390), eine Art Aufhebung selbst noch der fotografischen Irrealität, wenn es, über ihn und die Frau am Zug, als sie sich verabschieden, heißt: *… alles abgeschlossen geronnen die geronnene Zeit Ich vermute daß wenn damals jemand ein Foto gemacht hätte man uns beide deutlich hätte sehen können …*

Freiheit *… und der Student dachte: »Das gehört sicher dazu. Auch das. Genausogut wie freie Menschen nicht fortfahren können, den Dreck der anderen von der Straße zu fegen. Denn, wenn er mit diesem Wagen, den er nicht kennt, nicht mit hundertzwanzig Sachen fahren könnte, ohne sich umzubringen, hätte es sich gar nicht gelohnt, sein Leben aufs Spiel zu setzen, als er in die Garage eindrang, um ihn zu beschlagnahmen. Also mußte eben auch dies möglich sein. Alles …«*

Der Palast, 67 (83)

Friseur *… Denn er gehörte zu jenen Typen, die man sich in neuen Kleidern ebensowenig vorstellen kann (eines Tages vertraute er mir übrigens an, einen neuen Anzug zu tragen sei für ihn eine Qual) wie mit einem frisch gewaschenen Gesicht oder tags zuvor geschnittenen Haaren (einmal traf ich ihn, als er gerade vom Friseur* kam, und er sah aus, als hätte man ihn verstümmelt, amputiert, so etwas wie ein Attentat auf ihn verübt, ihn mißhandelt, bevor man ihn wieder losließ und auf die Straße schickte, nackt, wehrlos, verwundbarer und entblößter denn je) …*

Der Wind, 43 (41)

* in seinem Katalonienbuch (das Simon in seinen GEORGICA so ausgiebig referiert) meint Orwell einmal, ziemlich am Anfang, Friseure seien alle Anarchisten, jedenfalls schreibt er über die Friseure in Barcelona dies: *In den Friseurläden hingen Anschläge der Anarchisten (die Friseure waren meistens Anarchisten), in denen ernsthaft erklärt wurde, die Friseure seien nun keine Sklaven mehr.* – Julian Tuwim schreibt ungefähr in diesen Jahren in seinem Gedicht über die Friseure: ... *Friseure tanzen, schreien und hängen frei in der Luft und fliegen hoch als Engel im himmlischen Spiegelblau* ... – ich glaube nicht, dass das viel zu bedeuten hat, wollte es aber auch nicht verheimlichen –

– die Beschreibung Simons gilt dem sonderbaren Helden des Buchs, Montès, der einmal dem Erzähler des Buchs erzählt, er habe zu Hause völlig abrupt mit einem Mädchen an dem Tag gebrochen, als ihm klar geworden sei, wie unerträglich er es finden würde, sie irgendwann einmal mit einer andern Frisur als jener zu sehen, mit der oder unter der er sie kennen gelernt hatte. Und als Montès Roses Kinder zum letzten Mal sieht, in dem Fürsorgeheim, in das man sie transitorisch gebracht hat nach dem Tod Roses, da hat man ihnen dort die Zöpfe abgeschnitten, um die Rose ihnen immer bunte Bänder gebunden hat, sie hatte davon eine Unmenge.

Frösche ... *Sie kann seinen Geruch nach Zigarre, nach Tabak wahrnehmen, sie hört den ohrenbetäubenden Chor der Frösche im Tümpel sie denkt was so kleine Tiere sie kann die zarte grüne und so feine Haut der Hälse unter den breiten Mäulern anschwellen sehen sie fühlt seine Hand auf der ihren. Die Anhöhen zeichnen sich mit den Baum- und Heckenwülsten als schwarze, gewellte Linien auf dem rotbraunen Himmel ab, an dem nur einige Sterne leuchten. Sie nimmt ihre Hand vom Gatter, sie fühlt seine Hand auf ihrer Schulter, die Frösche haben eine schwarze Stimme* ... ANSCHAUUNGSUNTERRICHT, 73 (94)

– ein Detail aus der großen nächtlichen Verführungsszene am Gatter mit den Kühen dahinter; erst aber eben die Frösche.

Frühling ... *rußgeschwärzte Gußeisenplatte* ..., *die sich hinter der Feuerstelle befindet. Er entziffert langsam das in Reliefbuchstaben geschriebene Wort* FRÜHLING, *das von einer die Platte schmückenden Gestalt in zwei Hälften geteilt wird. Trotz der dicken Rußschicht erkennt man gerade noch eine Frau in einem langen*

Kleid mit aufgebauschtem Rock inmitten eines Dekors, dessen Elemente (Balustrade, Terrasse, Vogel) an einen Park oder einen Garten erinnern ... Unbeteiligt und nutzlos in dem dunklen, geharkten Park scheint die von den Flammen geschwärzte junge Frau regungslos zu schweben, ohne die Erde zu berühren, den Boden mit ihrem weiten, luftigen Rock nur streifend, und wirkt, durch die Rußschichten verwischt, wie die feuerbeständige und paradoxe Bewohnerin einer unterirdischen Welt voller Kohle und Blumen ... ANSCHAUUNGSUNTERRICHT, 67/86 (86/110)

– diese Feuerplatte entdeckt der Munitionsträger in dem Zimmer, aus dessen Fenster sein Scharfschütze die Gegend beobachtet. Das Wort Frühling steht auf Deutsch auf der Platte, woraufhin, in einer Diskussion zwischen dem Munitionsträger und dem Ladeschützen, nachdem der Scharfschütze das Problem erklärt hat, der Munitionsträger (alles Franzosen also, im Krieg gegen die Deutschen) Folgendes erwägt: *... also mit welchem Recht sind wir dann hier was haben wir in diesem verfluchten Unglücksnest verloren wie die Idioten warum verduften wir nich verflucht was geht mich dieses Nest an und wenn es dann womöglich ihrs ist soll ich mich etwa für ein Kaff erledigen lassen das nich mal zu uns gehört aber im Ernst?* (67 (87))

Fuß ... *Sagte lachend sie könne für ihre großen Füße keine passenden Schuhe finden bat um die Erlaubnis sie auszuziehen und hob ihre Beine auf das Sofa Durch das offene breite Fenster konnte man in der Ferne einen hohen Fabrikschlot aus Backsteinen sehen der sich gegen das Dunkelgrün eines mit Kiefern bestandenen Hügels abhob Ihre nackten Füße waren lang und muskulös die Nägel schimmerten in einem Perlmuttlack der sie heller wirken ließ als die an den Seiten etwas rosige an den Fersen leicht orangegetönte Haut ...* JARDIN DES PLANTES, 118 (123)

Fuß ... *an mir vorbei ein Fuß den ich im Halbdunkel zwar kaum erkennen konnte aber von derart starker wenngleich flüchtiger Präsenz (ganz nah an meinem Gesicht auftretend um sofort wieder zu verschwinden von der Finsternis verschluckt) daß er irgendeiner Meeresgottheit anzugehören schien nicht so sehr muskulös als vielmehr knotig von Salz zerfressen umrandet mit einer Hornhaut von lebhaftem Rosa und endend in gelblichen gerillten und brutal viereckig geschnittenen dicken Nägeln das Ganze gleichsam ein Eigenleben führend unter dem Körper irgendeines unsichtbaren Riesen ...* DIE TRAMBAHN, 58 f. (73 f.)

Fuß … *aber obwohl man die Kinder sofort weggeschickt hat, sehe ich noch heute diesen Fuß und seine fahle Haut, gleichsam verbeult und mit ockergetöntem Rosa umrandet, einen Fuß mit dicken Nägeln aus vergilbtem Horn, aus dem ein Blutstrom floß, der sich zuerst wie Rauch schlängelte, dann das Wasser in der Schüssel völlig rot färbte, indes eine beinahe kindliche Klage aus den schlecht rasierten Lippen des Mannes drang, den zwei andere schlecht und recht auf einem Stuhl festhielten …* DIE TRAMBAHN, 78 (98)

G

Gedächtnis … *Als würde noch etwas anderes als der Sommer endlos im Sterben liegen in der erstickenden Reglosigkeit der Luft, in der noch immer jener Schleier zu schweben schien, den kein Windhauch vertrieb, langsam herabsinkend, mit einem eintönigen Leichentuch den buschigen Lorbeer, die sonnenverbrannten Rasenstücke, die verwelkten Schwertlilien und das mit modrigem Wasser gefüllte Becken unter einer ungreifbaren Schicht Asche begrabend, dem ungreifbaren und schützenden Nebel des Gedächtnisses …* DIE TRAMBAHN, 113 (141)

– erinnernd an das Buch davor, an eine Stelle im Interview, das Simon dort dem Journalisten gibt, auch dort dieser →Nebel.

Gegenleistung … *so wie auch der Staat, der ihn unterhielt, gewissermaßen einen Vertrag mit ihm abschloß, nach dessen Ablauf das einzige, was man als Gegenleistung von ihm verlangen würde, wenn er einmal unempfindlich geworden wäre gegen die Müdigkeit, geübt in der Handhabung der Waffen und fähig, den Leitfaden des Unteroffiziers im Feld auswendig aufzusagen, nicht so sehr darin bestünde, zu kämpfen, ja nicht einmal, zu sterben, sondern es auf eine ganz bestimmte Weise zu tun, das heißt … zwanzig Jahre später lediglich dazustehen, weithin sichtbar, mit den in der Sonne blinkenden Tressen seines Käppis, seinen nutzlosen Feldstecher in der Hand, und geduldig zu warten, bis ein Stück Metall ihm den Kopf durchlöchert …* DIE AKAZIE, 71 (77)

– Simons Vater, in der Militärschule Saint-Cyr.

Geliebte … *Von dem Bett aus, in dem er neben der Frau liegt, kann man nur wenn man sich aufrichtet die Wipfel der vom Winter entlaubten Bäume des Parks sehen, eine braunviolette Masse bildend. Sie sind noch außer Atem. Die Frau hat lange Schenkel. Die untergehende Sonne spiegelt sich in den Scheiben an den Ecken der hohen Gebäude, die den Park im Westen säumen, und scheint wie schmelzendes Gold zu brodeln. Nach einer Weile sagt die Frau: Aber ich bin doch bloß deine Geliebte. Er sagt: Aber du hast den besseren Teil. Sie sagt: Aber ich bin doch bloß deine Geliebte. Er sagt: Aber du hast den besseren Teil. Sie sagt: Aber ich werde immer bloß deine Geliebte sein. Er sagt: Aber du hast den besseren Teil. Sie antwortet nicht …* JARDIN DES PLANTES, 257 (265 f.)

Geschichte … *Dann dachte er, daß es umgekehrt wäre, daß die Geschichte im Begriff war, sie zu fressen, Pferde und Menschen wahllos bei lebendigem Leib zu verschlingen, ganz zu schweigen von den Geschirren, den Sätteln, den Waffen, sogar den Sporen, in ihren unempfindlichen, unverwüstlichen Straußenmagen aufzunehmen, in dem die Verdauungssäfte und der Rost es übernähmen, alles, einschließlich der Sporenrädchen mit den spitzen Zähnen, in einen gelblichen klebrigen Brei von der Farbe ihrer Uniformen zu verwandeln, der nach und nach assimiliert und am Ende in Form von Exkrementen ausgeschieden würde durch ihren runzligen After einer alten Menschenfresserin …* DIE AKAZIE, 225 (242 f.)

– es sieht nicht so aus, als gäbe es so etwas wie Geschichte (in einem irgendwie emphatischen Sinne) für Simon; vielleicht gibt es Geschichte in einem emphatischen Sinne nur für die, die aus ihr (also genauer: aus der eigenen Geschichte, das heißt: ihrer Gegenwart) doch nichts gelernt haben.

Giacometti … *und der müde, trübe, ja tote Blick des Schulmeisters verharrte noch einen Moment auf ihm und wandte sich dann ab, verließ ihn, und die Augen waren jetzt ganz leblos im Netz einander kreuzender Falten, die feinen Narben, Einschnitten glichen, als ob irgendeine gewalttätige, zerstörerische Hand schon begonnen hätte, ihn auszuwischen, durchzustreichen, sein Gesicht hinter einem Gitter wütender, tiefer, unerbittlicher Striche verschwinden zu lassen, es zu vertilgen, zu vernichten …* DER PALAST, 170 (208)

Gleichgewicht … *Als wäre sie … auf schwindelerregende Weise zum Anfang der Zeit zurückgekehrt, in ein ursprüngliches Eden, einen ursprünglichen Naturzu-*

stand entrückt worden, an der Seite des Mannes mit dem wilden Bart, umgeben von domestizierten Schlangen und ebenfalls domestizierten Wilden ... während sie in einem Korbsessel saß, die Hand auf dem Rücken des Haushundes, lächelnd, als hätte der Fotograf jenen flüchtigen Augenblick der Reglosigkeit, des Gleichgewichts eingefangen, in dem sich die Trapezkünstlerin, auf dem Höhepunkt ihrer Flugbahn angelangt und bevor die Gesetze der Schwerkraft von neuem von ihr Besitz ergreifen, gewissermaßen in einem Zustand der Schwerelosigkeit befindet, befreit von den Zwängen der Materie, so daß sie einen Augenblick lang glauben kann, sie werde nie wieder hinunterfallen und bleibe für immer so hängen im gleißenden Licht der Schweinwerfer über der Leere, über dem Dunkel ... DIE AKAZIE, 135 f. (146)

– Simons Mutter, irgendwie im fernen Ausland, Madagaskar, Tananarive, während jener drei oder beinahe vier Jahre zwischen der Heirat und dem Tod des Manns.

Gletscher ... *(derjenige der tot war und derjenige der sich fragte ob es nicht besser wäre wirklich tot zu sein da man das wenigstens nicht wüßte) gefangen, eingesperrt in jenem reglosen und zugleich beweglichen Etwas das unter seinem Gewicht langsam die Oberfläche der Erde abschliff (und vielleicht war es das was Georges immerfort wahrnahm, so etwas wie ein Schlittern, ein unmerkliches, monströses und stetiges Schaben hinter dem leisen geduldigen Getrappel der Hufe: dieses olympische kalte Vorrücken, jenen langsamen seit dem Anfang der Zeiten sich voranschiebenden Gletscher der alles erdrückte, zermalmte und in dem er sie zu sehen meinte, sich selbst und Blum, steif und durchfroren, mit ihren Stiefeln, ihren Sporen, auf ihren erschöpften Mähren hockend, unversehrt und tot in der Menge der Phantome auch sie aufrecht in ihren Kostümen mit den lieblichen verschossenen Farben alle mit derselben Geschwindigkeit vorrückend wie ein erstarrter Zug von Puppen ruckartig auf ihren Sockeln schwankend, gleichförmig eingehüllt in jene graugrüne Dichte durch die hindurch er sie zu erraten, näher zu bestimmen versuchte, sich in den grünen Tiefen der Spiegel endlos wiederholend) ...*

DIE STRASSE IN FLANDERN, 295 f. (257)

Grab ... *eine Decke um seine alten, von Krampfadern durchzogenen Beine geschlungen, und jene Tote unter dem im Talgrund errichteten Stein, die Lippen, der Hals, der zerbrechliche Busen, der feuchte, zarte Spalt, in den er sich so viele Male ergossen hatte, alles längst zerstört, nur noch verweste Lumpen um Gebeine, um das Nager-*

gebiß mit gebleckten Zähnen, das Grabmal, das einfache Mausoleum im antiken Stil mit dem melancholischen Epitaph (und das bereits darüberwuchernde Moos, die samtigen, schwarzen Flecken, die die eingemeißelten Buchstaben, die marmornen Namen, halb verdeckten: Sparta, Griechenland ...), nicht sichtbar von jener Terrasse aus, wo er nun bei lebendigem Leibe verfiel, Tag für Tag etwas spürte wie Würmer, die schon am Werke waren, ihn heimtückisch zu zerstören, und über die Ulmenallee hinweg, unterhalb der Wiese, auf der die anmutigen, zarten Schemen der Fohlen trabten, konnte er die silbrigen Wipfel der rings um das Grab gepflanzten Pappeln und das unaufhörliche Zittern der blassen Blätter erblicken und ihr schwaches Rascheln, ein Knistern wie von Seide, vernehmen, wie ein endloser Schauer, ein friedlicher, fröstelnder, melancholischer Protest ...* GEORGICA, 362f. (366f.)

– eines Tages (GEORGICA, Kapitel III) ist dann Simon dorthin gegangen, an das längst verkommene Haus, eine Greisin wohnt noch da, ein Traktor steht am Haus, ein Autowrack, und ein Idiot, der offenbar mit im Haus wohnt, nimmt sich seiner an, führt ihn an der längst eingestürzten Terrasse lang hinab zum Bach Callèpe, hinab als wäre dies der Fluss der Unterwelt (und er ein gezwungener Orpheus), schleppt ihn, unablässig vor sich hinbrabbelnd, hinab, immer weiter hinab, sodass, schreibt Simon, *so daß die beiden bis zum Knöchel durch die Pfützen der letzten Regenfälle wateten, zusammen ausrutschten, sich wieder fingen, wobei jene flüssige, eiskalte Mischung aus Wasser und Schlamm jetzt bei jedem Schritt in den Schuhen blubberte, und an schwierigen Stellen schrie der Idiot Hohee! ... Hooo! Hohee ..., wie man Tiere anfeuert ...* – dann sind sie angekommen, ganz unten, und Simon: ... *so stand er nun da und sah zu seinen Füßen den am Boden knieenden Idioten ...* und dann liegt da unten das Grabmal, das Epitaph: flechtenüberzogen, und der Idiot liest, mit seinen kratzenden Fingern eigentlich, und dabei brabbelnd, und auch wieder, als kennte er die fast unlesbaren Wörter auswendig: MARIANNE ... DEN SCHÖNEN TAGEN GRIECHENLANDS ... und Simon schreibt: ... *dann ließ er die Hand mit den vierschrötigen, schaufelartigen Fingern und schwarzen Nägeln eine Zeile nach unten gleiten, bewegte sie erneut von links nach rechts, von einem Wort zum andern,* IN SPARTA *(der Regen fiel noch immer, vielleicht etwas fester, dichter, noch immer geduldig, unendlich, und die Talhänge jenseits der fast entlaubten Zweige der Espen, nunmehr grau verhangen, wichen zurück, verschwanden gänzlich, als befänden sie sich im Mittelpunkt eines Raumes ohne Grenzen, ohne Konturen) ...* und der Idiot liest weiter: WÄRE MIT STOLZ GENANNT WORDEN ... SIE HÄTTE

... in jedem Land, ob Schäferin oder Prinzessin ... zog alle Blicke ... alle Blicke ... und gleiches wurde ihr zuteil ... sie kam zum Callèpe ... und hier ihr Sarg ... – *und der Regen, der nun dicht fiel,* schreibt Simon, *floß jetzt über das zugleich sanfte und bestialische Gesicht, das zu ihm aufsah, verkrampft, schmerzvoll (und gleichzeitig strahlend, wie von Stolz und Glückseligkeit erleuchtet), schlängelte sich in langen Rinnsalen über seine Wangen, wie Tränen, sammelte sich zu glitzernden Tropfen, die einen Augenblick lang am schlechtrasierten Kinn hängenblieben und zitterten, bevor sie abfielen ... und der Besucher sah ihn sich erheben und mechanisch die feuchten, dunklen Flecken abwischen, die seine Kordhose an den Knien aufwies; dann ließ er seinen Blick noch einmal über das Tal schweifen, über Bach, Espenwäldchen, die noch grünen, vom Gold der herabgefallenen Blätter gepunkteten Wiesen, die der Wind am Fuß der Weißdornhecken zusammengetrieben hatte ...* – und geht – aber er ist besser dran, besser als damals Orpheus, der dann allein war (von dem General geschwiegen), die Frau, die er liebt, wartet oben, und er wird ihr, wird uns das alles erzählen –

* *peuplier*, Pappel; 30 (32), bei der ersten Erwähnung des Grabs und der →Terrasse, ist, jedenfalls in der deutschen Übersetzung, von Espen die Rede, das ist an sich kein Problem, Espen sind Zitterpappeln; französisch steht dort aber (und auch noch einmal für die Zitterpappeln 374 (379)) *carolins*, kein gewöhnliches Wörterbuch hilft da weiter, aber in alten Lexika, bei Pierer etwa, 1840, taucht eine aus dem südlichen Nordamerika, den beiden Staaten Carolina wohl gegen Ende des 18. Jahrhunderts (nach manchen Quellen kurz nach 1730, nach andern um 1765) nach Europa eingeführte sogenannte Karolinische Pappel auf, *populus angulata* oder *populus carolinensis*, wobei Letztere die männliche Art der zweigeschlechtlichen Pappel ist, und es heißt von ihr dort, sie sei einer der schönsten Bäume: sodass man sich leicht vorstellen kann, dass der liebende trauernde Revolutionsgeneral im Jahre 1790 genau diesen jungen schönen überdies schnell wachsenden Baum um das Grab seiner Frau hat setzen lassen. In großen französischen Wörterbüchern, etwa im Trésor de la langue française, 1977, taucht *carolin* als regionale südfranzösische Bezeichnung für eine bestimmte großblättrige Pappel auf, ein in diesem Zusammenhang belegweise zitierter Vers des Dichters Francis Jammes (eines Freundes von Gide, herkommend vom Fuße der Pyrenäen) redet vom Wind, der um ein Kloster weine in den *tristes rameaux de peupliers carolins*; im zehnbändigen Grand Larousse de

La langue française wird François Mauriac (aus Bordeaux stammend, Weinhändlerssohn) zitiert, er will im Efeu der Carolinen Drosseln gehört haben. Was die Großblättrigkeit dieser Pappelsorte angeht, und besonders die der carolinensis, denn die angulata hat etwas kleinere Blätter, so ist sie wirklich, ich habe mich bei dem Obergärtner des botanischen Gartens in Tübingen erkundigt, eines der Hauptmerkmale dieser Pappel (von der es übrigens kaum ein Exemplar in den deutschen botanischen Gärten gibt, allenfalls von angulata, etwa in Mainz, das Exemplar in Hohenheim hat der letzte Sturm umgeworfen); schon die ihr ähnlichste der gewöhnlicheren Pappeln, populus balsamifera, unter deren einem Exemplar in Tübingen ich dann bewundernd gestanden habe, hat für unsere Pappelbegriffe sehr große Blätter, so große, dass man ihnen kaum noch jenes Zittern zutrauen möchte, für das die Espen berühmt sind, diese Zitterpappeln: mit deren Namen aber eben in der deutschen Übersetzung Simons gleichwohl die Simonschen *carolins* benannt sind – andererseits ist aber eben im Text Simons gleich nach der Nennung der das alte Grab umstehenden *carolins* von ihrem wie von nichts angeregtem Zittern die Rede (*als bewegten sie sich von selbst, in stillem Rauschen, ruhelos*): ganz als wären sie doch Espen. – Es wird schwer fallen, jetzt noch unbefangen Pappeln nennen zu hören.

H

H ... *Hic liber – das H übergroß, emphatisch, in Form zweier sich den Rücken kehrender und durch einen welligen Strich miteinander verbundener Klammern deren Enden sich schneckenförmig einrollten wie die Motive jener rostzerfressenen Gitter die noch immer den Eingang der von Brombeersträuchern überwucherten Parks bewachen – ...* Die Strasse in Flandern, 86 (77)

– dieses Hic liber vor einem Besitzvermerk und einer Jahreszahl (1783) vorn in einem Band einer Rousseau-Ausgabe aus der Bibliothek jenes Mannes, der sich, aus einer verlorenen Schlacht nachts zurückkehrend, erschossen hatte; und ich füge, bei ihr an dieses H erinnert, dieses M von Nathalie Sarraute hinzu: ... *das riesige M mit dem lässigen, weichen Haarstrich, etwas Schiefes, absichtlich Vulgäres und gleichsam Hingesudeltes, woran ich sie erkenne, und dann der sehr lange, steife, harte Abstrich, der sich grausam aggressiv mitten durch die Adresse beinahe über den ganzen Umschlag erstreckt, wie eine unerträgliche Herausforderung ... selbst die Schleifen oben haben bei näherer Betrachtung etwas eigenartig Weiches, etwas Spöttisches, Herausforderndes ...*

Nathalie Sarraute, Porträt eines Unbekannten, 1948, 19f.

Hahn ... *aus den Brennesseln über dem eingestürzten Rand der Terrasse auftauchend, erscheint der Kopf des Hahns. Er bewegt sich bedächtig nach rechts und links, in jähen Stößen, die seinen fleischigen, körnigen Kamm hin- und herschwenken lassen ... der Hals des Hahns ist rotbraun gefiedert mit malvenfarbenen und rosa Reflexen. Je nach Stellung des Kopfes durchspielt die Sonne den Kamm, erhellt ihn durchscheinend, wie eine Laterne, leuchtendrot, dann scheint er zu verlöschen, ins Violette spielend und matt ...* Georgica, 31/32 (33/34)

– an der eingestürzten, eigentlich verschwundenen Terrasse, von der aus Lacombe Saint-Michel zu den Pappeln um das Grab seiner ersten Frau hinübersehen kann.

Halluzination ... *ratlos irrt er zu Fuß durch die Felder, über die allmählich die Dämmerung hereinbricht. Er hört ein Glöckchengeläut stärker werden und wirft sich hinter einer Hecke in Deckung. Im flauen Licht der hereinbrechenden Nacht sieht er auf dem Weg einen Reiter mit rundem Helm vorbeiziehen, hinter dem im Wind ein langer Brautschleier herweht. Der Reiter hat einen Totenkopf mit leeren Augenhöhlen. Das Traben des Pferdes bringt die Glöckchen zum Schwingen, die einen silbrigen Klang ertönen lassen, der rasch abebbt. Er steht auf und schaut in ungläubiger Verwunderung auf den leeren Weg. Rings um ihn herum herrscht jene ungewöhnliche, zu stille, melancholische Ruhe der Abende nach einer Schlacht ...*

Georgica, 64 (66)

Hand, Papier, Fliege ... *die Sonne bescheint mit einem flach einfallenden Licht die Hand ... die welke Haut der Hand ist blaßocker, an den vorstehenden Knochen leicht rosa belebt und von Tausenden von Falten durchfurcht, wie Crèpe Georgette ... und betrachtet seine Hand in der Sonne, die die Tausenden mehr oder weniger breiten, einander überlappenden, überkreuzenden, doch wie Bodenfalten alle in dieselbe Richtung verlaufenden Furchen hervortreten läßt. Sie verlaufen schräg, ausgehend vom äußeren Handteller bis zum Zeigefinger, wellenförmig, zusammen-*

rückend oder sich spreizend, und verlieren sich zwischen den Fingeransätzen wie das Wasser einer Strömung … er betrachtet seine Hand, auf deren Rücken zwei dicke, graublaue, hervorstehende Venen die Ring- und Zeigefinger zugehörigen Sehnen überspannen. Zwischen Zeigefinger und abgespreiztem Daumen bildet die Haut zwei Falten, die sich kreuzen, wie Membrane, mehr ins Rosa gehend. Das Heft liegt leicht schräg auf dem Tisch. Das elfenbeinfarbene, von der Sonne getroffene Papier reflektiert das Licht, das das zerfurchte Gesicht von unten erhellt … bei der Bewegung, die er macht, um die obere Ecke der Seiten zwischen Daumen und Zeigefinger zu greifen, verschwinden Furchen und hervortretende Venen, die Haut auf dem Rücken der Hand spannt sich, und sie sieht nun wie aus glattem, rosafarbenem Marmor aus, der von blassem, bläulichem Netzwerk geädert ist … er spürt eine leichte Berührung auf seinem Handrücken. Er öffnet die Augen wieder. Die durchsichtigen Flügel der Fliege glänzen in der Sonne wie Glimmer. Ihr durchsichtiger, ungeheurer, schräg langgezogener Schatten scheint von statischem Elan getrieben, auf lange, spindeldürre Füße montiert, die mit dem Körper einen spitzen Winkel bilden, während die gefalteten Flügel wie ein Schwanz hinterherziehen … bei der Bewegung, die die Hand macht, um die Fliege zu verjagen, entspannen sich die Finger, und die Haut faltet sich von neuem in zahllose Furchen, die sich in Wellen über Sehnen und hervortretende Venen breiten … er hebt die Hand. Zwischen dem Ansatz von Daumen und Zeigefinger umgibt das Netz von schlaffen, dann gekräuselten Furchen den Federhalter in fast parallelen Kurven … die zerfurchte Hand, die die Register durchblättert, ist nun vollständig im Schatten, und das diffuse Licht schimmert schwach auf der schrumpligen Oberfläche der Haut und den blaßgrünen, knotig hervortretenden Venen …

GEORGICA, 21 f./26 f./27/34/38 f./39/45/67 (24/28 f./40 f./47/69)

– einerseits durchblättert manchmal, in seinem letzten Lebensjahr, das er auf seinem Schloss verbringt, der alt gewordene Revolutionsgeneral Papiere, schreibt auch; andererseits durchblättert ebendiese Register, von denen die Rede ist, Simon, das sind die Papiere, die ihm, dem jungen Mann, damals Onkel Charles übergeben hatte, nachdem man endlich, nach hundertzwanzig oder mehr Jahren, den Schrank in Perpignan geöffnet hatte, in dem sie, zusammen mit dem ominösen Todesurteil für den Bruder, lagen; und er durchblättert sie, um ebendieses Buch, die GEORGICA, zu schreiben; durchblättert sie mit einer Hand, die, wenn man bedenkt, dass Lacombe Saint-Michel damals, in seinem letzten Jahr, ungefähr siebzig war, und Simon, 1913 geboren, beim Niederschreiben, bei der Arbeit an diesem Buch, das 1981 erschienen ist, gegen fünfundsechzig Jahre alt gewesen sein kann, durchaus ungefähr, wenn man so sagen darf: dieselbe Hand gewesen sein kann wie jene rund einhundertfünfundsechzig Jahre davor. Und die Sonne? Die Fliege, die Fliege war eine andere.

Hegel & Co ... *mit ihren undurchschaubaren, müden, ruhigen und leidenschaftlichen – vielleicht ein wenig ausgetrockneten, mumifizierten, verstaubten – Gesichtern, denen aber immer noch das unbesiegbare, unzerstörbare Etwas entströmte (keine Gläubigkeit, kein Glauben, nicht einmal eine Überzeugung und noch weniger die Gewißheit, recht zu haben: nur wissend, daß die Dinge sich wohl oder übel nicht anders abspielen konnten)* ... DER PALAST, 186 (226 f.)

Hölle ... *Dadurch, daß er den Menschen wieder in den Zustand fundamentaler Einsamkeit zurückwirft, erinnert uns der Tropenwald daran, daß die Hölle jener langsame Wahnsinn ist, der den Geist übermannt und ihn im großen Wahnsinn der Natur auflöst* ... DIE LEITKÖRPER, 127 (136)

– diesem eigentümlichen Satz, seines Pathos wegen etwas eigentümlich, er könnte auch irgendworaus zitiert sein (einem Lexikon, einer Illustrierten, einem Film? ein Stück vorher heißt es: ... *die eigentliche Gefahr in dieser grünen Hölle, das ist die Einsamkeit: diese heillose Verlassenheit des Menschen inmitten eines Universums, in dem die ältesten Alpträume und Wahnvorstellungen der Welt plötzlich* ... – man hat den Eindruck, als übersetzte Simon hier schlechte Texte in das, was dennoch in ihnen lesbar wäre), geht, aus der Sequenz mit dem →Kupferstich, dieser Satz voraus: ... *die Tatsache indessen, daß der im Vordergrund abgebildete alte Monarch, dessen Profil über einem Arm der jungen Frau liegt, in kleinerem Maßstab gezeichnet ist als das im Hintergrund ruhende Paar, legt den Gedanken nahe, daß mit den geschmeidigen Linien, die er auseinanderschiebt, um die Umarmung der jungen Liebenden zu belauern, weniger ein Samt- oder Seidenstoff gemeint ist als der Vorhang der Zeit selbst* ... – und ihm folgt, aus der nicht endenden Sequenz des Urwaldmarsches, dieser Satz: ... *riesige Schmetterlinge flattern noch immer umher, leuchtend und schillernd vor dem dunklen Hintergrund des Blattwerks, getigert, samten oder mit Augen, Feuern, roten und gelben Flammen geschmückt. Manchmal setzt sich einer auf das schweißnasse Gesicht eines der Verwundeten* ...

Holz … *und ein dunkelgraues Stück Holz hellgrau gemasert die Maserung zweifellos aus einem härteren Holz als jenes das sich in ihren Zwischenräumen befand so daß sie leicht reliefartig hervortrat bald sehr fein und eng bald sich verbreiternd sich ausbreitend sich aufspaltend um einen Knoten laufend in dessen Zentrum sich feine sternförmige Spalten öffneten die Rillen verengten sich gleich danach wieder liefen von neuem parallel leicht wellenförmig wie Haare nach dem Kämmen …*

DAS HAAR DER BERENIKE, 6f. (8)

Hostie … *Zunge in meinem Mund auf ihren Brüsten hinabgleitend Bauch Nabel noch tiefer mit ihrer Spitze das Moos zerteilend Zunge die blasses Mauve sieht Lila dann lebhafteres Rosa Falten zerdrücktes Gesicht zerdrückte Nasenlöcher sie atmete sehr schnell stoßweise noch mehr sich öffnend Zeige- und Mittelfinger V-förmig noch stärker spreizend Muschel fleischfressende Blume sie jetzt unter ihrer Kruppe haltend Schale an meinem Mund schlürfend Kelch ihn hebend senkend marmorne Furche sich verdunkelnd rußbraun sich färbend Geheimnis Bronze endlich Hostie auf der Zunge die ich mit geschlossenen Augen herausstreckte …*

JARDIN DES PLANTES, 89 (93)

– zurückgekehrt von der Reise nach Russland, jetzt, irgendwo in Nordeuropa, hat er schon, 17 (19), seine Hand auf den marmornen Bauch seiner Geliebten gelegt, dann, 18 (21), ist von der Rute Aarons die Rede, von Felsen und Marmor, sich öffnender Seide, schnellerem Atem, dann sind sie aufs Bett gefallen, 30 (33), er hat in den Händen wie in einer Schale, einem Kelch ihre Brüste gehabt, bei dieser Gelegenheit kommt ihm die Kommunion in den Sinn, im Schreiben jetzt (hineingemischt die Hure, damals, als er den Comandante trifft, 54 (57)), dann die Geliebte als →Dryade auf ihm, mit den Falten ihres Bauches wie Marmor wieder: und jetzt eben alles: die Schale an seinem Mund, die marmorne Furche, die Hostie auf der Zunge, die eben das Moos zerteilt hat, und gleich darauf, 90 (94), das Abendmahl, der Knabe als Messdiener in der Schule.

Hufschlag … *das Geräusch: unvordenklich, wie aus den Tiefen der Geschichte steigend, anfangs schwach, hinterhältig, wie das leise Knabbern von Ratten, ein Knistern, das zuerst, als die ersten Pferde (die an der Spitze der Kolonne) die asphaltierte Straße betraten, einfach zu dem des Regens hinzukam, dann anschwoll, in dem Maße zunahm, wie die anderen Reiter, die ihm vorausritten, ihrerseits die*

Straße betraten, dann ganz nahe, und dann konnte er die vier Hufeisen seines eigenen Reittiers hören, die jetzt unter ihm auf den Asphalt hämmerten, das Geräusch, das Knattern, das er jetzt in eine Vielzahl naher und ferner Aufschläge zerlegen konnte, nicht nur vor ihm, sondern rings um ihn her, das weiter anschwoll, wuchs, so daß er am Ende völlig überflutet war von diesem alarmierenden, ruhigen Lärm Hunderter von Hufen mit Hunderten von Eisen, die sich hoben und senkten, auf den Boden schlugen in einem harten und mannigfaltigen, beständigen Knattern, das die ganze Nacht zu erfüllen, sich auszubreiten schien, gewaltig, unheilvoll und statisch … DIE AKAZIE, 223 (241)

– 1939, in einer Regennacht, als die jungen einberufenen Kavalleristen, Simon unter ihnen, als Gefreiter, mit dem Juden und dem Jockey, aus dem Zug geladen, losreiten.

Hure … *»Aber nicht einmal das habe ich fertiggebracht. Dabei kann das doch jede, habe ich geglaubt, ich aber nicht. Er ist nicht mal imstande, ein Dieb zu werden, und ich bringe es nicht fertig, eine Hure zu werden. Nein, nicht wie Sie denken: er hat es nicht von mir verlangt. Nicht er war es, sondern ich. Und wenn ich könnte, täte ich es: ich würde meine Kinder nehmen, von hier weggehen und als Hure arbeiten. Aber ich kann nicht. Es ist stärker als ich. Ich kann nur einem einzigen Mann gehören. Ich widere Sie an, wie?« …* DER WIND, 102 (92)

– so Rose, die Serviererin, zu dem Weinbergerben, in der großen Liebesszene spätabends auf dem Platz auf der Bank gegenüber dem Hotel, nachdem sie sich, er hat ja keine, er raucht nicht, von drüben eine Zigarette geholt hat. Dass die guten Bürger dennoch glauben, sie sei eine Hure, die mit einem Dieb zusammenlebe und sich nun den armen Erben eingefangen habe, wird ihr den Tod bringen.

Huren … *sich kaum trauend, in Richtung jener reglosen Gestalten flüchtige Blicke zu werfen, die er sofort wieder abwandte, Gestalten, die nichts Weibliches (zumindest nichts von dem, was für ihn damals Weiblichkeit charakterisierte oder symbolisierte) noch Menschliches an sich hatten, die wie eine Art minderer Gottheiten dort aufgestellt waren, deren Aufgabe nur die von Mittlern sein konnte, als ob sie um den Preis einer ekel- oder furchterregenden Probe damit betraut wären, hinter den verschlossenen Fassaden Zugang zu einer Erkenntnis zu verschaffen, deren*

Schlüssel sie verwahrten und die außerhalb jeder Logik, jeden Begehrens und jeder Vernunft lag, einer Erklärung ebensowenig zugänglich wie das, was sich ereignete, wenn im betäubenden Duft des Weihrauchs das Blinken der Kerzen, die verschwenderische Fülle von Lichtern, Meßgewändern und bestickten Chorhemden, die Chöre kristallener Stimmen und das Dröhnen der Orgel plötzlich abbrachen und es ihm gelang, wenn er den Hals reckte und genau hinhörte, auf der linken Seite des Altars den alten, goldbedeckten Bischof zu entdecken, der, sitzend oder vielmehr unter seinem Purpurbaldachin zusammengesunken, seine vor Steinen funkelnde, fuchsienrot behandschuhte Hand erhob, während gleichzeitig, kaum hörbar, seine zittrige, gebrochene Stimme zu vernehmen war, so schwach, so dünn in der monumentalen Stille …
GEORGICA, 220 (223 f.)

– diese bilderflutende Reflexion setzt für den Jungen, in den sich der Schreibende wieder zurückdenkt, in der Oper in Perpignan ein (eingeschaltet sind Mailänder Opernbesuche des Revolutionsgenerals, ungern absolvierte, von seiner zweiten Frau – der falschen Josephine – aber erzwungene Besuche, mitten unter jenen schönen Gräfinnen, die zu gerade jener Zeit ebenfalls in der Oper Stendhal so bewunderte, begehrte), wohin er im Kreis der Verwandten und Freunde mit der alten Großmutter gehn muss oder darf, wie in etwas vollkommen Erlaubtes verglichen mit dem Kino*, in das er sich mit seinen Kameraden immer nur wegschleichen kann; dennoch erinnert ihn das erwartete Auftreten der geschminkten maskierten Darsteller, Darstellerinnen dann unwillkürlich an die Huren an den Häusern an der Stadtmauer in der Oberstadt, und deren Geheimnis wieder unmittelbar an die Gottesdienste – gerade davor hatte es von dem General, in der Oper in Mailand, geheißen: *er hat gerade die größte Revolution der Geschichte mitgemacht und glaubt an nichts mehr … er langweilt sich* – und immer weiß man, wenn man das liest, und namentlich also von dieser zweiten Frau hört, die ihn in die Oper schleppt, dass er eben während eines Opernbesuchs, in Besançon, jene erste schöne junge Frau zuerst gesehn und sogleich erobert hatte, jene, die nun schon so lange tot ist –

* *… das war die Oase, der dunkle Saal am Nachmittag, die Nacht der Einsamen, die künstliche und demokratische Nacht, die große, alles gleichmachende Nacht des Kinos, die echter ist als die echte Nacht, entzückender und tröstlicher als alle wahren Nächte, die auserwählte Nacht, die allen offen ist, sich allen bietet, edelmütiger*

und wohltätiger ist als alle Wohlfahrtseinrichtungen und alle Kirchen, die Nacht, in der alle Scham Trost findet, in der sich alle Verzweiflungen verlieren, in der sich die ganze Jugend reinigt von dem furchtbaren Schmutz ihrer Jahre ...

Marguerite Duras, HEISSE KÜSTE, 1950, 148

– eine Szene aus Indochina, aus einer Großstadt dort: eine Siebzehnjährige aus der Ebene, vom Lande, von der armen Küste, Suzanne, der eine Freundin ihrer Mutter, Tochter einer Hure, jetzt Hotelbesitzerin, und sie meint es gut, geraten hat, schick angezogen in der Oberstadt der Weißen spazieren zu gehn, setzt sich, und beginnt dann vor Glück zu weinen, aus Scham vor den entsetzlichen Blicken der Glücklichen, Reichen, und dort endlich allein, geborgen, am hellen Nachmittag in ein Kino (ihre Mutter hat zehn Jahre lang als Klavierspielerin in einem Kino gearbeitet, und nur ein einziges Mal, sie hatte sich krank gemeldet und sich heimlich in ihr Kino geschlichen, einen Film sehen können), der Film endet mit einem wahnwitzigen Kuss, wie von abgeschlagenen Köpfen, heißt es, und dann: ... *es war inzwischen dunkel geworden, und das Dunkel war gleichsam eine Fortsetzung der Nacht im Saal, der von Liebe erfüllten Nacht des Films ...* – Marguerite Duras, ein halbes Jahr jünger als Simon, wurde wie er in den Kolonien geboren, wuchs dort aber auch auf und kam erst 1932 nach Frankreich.

Hüte meine arme Seele ... *inmitten der größten Gefahren war mir oft, als sähe ich, wie mich der Schatten dieser angebeteten Frau* wie ein Schutz umhüllte und mir einen Weg durch die Fährnisse bahnte; alljährlich habe ich ...*

GEORGICA, 47 (49)

* ... *was bedeuten mir schon Vermögen und Ehren, deren höchster Preis es gewesen wäre, sie mit jener angebeteten Frau zu teilen, die seit so langer Zeit im Nichts vergraben ist und deren Andenken mir nach zwanzig Jahren noch das Herz zerreißt ...* im selben Buch, 74 (76)

Hydrant ... *leicht nach vorn gebeugt, mit starrem Gesicht, geht er auf den Hydranten zu, der am Fuß des Gebäudes rechts neben dem Schaufenster aus dem Trottoir ragt. Der Hydrant besteht aus einem massiven, rotgestrichenen, gußeisernen Rohr, das zunächst senkrecht hochsteigt, sich dann nach vorn neigt und gleichzeitig in zwei waagerechte Arme spaltet, deren Öffnungen ein durch ein kleines Kettchen* *am Rohr befestigter Hülsenring schließt. Die beiden auseinanderstrebenden Arme liegen nahe genug beieinander, um eine Art Sitz zu bilden, auf den er sich niederläßt …*

Die Leitkörper, 8 f. (II)

– das ist, auf dem Hydranten jetzt, der Kranke, der am Ende des Buchs auf dem Boden seines Hotelzimmers liegen wird und dessen Weg dahin der Leser verfolgt als die im Grunde einzige durchgehende Spur, die der Autor legt. Das Schaufenster mit den bestrumpften Frauenbeinen, vor dem oder neben dem dieser Hydrant steht, hat, mit dem Hydranten klein davor, Simon fotografiert; ein anderes Foto von ihm zeigt zwei Hydranten direkt nebeneinander, einen roten, einen blauen (beide Fotos in dem legendären DU-Heft vom Januar 1999).

I

Ich? *… ein gelbhäutiger Herr S. S. Ohashi ihr beim Schreiben zusehend auf einer Ecke des Tisches oder der Theke jener Frau die ihren geheimnisvollen von Spitzen umhüllten Oberkörper aus weißem Fleisch vornüber beugt jenen Schoß der vielleicht mich schon trug in seinem finsteren Tabernakel eine Art gallertartige zusammengerollte Kaulquappe mit ihren riesigen Augen ihrem Kopf einer Seidenraupe ihrem zahnlosen Mund der knorpeligen Stirn eines Insekts, ich? …*

Geschichte, Schluss

Im Atelier *… dann eine graue Mauerlücke, durchquert von der gewundenen oder vielmehr seismographischen Linie, die (von oben beginnend) der vordere Teil der Matrosenmütze, der Schirm, ein kurzes Stück der Stirn, die Nase, die Oberlippe, die Unterlippe, das Kinn, der Kragen des Hemdes und die Vorderseite desselben zeichnen, das in der Haltung desjenigen, den es bekleidet (auf dem Hocker zusammengekrümmt, mit rundem Rücken und nach vorn gebeugt), auf der Brust Akkordeonfalten schlägt, dann – rechts von der schwarzen (oder dunkelblauen) Masse des Kopfs – ein weiteres Fenster, während die Fassade auf der rechten Seite in regelmäßigen senkrecht gestaffelten Zacken endet, die sich gegen die Backsteinbrandmauer des dahinterliegenden Hauses abhebt, das höher ist als das erste, so daß die orange-rosa Fläche ein Winkelstück bildet, dessen waagrechter Arm über das Zinkdach* *knapp über dem Mansardenfenster verläuft, in dem sporadisch der Besenkopf auftaucht, ein Winkelstück, das die einzige farbige Note in dem vom Atelierfenster eingerahmten blaßgrauen Ensemble (Himmel, Fassade, Fenster, Kuppel, leicht bläulicher Zink des Dachs) bildet, außer, hier und dort, einigen Reihen von Kaminen, umgestülpten kleinen Blumentöpfen ähnlich, gelblich, rosa oder rußgeschwärzt ...*

GESCHICHTE, 263f. (280f.)

– diesen zwanzig Buchzeilen gehen vierzig ähnliche voraus, einige folgen ihnen noch; anfangs versucht man, die visuelle Vorstellung oder die Einbildungskraft den beschreibenden Sätzen nachbilden zu lassen, was sie zu beschreiben scheinen, aber auf die Dauer gelingt das nicht, man fragt sich, ob das überhaupt der Sinn solcher Sätze ist: solcher Sätze, die ihrerseits auf absolute Präzision aus zu sein scheinen und die ich selbst auch oft genug ausprobiert habe, um zu ahnen, wie groß das Bedürfnis nach ihnen ist, jedenfalls auf Seiten des Schreibers, zweifellos also auch auf Seiten Simons, aus dessen Texten ich hier ein eigentlich noch sehr leichtes und bescheidenes Beispiel ausgewählt habe (im großen Rennkapitel der STRASSE IN FLANDERN kommen hintereinander, wie sie eben auf ihren Gäulen so hocken, die vielfarbigen Jockeys vor, minutiös, wie es scheint, und dennoch schlechthin unvorstellbar, vor allem wenn sie dann wieder nach einer Weile in anders gewordener Reihenfolge und von der andern Seite zurückkommen, zurückfluten; einfach dagegen und fast überschaubar das oberirdische Auftauchen von Metrofahrgästen auf einer Rolltreppe am Anfang der SCHLACHT BEI PHARSALOS). Wenn nun also der Schreiber sich beim Schreiben um größte Präsizion bemüht, man möchte sagen: um ein genaues Abbilden oder jedenfalls Wiedergeben dessen, was er sieht, und andererseits aber der Leser einsehen muss, dass die Wiederherstellung dessen, was der Schreiber beschrieben hat, wirklich nicht der Sinn der Sätze sein kann, die er liest – was dann (es wäre sehr gut, hier immer Cézanne und die große Wertschätzung im Sinn zu haben, die Simon ihm entgegenbringt; oder jenen Cézanne auch, wie Rilke ihn sieht, 1907, in seinen Briefen an Clara), was also dann? Was der Beschreiber dieser jedenfalls allem Anschein nach beschreibenden Sätze tut, ob er etwa nur auswählt und ordnet, in dem Chaos der Eindrücke, das ist seine Sache, und ebenfalls seine Sache ist das Bedürfnis, ist seine Lust an solchen Beschreibungen; der Leser seinerseits, wenn er nicht verzweifeln will am wachsenden Nachlassen seiner Einbildungskraft, tut gut daran, den Versuch allen Rekonstruierens einfach aufzugeben, offenbar ist das nicht das geeignete Mittel des Verstehens, des Aufnehmens solcher Sätze: die also vielleicht nur auf Bilder und Dinge bezogene Rhythmen sind (wie Cézannes Farben, Farbflächen), irgendeine Ordnung oder Unordnung selbst unter sich herstellend, oder spiegelnd (vielleicht, bestimmt sogar, wenn überhaupt, sehr subjektiv spiegelnd), wie sie vielleicht auf der andern Seite der Sätze herrschen (was, wenn etwas, unterscheidet solche Beschreibungen von den Beschreibungen Robbe-Grillets (dieses Theoretikers vor dem Tun)? – außer dass das was er macht eben theoretisch unendlich begründeter ist als alles was Simon völlig ohne theoretische Begründungen macht). Wenn man da noch einen Schritt weitergeht, ist die Idee nicht mehr weit, dass wahrscheinlich alles Schreiben auf diese Art sinnlos, gegenstandsfrei, ordnend, auswählend, und gewissermaßen lediglich irgendwie bewegend ist (gedankenbewegend, Gedanken ehe sie zu Begriffen erstarren), dies aber ohne jede Beliebigkeit, und zwar gerade dort, wo keinerlei Vernünftig- oder gar Notwendigkeit erkennbar sein kann. – Wenn das Lesen kein solches Vergnügen wäre, fände ich das alles außerordentlich wirr. Noch hinzu bei Simon kommt (ich lasse die Stellen weg, wo er fast seitenlang die Bewegung der Schatten der vier Beine eines laufenden Pferdes bei seitlicher Sonne bannen – ist das das Wort des Rätsels?: bannen? ich bin mir nicht sicher – vier Beine eines laufenden Pferdes also bei seitlicher Sonne bannen zu wollen scheint), noch hinzu bei Simon also kommt dieses andauernde Rekurrieren auf Fotos, meistens übrigens auf so genannte Schnappschüsse, das heißt eher doch regellose Abbilder irgendeiner gewesenen Wirklichkeit; er selber hat zeitlebens fotografiert, seine prima vista oft kunstlos wirkenden Fotos, scheinbare Schnappschüsse oft geradezu, etwa wo spielende Kinder abgebildet sind, sind bei näherer Betrachtung unendlich reich an einem so immens geordneten Dasein, dass man sich, wenn man sich wirklich auf sie einlässt, in Rhythmen verliert, die sicherlich ganz entschieden mit den dargestellten Dingen und Leuten zu tun haben, aber doch vollkommen auch von ihnen abgelöst sind – sie sind auf dieser Seite das, was das Abgebildete drüben ist (aber für wen?); oder sind hier, was drüben sein könnte, und nun wenigstens hier: wie immer man da nun weiter reflektieren will. – Ich sage das alles nur, um das Denken nicht verzweifeln zu lassen an der zweifellosen Lust, die es, wenn es sich loslässt, doch an dem hat, woran es sonst verzweifeln müsste.

Im Lot ... *und danach kamen die Dinge ins Lot, fanden sie ein Gleichgewicht aufgrund dieser neuen Gegebenheit: diese Art von Straußenmagen mit unbegrenztem Fassungsvermögen arbeitete, verrichtete seinen Dienst, der gewaltige Apparat zur Assimilation jeder neuen Situation, der nicht nur aus dem Menschen und seinem Bewußtsein besteht, sondern aus allem (Leuten, Dingen, Bäumen, Himmel), was in diesem Bewußtsein enthalten ist, was von ihm reflektiert wird, das heißt, was es bildet und zugleich einschließt; die Veränderung – oder das Verschwinden – eines der Elemente wird sofort durch eine Kettenreaktion von winzigen Veränderungen (Zusammenziehungen oder Ausdehnungen) anderer Bestandteile ausgeglichen, so daß sich im selben Augenblick ein anderes in seiner Zusammensetzung verschiedenes Ganzes bildet, dessen Gewicht und Gesamtumfang jedoch die gleichen sind ...*

Das Gras, 66 (104)

– als die alte Marie im Sterben liegt; eben ist Sabine bei ihr gewesen, dann ihr fetter Mann, Pierre, Maries jüngerer Bruder; so funktioniert alle →Geschichte.

Incipit 1947 – *Früher blieb ich lange im Bett und fühlte mich wohl. Ich rauchte Zigaretten, genoß meinen ausgestreckten Körper und betrachtete durchs Fenster die Zweige der Bäume. Die Wintersonne glitt über das benachbarte Ziegeldach und der Schatten dehnte sich auf der Mauer. Im Frühjahr und Sommer in Perpignan entfaltete sich im Spiegel die Akazie, grüne Splitter, das schillernde Spiel ihrer kleinen ovalen Blätter. In Paris war im Fensterrahmen die Flanke eines Hauses, eine Kuppel, weiter entfernt ein Fabrikschlot, und sehr viel Himmel. All dies lachsrot und blaßgrau im Winter, zitronengelb und blau im Sommer ...* Das Seil

Incipit 1957 – *»Ein Idiot. Das ist alles. Und sonst nichts. Und alles, was man hat erzählen oder erfinden oder folgern oder erklären mögen, bestätigt nur, was jeder auf den ersten Blick sehen konnte. Einfach ein Idiot. Wenn auch mit dem Recht, frei herumzulaufen, mit den Leuten zu reden, Urkunden zu unterzeichnen und Katastrophen heraufzubeschwören ...«* Der Wind

Incipit 1958 – *»Aber sie hat doch nichts, niemanden. Niemand wird um sie trauern (und was ist der Tod ohne Tränen?), es sei denn ihr Bruder, der auch schon ein alter Mann ist, und der würde ihretwegen wahrscheinlich ebensowenig weinen, wie sie um sich selber, das heißt, wie über sich selbst zu weinen sie sich je erlaubt hätte,* *da es ihr unschicklich, ungehörig erschienen wäre, sich so zu …« – »Sie ist aber doch nicht mit dir verwandt?« – »Nein«, sagte Louise …* Das Gras

Incipit 1960 – *Er hielt einen Brief in der Hand, er hob die Augen schaute mich an dann wieder den Brief dann wieder mich, hinter ihm konnte ich die roten mahagonibraunen ockerfarbenen Flecken der Pferde die man zur Tränke führte kommen und gehen sehen, der Schlamm war so tief daß man bis zu den Knöcheln darin versank aber ich erinnere mich daß es in der Nacht plötzlich gefroren hatte und Wack kam mit dem Kaffee in die Stube sagend Die Hunde haben den Schlamm gefressen, ich hatte die Redewendung noch nie gehört, mir schien als sähe ich die Hunde, irgendwelche höllischen mythischen Kreaturen ihre rosaumrandeten Mäuler ihre kalten weißen Wolfszähne in der Finsternis der Nacht den schwarzen Schlamm kauend, vielleicht eine Erinnerung, gefräßige alles säubernde aus dem Weg räumende Hunde …* Die Strasse in Flandern

Incipit 1962 – *Und auf einmal, bei einem jähen Rauschen der sofort wieder ruhigen Luft (so daß sie, mit schon angelegten Flügeln, vollkommen regungslos da war, ohne daß man sie hatte kommen sehen, als ob sie nicht auf den Balkon geflogen, sondern plötzlich erschienen, mit einem Zauberstab zum Vorschein gebracht worden wäre), hatte sich eine von ihnen auf der Steinbrüstung niedergelassen, erstaunlich groß (wahrscheinlich, weil man sie immer nur von weitem sieht), ungewöhnlich plump (wie eine Porzellantaube, dachte er, sich wundernd, wie die Tauben es fertigbrachten, in einer Stadt, wo alle zu wenig zu essen hatten, so fett zu sein, und sich fragend, wie es möglich war, daß man sie nicht einfing und briet), mit ihrem dunkelgrauen, seidigen, gefleckten, am Nacken smaragden und an der Brust kupfrig schimmernden Gefieder, ihren korallenroten Füßen, ihrem kommaförmigen Schnabel und ihrem vorgewölbten Kropf: sie blieb ein paar Sekunden da, mit ihrem stumpfsinnigen runden Auge, den Kopf grundlos nach rechts und links drehend und mit einer Reihe ruckartiger kurzer Bewegungen ihre Haltung immer wieder verändernd, und dann (wahrscheinlich weil einer der im Zimmer Anwesenden sich bewegte oder ein Geräusch machte) flog sie ebenso plötzlich, wie sie sich niedergesetzt hatte, wieder davon …* Der Palast

Incipit 1965 *… schwer ganz in Schwarz gekleidet den Kopf mit einem schwarzen Tuch bedeckt überquerte sie den menschenleeren Strand …*

Das Haar der Berenike

Incipit 1967 … *einer von ihnen berührte fast das Haus und wenn ich im Sommer noch spätnachts vor dem offenen Fenster saß und arbeitete konnte ich sie sehen oder zumindest ihre äußersten von der Lampe beleuchteten Zweige mit ihren Blättern wie Federn die vor dem Hintergrund der Finsternis sachte bebten, ihre vom elektrischen Licht unwirklich hellgrün getönten ovalen Foliolen die hin und wieder schwankten wie Federbüsche jäh wie aus eigenem Antrieb durchzuckt (und dahinter konnte man ein allmählich um sich greifendes geheimnisvolles und zartes Raunen vernehmen das sich unsichtbar im dunklen Gewirr der Äste ausbreitete), als ob der ganze Baum erwachte schnaubte sich schüttelte, dann besänftigte sich alles und sie sanken zurück in ihre Reglosigkeit, wobei die ersten auf die das Licht der Glühbirne fiel sich deutlich abhoben von den weiter entfernten immer schwächer beleuchteten immer undeutlicheren Zweigen die gerade noch zu erkennen dann nur noch zu erahnen dann völlig unsichtbar waren obwohl man sie spüren konnte in ihrer Vielzahl einander kreuzend einander folgend einander überlagernd in den Schichten der Dunkelheit aus der ein leises Rascheln leise Schreie schlafender Vögel drangen die erschauerten zuckten stöhnten in ihrem Schlaf** … GESCHICHTE

* … *während die Stadt von Finsternis bedeckt war, von der (ebenso wie von dem störrischen, drückenden Schweigen, das die über den Käfig geworfene Decke erzeugt**) der Hauch einer unmerklichen, gewaltigen Atmung auszugehen schien (das unmerkliche, unsichtbare, geheimnisvolle Rauschen von Flügeln***, die unhörbaren, klagenden Seufzer, die ihren Vogelschlaf, ihre von Nachtmahren durchzuckten Vogelträume stören****)* – … – in Barcelona, DER PALAST, 130 (159)

** … *Die mit einemmal verschwindende Sonne eine Art Stille die sich scheinbar zusammen mit dem Schatten ausbreitete wie wenn man eine Decke über einen Vogelkäfig legt* … – ebenfalls Barcelona, GESCHICHTE, 172 (184)

*** und auch im →Bambusbusch dieses Flügelrauschen –

**** … *Ich bin einen Augenblick stehengeblieben ohne Licht zu machen an den Balkon gelehnt die Zigarette in der Hand ebenfalls ohne sie anzuzünden die Dunkelheit einatmend ein- oder zweimal habe ich gehört wie ein Vogel sich im Efeu bewegte vielleicht träumend oder aus Angst schwache Schreie* … GESCHICHTE, 335 (354)

Incipit 1969 – *Gelb und dann schwarz Dauer eines Wimpernschlags und dann wieder gelb: ausgebreitete Flügel Armbrustform blitzschnell zwischen Sonne und Auge Dunkel einen Augenblick auf dem Gesicht wie Samt wie eine Hand einen Augenblick Dunkel dann Licht oder vielmehr Erinnern (Ankündigung?) Rückrufung* *des aufsteigenden Dunkels blitzartig von unten nach oben tastbar das heißt nacheinander Kinn Mund Nase Stirn es spürend und sogar riechend diesen modrigen Geruch nach Kellergewölbe Totengruft wie ein Klumpen schwarzer Erde gleichzeitig das Geräusch zerreißender Seide Zischen der Luft oder vielleicht nichts gehört nichts wahrgenommen nur vorgestellt …* Die Schlacht bei Pharsalos

– der Schluss des Buchs, der den Anfang aufnimmt, oder andersherum (ähnlich setzt sich am Schluss in der Akazie der, um den es geht, hin und fängt an zu schreiben), lautet: *… fliegt eine Taube vor der Sonne vorbei, in der Flugphase, in der die Flügel ausgebreitet sind. O. spürt den Schatten der Taube schnell über sein Gesicht streichen, wie ein kurzes Reiben. Er verharrt einen Augenblick in der gleichen Stellung. Nach ein paar Minuten senkt er den Kopf. Jetzt ist nur die obere linke Ecke des Blattes im Schatten. O. schreibt: Gelb und dann schwarz Dauer eines Wimpernschlags dann wieder gelb* – dass es am Anfang des Buchs heißt *und dann wieder gelb*, und am Ende ohne dies *und* einfach *dann wieder gelb*, hat nichts zu sagen, im französischen Original steht beide Male *et puis jaune de nouveau*; vielleicht hat sich der Übersetzer etwas dabei gedacht, vielleicht aber auch nicht. – 249 f. (256 f.) und eben am Ende des Buchs sitzt O. (O. kann der Autor, kann Onkel Charles, können eine wild Liebende unter einem sie wild Liebenden, kann jeder sein, der vorkommt, jedenfalls nach einem O – auch für zero, null stehend – genannten Kapitel in diesem Buch) an einem Schreibtisch vor einem offenen Fenster, er beschreibt auf dem Tisch einen Larousse, eine Jakobsmuschel, auf dem Larousse ein sonderbares Bild mit einem blasenden Mann, draußen den auffälligen Schornstein eines großen Gebäudes – das alles ist auf einer Kugelschreiberzeichnung Simons aus dem Jahre 1970 zu sehen, ein kleiner Unterschied: Im Buch liegt noch ein Päckchen Gauloises auf dem Schreibtisch (die Anknüpfung ist auf diesen berühmten Umhüllungen der geflügelte Helm, der hier an Vercingetorix, an Cäsar, an Schlachten erinnert), auf der Zeichnung ist es eine Schachtel der Marke Players (diese Zeichnung ist eine andere als jene aus dem Jahre 88, mit der Akazie).

Incipit 1971 – *Im Schaufenster sind ein Dutzend gleiche Frauenbeine aufgereiht, die Füße nach oben, die in den Leisten abgeschnittenen Oberschenkel am Boden, die Kniee leicht angewinkelt, als hätte man sie einem Tänzerinnenkorps in dem Augenblick entliehen, da sie gleichzeitig die Beine heben, und sie unverändert hier aus-*

gestellt, oder auch, gleichförmig und vervielfacht, einem jener Werbeplakate, auf denen ein hübsches Mädchen, in Unterwäsche auf einem Puff oder am Rand eines zerwühlten Bettes sitzend, sich gerade einen Strumpf anzieht, den Oberkörper nach hinten gelehnt, das Bein, über das es den Strumpf streift, hochgereckt, daneben ein Kätzchen oder ein Hündchen mit lockigem Fell, das fröhlich auf den Hinterpfoten steht, bellend, eine rosa Zunge zeigend … DIE LEITKÖRPER

Incipit 1973 – *Die Postkarte zeigt eine Esplanade, bepflanzt mit Palmen, die sich unter einem zu blauen Himmel am Ufer eines zu blauen Meeres aneinanderreihen. Eine lange Steilwand aus weißen, blendenden Fassaden mit Rokokoverzierungen biegt sich sanft, der Krümmung der Bucht folgend. Exotische Sträucher, Canna-Büschel sind zwischen die Palmen gepflanzt und bilden ein Bukett im Vordergrund der Fotografie. Die Canna-Blüten sind schreiend rot und orange koloriert. Leute in hellen Kleidern gehen auf dem Damm auf und ab, der die Esplanade vom Strand trennt …* TRIPTYCHON

Incipit 1975 – *In langen Zungen hängt das Papier der abgelösten Tapete herab, und der feuchte, graue Gips wird sichtbar, zerbröckelt und fällt in Placken ab, deren Teile auf dem Fliesenboden vor der kastanienbraunen Fußleiste verstreut liegen, die auf ihrer oberen Kante kaum fühlbar mit weißlichem Staub bedeckt ist. Unmittelbar über der Leiste verläuft ein Streifen (oder Ornamentband?) in ockergrünen und rötlichen Tönungen (verblichenes Zinnoberrot), auf dem sich das gleiche Akanthusblattmotiv wiederholt (Fries?), eine Abfolge eingerollter Wogen nachzeichnend …*
ANSCHAUUNGSUNTERRICHT

Incipit 1981 – *Die Szene ist folgende: In einem weiträumigen Zimmer sitzt eine Person vor einem Schreibtisch, ein Bein halb unter dem Sitz eingeschlagen, die Ferse angehoben, den rechten Fuß vorgestreckt und flach, so daß das Schienbein mit dem waagrechten Schenkel einen Winkel von etwa fünfundvierzig Grad bildet, beide Arme auf die Schreibtischkante gestützt, in den Händen ein Blatt Papier (einen Brief?) haltend, worauf die Augen gerichtet sind. Die Person ist nackt …*
GEORGICA

Incipit 1987 – *Für gewöhnlich (das heißt seit ihrer Ankunft in diesem Land vor zehn Tagen) beförderte man sie, jeden mit seinem Dolmetscher in einem eigenen Wagen, einer jener großen schwarzen Limousinen mit einem Fransenvorhang am*

Rückfenster, diesmal aber ließ man sie in einen Reisebus steigen, der von einem Polizeiauto gelotst zwar mit erlaubter Geschwindigkeit, aber ohne sich um rote Ampeln zu kümmern, bis vor einen Bau mit banaler Fassade fuhr, wo man die fünfzehn Gäste auszusteigen bat … DIE EINLADUNG

Incipit 1989 – *Sie gingen von einem Dorf zum andern, und in jedem (oder zumindest dem, was davon übriggeblieben war) von einem Haus zum andern, manchmal einem Gehöft auf freiem Feld, auf das man sie hinwies und das sie auf den schlechten Wegen, sich die Füße verrenkend, erreichten, in ihren von gelbem Schlamm verdreckten Stadtschuhen, die eine der beiden Schwestern manchmal ungeschickt mit Hilfe eines Grasbüschels abwischte, in der anderen Hand ihren schwarzen Handschuh, gebückt wie eine Magd, wobei sie mit mürrischer Stimme auf die Witwe einredete, die ungeduldig ihren Fuß auf einen Stein oder eine Grenzmarke setzte, während sie fortfuhr, mit gierigen Augen die Landschaft abzusuchen, die durchweichten Wiesen, die Felder, die seit fünf Jahren kein Pflug mehr umgegraben hatte, die Wäldchen, wo hier und da noch ein Fleck Grün überdauerte, manchmal ein einzelner Baum, manchmal nur ein Ast, auf dem ein paar Zweige nachgewachsen und durch die zerfetzte Rinde gebrochen waren …* DIE AKAZIE

Incipit 1997 – *mich abmühend in meinem schlechten Englisch vielleicht hatte ich zuviel getrunken bloß hatte es das Gegenteil bewirkt von dem was sie sich zweifellos erhofft hatten Frunse Kirgistan Herz Asiens Nannten das ein »Forum« fünf Tage Geschwätz Deklamationen Friede zwischen den Völkern Liebe Brüderlichkeit usw. auf Einladung von großer Schriftsteller Lenin-Preis Held der Arbeit usw. dem Geschwätz präsidierend sinnende Pose zweiter Mann der schönsten Frau der Welt …*
JARDIN DES PLANTES

Incipit 2001 – *Die leicht erhabenen Markierungen aus gelber Bronze bildeten auf der Skalenscheibe einen Halbkreis, auf den ein Pfeil zeigte, der mit dem Schaltrad verbunden war, das der Fahrer beim Anfahren und Beschleunigen mit kurzen Stößen seiner geöffneten Handfläche ruckartig betätigte, oder es, wenn man sich einer Haltestelle näherte, in seine Ausgangsposition zurückkurbelte und damit den Strom abschaltete, wobei er dann rasch an der gußeisernen Handbremse zu seiner Rechten drehte (jenen Rädern ähnlich, nur kleiner, die früher in den Küchen die Pumpe des Brunnens in Gang setzten) und mit einem rasselnden Geräusch die Bremsen anzog …* DIE TRAMBAHN

In der Unterwelt – Traum, wieder nach noch später Lektüre von Simons Geschichte: Es war wie modisch geworden, eine Zeitlang, Stunden, einen Tag, in einem unterirdischen Bezirk, eigentlich in so etwas wie einem Totenreich, zuzubringen; man ging in eine bestimmte Gegend, dann links einen Weg entlang, ungefähr, da passierte es dann, das Tageslicht war weg, man musste irgendwo um Erlaubnis bitten, die man freundlich bekam, dann war man da, man ging herum, konnte einkaufen, Zeitschriften etwa, die Luft war etwas kühler, etwas feucht, nächtlich, aber nicht nachtdunkel; und am Ende, denn es wurde einem, so neuartig und hübsch das anfangs war, irgendwie langweilig, ging man wieder, wenn man sie fand, in die Halle oder was das war, wo man so etwas wie einen Pass wiederkriegte, jedenfalls normalerweise, ganz sicher schien das nicht zu sein, obgleich sich keiner darüber Sorge machte, und dann wieder nach oben konnte. Oft war man mit Bekannten unten, das letzte Mal, im Traum das letzte Mal, fiel mir das Meer auf, das da flach von rechts nach links zu fließen schien, unter einem sehr niedrigen wie aus Stein gemachten Himmel, verständlich, weil er ja eigentlich nur das Gewölbe war, ein flaches Gewölbe, über dem die oberirdische Welt lag. Hinter dem Wasser Bergzüge, dunkles Ocker, aber auch viel heller, gelb eigentlich, auffällig jedenfalls, ich zeigte sie noch irgendjemandem, sie schienen aber kaum Interesse daran zu haben. Irgendwann war ich allein, an einem weiten und graudunklen Meer, taglichtlos, alle waren verschwunden; nicht sehr angenehm; ich ging in die Richtung, in der sie verschwunden waren, mit denen ich gekommen zu sein schien, an einer schmalen Treppe traf ich sie, sie kamen herunter, wie an einer U-Bahnstation, und sagten, wie nebenbei, wie ganz unter sich, ja, ich sei verkehrt gegangen. Ich ging um das geschlossene wie mit Zinkblech verkleidete Treppengeländer herum, alles schien mir aber gerade nicht nach oben, hinaus also, zu führen, es war wie auf Grenzbahnhöfen, wo man sich in den Abschrankungen nicht zurechtfindet, und dann, als ich wieder, das schien mir der einzige Ausweg, unten am Fuß der schmalen Treppe war, die meine Bekannten herabgekommen waren, stieg ich sie hinauf, oben mußte ich mich fast hindurchzwängen, wie durch eine Lücke, als wenn in einer abwärts führenden Rolltreppe, die gerade nicht in Betrieb war, die oberste Stufe fehlte, und ich glaubte, es noch einmal geschafft zu haben, wenn ich jetzt noch jemanden fände für den Pass wieder nach oben.

Insekten … *und die Insekten, die goldglänzenden Pünktchen, setzten ihren Reigen vor dem dichten Dunkel des Brombeerdickichts fort, und ein solcher Schwarm, der ins Licht hervorschoß, beschrieb ein grau-violett gepunktetes S und schwang sich vom oberen Mauerrand kurz vor der Bresche, wo die Katze immer noch saß, hinab, wobei die Insekten immerzu kreisten und dabei ihre unvorhersehbare Flugfigur, diese unvorhersehbare Strähne mit den eigenen plötzlichen Richtungsänderungen verflochten, es war ein dreidimensionales Umherschweifen, als wären sie genötigt, ziellos und pausenlos um ein unsichtbares Epizentrum herumzufliegen, und sie würden weiter so unbekümmert in der immer tiefer sinkenden Sonne kreisen, ohne sich um sie zu scheren, selbst wenn diese längst verschwunden wäre, dann würden sie sich grau und staubfein über immer dunkler werdenden Sträuchern von der grünlichen und später rötlichen Dämmerung abheben und sich um gar nichts anderes kümmern, als in einer immer undeutlicher werdenden Wolke herumzuwirbeln, als ob irgendein Gram sie zwänge, so auf der Stelle umherzuirren, aber das ist es nicht, dachte sie* …

Das Gras, 15 (22)

– und zur erst grünlichen, dann rötlichen Dämmerung später 149 (237 f.): die Wolke der Insekten oder Mücken noch einmal, als Louise zum letzten Rendezvous geht, 157 (249): hier löst sich ein Rauchwölkchen, des Mannes, gegen den grünen Himmel auf, und 160 (255): Louise blickt, im Gras liegend, einem weggeflogenen Insekt nach, und *blickte auf, versuchte ihm nachzuschauen und verlor es bei der monotonen Mückenwolke aus dem Blick, die immer noch schwebend, unablässig herumschwirrte, vor dem nun rosa getönten Himmel* …

J

Jahreszeiten … *aus Gewohnheit, als Formalität, weil dieser alte Erd- und Wasserball, damit er nicht aufhört sich zu drehen, offenbar in bestimmten Zeitabständen seine Ration durch Balken zerschmetterter Kinder und mit verkrampften Händen aus dem Schutt kriechender, sich die Brüste zerkratzender Frauen mit zerzaustem Haar braucht, damit die Jahreszeiten beinahe regelmäßig wiederkehren und Sonne, Regen, Wind und Frost sich die Zeit in erträglicher Weise teilen* …

Der Palast, 104 (127)

Jugend … *und nicht nur fünfzehn Jahre, fünfzehn meßbare Sternenumdrehungen, sondern auch das harte, gebieterische, unversehrte Fleisch, unbefleckt nicht nur von dem Kontakt, dem Angriff des Mannes, sondern vor allem von dem unauslöschlichen Brandmal der Niederlagen, in Unkenntnis sogar der Idee der Niederlage und der Tatsache, daß nach dem flüchtigen Ruhm der Jugend jedes Leben nichts anderes mehr ist als ein einziger Weg von Niederlage zu Niederlage bis zum endlichen Verfall, bis zum endlichen, unwiderruflichen Zusammenbruch …*

Der Wind, 170 f. (152 f.)

K

Kamee … *nimmt sie die Gemme ab, die den Kragen verschließt … dann sticht sie sorgfältig, das Kinn auf der Brust, die Kameebrosche wieder an der alten Stelle durch den Stoff. Nur an einer Kragenseite befestigt, zieht die Gemme jetzt mit ihrem Gewicht den Stoff nach unten, den Brustansatz freilegend. Sie verbirgt ihr Gesicht an der Schulter des Mannes. Die Hand des Mannes schmeichelt sich durch die Öffnung ein. Sie bewegt sich einen Moment lang unter dem Stoff und holt dann eine Brust heraus. Ohne aufzuhören, mit der Zunge in dem wieder auf den seinen gepreßten feuchten Mund zu suchen, knetet der Mann die warme und pralle Kugel. Er spannt und lockert seine Hand oder streift mit dem Handteller über die feste Warze. Er geht etwas zurück. Sie vergräbt wieder ihren Kopf an seiner Schulter. Ohne aufzuhören, sie zu streicheln, betrachtet er den Strom milchigen Fleisches mit den in der Dunkelheit unscharfen Konturen, auf dem sich ein dunkler Mond mit großem Hof abzeichnet. Er beugt sich unvermittelt hinunter und umschließt ihn gierig mit den Lippen. Die junge Frau stößt einen langen Seufzer aus …*

Anschauungsunterricht, 78 f. (100 f.)

– wirklich handelt es sich hier nicht, wie die Übersetzung nahe legt, um eine Gemme, die französisch *gemme* heißen würde, sondern um eine *camée*, Kamee also auch bei uns, das heißt im Gegensatz zu einem eingeschnittenen um einen erhaben geschnittenen Stein, der, anders als für Ringe etwa, besonders Siegelringe, der für Broschen üblichere Schmuck ist (die Verwechslung ist im Deutschen aber häufig). Bei Simon, etwa gleich am Anfang des dritten Kapitels der Georgica, tragen die alten Damen im großmütterlichen Hause Kameen, dort ist von einer Kamee (der der Großmutter selbst) die Rede, *auf der sich auf veilchenblauem Grund, dem Weiß eines Leichentuchs oder von Gebeinen gleichend, die wallende, ektoplasmatische und samtige Draperie einer pompejanischen Tamburinschlägerin abhob, die sie* (also die alte Dame) *in einer Art Treue wie eine profane, vielleicht schon vor dem Empire von Generation zu Generation weitervererbte Reliquie zu tragen schien, so daß paradoxerweise am welken Hals aufeinanderfolgender Ahninnen anstelle des herkömmlichen Granatkreuzes die zweideutige, äolische Beschwörung von Hetären oder Tänzerinnen mit kaum verhüllten und in Taille-douce gestochenen Körpern hing ...*, und es heißt dann, sie habe dieses Schmuckstück wohl schon als junges Mädchen irgendwann zum Geburtstag bekommen.

Kampf ... *Wie es war?: die Sonne schien, das Laub der Bäume auf der Avenue (das heißt was eine Avenue gewesen und im Augenblick ein Schußfeld war) dämpfte das Licht der Sonnenpastillen die über die Hemden der Typen glitten die von einem Baumstamm zum andern rannten zusammengekrümmt mit waagrechtem Oberkörper wobei die Hände fast den Boden berührten in jener noblen Haltung des Mannes im Kampf der instinktiv zu jener aristokratischen und anmutigen Gangart des vierbeinigen Affen zurückfindet, und sich hinkauerten ...* GESCHICHTE, 163 (174)

– in einem Gespräch oder so etwas wie einem Verhör, das an einem schönen Septembernachmittag, gegen Abend schon, Onkel Charles in seinem Büro mit dem jungen Neffen führt, wohl nicht lange nach dessen Rückkehr aus Spanien, und an das sich Simon erinnert, als er beim Essen im Restaurant dem unablässigen Reden der schmuckbehängten Frau zuhört oder nicht zuhört; wer im Büro diese resümierenden Sätze über die Revolution in Barcelona genau sagt, ist unklar, die Diktion und sarkastische Haltung sind aber eindeutig die des Onkels. Gleich danach, wie schon öfter in diesem Buch, ruft sich der Schreiber dann zu größerer Präzision auf und übt sie.

Käuzchen ... *Das Käuzchen ruft im Wald. Der Ton scheint ein Echo zu haben und mehrere Male in den finsteren, verschlungenen Zweigen und dem schwarzen Gewölbe der Blätter widerzuhallen ...* ANSCHAUUNGSUNTERRICHT, 85 (109)

– aber schon vorher hat es von der jungen Frau, die gerade von dem jungen Mann am Gatter verführt wird, geheißen: sie höre die Frösche nicht mehr und auch nicht die Heuschrecken; das Käuzchen ruft auch umsonst, oder bloß für uns.

Kegel … *mit Brüsten wie kleine Kegel, deren Spitzen ebenfalls wie kleine Kegel aus glänzendem Leder wirkten, und Muschelgürteln, die von ihren schmalen Hüften über die Schwellung ihrer glatten, unbehaarten, wie Aprikosen gespaltenen Vulven hingen (vulves lisses et glabres fendues comme des abricots)* …

Jardin des Plantes, 236 (243)

– Gastone Novelli, Maler, Freund Simons, der seine Geschichte andeutungsweise hier erzählt: von den Nazis gefangen, in Dachau gefoltert, ist er im südamerikanischen Urwald (von seinem Führer im Stich gelassen) unter Wilden gelandet, deren junge Mädchen (eines scheint seine Geliebte gewesen zu sein) dieses Aussehen hatten und in deren Sprache jenes A in hundert Varianten ein Schlüssellaut gewesen zu sein scheint, das dann, auch als Schmerzenslaut, in Novellis Bildern immer wieder auftaucht. Bei Rom, in Ostia, baden er und Simon mit zwei jungen Frauen, 116 (121), und es heißt, einige Jahre später sei Gastone in Mailand gestorben. Über die Badenden, oder dann am Strand Sitzenden, fliegen Möwen: … *Eine von ihnen hat sich ganz in der Nähe niedergelassen und angefangen, mit ihrem Schnabel an einem halb im Sand vergrabenen fettigen Papier zu ziehen. Ich war überrascht von ihrer Größe, ihrem riesigen gebogenen Schnabel, ihrem raubgierigen wilden Aussehen* … und ganz woanders, acht Zeilen später, im übernächsten Abschnitt: … *große Möwen die tief flogen leise im Halbdunkel der arktischen Nacht einige mit schwarzem Kopf wie vermummt Sie schrien nicht manchmal ließ sich die eine oder die andere auf der menschenleeren Chaussee nieder trippelte schwang sich dann wieder empor immer noch in aller Stille grau in diesem perlgrauen stillstehenden Licht auch die Zeit stand gleichsam still hielt inne in ihrem Flug* … (für *gleichsam* steht im Original nur *comme*, für *hielt inne in ihrem Flug*: *suspendu*).

Kehrseite … *jener Gegenstände, die anscheinend eigens für Katastrophen, Erdbeben, Aufstände, Bombenangriffe und Überschwemmungen hergestellt werden, das heißt die gewissermaßen für einen doppelten Zweck ersonnen zu sein scheinen, da zu ihrer üblichen Funktion eine zweite hinzukommt (Tische mit den Beinen nach oben, aus den Fugen geratene Kisten, Karren mit zum Himmel weisenden Rädern): nämlich sich durch eine einfache Drehung um hundertachtzig Grad um eine hori-*

zontale Achse in emphatische und schaurige Wracks zu verwandeln, wie um in Erinnerung zu rufen, daß die geordnete und beruhigende Welt in jedem Augenblick plötzlich kentern, umkippen und sich auf den Rücken legen kann wie eine ihre Röcke schürzende alte Hure und, zum Urchaos zurückkehrend, ihr verborgenes Gesicht enthüllt, um zu zeigen daß ihre Kehrseite lediglich ein Haufen Unrat und Abfall ist, in den Rinnstein befördert und betrachtet von einigen jener Frauen, die dafür bezahlt werden, daß sie die Toten bewachen, und von einigen jener Männer, schnurrbärtig und behelmt, die dafür bezahlt werden, daß sie sie auf Leichenwagen laden und wegkarren … GESCHICHTE, 62 (66)

Kimono, jadegrün … *Hände unter dem Kimono ihr Rücken wie zwei Säulen hart zu beiden Seiten der Rinne der Wirbelsäule dann die glatte seidige mit zartem Flaum bedeckte Fläche noch weiter unten Hinterbacken in meinen Handflächen ein Finger dringt ein Flaum ihr Mund sagt in den meinen ja ja ja Ohr das sehen kann perlende Feuchtigkeit … das Ohr an dem lauwarmen blassen Fleisch des Bauches auf das geheimnisvolle Klopfen lauschend sehen könnend Dort wo die Haare begannen erschien die Haut noch weißer die Zunge … diese gewissermaßen milchige Milch weißer als weiß bläulich vor lauter Weiß mit Schatten eines leichten Jadegrüns das über die durchsichtige Haut lief meinen Durst löschen ich konnte nicht aufhören verfangen in dem Kimono nun aprikosenfarbene Reflexe innerhalb ihrer gespreizten Schenkel lachend kehlige Laute von sich gebend dann allmählich heftiger atmend beide Hände auf meinen Kopf pressend ihn festdrückend ihre Hinterbacken die Seide zerknitternd sich langsam bewegend von Schatten getönt orangen mich versenkend vergrabend in Stößen ich spreizte noch weiter auseinander bisterbraune Furche in der Tiefe meine Zunge …*

DIE SCHLACHT BEI PHARSALOS, 35/41/44 (38/44/47 f.)

Kino … *(wie in jenen abgenutzten, aufs Geratewohl zerschnittenen und wieder zusammengeklebten alten Filmen, von denen ganze Teile verlorengegangen sind, so daß von einem Bild zum andern und ohne daß man weiß wie der Bandit, der noch im Augenblick zuvor triumphierte, jetzt am Boden liegt, tot oder gefangen, oder auch die unzugängliche erhabene Heldin ergeben und trunken in den Armen des Verführers liegt – wobei Verschleiß Schere und Klebstoff die langweilige Erzählung des Regisseurs ersetzen, um der Handlung ihre überwältigende Diskontinuität zurückzugeben) …* GESCHICHTE, 37 f. (41)

Kloster … *ein Saal, der jenen undefinierbaren, bis in die Wände dringenden Geruch nach Schimmel und ranzigem, dem Zölibat geweihten Fleisch ausströmte, wie er überall in der Welt in jenen Räumen zu hängen scheint, in denen eine wie auch immer geartete Gemeinschaft von Menschen lebt, die sich der Enthaltsamkeit und dem Gebet verschrieben hat (Männer, die wie Frauen Kleider tragen und bei denen aus den Falten ihrer langen schwarzen Röcke etwas gleichzeitig Düsteres, Verwesendes und irgendwie Karnevalistisches dringt, wie eine Kostümierung, die jenen prahlerischen und eingebildeten besonderen Dünkel sichtbar macht, der den Propheten, Gottesmännern und Eunuchen eigen ist, und ebenso die Mägde: nicht junge Novizinnen, wie man hätte annehmen können, sondern fünf oder sechs ebenfalls geschlechtslose, alterslose, paketförmige Mannweiber mit aufgeschwemmten Gesichtern und in gestärkten, beim Auf- und Abtragen der Speisen rauschenden Schürzen, unter denen ihre aufgeschwemmten Schenkel und ihre aufgeschwemmten, einer ewigen devoten und grimmigen Jungfräulichkeit geweihten Scheiden verborgen waren)* … DIE EINLADUNG, 61 (74f.)

Komik … *Weil, sagte er, ja, es überaus komisch war: der herrliche Frühlingsmorgen, der Himmel von durchsichtigem Blau, die blühenden Wiesen, die grünende Flur wo die einzige Spur des Krieges jene Landstraße war die einer Müllhalde glich … Also keine Baumstümpfe, kein dramatischer schwarz-roter Himmel, keine Berge von Toten, kein aufgerissener Weg voller Pfützen: eine schöne Sonne, die grüne Flur, nur diese langgestreckte Müllkippe, und statt ohrenbetäubenden Kriegsgetöses nichts als das ruhige Klappern der Hufe der fünf Pferde begleitet von dem immer schwächer werdenden Echo einer Kanone die bloß wegen der Stimmung da war so hätte man meinen können und die in regelmäßigen Abständen auf wer weiß was schoß, alle zwei oder drei Minuten, sozusagen metronomisch, und vielleicht, in den Hecken, das leise Zwitschern von Vögeln, die Stille, der strahlende Frühlingsmorgen* … JARDIN DES PLANTES, 252/256 (260/264)

– während des Interviews, als Simon dem Journalisten diese Minuten zu schildern versucht (in diesem irrealen →Nebel), als sie, die beiden Obersten, er und der Bursche mit dem Handpferd, auf dieser Straße reiten, auf der dann, in der folgenden Sekunde, der eine der beiden Obersten erschossen wird.

Kotfladen … *und noch etwas Teigiges oder vielmehr etwas halb Teigiges halb Festes, oder auch ausgekühltes Teigiges, gleich dem Exkrement irgendeines riesigen mi-*

neralienfressenden Ungeheuers, bräunlich, rissig, zerschrammt, das sich aufbläht, sich zu Mäandern fältelt, birst unter der Wirkung langsamer Gärungen, schreckenerregender Schübe, schreckenerregender Einstürze während schreckenerregender Zeiträume: die tausendjährige, ausgedörrte und zerklüftete alte Kruste eines alten Kotfladens, der um sich selbst kreisend endlos ins Nichts versinkt, die entsetzlichen Einsamkeiten, die entsetzliche Stille, die schwachen Schreie der schwebenden kotfressenden Vögel, die von Fels zu Fels, von Stille zu Stille widerhallen zwischen dem Geröll, den Klüften, den Abgründen: Les Hautes-Pyrénées – La Brèche des Deux Bornes und Le Pic de Tuquerouye (Südhang) … GESCHICHTE, 235 f. (252)

– eine dieser vielen Ansichtspostkarten wieder, diesmal nicht von Henri dem Verlobten, sondern wohl von einem aus der Verwandtschaft.

Krähenzug … *Der Zug der Krähen entfernt sich allmählich. Eigentlich löst er sich auf in eine Vielzahl kreisender Flüge, zwischen denen kein Zusammenhang erkenntlich ist, so daß der schwarze Schwarm von einer doppelten Bewegung angetrieben wird: eine, die ihn langsam davontreibt, und, im Innern, jene zahlreichen Wirbel, Kehrtwendungen, in senkrechten oder schiefen Ebenen beschriebenen Schleifen, die den Eindruck von Unordnung hervorrufen, wodurch jedoch der Zug des Ganzen in keiner Weise beeinträchtigt wird, da die Nachzügler die Gruppe pfeilschnell einholen, während andere zu kreisen beginnen, ähnlich wie bei einer Staffel … er beobachtet, daß die kreisenden Bewegungen im Innern des Krähenzuges immer das Ergebnis zweier einzelner sind, wohl Männchen und Weibchen, die immer im Geleit fliegen, so als würden sie nur für sich handeln (Liebesverfolgung, Insektenjagd?), ohne sich indes von der Gruppe zu lösen und in der Verfolgung des Zugs innezuhalten …* GEORGICA, 34/35 (36/37)

Krawatte … *seine ganze schlaksige Figur, seine ausgemergelten Wangen, sein spindeldürrer, knochiger, zu großer Körper, der leicht gekrümmt in seiner Kleidung steckte: in dem schlaff von seinen Schultern herabhängenden Rock, in der Hose, die auch schlotterte und von der man nicht wußte, wie sie von den mageren Hüften und dem Bauch gehalten wurde, von diesem Bauch, der so flach war, daß der riesige, schwarze Revolver, den er zwischen Gürtel und Hemd gezwängt hatte, sich kaum abhob – ein Revolver, der sowohl wegen seines gewaltigen, anstößigen, grotesken Kalibers als auch wegen der müßigen (ja sogar gelangweilten) Lässigkeit, mit der er ihn herumschleppte, so etwas wie ein überdrüssiges Zugeständnis an einen Sachver-*

halt zu sein schien, der das unbequeme Tragen von Krawatten durch das noch unbequemere Tragen von Revolvern ersetzt hatte, er, der wahrscheinlich sein ganzes Leben lang eine Krawatte um seinen Hals gebunden hatte, ohne sich um deren Farbe oder Knoten zu kümmern – und der womöglich sogar jener Kategorie von Männern angehörte, die eine Krawatte ein für allemal knoten, sich abends damit begnügen, die Schlinge so zu erweitern, daß sie sie über den Kopf streifen können, und die sie am Morgen wieder um den Hals legen und den Knoten wieder hinaufschieben, und das ist alles … Der Palast, 114 f. (138 f.)

– der Amerikaner, der Lässige jener vier oder fünf: er also, und der Schulmeister, und der Italiener mit dem Gewehr, und der Kahlköpfige mit der Uniform, und er selber, der Student.

Krieg … *Der Krieg interessierte mich, weil es der einzige Ort ist, wo man gewisse Dinge richtig sehen kann, und auch weil ich versuchen wollte, diese Beschäftigung zu verstehen, die so wichtig ist und sogar wesentlich, insofern sie zu den drei oder vier fundamentalen Bedürfnissen gehört, nämlich mit Frauen schlafen, essen, sprechen, zeugen, für die Menschen geschaffen sind und deren sie nicht entraten können. Die Wohltätigkeitsorganisationen verdammen gleichermaßen die Hurerei und den Krieg. Zweifellos gibt es eine Menge mitleidiger und züchtiger Argumente, um für die Keuschheit und den Frieden zu streiten. Ungeachtet solch tugendsamer Betrachtungen fahren die Männer aber weiterhin fort, Röcke hochzuheben und sich gegenseitig umzubringen, und das in immer größerem Maßstab. So muß man wohl folgern, daß sie, wenn sie gute Gründe haben, so zu tun, als verbreiteten oder billigten sie die humanitären Argumente, wahrscheinlich noch bessere haben, um diesen keine Beachtung zu schenken, und man muß sich, will man keine Dummheiten sagen, darauf beschränken, bei diesen verschiedenen Gelegenheiten das Verhalten derer zu beobachten, die daran beteiligt sind …* Das Seil, 50 f. (54)

Krieg … *Also habe ich schnell gesagt daß man sich um die Dinge ein für allemal klarzustellen über die Wörter einigen müsse daß ich zum Beispiel wenn ich sagte ich hätte am Krieg teilgenommen verdeutlichen müßte daß das Wort »teilnehmen« völlig relativ sei da ich nicht einmal Gelegenheit gehabt hätte auch nur einen einzigen elenden Schuß abzugeben und ich daher statt zu sagen ich hätte an ihm teilgenommen strenggenommen hätte sagen müssen ich sei in ihn hineingeraten so wie man in ein Gewitter oder eine Katastrophe geraten kann und auch das seien nicht die rich-*

tigen Wörter (Gewitter, Katastrophe) weil sie den Eindruck von Verwüstung vermitteln, von zerwühltem Boden, einer Mondlandschaft, während dort alles grün war, üppig, idyllisch, außer daß von Zeit zu Zeit urplötzlich diese Dinge passierten: die Explosionen, das Knattern der Maschinengewehre, der ohrenbetäubende Lärm, die Schreie, die Befehle, die Gegenbefehle, das Wiehern, die durchgehenden Pferde, wonach alles wieder ruhig wurde und man bloß noch versuchen mußte wieder zu Atem zu kommen und die Leute zu zählen. Jedesmal ein paar weniger. Und daß am Schluß, am Morgen des achten Tages, dem Oberst von seinem Regiment alles in allem nur noch zwei Reiter blieben. Darunter ich, das wars …

JARDIN DES PLANTES, 74 (77 f.)

– gegenüber dem Journalisten, der ihn interviewt.

Kuckuck *… und, in regelmäßigen Abständen zu ihm dringend, den verdoppelten Ruf des Vogels, der zwischen den senkrechten Stämmen zurückgeworfen wird, als ob er, nachdem er ertönt ist, gerade durch seine Abwesenheit weiterexistiere, wie um die Stille zu unterstreichen, sie noch hörbarer zu machen, mit der Regelmäßigkeit einer Uhr ausgestoßen, nicht um sie zu stören, sondern zu interpunktieren, eine Anhäufung an Zeit zu befreien und es einer weiteren Menge zu ermöglichen, sich anzusammeln, zu verdichten, bis zu dem Augenblick, da sie ihrerseits durch den Schrei befreit werden wird …* DIE AKAZIE, 90 (97)

Kupferstich *… der alte König mit dem faltigen Gesicht schaut durch die Spalten eines Vorhangs dem umschlungenen Liebespaar zu … in das Kupfer eingeritzt, höhlt und bläht der gestochen scharfe Strich sich abwechselnd, während er die Umrisse der Glieder, der Brüste und der ineinanderlaufenden Torsen nachzeichnet. Ohne abzusetzen oder zu unterbrechen, umschließt die von einer geschickten Hand geführte Stahlspitze die fließenden Formen eines Geschöpfs mit zwei Köpfen, das, einem Fabelwesen ähnlich, mit vielen Armen und Beinen ausgestattet ist. Wie die Teile eines Puzzles mit kurvenreichem Zuschnitt fügen sich die beiden Profile mit den aufgerissenen Augen in einem Kuß ineinander, wobei die Vorsprünge des einen und die Höhlungen des andern nur durch die geschmeidigen Mäander des einzigen Strichs getrennt werden, der abwechselnd ihre Nasen, Münder und Kinnpartien nachfährt. Nach einer Weile jedoch lassen sich in der Zeichnung, die sich mit den Bewegungen oder Erschütterungen im Verlauf der Umarmung auflöst und wieder zusammensetzt, die einzelnen Elemente jedes Körpers erkennen. Der Page liegt mit* *gespreizten Beinen da. Auf seinem Bauch und seiner Brust ruhen Kreuz und Rücken der jungen Frau, die, den rechten Arm unter den rechten Arm des Pagen geschoben, ihn umschlingt und, die rechte Hand um seine Schulter geschlossen, ihre Lippen mit den seinen vereint in einer Verdrehung des Oberkörpers und des schwellenden Halses, während sie ihr Gesäß in die entgegengesetzte Richtung stemmt und das gespannte Glied aufnimmt, das leicht schräg in sie eindringt … Regungslos schaut der traurige alte König, impotent und einsam, noch immer mit den triefenden Augen auf den knorrigen, zwischen die gespreizten Schenkel getriebenen Pfahl, wo die geschwollenen und blaßvioletten Lippen des senkrechten, sich in der Feuchtigkeit der zerzausten Haare öffnenden Mundes ihn verschlingen. Die zylindrische Form des männlichen Glieds wird durch kleine gebogene Striche wiedergegeben, die sich an seine Rundung anschmiegen. Weitere kurze und gebogene Striche deuten Dicke und Falten der schweren Hoden an, die am Ansatz des Gliedes herabhängen. Der Linie des Damms folgend, lichten sich zwei Reihen von Flaumhaaren von der Vulva ab bis zu dem winzigen dunklen Loch, das durch einen Punkt wiedergegeben wird, um den kleine sternförmig angeordnete Falten und Schweifungen gleichsam die Blätter einer schwarzbraunen Blüte zeichnen. Unter den dargebotenen Backen der Frau und den Beinen des Pagen sind die Falten des zerwühlten Lakens durch eine Reihe langer auseinanderlaufender Striche dargestellt, die bisweilen eng zusammenliegen, bisweilen weit auseinanderrücken …* Die Leitkörper, 123 ff. (131 ff.)

– zwischen den Pünktchen erst der Urwald mit seinen Gefahren, dann aus dem Flugzeug ein Blick auf diesen Wald, dann tritt der Kranke aus dem Dunkel und der Stille der Bar wieder in den gleißenden Großstadttag. – Keines der Stichwörter erschöpft, oder soll auch nur annähernd erschöpfen den Bestand alles dessen, was sich unter ihm darstellen, erzählen ließe: so hängt im folgenden Roman, dem Triptychon, irgendwo wieder ein Kupferstich, der eine Szene zeigt, die real (was immer das nun heißt, jedenfalls: im Text real verglichen mit dem Stich; oder in direkter Umsetzung) vorkommt: zwei eine Liebesszene beobachtende Knaben; der Stich verknüpft diese reale Szene mit der realen Szene, in der er in dem Zimmer hängt, ganz wie in den Händen dieser Knaben ein paar winzige Filmbilder, die den Mann darstellen, der in dem Zimmer sitzt, in dem der Stich hängt, ebendiese Szene mit ihnen verknüpfen, und so weiter. Wenn dann bei den die Filmschnipsel betrachtenden Knaben auf den Schnipseln Insekten laufen oder hinter den Schnipseln Kühe schattenhaft vorbeigehn, über das Bett hin, auf dem die schöne Nackte liegt, dann heißt das ganz bestimmt auch, dass alle diese Bezüge ein unausgedeutetes Spiel bleiben sollen, innerhalb einer Sprache, die ebenfalls alle strengen Bezüge aufgibt, ohne deshalb doch in sich allein zu bleiben.

Kuss … *bis auf dem Trittbrett einer der Plattformen, nicht angeklammert, sondern von Armen umschlungen, nur noch die schlanke Gestalt einer jungen Frau übrigblieb, Oberkörper und Kopf zurückgebogen, beide Arme um die Schultern des Mannes gelegt, dessen Lippen auf ihren Mund gepreßt waren, wobei ihr leichtes Sommerkleid aus grellem, billigem, mit roten Blumen bedrucktem Stoff, von dem ihre Taille umfangenden Arm hochgezogen, die Kniekehlen entblößte, zu flattern begann, dann vom Luftzug in die Höhe gehoben wurde, dann auf die Schenkel klatschte und Schreckensschreie ertönten, und einen Augenblick schien sie sozusagen im Leeren zu hängen, nur noch wie durch einen Saugnapf an der Stelle, an der die beiden Münder sich trafen, mit dem Mann verbunden, wie in einer Art Koitus in der Luft, gleich jenen Vögeln, die imstande sind, mitten im Flug zu kopulieren, einzig durch ihre Geschlechtsorgane miteinander verbunden und wie Steine durch die Luft schießend* … DIE AKAZIE, 147 (157 f.)

– auf dem Bahnhof, August 39, als der Zug (eine Lokomotive mit längst ausrangierten uralten Holzwaggons) mit den Ausgehobenen abfährt, aus der sie verabschiedeten Menge weg; unter den Ausgehobenen Simon, sechsundzwanzigjährig.

L

Leben … *dies alles mit jener halb verwirrten, halb schuldbewußten Miene berichtend, als ob er sich entschuldigte und sich gleichzeitig über sich lustig machte, sich daran ergötzte und sich darüber grämte, als könnte er von sich immer nur in dieser Art sowohl amüsierter wie mißbilligender Verlegenheit sprechen, machtlos, betrübt und ironisch dem Ablauf seines eigenen Lebens beiwohnend oder vielmehr des Lebens, das ein anderes Selbst ihm auferlegte, ohne daß sich entscheiden ließ, ob es mit oder ohne seine Zustimmung geschah und ob er für diesen anderen, nach Art eines jüngeren Bruders für einen älteren oder den Mitschüler, der ihn quält, nicht insge-*

heim so etwas wie Bewunderung hegte, die indes weder Spott noch Kritik ausschloß …
Der Wind, 82 (74)

– das ist der Eindruck, den Montès, der Weinbergerbe, macht, wenn er von sich erzählt, in diesem Fall, wie er mit einem Mädchen gebrochen habe, als er sich vorstellte, sie je mit einer andern Frisur zu sehen als der, die sie trug, als er sie kennen lernte.

Leonardo: *Ich glaubte, leben zu lernen, ich lernte sterben.*
Die Strasse in Flandern, Motto

Lesen … *bis es ihr gelang, ihn zu öffnen und dem abgewetzten Samtfutter eine jener Brillen mit Eisengestell zu entnehmen, dessen Steg mit Fetzen vergilbten, von schwarzem Faden umwickelten Batists versehen war, klappte die Bügel auf, steckte sie sorgfältig hinter die Ohren, schloß das Etui wieder, entschloß sich schließlich (rang sich dazu durch), das Wachssiegel zu erbrechen, näherte sich dem Fenster, ihre Lippen bewegten sich lautlos, während sich die Augäpfel zwischen ihren schlaffen Lidern langsam von links nach rechts bewegten, dann schnell wieder nach links rückten, um wieder in die andere Richtung zu wandern, wobei sich die Lider jedesmal ein wenig mehr senkten, die Augenbrauen zusammenzogen, die Lippen weiterhin nacheinander die Worte formten, dann, nach beendeter Lektüre, verharrte sie reglos, immer noch zum Fenster gewandt, den Kopf erhoben, mit verlorenem Blick, mit beiden Händen nun den Brief wie eine Schürze vor ihrem Bauch haltend …*
Georgica, 459 (463)

– pünktlich, grauenhaft pünktlich alle vierzehn Tage, und das über mehr, weit mehr als zwanzig Jahre hin, hat die Batti diese Briefe mit Anweisungen erhalten, mehr und mehr, so am Ende des Buchs, voller Beschwerden und Mahnungen: von diesem Mann, der sie, wie sein Bruder auch, als sie Heranwachsende waren, beschlafen hat; dem sie die junge Frau hat beschützen, dessen Kind sie hat großziehen müssen; und mit dessen zweiter Frau, bis die fortging, sie auch noch hat leben müssen (von den nächtlichen Besuchen des immer auf der Flucht befindlichen Bruders zu schweigen; und zu schweigen auch von ihrer vermutlich royalistischen Gesinnung, im Hause dieses Königsmörders, der auch noch zum Brudermörder geworden war); selber nichts als arbeitend; und dann also immerzu diese Briefe – es ist, als solle man verstehen, dass sie, als er dann tot war, durchaus in der Lage sein konnte, wenigstens, wie eine kleine Rache, zugunsten jenes Sohns, und mochte er auch jedenfalls im Sinne des Vaters, ja mochte er eben gerade im Sinne des Vaters missraten sein, und zuungunsten jener zweiten Frau Unterschlagungen am Erbe vorzunehmen. Bewiesen werden konnte da wenig, zumal sie bald nach ihm starb, aber wer sonst sollte sich so gut ausgekannt haben? – Die Briefe scheinen alle erhalten, oder die meisten jedenfalls, sie waren in jenem versteckten Schrank, Simon hat sie benutzt, er zitiert sie.

Leuchtturm … *Plötzlich blinkt ganz hinten am Horizont, wo Himmel und Meer jetzt nicht mehr voneinander geschieden sind, zur Linken der kurze Lichtschein eines Leuchtturms auf, verschwindet sogleich, erscheint wieder, erlischt für einige Sekunden, erscheint zweimal wieder, Takt um Takt, mit der Regelmäßigkeit eines Metronoms nach einem kodierten Rhythmus aufgedeckt und verborgen, als ob das Auge – nicht das Ohr: das Auge – durch das friedliche und gleichmäßige Rauschen der Brandung hindurch irgendwo das unerbittliche Nagen der Zahnräder, des Räderwerks, der Hemmung wahrnehmen könnte, welche die Zeit in kleinste, verbuchte Intervalle aufspalten, als ob irgendein von den Sternen, von fernen, Millionen von Lichtjahren entfernt kreisenden Gestirnen ausgesandtes Signal sie plötzlich in Gang gesetzt hätte, um auf die Sekunde genau denjenigen Augenblick zu markieren, der Tag und Nacht voneinander scheidet, und gleichzeitig auch das plötzliche Aufscheinen eines flüchtigen, schimmernden Wegs ausgelöst hätte, über die dunkle Weite, die sich vom Strand nur noch durch eine unaufhörliche, bloß undeutlich wahrzunehmende Unbeständigkeit unterscheidet, schwarze und stehende Wellenbewegungen wie von flutendem, schlangenartigem und schwerem Haar* …

Anschauungsunterricht, 135 f. (171)

Libellen … *vor dem schattigen Hintergrund der Kiefern reglos, wie aufgehängt, die Libellen, ziseliert in der Sonne, auf den metallisch schwirrenden waagrechten Flügeln ruhend, mitunter den Standort wechselnd, stufenweise, in schnellen Sätzen, um erneut in Reglosigkeit zu verfallen – und auf einmal, einer geraden, leicht geneigten Flugbahn folgend, läßt sich die eine auf der anderen nieder, die beiden unwägbaren Formen sind nun übereinander, völlig gleich, bis sich der lange, schlanke Hinterleib des Männchens langsam krümmt, sich an den des Weibchens schmiegt, während beide Flügelpaare aus Glimmer weiterschwirren, gleißend, mit derselben blitzartigen Geschwindigkeit, und jetzt ein einziger Körper, aneinandergeschweißt,* *ein einziges elegantes Juwel, komplex ... das kostbare Juwel, das feine Meisterwerk der Goldschmiedekunst mit dem doppelten Hinterleib, umgeben von silbrigen Vibrationen, einen Augenblick taumelnd und, ohne sich zu trennen, seitwärts gleitend, plötzlich aufsteigend, einer chaotischen, gewundenen Flugbahn folgend, wie von etwas Blitzendem durchschüttelt (aber was konnte es in dieser komplizierten, ephemeren, zerbrechlichen Anordnung der Organe sein, da Flügeldecken, Brustschild und Ringe aus offensichtlich fühllosen Stoffen bestanden (Horn, Schuppe, Seide): Lust? Orgasmus? Befreiung? Erfüllung?), aus dem Gleichgewicht gebracht, rasend, in unkontrolliertem Flug hinweggetragen, und der metallische Glanz verglüht, verschwindet im Schatten, dann, fast sogleich darauf, wieder eine einzelne, reglos, wie aufgehängt in der Sonne über der schwammigen Lichtung, und einige Sekunden später die andere, ungefähr zwei Meter weiter rechts und ein wenig höher, ebenfalls reglos (und irgendwo unter den Ringen, den Brustschilden (mitten in jener Art gelblichem oder blaßgrünem, klebrigem Brei, der mit einem unmerklichen Geräusch von zerplatztem Beutel aus zerdrückten Insekten, Grashüpfern, Heuschrecken mit ihrem unter dem dünnen Panzer weichen Bauch herausspritzt), etwas Verändertes, etwas Neues, unendlich Kleines, unendlich Zerbrechliches, das bereits begonnen hat, sich zu nähren, Gestalt anzunehmen und zu wachsen ...*

GEORGICA, 423 f. (427 f.)

– während der Flucht des Bruders des Generals, als er dann in dem Bauernhaus sitzt und isst, eine eingeschobene Beobachtung, Reflexion: ganz wie in der prekären Befreiung aus der hinabziehenden Sumpfstelle, eben an diesem Bauernhof, zwei in jenem Augenblick sich jagende Schmetterlinge eben davor aufgetaucht und wieder aufgetaucht waren.

Liebe ... *O. stemmt die Hüften hoch, so daß ihr Bauch in Berührung mit dem andern Bauch kommt, nun nur noch mit den Schultern und den Fußsohlen auf dem Bett ruhend, die Schenkel gespreizt, die Beine jetzt in der Stellung einer akrobatischen Tänzerin, die eine Brücke macht. Das Glied des Mannes ist so hoch aufgerichtet, daß sie es etwas nach unten drücken muß, um es in sich einzuführen. Genau in dem Augenblick, als er in ihre Scheide dringt, läßt ihr Mund einen dumpfen Laut hören, als ob sie ersticke, nach Atem ringe. Eine kurze Zeit, während der Mann fast reglos bleibt, läßt sie langsam ihr Becken unter ihm kreisen, bewegt es wellenförmig, so daß das steife harte Glied sich in ihr dreht, kreist, sich leicht zurückzieht, wieder tiefer eindringt. Ihr Atem geht schneller. Ihre Lippen sind halb geöffnet, die Mund-*

winkel leicht nach oben gezogen wie in einem kindlichen Lächeln. Ihre Augen sind geschlossen. Das Lächeln entblößt etwas ihre Zähne, zwischen denen die rosige Spitze ihrer Zunge erscheint … Plötzlich streckt der Mann die Beine, die Masse aus Fleisch und Knochen fällt auf O. und preßt sie auf das Bett. Aus beider Brust entweicht die Luft heftig. Der Mann gibt einen heiseren Ton von sich. O. sagt Aaahhh, zieht dann sehr rasch ihre beiden Schenkel an, so daß die Knie fast ihre Schultern berühren, während ihre in das gelbliche Haar gekrampfte Hand sich löst, der Arm sich streckt, die Hand am Körper abwärts gleitet, um ihren angewinkelten Oberschenkel, ihre Hinterbacke herum, die Wurzel des in sie eingedrungenen Gliedes erreicht, glitschig jetzt von dem Schleim, der stoßweise aus ihrer Scheide dringt, zwischen ihren Hinterbacken nach unten läuft. Trotz der ununterbrochenen Hin- und Herbewegung des Penis festigt sie ihren Griff und schiebt in einem Augenblick, als der Mann sich von ihr wegbewegt, dessen Haut nach hinten, so daß die Eichel vollständig freiliegt. Als diese wieder in sie eindringt, gibt sie abermals den gleichen erstickten Laut von sich, dann beginnt sie sehr rasch abgehackte Wörter zu sagen. Eine der Matratzenfedern quietscht leise. Jemand geht draußen über den Flur. O. sagt Pst! und verhält reglos. Die beiden Körper bleiben so, wie versteinert … Der reglose Mann und die reglose Frau hören in ihren Ohren das Tosen ihres Blutes, das weiter strömt und klopft, allmählich langsamer werdend … Der Körper des Mannes ist von dem O.s etwas entfernt. Das gelbe Haargestrüpp seiner Brust berührt noch immer die Brustwarzen, die jetzt wie zerknittert sind, doch die beiden Bäuche und die beiden Schamberge sind durch einen kleinen Zwischenraum voneinander getrennt. Hinter der Tür dicht an dem Holz sagt O.s Stimme ihren Namen. Die beiden Körper sind noch wie versteinert. Ein Hagel von Schlägen trommelt gegen die Tür. Auf den beiden nackten und erstarrten Körpern beginnt der Schweiß zu erkalten, läßt sie frösteln. Eine Färbung von laviertem grünlichen Braun macht den Bauch, die Brust und die Unterseite der Schenkel des Mannes dunkel … Das Ganze macht einen nächtlichen, schlaffen Eindruck, wobei der Rücken des Mannes, die Modellierung der Formen durch weiße, bläulich getönte Gouache, eine seltsame Kälte hineinbringen, als wäre der Körper aus Marmor, hart und kalt anzufassen wie die Haut unter einer Schicht von erkaltetem Schweiß … (dazwischen, 251 f., das Marmorrelief einer Reiterschlacht, dann, 252 ff., die Reiter in Flandern, dann, 256 f., das Zerbröckeln des marmornen Reliefs, und dann, 258 ff. der Marmor der Liebenden (259 ff.):) … *Die beiden Körper sind immer noch reglos, wie versteinert. Ihre graue Farbe unterscheidet sie nicht von dem grauen, ebenfalls versteinerten Raum, in den sie gehauen sind. Ein leichter Schatten von kaum dunklerem Grau liegt auf dem Bauch, der Brust und der Unterseite der Schenkel des Mannes. Auf die Krümmungen seiner Hinterbacken, seines Rückens, seiner Schultern heftet das Licht weißliche Flecken, in denen ein paar vom Meißel gehauene Linien die Muskeln modellieren. Von Zeit zu Zeit bröckelt ein Marmorstück ab, eine Backe, ein hervorspringender Teil, manchmal eine Schulter, ein Ellenbogen, seltener ein ganzes Glied, zerbröselt, zerfällt zu Staub. Doch bleiben die Umrisse der Körper immer erkennbar. Ein von der Brust gelöstes Stück Haut läßt die innere komplizierte Struktur erkennen, ausgehöhlt von Vertiefungen, Windungen, winzigen Gruben, Buchten. Vom Brustbein aus winden sich die inneren unterschiedlich verwitterten Adern des Marmors in Mäandern, die, den Körper teilend, bis zum Schamberg hinunterreichen. Das ganz aus der Frau herausgezogene Glied des Mannes ist schartig, in Längsrichtung gesprungen. Die glatte Bruchfläche ist aus einer granitartigen Materie, in der man winzige Quarzsplitter wie Sterne funkeln sieht. Seine wie ein scharfer Grat gezackte Form ist die eines leicht nach oben gekrümmten Stieles, an seiner Wurzel dünner als an seiner Spitze, die in einer spitzbogigen schräg zersprungenen Knospe endet. An seiner Basis sind zwei Falten der Haut des fein ziselierten und polierten Hodensacks erhalten. Unter der höckerigen Linie der Schultern und des Rückens höhlt und wölbt sich der verwitterte Marmor in unregelmäßigen Buckeln. Die Umrißlinien der Frau, wenngleich stellenweise mit schartigen Lücken, erscheinen noch als Ganzes (das Auge ersetzt die verschwundenen Teile), das ein geschmeidiger Strich umrandet, von der Achsel ausgehend, sich leicht krümmend, um die Einbuchtung der Taille zu markieren, dann in einer einzigen Kurve die Hüfte, die Hinterbacke, die Unterseite des angewinkelten Oberschenkels umreißend und in der Kniekehle endend, von wo aus er in entgegengesetzter Richtung neu ausgeht, zunächst sich selbst berührend, dann sich entfernend, um den Umriß der Wade anzuzeigen, indes eine andere Kurve vom Zusammentreffen des angewinkelten Schenkels mit dem Bauch ausgehend (wo drei kleine Falten sich fächerförmig voneinander entfernen) die Oberseite des Oberschenkels, das Knie, den Unterschenkel zeichnet, sich über den Spann des Fußes wölbt, dessen Zehen durch eine Reihe von kleiner werdenden Bogen flüchtig angedeutet sind. Kaum daß das Geriffel, die Wellen, die Wetter, Frost, Wasser, Nächte und Tage allmählich in den Marmor gegraben haben, auf den Gliedmaßen hervortreten, deren Windungen sie nur wenig beeinträchtigen wie die Falten eines leichten Schleiers. Mulden, Aushöhlungen, Furchen, Kanäle, Löcher in den bizarren jetzt bloßliegenden Windungen des Marmors sind an die Stelle der Reliefs getreten, wo sich einst die Hinterbacke, die Hüfte, die linke Brust wölbten. Außer den von der Haut des Hodensackes gebildeten Falten an der Wurzel des Glie-*

des des Mannes und denen, die sich fächerförmig an der Berührungsstelle des angewinkelten Schenkels mit der Hüfte der Frau voneinander entfernen, sind noch unversehrt eine Nase, ein Kinn, drei Finger einer Hand, eine Strähne gelösten Haares. Flach auf dem Boden liegend zwischen zerbrochenen Säulenschäften und Bruchstücken von Architraven, scheinen die beiden umschlungenen Gestalten mit steinernen Eingeweiden einzudringen in die grauen komplizierten Eingeweide des Steines, der Zeit, wo allein der stumme Aufruhr ihres Blutes, das unmerkliche Zittern ihres Atmens, die mineralische Spur ihrer Formen an ihre Existenz erinnern … Die Schlacht bei Pharsalos, passim, da sich durch das ganze Buch hindurch zwei sehr emphatische Beischlafszenen ziehn; O. in den zitierten Szenen kann übrigens für jeden der Beteiligten stehn, für die Frau, den Mann, auch dann für den Eifersüchtigen, der an die Tür trommelt (ein Icherzähler, der seinerseits wieder in die andere der beiden Liebesszenen verstrickt ist, wie man wohl sagen darf) –

– 1943, als Simon zu schreiben begann, erschien in Paris Sartres philosophisches Hauptwerk, Das Sein und das Nichts, das auch deshalb Aufsehen erregte, weil es Phänomene in den Blick nahm, an denen Philosophen bis dahin achtlos vorbeigegangen zu sein schienen, alltägliche Phänomene also, besonders aber auch Phänomene aus dem erotischen, dem sexuellen Bereich. Zum Beispiel analysiert Sartre (in dem so überschriebenen Kapitel und denen, die darauf folgen) den Blick, den Blick des anderen, der, sagt er, sich aber ebenso gut im Rascheln von Zweigen, in Schritten, denen plötzliche Stille folgt, oder in der Bewegung eines Vorhangs manifestieren könne. Was ich, der so Erblickte, unmittelbar erfasse, sagt er, wenn ich Zweige hinter mir knacken höre, *ist nicht, daß jemand da ist, sondern daß ich verletzlich bin, daß ich einen Körper habe, der verwundet werden kann, daß ich einen Platz einnehme und daß ich in keinem Fall aus dem Raum entkommen kann, wo ich wehrlos bin …;* und im nächsten Abschnitt gleich dann: *Nehmen wir an, ich sei aus Eifersucht, aus Neugier, aus Verdorbenheit so weit gekommen, mein Ohr an eine Tür zu legen …* Dann, und das ist die Situation der Liebenden oben bei Simon: *Jetzt habe ich Schritte im Flur gehört: man sieht mich …* Ich erfasse, heißt es dann, den Blick des andern als Verhärtung und Entfremdung meiner eigenen Möglichkeiten, geradezu, sagt Sartre dann, als den Tod meiner Möglichkeiten, als Erstarrung. Wenn man mich anblickt, habe ich, so Sartre weiter, das Bewusstsein, Objekt zu sein, und nun wieder konkret: *Mein Ob-*

jekt-Sein ist nicht Erkenntnis, sondern Unbehagen, erlebtes Losreißen von der ekstatischen Einheit des Fürsich … – und man darf das ruhig als ein Herausgerissenwerden aus der Versunkenheit in einen Kuss, als dieses Erstarren in der hingerissensten Bewegung verstehen, in der alles sonst weg zu sein schien, vor allem jeder andere, Dritte; doch mit einem Mal *ist das Faktum des Andern unbestreitbar und trifft mich mitten ins Herz* (dass der Blick dessen, mit dem ich in der Liebe zusammen bin, eine andere Qualität hat, ist klar, und Sartre nimmt sich dieses Phänomens dann später an: dieser Blick, sagt er, *läßt mein Sein nicht erstarren*). Und näher in einer Analyse der Liebe heißt es dann noch einmal: *Aber die Liebenden brauchen nur von einem Dritten zusammen erblickt zu werden, und schon erfährt jeder die Objektivierung nicht nur seiner selbst, sondern auch des andern … und mein ursprünglicher Bezug zu ihm, das heißt meine Beziehung eines geliebten Wesens zum Liebenden erstarrt zu toter Möglichkeit* – näher, möchte man sagen, ist philosophisch an jenes Simonsche Versteinern kaum heranzukommen.

(22f. (25f.) spielt Simon auf eine berühmte Szene bei Homer an, hier erst Simon: *… den Schweiß hörend ich meine das Ohr durch die dünne Türfüllung ihn auf ihren ineinander verschlungenen Gliedern schimmern sehend die erstarrt sind … welches überraschte Liebespaar aus Stein gehauene Gruppe … eingeschlossen so wie sie waren in einem metallenen Netz …* – und Homer, Odyssee 8, 267ff., erzählt, dass Hephaistos, als er merkt, dass seine Frau Aphrodite sich öfter mit Ares trifft, ein Netz schmiedet, das er dann um ihr Bett legt und über ihr Bett hängt, *wie zarte Spinngewebe*, sagt Homer, *die keiner hätte sehen können, auch keiner der seligen Götter*; dann sagt Hephaistos, er gehe weg; Ares kommt und steigt mit Aphrodite in das so verhängte Bett, *und sie schliefen ein*, sagt Homer; *und rings um sie ergossen sich die künstlichen Bande des vielverständigen Hephaistos, und keines von den Gliedern war zu bewegen noch auch zu erheben; da erkannten sie, daß es kein Entrinnen mehr gab* (ich erkenne, hieß es bei Sartre, *daß ich in keinem Fall aus dem Raum entkommen kann*). Dann kommen alle Götter zu Hephaistos, die Göttinnen, sagt Homer, seien aus Scham weggeblieben, und es traten, sagt er, *es traten die Götter, die Geber des Guten, in die Türen, und ein unauslöschliches Gelächter erhob sich von den seligen Göttern*; und dasselbe legendäre Gelächter erhebt sich dann noch einmal, als Apollon Hermes fragt, ob er wohl so eingezwängt gern bei Aphrodite läge, und dieser antwortet: *Wenn dieses doch geschehen möchte, Herr! fernhintreffender Apollon! Da möchten Bande, dreimal soviel, unendliche, um mich herum sein* *und ihr zuschauen, Götter und Göttinnen alle: gleichviel! ich schliefe bei der goldenen Aphrodite!* … sogar die Göttinnen jetzt also. Noch einmal, wie zur Erläuterung der Begeisterung des Hermes, eine Abschweifung, zu jener Stelle in dem großen so genannten HOMERISCHEN HYMNUS AN APHRODITE, als Aphrodite zu Anchises kommt, einem Hirten, um mit ihm zu schlafen, und ihn verführt, sodass er auch nichts anderes mehr will, und er nun, denn er schwankt, angesichts ihrer Schönheit, ob sie nicht doch eher eine Göttin ist als die Sterbliche, für die sie, damit er nicht zu viel Angst hat, sich ausgibt, sagt: … *und schösse selber Apollon, der Schütze ins Weite, vom silbernen Bogen tödliche Pfeile: Göttergleiches Weib! mich erfüllte nur das eine Verlangen: dein Lager möcht ich besteigen; nachher wollte ich gerne im Hause des Hades versinken.*)

Dass man Liebe und Begierde, und um diese, die Begierde, geht es in Simons Beschreibungen ja meistens, oft gern trennen würde, heißt wenig, man ist in der Begierde am einigsten mit dem Körper; *die Begierde*, sagt Sartre, *ist Einvernehmen mit der Begierde … man begehrt eine Frau ja nicht, wenn man sich ganz und gar außerhalb der Begierde hält: ich bin Komplize meiner Begierde. Oder vielmehr, die Begierde ist ganz und gar Sturz in die Komplizenschaft mit dem Körper …* – und der, den ich will, den ich liebe und begehre, soll ganz sein was ich auch bin, und das heißt: *daß ich mich in der Begierde zu Fleisch mache in Anwesenheit des Andern, um mir das Fleisch des Andern anzueignen* (eine galante Formulierung gleich danach: *die Begierde drückt sich durch Streicheln aus wie das Denken durch Sprechen …)*; und *auf diese Weise erscheint wirklich das Besitzen als doppelte wechselseitige Fleischwerdung* – und wieder ist von hier, diesem Zustand sozusagen der Bewusstlosigkeit oder wenigstens Bewusstseinsferne (der Geist verabschiede sich einstweilen, wenn die Körper zusammen sind, hatte Kierkegaard einst gemeint), der Weg kurz zur Versteinerung, zur reinen zerstörbaren Skulptur. – Sartre, 1905 geboren, acht Jahre älter also als etwa Simon, war für die Schriftsteller, die Romanciers, wesentlich mehr als bloß ein Philosoph; er hatte zwar Mitte der dreißiger Jahre seine öffentliche Karriere mit keineswegs leichten Essays begonnen, hatte dann aber, 1938, einen eleganten kleinen Roman geschrieben, DER EKEL, und 1939 einen Band mit glänzenden Erzählungen, DIE MAUER – man nahm ihn also als einen, der ein Recht darauf hatte, gehört zu werden, auch wenn er dann immer mehr, nicht nur für Simon, quälend wurde durch moralisch-politische Ansprüche, die die Menschheit, so meinte er, an die Literatur habe, und er an die Literaten. Als in Simons nächstem Roman, den

Leitkörpern, 1971, zum ersten Mal der Schriftstellerkongress erwähnt wird, an den sich einer, Simon vielleicht, (in dem Buch) im Flugzeug rückblickend oft erinnert, heißt es über eine Rede, die dort gehalten worden ist oder eben gehalten wird, es wird nicht gesagt, von wem: *... dennoch scheint aus den wenigen Bruchstücken, die er auffängt, deutlich zu werden, daß die Rede im wesentlichen aus Betrachtungen oder Erklärungen sozialer und politischer Art besteht, in denen häufig Substantive vorkommen, deren Klang durch den Gebrauch und die Zeit verblaßt ist wie die Farben der Plakate, etwa Freiheit, Revolution, Solidarität und Einheit ...* 30 (34) – Ich erinnere mich auch, irgendwann gewusst zu haben, dass Wilhelm von Ockham, der damals (Anfang des 14. Jahrhunderts) stark die Realität der Einzelexistenzen betonte gegen eine von Plato wohl herrührende Bevorzugung allgemeinerer Wesenheiten, einmal, als er über den großen Meister Eckhart urteilen sollte (sie waren Zeitgenossen, Ockham war einige Jahre jünger als Eckhart, fünfundzwanzig ungefähr, das ist, wenn man bedenkt, wie lange das her ist, so viel wie Simon jünger ist als Sartre, acht Jahre), diesem nur vorwarf, er glaube an Ideen *et alia absurda*, wie er sagte, Ideen und andere Wundertiere.

Liebe ... *Die Frau steht noch immer auf derselben Stelle. Sie blicken sich in die Augen. Er wiederholt, Also nie mehr? Nie mehr? ... Sie läßt erneut ihren Kopf leicht von links nach rechts kreisen, zweimal hin und her. Dann bewegen sich ihre Lippen. Sie sagt, Wir haben es immer gewußt. Er sagt, Nein. Sie sagt, Doch. Wir wußten es von Anfang an. Die ganze Nacht heute haben wir es gewußt ...*

Die Leitkörper, 184 (196)

– →Tränen dann noch, an der letzten, der achten Stelle, an der diese Liebesgeschichte auftaucht, aufleuchtet, oder diese eine Szene nach der offenbar letzten Liebesnacht: Der Mann sitzt auf dem Bett und sieht im Morgenlicht, das aus der Küche kommt, die Frau stehen, die sich in ein Tuch gewickelt hat (das einmal von ihren Brüsten fällt und das sie dann mit dieser unkoketten Selbstverständlichkeit nach einer solchen Nacht wieder umlegt) und eine Tasse Kaffee trinkt, schließlich ausgetrunken hat, und dabei unentwegt den Mann ansieht, eigentlich immer nur leise den Kopf mit einer verneinenden Bewegung bewegend. Diese Zerlegung der Szene in eine über viele Seiten sich hinziehende dauernd unterbrochene oder andere Sequenzen unterbrechende Sequenz, formal eigentlich in derselben Technik behandelt wie alle andern Sequenzen, zeigt sehr schön die ganz unterschiedlichen Wirkungen dieser Technik; denn während etwa der dauernd vorkommende Blick aus dem Flugzeug eine Bewegung, oder die Bewegungen des Kranken durch die Stadt einen allmählichen Fall, oder das Ruiniertwerden der Soldaten im Urwald einen katastrophenhaften Untergang zeigen, oder andeuten können, sind die fortschreitenden Stationen der geendeten Liebesnacht und Liebe im Lauf der Erzählung so etwas wie dankbar begrüßte, fast herbeigewünschte Ruhepunkte. Man könnte meinen, es komme so sehr auf das Erzählte an, dass diese Technik des unterbrochenen Reihens eher nebensächlich wäre; andererseits enthüllt gerade diese unterbrochene Reihung den (je nachdem eben ganz unterschiedlichen) Charakter dessen, was erzählt wird, und indem sie sich unterbrechen, verdeutlichen die Erzählungen sich aneinander, und schaffen in ihrer Verschiedenheit (die eben auch im Rhythmus ihres Auftretens immer klarer wird) den wirklichen Rhythmus der ganzen Erzählung: der im Grunde also ganz und gar weniger kalkuliert worden zu sein scheint als, wenn man so entgegensetzen darf: im tastenden Schreiben allmählich entdeckt, oder, weniger metaphysisch gesagt: erst schreibend gemacht (als hätte er also auch ein ganz anderer werden oder geworden sein können, oder wenn nicht, als wären wer weiß wie viele andere Versuche aufgegeben worden (wie Kalkulationen aussehende Planskizzen, die die Autoren später gern zeigen, auch Simon hat das getan, datieren immer aus Zeiten nach diesen aufgegebenen Versuchen).

Lippen, Seide … *mit dem Unterschied daß ihr Ort ihr Zentrum ihr Altar nicht ein kahler Hügel war, sondern jene süße und zarte schwindelerregende buschige verborgene Falte des Fleisches … grob aus weichem Lehm geformt: zwei Schenkel ein Bauch zwei Brüste die runde Säule des Halses und in der Tiefe der Falten wie im Mittelpunkt der primitiven präzisen Statuen jener grasige Mund jenes Ding mit dem Namen eines Tieres, eines naturkundlichen Fachausdrucks – Muschel Pulva Vulva – an jene fleischfressenden blinden jedoch mit Lippen, Wimpern versehenen Meeresorganismen erinnernd: die Öffnung jener Gebärmutter des ursprünglichen Schmelzofens den er in den Eingeweiden der Welt zu sehen meinte … meine Wange auf der Innenseite des anderen Schenkels die in dieser Lage die Oberseite war ich konnte an der Stelle wo er mit dem Körper verbunden war unter den dünnen Haaren die dort begannen die Schwellung der Sehne sehen die sich diagonal über die Leiste zieht, die sehr weiße Haut auf dem Oberschenkel war von der Leiste an von* *hellem Bisterbraun, die Lippen der Spalte von kräftigerem Bister vor der Stelle wo die Schleimhaut beginnt als ob dort, nicht ganz ausgelöscht, etwas von unseren wilden primitiven finsteren Vorfahren übrigbliebe fortdauerte die sich nackt ungestüm und hastig im Staub im Dickicht umklammerten paarten wälzten: in dieser Stellung war sie kaum geöffnet, man sah etwas Blaßviolettes wie einen Saum ein Unterfutter leicht hervorscheinen, das Bisterbraun wurde noch kräftiger ausgeprägter fahlrot je weiter der Blick zu den Falten vordrang man hätte meinen können ein Stoff eine innen von zwei Fingern zusammengedrückte leicht gefärbte Seide oben eine Art Knoten oder vielmehr Fältelung ein Knopfloch aus Fleisch bildend …*

Die Strasse in Flandern, 12/42/291 f. (13/39/253 f.)

Lohn … *im Flur vor dem Büro hört man Männerstimmen und das Scharren von Schuhen. O. steht auf und öffnet die Tür des Büros. Im Flur herrscht ein Halbdunkel, das durch die Laube, unter der sich die Eingangstür befindet, grün gefärbt ist. Graue, erdfarbene Gestalten, von denen ein starker Geruch nach Schweiß und Müdigkeit ausgeht, stehen an der Wand, die mit der gleichen Tapete tapeziert ist wie das Büro, eine Tapete, die Korduanleder imitiert und auf der sich ein reliefartiges Motiv von dunkel olivgrünen Palmblättern wiederholt. O. setzt sich wieder an seinen Schreibtisch. Eines nach dem andern kommen die grauen Phantome herein. In den Mund eines jeden schiebt O. eines der kleinen Bündel Geldscheine und ein paar Münzen. Danach verläßt jedes der Phantome wieder das Büro, und O. kreuzt einen Namen auf der Liste an …* Die Schlacht bei Pharsalos, 227 (234 f.)

– O., Charles oft, eben noch unterwegs, um für einen Essay Schlachtgemälde zu sehen, gerade in Deutschland, Cranach etwa, und Karten schreibend, an das Modell, in das er sich verliebt hat (Odette, er liest in Zügen Proust, er zerreißt die Karte), an van Velden (den Maler, in dessen Atelier er das hübsche Modell kennen gelernt hat) und an Corinne zu Hause; gleich darauf, O. jetzt als der Erzähler eher, ineinander übergehend aber auch alles, noch mit Nikos unterwegs in Thessalien, genauer: jene kaputte landwirtschaftliche Maschine jetzt an dem Baumwollfeld, bei der sie waren, auf der dann jene beiden Buben gespielt haben, ehe der eine beim verlassenen Bauernhaus den andern beinahe vergewaltigend masturbiert hat, und von der jetzt zwei Männer Teile abmontieren und wegfahren; dann wieder der junge O. (der jetzt der Erzähler als lernender Knabe ist), wie er Charles eine Übersetzung vorlegt, in der ein junger Krieger sich vor der Schlacht bei Cäsar abmeldet; jetzt im Büro also Charles, O. hier genannt, Geldscheine ordnend mit einem Cäsarkopf darauf, und dann draußen die Arbeiter, Phantome, Tote halb schon wie jener sich abmeldende Krieger wohl, und so weiter … und gleich danach wieder Lateinunterricht bei Charles, dann ein Paar an dem Haus an dem Baumwollfeld, der Mann zeigt dem zornig werdenden Mädchen die Mouna, die der ältere der beiden Buben vor der kleinen Vergewaltigung in den Verputz gekratzt hat, der junge Mann kratzt jetzt (wir kennen das Bildchen schon, die Reisenden haben es gesehn) ihrer beider Initialen und die Jahreszahl (1966) in den Verputz, das Mädchen lächelt jetzt und lässt sich küssen, und so weiter … – dies also der Erzählstrom, in dem die Lohnauszahlung noch einmal vorkommt, eine Wiederaufnahme ganz vom Anfang des Buchs, wo es, 14 (16), heißt: … *lange nach seinem Tod hat der Tod für mich jenen faden Schweißgeruch behalten der von ihnen ausging die enge Diele erfüllend oder vielmehr den engen Flur in dem Halbdunkel das dort ständig herrschte, nicht systematisch aufrechterhalten wie in seinem Büro aus Angst vor der Sonne und der Hitze sondern weil sie (die Diele) nur durch die Tür Licht erhielt, die mit dem unvermeidlichen Fliegengitter versehen war und unter die dichte Laube aus Teerosen führte, so daß, selbst wenn sie geöffnet war, nur ein schon gedämpftes grünliches Licht eindrang, noch absorbiert von der düsteren olivgrünen Tapete mit Palmetten, die auch sein Büro zierte, in dem er zu sitzen pflegte, beleuchtet von dem gelblichen Schein der Birne wie eine Totenfigur vor kleinen Häufchen von Banknoten und Geldmünzen, indes graugrüne Phantome eines nach dem andern eintraten …* – die Totenreichfahlheit der Szene erklärt sich hier auch eben aus dem Umstand, dass der berühmte Onkel Charles (in der Realität, die auch in dieses Buch hineinspielt, nach dem so frühen Tod von Simons Vater der Ziehvater – und hier Aufseher der Lateinarbeiten – Simons, und Vater Corinnes) gestorben ist (das Buch davor, Geschichte, scheint kurz nach dem Tode von Onkel Charles zu spielen, sodass für den zeitgenössischen Leser, den Mitleser der Werke Simons hier eine leicht zu entschlüsselnde Kontinuität vorliegt).

Luke … *Die untere Hälfte wird tief unten ausgefüllt von der weißen Fläche des Wolkenbretts, über das wie eine Fußleiste ein blaugraues Band gemalt scheint. Die obere Hälfte wird vollkommen eingenommen von dem sehr fahlblauen, absolut reinen Himmel, in dem nichts die Existenz der unsichtbaren Gestirne, der bunt zusammengesetzten Ungeheuer, halb Mensch und halb Pferd, halb Bock und halb Schlange, der Krebse mit den Scheren groß wie Bergketten, der Göttinnen und Rie-*

sen ahnen läßt. Irgendwo jedoch setzt einsam und blind in der unermeßlichen Leere Orion seinen Gang fort ... Der Riese geht den Weg zwischen Felsen und zerfetzten Stümpfen von Bäumen, die irgendein Sturm entwurzelte. Seine muskulösen, wie aus rötlichem Marmor gehauenen Füße, über die Adernetze laufen, sind ebenso groß wie die Baumstümpfe mit den zuckenden Wurzeln, mit der blätternden Rinde ... Einen Arm ausgestreckt und im Leeren tastend, geht Orion immer noch auf die aufgehende Sonne zu, geleitet von der Stimme und den Hinweisen der kleinen Gestalt, die auf seinen muskulösen Schultern steht. Doch alles deutet darauf hin, daß er sein Ziel nie erreichen wird, denn in dem Maße, wie die Sonne sich hebt, verblassen die Sterne, die den Körper des Riesen zeichnen, und die reglose Fabelgestalt mit den ausgreifenden Schritten wird sich nach und nach verflüchtigen, bis sie im Morgenrötehimmel entschwindet ... Die Leitkörper, 206/208 (219/222)

– aus dem Flugzeug, das Sternbild, das Gemälde Poussins, das Sternbild; und wenn der blinde Orion, von dem sehenden Führer auf seiner Schulter geleitet, der Sonne zugehend, um wieder sehen zu können, so etwas wie ein Bild des Schriftstellers wäre; nun aber, am Ende, sein Ziel, worauf alles hindeutet, nie erreichen würde: was dann? Und vor allem, wenn die durch den ganzen Text sich hinziehende Oriongeschichte hier in diesem Bild aus dem Flugzeugfenster den hinreißendsten oder genauesten Schluss erreicht, den man sich denken kann (oder den man als den genauesten Schluss jetzt erst, da man ihn hat, denken kann) – was dann? Orion beginnt ja immer wieder, oder geht, auf dem Bild, immer seinen Weg, sodass also die wieder und wieder aufleuchtenden Blitze des dennoch Gelungenen das Ziel schon sind, dieses, wenn man dann so sagen kann: immer wieder doch erreichte Ziel.

M

Magd ... *Dasselbe lange Erinnyengesicht mit dem ständig gekränkten Ausdruck, den sie niemals abzulegen schien, ob sie nun Mama mit jener Art wilder Zärtlichkeit pflegte oder (im Halbdunkel der Küche im flackernden Schein der Flammen auftauchend) die Zuckungen der Ratten betrachtete, die sie lebendig verbrannte (was ihr, von den Kindern weitererzählt, streng verboten wurde – wenngleich sie es (jedoch ohne Zeugen) sicherlich auch weiterhin tat), oder auch wenn sie, stets entrüs-*

tet und unnachgiebig trotz unserer Tränen und inständigen Bitten, die Jungen ihrer fortwährend trächtigen Katze eines nach dem andern tötete, sie heftig gegen die Hofmauer werfend, klebrige kleine Knäuel mit blutigem Fell, die sie auflas, wenn sie sich noch rührten, von neuem gegen die Mauer schleuderte und auf den Kompost warf, in einem Korb, den sie danach unter fließendem Wasser auswusch …

DIE TRAMBAHN, 75 (94)

Mägdegottheit … *die Vögel verstummten einer nach dem anderen, er immer noch da, mächtig, immer weniger deutlich, ebenfalls in Dunkelheit versinkend, und, auf einmal, in seinem Rücken, ein flackerndes Licht, kommend und gehend, dann die dunkle, magere Gestalt der sich schwarz vor dem Türrahmen abhebenden Batti (jenes alte Arbeitstier, konserviert oder vielmehr mumifiziert, als wäre sie schneller gewesen als er, hätte ihn überholt, wäre ihm vorangegangen und bereits bei lebendigem Leibe in eine Art Unsterblichkeit, in einen letzten, endgültigen Zustand eingetreten, der sie gleichsam zu einer jener mythischen Kreaturen, jener Mägdegottheiten machte, deren Aufgabe es ist, die Schatten zu begleiten und ihnen beizustehen, jene letzte Zeitspanne zu überbrücken, während der die Materie, in Fortsetzung des erworbenen Elans, sich noch eine Weile selbst überlebt, langsam an Kraft verliert, bis hin zu dem Augenblick, an dem sie für immer ruhen wird)* …

GEORGICA, 375 (379 f.)

– der alte Revolutionsgeneral in seinem letzten Jahr, zu Hause, in die Sonne gestellt, versorgt von Batti, jener Verwalterin, der er in den über zwanzig Jahren Abwesenheit schriftlich die Anweisungen zur Pflege des Guts gegeben hatte.

Mama … *die einander folgenden Triebwagen vorbeifahren sah, jene weit offenen Anhänger hinter sich herziehend, aus denen, während die Vorhänge wie Flügel im Fahrtwind flatterten, das Geschrei oder die Lieder der schon etwas weinseligen oder einfach fröhlichen Menschenmenge drangen, deren sporadisches Echo, zuerst weit entfernt, dann anschwellend, laut erschallte, wenn die Trambahn das Ende der Maulbeerbaumallee erreichte, sich dann nach und nach wieder entfernte zwischen den Pinien, den staubigen Lorbeerbüschen und den mit Iris gesäumten Beeten in dem Garten, wo, gleich einer Vogelscheuche auf jenem mit geblümter Kretonne bespannten Liegestuhl, den man je nach der Tageszeit, dem Schatten folgend, auf dem Kies weiterrückte, Mama langsam dahinstarb* … DIE TRAMBAHN, 71 (89)

Marmorbüste ... *auf dem Gesicht mit den groben Zügen und der leichten Sattelnase ist das noch feste Fleisch zu mächtigen Wülsten angeschwollen. Die immer noch üppigen Strähnen seiner Mähne fallen in geschickter Unordnung auf die Schultern herab, die mit einer Toga in antiker Manier drapiert sind. Die kalte, eintönige Farbe des verwendeten Materials, die Augäpfel ohne Pupillen, die von den buschigen Augenbrauen halb verdeckt werden, die beiden tiefen Furchen dazwischen, der bloße Stiernacken, fett und geringelt, der den Kopf in der Geste eines Redners oder Tribuns nach vorn wirft, sowie die Toga verleihen dem Ganzen ein feierliches, zeitloses Aussehen. Aus dem Gegensatz zwischen dem Tonnengewicht des polierten Marmors und dem schemenhaften Grauingrau, in dem Haut, Haar und Kleidung unterschiedslos ineinander übergehen, geht etwas Widersprüchliches hervor, etwas wie die Erscheinung eines Gespenstes ohne wirkliche Existenz und dennoch wägbar* ... GEORGICA, 66 (68)

– die berühmte Büste des berühmten Revolutionsgenerals Lacombe Saint-Michel, Vorfahr Simons mütterlicherseits, des Mannes, der in diesem Buch seiner Verwalterin Batti jene landwirtschaftlichen Anweisungen gibt, nach denen und Vergil es heißt. Zur Mähne, auf einer etwas früheren Zeichnung (53 (55)): ... *mit der wilden Löwenmähne eines Mathematikers, der breiten Stirn, dem lässig übergeworfenen, am Plastron offenen Uniformrock, den leicht vorgestülpten Lippen, den schweren Kinnbacken, dem verstohlenen Blick, der zugleich kühnen, umsichtigen, undurchdringlichen und bissigen Miene erinnert er an eines jener korrespondierenden Mitglieder einer wissenschaftlichen Gesellschaft, das gleichzeitig etwas von einem Pamphletisten und einem Roßtäuscher an sich hätte* ...; und dieselbe Mähne einige Jahre nach der Zeichnung auf einem Ölgemälde (60 (62 f.)): ... *der hitzige und bissige Charakterzug der Person scheint hier einer Art Schwerfälligkeit oder Sanftmut gewichen zu sein, die jedoch die Lebhaftigkeit des Blicks, trotz seiner Gefaßtheit, forthin Lügen straft, als verstecke er sich, wie der Körper, der in dem diesmal korrekt zugehakten, von Stickereien und Goldbesatz steifen Uniformrock gezwängt ist, ähnlich den Panzern und Brustschilden jener Käfer mit goldbraunen Deckflügeln, hinter jener dichten Maske, wobei die vom Aufenthalt im Freien und den täglichen Ausritten gegerbte Haut sich im Ton gegen die immer noch löwenhafte, aber ergrauende Mähne abzeichnet, die ebenfalls, zumindest für diesen Anlaß, das heißt für die Sitzungen vor dem Maler, gebändigt worden ist* ...; die Büste selbst steht in Perpignan in dem Haus, in dem die uralte letzte Nachkommin manchmal Gäste empfängt, 199 (203): ... *jene vierhundert Pfund*

Marmor, gleichsam verkapselt, wie ein Fremdkörper, eine Art Meteorit, der aus einer Millionen Lichtjahre entfernten, verlorenen Welt abgesplittert und dessen blitzende, ephemere Flugbahn da gestrandet wäre, in jenem immerwährenden Dämmerlicht ... – Als Simon während der Recherchen zum Buch oder gewissermaßen zu Relikten des Lebens jenes Vorfahrs hinter der Büste (die er nur als Kind gesehen hat) ihrem Verbleib nachgeht, um wenigstens ein Foto davon zu haben, stößt er auf nichts als einen kleinen bankrotten Agenten oder etwas der Art, der hinter sorgfältig verschlossenen Türen in einem alten feinen Haus eine leer geräumte Wohnung bewacht, Simon bekommt nichts als höhnische Sarkasmen und einen gespielten Eindruck von der Mühe, den drei Männer gehabt hätten, die gewaltige Büste fortzutragen ...

Mauer ... *Dann wieder die Augen öffnend und die Sonne stand dicht über dem Wipfel der Zweige färbte den First der Mauer mit zart rötlichem oder vielmehr kupfernem Licht. Der Vogel war nicht mehr da. Oben waren die Backsteine orangerot und weiter unten, wo sie noch nicht hinkam, fliederfarben, das konvergierende Bündel ihrer parallelen Reihen floh von der Perspektive aufgesogen zu einem imaginären Punkt jenseits der gegenüberliegenden Mauer, des Efeus der noch im Schatten lag, dunkelblau ...* GESCHICHTE, 37 (40)

– als er, im zweiten Kapitel dieses Tagesablaufs, aufwacht, eben aufgewacht ist, →Tagesanbruch, und sich halb schlafend eben erinnert hat und gleich noch wieder erinnern wird, wie dann durch den ganzen Tag hin, an die Abschiedsszene von der Geliebten auf dem Bahnhof (jene Frau, die ihn abends dann, nachts, als er im Auto zurückfährt nach Perpignan, an den Bodensee lockt), es ist wohl Hélène, mit der er in Griechenland gewesen ist, auch daran erinnert er sich immer wieder, das Schlüsselwort ist Tränensee: sie hat beim Abschied die dunklen Augen voller Tränen, aber sie fließen nicht ab. So also wacht er auf an diesem Tag.

Mauer & Pflanzen ... *die gleiche Mauer aus dunkelroten Backsteinen (die gedrungenen kurzen dicken Backsteine aus körnigem Material, die hellsten mit dunklen Flecken auf rostrotem Grund, die dunkelsten von der Farbe getrockneten Bluts, von bräunlichem Purpur der stellenweise ins Dunkelviolett spielte, fast blau, als enthielte das Material aus dem sie bestanden eisenhaltige Schlacke, als hätte das Feuer in dem sie gebrannt worden waren sozusagen etwas verfestigt was, blutig, minera-*

lisch und brutal, wie Fleisch auf der Schlachtbank eines Metzgers liegt (die gleichen Nuancen von Orange bis Violett), wie das Herz selber, das harte purpurne Fleisch dieser Erde an der er sozusagen Bauch an Bauch klebte), die helleren Fugen aus gräulichem Mörtel in dem er die darin eingeschlossenen Sandkörner sehen konnte, ein Unkraut von zartem Grün das unregelmäßig unten am Fuß der Mauer wuchs (wie um die Verbindungslinie, das Scharnier, die Kante des von Mauer und Erdboden gebildeten Winkels zu verbergen), und, etwas davor, die dicken Stengel deren Spitzen oder Blüten (oder Knospen: vielleicht Stockrosen oder junge Sonnenblumen?) der Helmrand ihn hinderte zu sehen: etwa so dick wie ein Daumen, längs gestreift oder vielmehr geriefelt, die Riefen von hellerem Grün, fast weiß, und von leichtem Flaum bedeckt, nicht flach anliegend, sondern lotrecht zum Stengel, die ersten unteren Blätter schon halb verwelkt, verdorrt, schlaff herabhängend, wie angefressene Salatblätter, mit vergilbten Rändern, die oberen dagegen noch fest, frisch, mit ihren hellen Rippen die sich verzweigten wie ein symmetrisches Netz von Äderchen, Flüssen, Nebenflüssen, die Substanz der Blätter selbst markig, samten, etwas (sich von den rauhen, mineralischen und blutigen Backsteinen abhebend) unglaublich Zartes, Immaterielles, die Grashalme nahezu reglos nur manchmal von einem schwachen Lufthauch bewegt, die kräftigen Stengel der hohen Pflanzen absolut regungslos, die breiten Blätter weich bebend in der ruhigen Luft, während von der Straße noch immer der ungeheure Lärm herüberdrang …

Die Strasse in Flandern, 259 f. (226 f.)

– Georges und Blum, nachdem de Reixach erschossen ist, beide auf der Flucht, liegen in einem Straßengraben, sie sehen den Helm des deutschen Soldaten, der nur ein paar Meter anders gehen müsste, und er würde sie sehen und zweifellos auf sie schießen; dann wäre dies was sie da sehen ungefähr das Letzte was sie gesehen hätten (es war genau diese Stelle, die mich bewegt hat, dieses Vokabularium anzulegen). – Ich weiß nicht, wie weit sich das aus diesem Zusammenhang versteht, aber man muss doch wohl annehmen, dass in die Genauigkeit dieser Beschreibung, und damit dann in jede Beschreibung, dieses Gefühl mit hineinspielt, danach komme womöglich nichts mehr, und es gehe also immer sozusagen um Leben und Tod. Und ich stelle mir schon vor, dass, wenn man sich die Art vor Augen führt, in der Simon über seine Malerei redet, ebendieses Gefühl für ihn niemals dabei war; und dass es vielleicht wirklich erst auftrat, als er sich, im Beschreiben dieser Mauer, darüber klar werden oder auch nur ein Empfinden dafür entwickeln konnte, was es wirklich mit Kunst (jedenfalls für den, der sie macht) auf sich hat. – Ich schreibe dies nach der Fertigstellung meines ganzen Vokabulariums auf, und mir leuchtet jetzt besser ein, dass jenes Mauerstück wirklich der magische Punkt war, das heißt auch, jener Punkt, wo die Sätze mit einem Mal ihre Poetik aufblitzen lassen.

Meeresoberfläche ... *ist auch der Strohhut einbezogen und eingefaßt, wobei sein Glanz von der kräftigeren Farbe der Wasserfläche verstärkt wird, die man nun in ihrer ganzen Unermeßlichkeit übersieht, wie sie sich von rechts nach links, von einem Ende des gewölbten Horizonts zum anderen ausbreitet. Auf den ersten Blick sieht sie genau so glatt aus wie ein auf eine Wand aufgetragener Anstrich. Doch nach und nach nimmt das Auge außer den sehr langsamen Verschiebungen und minimalen Verformungen der moirierten Zonen aufeinanderfolgende parallele Kräuselungen wahr, die durch eine dauernde Bewegung belebt werden, welche ihrerseits, ohne den weiten Frieden des Ganzen zu stören, der Meeresoberfläche eine stetige Belebtheit mitteilt, als ob diese gleichzeitig mit den gegensätzlichen Eigenschaften der Bewegung und der Regungslosigkeit ausgestattet wäre. Ohne Ende, ohne Hast, aber unablässig, scheinen die dicht gedrängten Kräuselungen eine nach der anderen aus der fernen Unendlichkeit aufzutauchen, von dort, wo sich blasse und geschwollene, rosa schattierte Massen auftürmen* ... ANSCHAUUNGSUNTERRICHT, 60 (78 f.)

Meeresoberfläche ... *die Meeresoberfläche mit den weichen Glycerinwellen, blaß, farblos im gleißenden Licht, wie von einem Film winziger, glitzernder Marmorpartikel überzogen (als würden die Winde über die Inseln mit den in weißes Licht getauchten Felsen, die zerbrochenen Statuen, die Säulen usw. streichen)* ...

GEORGICA, 55 (57)

– Neapel 1798, der General sieht am Morgen nach seiner Ankunft, nach einem Fest am Abend davor, aus dem Fenster; draußen auf diesem Meer (nur für ihn, für uns nicht) die Flotte Nelsons, von Abukir zurück, wo Nelson die halbe französische Flotte versenkt hatte.

Meeresstille ... *und die Stille, und nur manchmal hier und da das frische Geriesel einer jener Wellen, deren Kamm sich brach, indes das Licht des Sonnenuntergangs bronzefarbene Reflexe aufleuchten ließ auf dem Wasser, das nicht mehr blau war, sondern von einem immer dunkler werdenden Flaschengrün, am Ende schwarz in* *der schwarzen Stille, in der man im schwachen rötlichen Schein einer Laterne das Deck nicht mehr erkennen konnte, während das Boot sanft auf der Stelle schlingerte und schaukelte, der schwarze Schaft des zum gestirnten Himmel gereckten Mastes träge von einem Sternbild zum andern schwankte, sich manchmal infolge einer stärkeren Woge jäh aufrichtend oder zur Seite neigend, dann sein lässiges Hin und Her wieder aufnehmend, das leise Plätschern und sonst nichts …*

DIE TRAMBAHN, 45 (56 f.)

Metamorphose … *es war Herbst, und Grasbüschel von unerwartet zartem Grün lugten zwischen den abgefallenen, zum Teppich aufgehäuften Blättern hervor, braun, rostfarben oder ocker, und manche begannen bereits zu faulen, schwarz und glitschig, während das Gerippe der Adern noch sichtbar und hell war, bisweilen von olivfarbenen Fransen umgeben, mit sternförmigen Verzweigungen auf dunklem, samtenem Grund, die Blätterschicht war stellenweise so dicht, daß die Füße in etwas wie die Stille selbst einzusinken, auf jener Stille zu gehen schienen, die in jenem Talgrund nicht nur für das Gehör wahrnehmbar war (man konnte nämlich dort den verhaltensten Ton vernehmen, unter ihren Sohlen das lautlose Niedermalmen des pflanzlichen Magmas, in Zersetzung begriffen, vom Wasser aufgeschwemmt, schwammig, das feine Rascheln eines sich lösenden Blattes, das in schwachen Gleitbewegungen von Zweig zu Zweig fiel, in der regungslosen Luft wie eine goldene Feder schaukelte, glanzlos, unwägbar, ephemer und schließlich lautlos niedersank, sich auf jenem buntscheckigen Teppich in Rot- und Bistertönen zu den anderen gesellte und sofort zu faulen begann), sondern darüber hinaus wahrnehmbar (die Stille) durch etwas Einatembares, jene feuchte, frische Luft, erfüllt vom subtilen, verderblichen Geruch nicht des Todes, der Agonie, der Verwesung: sondern vielmehr (wie soll man es nennen?) der Umwandlung: der schwere Boden, die Erde nahm zurück, was sie hervorgebracht hatte, nährte sich seinerseits davon, anschwellend, flauschig, und auf einmal hatte es zu regnen begonnen …*

GEORGICA, 157 f. (161 f.)

– im Park, oder Gelände hinter dem halb verfallenen Schloss, Gutshaus im Grunde nur des Generals, als der Besucher, Simon, von dem Halbverrückten, der mit der zerbrechlichen Alten dort wohnt, darin herumgeführt, herumgezerrt wird, in unmittelbarer Nähe jetzt des überwachsenen →Grabs jener ersten früh verstorbenen Frau des Generals. – Biester, auch Bister, wohl spätestens im achtzehnten Jahrhundert direkt aus dem Französischen übernommen, *bistre* dort, ein etymologisch ungeklärtes Wort, ist ein Malerfachausdruck; Pierer, 1840, schreibt zur Erklärung: *nußbraun, aus geschlämmtem Ofenruße bereitete dunkelbraune Malerfarbe*; in Fachlexika findet man etwa: *aus Ruß, ersatzweise auch aus gebrannter Umbra gewonnener tiefbrauner Farbstoff von geringer Lichtechtheit, der fast nur noch für braune Zeichenkreiden in Gebrauch ist; die Wirkung ähnelt der Rötelzeichnung. Im 15.–18. Jh. wurde Bister gern als Zeichentusche für lavierte Feder- oder Pinselzeichnungen verwendet, die oft mit Sepia-Zeichnungen verwechselt werden* (Kindler-Lexikon). Grimm verzeichnet das Wort nicht, er hat nur das Biest, Biester, verbiestert, herumbiestern und so weiter. Eines der schönsten älteren Wörterbücher, von Mozin und Biber, vier Quartbände, französisch-deutsch und deutsch-französisch, 1826 bei Cotta in Stuttgart und Tübingen, verweist unter Biester auf Rußbraun, Rußschwarz, und hat unter *bistre* die Übersetzungsvorschläge Bister, Biester, Rußbraun, Rußschwarz. Bei Simon kommt das Wort auffällig oft vor, sicher aus den Zeiten seiner Malerkarriere, und gern in erotischen Szenen.

Mond & Wolken … *dunkle Wolkenarchipele langsam dahingleitend abdriftend zerfasernd sich unmerklich verformend manchmal fast zerreißend und dann kann man es erahnen vager milchiger fahler Lichtschein und vielleicht die Frösche hören in den Gräsern am Ufer dort wo die Strömung fast gleich null ist das Boot an den schwarzen Büschen entlanggleitet die Dunkelheit noch schwärzer unter den niedrigen Zweigen der Bäume am Ufer indes die Frösche bei seinem Nahen einer nach dem andern verstummen auch das Geräusch des regelmäßig eintauchenden Stakens des Bootsmanns hörend und in einem bestimmten Augenblick reißen die Wolken auf während gleichzeitig das Licht aus dem Wasser zu tauchen scheint als stiege es aus den Tiefen zur Oberfläche empor wo es sich schließlich ausbreitet eine mit feinen Runzeln schraffierte Zinnplatte reglos und zugleich in Bewegung es jetzt dort unten rauschen hörend die Strudel hinter den Brückenbögen auch die Brücke selbst sehend den milchigen Mond auf den Dächern den Wald der barocken Türmchen die schwach über dem Nebel schimmern der dem Fluß entsteigt auch ein anderes nicht erahntes Boot flußaufwärts sehend jetzt auch dessen Insassen hörend gleichzeitig das Plätschern die gegen den flachen Bug schlagenden kleinen Wellen als hätte das Licht zugleich auch die Stimmen enthüllt ihren weit über das Wasser wehenden Klang Boot und ungewohnte unverständliche Stimmen plötzlich einen Augenblick aus der Dunkelheit der Finsternis getaucht …* Geschichte, 240 f. (257)

– Ansichtskarte aus Heidelberg, aus der Tageszeitenserie, nach Saigon frühmorgens, und Elberfeld mit der Hängebahn am Vormittag, Tamatave am Ende des Vormittags (Tamatave, an der Ostküste Madagaskars, der Geburtsinsel Simons), dann Singapur zwei Uhr nachmittags, und nach Heidelberg Cholon, und am frühen Morgen danach (danach?) ein Schießplatz mit Bronzemörsern: Wahn (der Ort).

Mondsichel ... *Die Brüste der Frau sind jetzt entblößt, und ihr dunkler Mittelpunkt wird von einem verschwommenen Schatten in der Form einer Mondsichel oder liegenden runden Klammer* unterstrichen, aus einem ebenfalls leicht bläulichen Schwarz ...* ANSCHAUUNGSUNTERRICHT, 104 (133)

* *... Zwei liegende runde Klammern, wie zwei Fruchtbecher, stellen, jeweils einen Punkt unterstreichend, die Brüste dar ...*, bald danach, 123 (156), bei der Beschreibung der in mittlerweile verwaschenem Blau zu erkennenden Tätowierung einer Nixe auf dem Arm des alten Maurers, als er und der junge sich waschen.

Morgengrauen ... *Dann erhob sich wieder ein neuer Tag, auch er kristallin, irisierend und boreal zu jener Zeit, in der sich die Kälte zu stabilisieren schien, als wäre sie an die eigenen Grenzen gestoßen, als vertriebe sie, gleichsam aus sich selbst, allein durch ihre Dichte, alles (Wolken, Nebel), was ihr im Wege stehen konnte: und danach gab es nur noch die gräulichen, trüben Morgengrauen, in denen sie sich allmählich abzeichneten, aus der Nacht hervorkamen, deutlicher wurden, jene verschwommenen Blöcke aus Wäldern, Bäumen in den Obstgärten, Häusern und jene stille, weiße Landschaft mit ihrem Wäldergürtel, malvenfarben, lila, schiefergrau, braun oder, wie ein unheilverheißender Trauerhorizont, nur schwarz, je nach Tageszeit, Himmel und Dämmerung. Mitunter flogen Züge von Wildgänsen, zu Dreiecken formiert, unter der niedrigen Decke der schneebeladenen Wolken, in langsamem Flügelschlag über die Hügel, um in der Ferne, über dem Horizont zu verschwinden, in den hie und da Glockentürme von Weilern ragten, die von ihren Bewohnern verlassen waren ...* GEORGICA, 130 (132 f.)

Möwe ... *Von ihren ausgespannten Schwingen getragen, hält sich die immens wirkende Möwe (die Seemöwe?) vollkommen unbeweglich in der Luft, über der schwindelerregenden Leere schwebend, etwas über dem höchsten Punkt der Steilküste und* *so nah, daß die junge Frau sie fast mit dem Schirm berühren könnte. Nur manchmal stabilisiert der Vogel unmerklich sein Gleichgewicht mit einem Flügelzittern oder indem er die Ausrichtung seiner Schwungfedern korrigiert, läßt sich kurz zur Seite gleiten, steigt wieder auf und richtet sich dann wieder in seiner unwägbaren Regungslosigkeit ein, wobei nur der Kopf mit dem wachsamen Auge leicht ruckweise um einige Grade in die eine oder die andere Richtung schwenkt. Sein gelber Hakenschnabel und sein makelloses, blendend weißes Federkleid heben sich vor dem blaueren Blau des Himmels ab, in dem leisen Rauschen der Luft, die mit blitzartiger Geschwindigkeit über seinen Körper mit den leicht bauchigen Konturen streicht. Ohne Geräusch, ohne Anstrengung steht er dort in seiner ganzen Pracht, durch nichts getragen, als trotze er nicht nur den Gesetzen der Schwerkraft, sondern auch der Unmöglichkeit einer Paarung von Regungslosigkeit und Bewegung, wie auch das erstarrte Meer, der Frachter am Horizont und die roséfarbene Anhäufung der sich in der Ferne auftürmenden Wolken. Unvermittelt kippt er in die Senkrechte und stürzt, vom Wind mitgenommen wie ein Blatt, schnell nach rechts verschwindend, hinab …* ANSCHAUUNGSUNTERRICHT, 76 f. (98 f.)

Mücken *… er schreibt seinem Freund, dem General Miollis, er habe am Abend einer Etappe, in Goro, die Nacht mit einer jungen Italienerin verbracht. Er sagt, wenn die Mücken, die das Podelta verseuchten, an dem jungen Mädchen saugten, so könne er das ebensogut tun …* GEORGICA, 25 (27)

– sechsunddreißig Seiten später berichtet er (sechsunddreißig Seiten später lässt ihn Simon berichten), was für einen bitteren Geschmack diese Nacht mit der Italienerin bei ihm hinterlassen habe, in seiner eigentlichen Einsamkeit; die Rede ist von diesem gespielt heiteren Ton, dieser scherzhaften und doch auch ungeschickten Rechtfertigung, dass er dem Mädchen weniger Leid zufüge als die Mücken (die Mücken des Podeltas), und wie er dann fluchtartig abgereist sei, es gar nicht erwarten konnte, Goro wieder zu verlassen; bei Tagesanbruch sei er nach Mantua aufgebrochen (wo er die Statue Vergils bewundert, die eben sein Freund Miollis, seinerzeit, 1805, zum zweiten Male Gouverneur von Mantua, dort hatte errichten lassen – Vergils, des Vorgängers, des Verfassers der GEORGICA, der lateinischen, in Versen). Miollis, acht Jahre jünger als Lacombe Saint-Michel, fiel eine Zeit lang von Napoleon ab, er starb neun Jahre nach Lacombe, 1821, in seiner römischen Villa.

Vergil, heißt es einmal (442 (446)), sei neben den Pferden und dem Gesellschaftsvertrag Rousseaus die große Leidenschaft Lacombes gewesen: sodass er sehr genau gewusst haben wird, was er tat, wenn er der Batti immerzu diese Anweisungen zum Landbau schickte – Vergils GEORGICA galten über Jahrhunderte hin (Jahrtausende) als das eigentliche und die AENEIS weit überragende Hauptwerk Vergils. Von ganz besonderer Bedeutung für den Vergil-Kenner Lacombe ist aber Glucks Orpheus-Oper, aus der namentlich im ersten Kapitel Simon mehrmals Arienfetzen zitiert, vorwiegend dann, wenn von der ersten Frau, jener schönen früh verstorbenen Holländerin die Rede ist: denn eben Vergil, im vierten und letzten Buch seiner GEORGICA, bringt dort, zum ersten Mal zusammenhängend, jene schöne Erzählung von Orpheus und Eurydike. Und man wird sich das nun so vorstellen dürfen, und ich glaube, Simon tut es, denn jetzt beginnen die Grenzen zwischen Realität und Fiktion zu verschwimmen, oder anders gesagt: die Einbildungskraft muss jetzt helfen, die Lücken zu füllen, die zwischen den Relikten der gewesenen Realität klaffen, und Simon sieht sich als Romancier sehr gern in der Rolle dessen, der diese Einbildungskraft aufbringen kann, also wird man sich das so vorstellen dürfen, dass eines Abends im neuen Opernhaus von Besançon Glucks ORPHEUS gegeben wurde, eine der berühmtesten neuen Opern damals, aus den sechziger Jahren jenes Jahrhunderts. Vielleicht erinnern Sie sich: Eurydike wird von einer Schlange gebissen und stirbt, Orpheus, der große Sänger, Menschen und Götter lieben ihn, erhält die Erlaubnis, sie aus der Unterwelt wieder heraufzuholen; aber wie die Götter sind, sie geben nichts ohne ein Aber, und das Aber in diesem Falle war: Orpheus dürfe sich auf dem Gang aus der Unterwelt herauf, und während dieses langen Wegs würde Eurydike hinter ihm gehen, ihm folgen, kein einziges Mal nach ihr umdrehen: sonst müsse sie zurück, für immer. Orpheus war ein Dichter, wenig erfahren im Leben, in jenen Listen, die es den Menschen erlauben, es unter Umständen sogar mit den Göttern aufzunehmen, Odysseus zum Beispiel, ich glaube, auch das darf man sich schon einmal so vorstellen, hätte heimlich einen kleinen Taschenspiegel mit in die Unterwelt genommen, oder hätte dort unten der Gattin des Pluto ein solches Spiegelchen vom Toilettentisch weggeschmeichelt, und auf dem Weg nach oben hätte er es dann einfach so etwas gedreht schräg vor sich gehalten, Eurydike hätte gelächelt, und alles wäre gut gewesen, im Grunde hätte kein Gott dagegen etwas haben können, manchem von ihnen hätte das sicher sogar gefallen – aber so einer wie Odysseus war

Orpheus eben nicht, und wer, ohne Spiegel, und das wussten die Götter, hätte sich denn nicht umgedreht auf dem langen Weg? Und so verlor er sie, und klagte der Welt, oben allein angekommen, sein Leid – ach ich habe sie verloren, singt er in der deutschen Version dieser berühmten Arie, aber in der italienischen Version, und die sang man damals wohl in Besançon, klagt er und sagt: was tu ich ohne Eurydike? An diesem Abend saß in der Oper in Besançon, nicht weit weg von Lacombe Saint-Michel, der so groß und mächtig war, dass sich außer denen, die um ihn herumschauen mussten, wenn sie die Bühne sehen wollten, sicher alle nach ihm umdrehten, um ihn zu sehen, diese sehr junge sehr schöne Bürgermeisterstochter oder -schwester aus Amsterdam, Marianne, Gott weiß, wie sie hierher gekommen war, jedenfalls saß sie da, in den Pausen umringten sie die jungen hübschen Offiziere, aber man muss sich vorstellen, wiederum vorstellen, dass sie alle zur Seite gingen, als er kam, dieser prächtige Mann, älter als sie alle, stärker, größer, und sich das Mädchen nahm – ein glücklicher Mann, so wird er sich vorgekommen sein, wie so viele Glückliche nicht ahnend, dass das Theater in mehr als bloß einer Hinsicht ein Ort ist, an dem wir uns finden können.

Ganz jung also, nachdem sie ein Kind auf die Welt gebracht hat, stirbt sie dann, unvermutet; und er lässt jene Pappeln oder Espen um ihr Grab pflanzen (als Protestantin durfte sie nicht auf dem Dorffriedhof begraben sein); und es ist Simon, der dann viele Jahre später von dem Idioten halb geführt halb genötigt hinabsteigt in das Bachtal, zu dem Grab, und zwar niemanden hinaufbringt (aber das war ja auch Orpheus nicht gelungen), aber doch jene wunderbaren Reste (Arienfetzen) des Nachrufs, den der General seinerzeit auf die inzwischen völlig verwitterte Grabplatte hatte eingravieren lassen.

Was die Einbettung der Erzählung von Orpheus und Eurydike in das letzte den Bienen und ihrer Zucht gewidmete Buch des Vergilschen Werks angeht (sodass die ganze Geschichte hier eigentlich etwas ungeschickt bei den Mücken untergebracht ist; andererseits ist sie's bei Vergil unter den Bienen im Grunde nicht sehr viel geschickter), so ist Eurydike von jener Schlange gebissen worden, als sie, in Panik, den Nachstellungen eines gewissen Aristaios zu entkommen versuchte, der ein Sohn Apolls von der Nymphe Kyrene und mit der schönen Autonoë verheiratet war, einer Schwester der Semele, deren Affäre mit Zeus Händel nur zwei Jahrzehnte vor Glucks Orpheus-Stück in einem englischen Oratorium so herzzerreißend schildert. Aristaios war ein großer Bienenzüchter, sozusagen der göttliche oder wenigstens halb göttliche Vater aller Bienenzüchter, vielleicht war es also auch bloß ein Bienenschwarm, vor dem Eurydike davongelaufen war, aber gleichviel: als sie, so vom Regen in die Traufe, von den Bienen an die Schlange geraten und dann tot war, gaben ihre Schwestern, die Dryaden, Nymphen, denn natürlich war auch Eurydike, wie alle, die Namen hatten in diesen Zeiten, ein bisschen eine Göttin, mit Orpheus um sie weinend jenem Aristaios die Schuld und töteten alle seine Bienen. Und er musste dann zu Proteus gehen, um sich Rat zu holen, wie er wieder zu Bienen käme; Orpheus, der keinen Rat wusste und weiterklagte, und keine Frau mehr wollte, wurde dann von thrakischen jungen Frauen, ebendieser Abstinenz wegen, vielleicht war er auch schwul geworden, umgebracht, sie rissen ihn in Stücke, heißt es, den immer noch Singenden, sodass Rilke sagen kann: *Schließlich zerschlugen sie dich, von der Rache gehetzt, während dein Klang noch in Löwen und Felsen verweilte und in den Bäumen und Vögeln. Dort singst du noch jetzt. O du verlorener Gott …* – Und wenn ich jetzt doch die Mücken noch einmal ins Spiel bringe, so hat eben Rilke mich darauf gebracht, wenn er, im letzten der sieben Park-Gedichte aus dem zweiten Teil der NEUEN GEDICHTE, als alle die geliebten Parks der Herbst holt, schreibt: *Immer geht ein feuchter Blätterfall durch die Luft hinunter wie auf Stufen, jeder Vogelruf ist wie verrufen, wie vergiftet jede Nachtigall. Selbst der Frühling ist da nicht mehr gebend, diese Büsche glauben nicht an ihn; ungern duftet trübe, überlebend, abgestandener Jasmin alt und mit Zerfallendem vermischt. Mit dir weiter rückt ein Bündel Mücken so als würde hinter deinem Rücken alles gleich vernichtet und verwischt …* – ein Bündel Mücken, das ist schön.

N

Nabocki – Traum: Es war eine sehr wirre Situation, Bedrohungen, aber auch zu Hause, jedenfalls in einem Haus, durcheinander. In einem Eimer war irgendetwas, das ich haben wollte, oder herausholen musste wohl eher, aber darin steckte eine Art schwarzes Ei, das zu leben anfing, als ich mit einem Löffel hineinstach, wie manchmal in Horrorfilmen. Ich stellte den ganzen Eimer hinten in eine Ecke, zugedeckt, erschreckt, das Wesen hob dennoch den Deckel, nieste, prustete etwas dabei aus, gegen eine Wand, stieg dann, hässlich, wie es schien, und wie schwarz bekleckst im Gesicht, aus der Ecke, kam heran, wurde größer, hatte ein weißes Hemd an, tat weiter nichts, aber ich hatte eine Axt in der Hand, die ich genommen hatte, als es hässlich von dort aus der Ecke ankam, und schlug auf es ein, aber ich schlug ins Leere, das Wesen hatte keine Konsistenz. Dann drehte es sich um, es war ein sehr liebenswürdiger jüngerer Mann, groß, mit schönem Haar, eher rundem Gesicht, er sei ein Engel, sagte er, und als ich ihn fragte, wie er heiße, sagte er, Nabocki. Der andere, sagte er lächelnd (nämlich jener aus dem Eimer, dem Ei, vor dem wir uns gefürchtet hatten), sei ein niederer Geist, harmlos, nicht schlimm. Dann aß er etwas, das wie ein zugleich leichter aber in sich zusammenhängender beweglicher sich wellender gebackener Teig aussah, kuchengelblich, wie duftend, mit einer braunen Oberfläche, er riss oder brach Stücke davon ab, und als ich ihn fragte, was das sei, sagte er, Zeit. Als ich fragte, ob wir davon essen dürften, sagte er, ja, natürlich, aber er rate uns das nicht. Eine Frau aß davon, sie zog dabei ein entsetzliches altes Gesicht, und er sagte, das sei eben nichts für uns. Dann ging er wieder, lächelnd, fragte noch irgendetwas wie nach dem Weg zum Fluss hinunter. Ich fragte dann eine Frau, ob er nicht schön gewesen sei, und sie sagte, ja, ganz hübsch; das war er auch im Grund, und mehr nicht, aber ich dachte doch, sie hat nicht richtig hingesehn.

Nacht … *mit den Sternen, der wahrnehmbaren Drehung des Himmels draußen, der langsamen aber sicheren Wanderung – durch das Zimmer, über die Möbel, über sie selber – eines durch das Fenster einfallenden Mondrechtecks, sich verformend, die Dinge aus der Dunkelheit hervorholend, sie meißelnd, dann liegenlassend, wäre es nur eine zu durchquerende Nacht gewesen, oder vielmehr hätten sie nur die Nacht sie durchqueren, über sie hinwegstreichen zu lassen brauchen, und am Ende würde trotz allem der Morgen grauen und sie könnten wieder aufstehen, geschwächt zwar, vielleicht erschöpft, aber dennoch aufrecht, während die letzten Parzellen der Finsternis abgleiten, sich von ihnen lösen würden …* GESCHICHTE, 341 (360 f.)

Nacht … *Es gibt weder Wald noch Weiler, noch Äcker, noch Wiesen mehr: alles ist unterschiedslos in die dichte, gleichsam zwischen den Steilhängen im Talgrund gestaute Nacht getaucht. Kaum daß ein leichter Unterschied in der Abstufung der Schwarztöne die verschwommene Gruppe der Bäume und Büsche vom Himmel zu unterscheiden erlaubt, an dem schwach einige wenige Sterne schimmern. Die Erde,* *die ganze Welt scheinen unter einer Schicht dicker Tinte versunken, deren gleichsam flüssige Berührung man auf den Augäpfeln, dem Gesicht, sogar den Gliedern spüren kann. In der gedrängten Finsternis wirkt auch das gleichmäßige, stete Zischen des unsichtbaren Wasserfalls, zurückgeworfen von den unsichtbaren Felswänden und Flanken des Tals, wie eine lautliche Konkretisierung der Stille, der dimensionslosen Zeit. Mächtig, erstarrt und allgegenwärtig, bildet es gleichsam einen Sockel für den schrillen Gesang der ebenfalls unsichtbaren Heuschrecken, der gleichsam einen zweiten Mantel des Schweigens webt, unbewegt, auf einem hohen, kaum modulierten Ton. Manchmal, von irgend etwas Herannahendem aufgeschreckt, oder um sich wieder zu stärken, hält eine von ihnen plötzlich inne, dann eine weitere, dadurch (wie ein Vorhang, der sich auf einen anderen Vorhang öffnet) den gleichen schrillen, durch die Entfernung abgeschwächten, aber stetigen Tönen Raum gebend, die sich im Dunkeln dann und wann wiederholen, wie eine Reihe von Relais, die auf allen Seiten die Unermeßlichkeit der weiten, plötzlich noch weiter gewordenen Nacht markieren. Die kleinen Lichter, die hier und dort tanzen, kommen und gehen, rücken zusammen, trennen sich wieder, wie Glühwürmchen, lächerlich im Schoß der Finsternis, so wie die Rufe, die Stimmen, die sofort im eintönigen Getöse des Wasserfalls und im betäubenden Zirpen der brünstigen Insekten untergehen: die hartnäckigen Signale, unermüdlich in die friedliche Augustnacht ausgesendet von Hunderten starrer Beine, die frenetisch über die gepanzerten Unterleiber reiben, ohne Unterlaß zu blinden, gebieterischen und flüchtigen Paarungen aufrufend. In den Lichtkegeln der Lampen, die die Böschungen absuchen, erscheinen die Blätter der Sträucher am Ufer, in hartem, kaltem und künstlichem Grün, zuweilen auf dem tintigen Grund, der sie sofort schluckt, einen Augenblick lang enthüllt, brutal aus der okkulten Beschwörung der Nacht gerissen, in der man (leiser, geheimer und dennoch ebenso mächtig wie das Geräusch des Wasserfalls oder das der Grillen) eine Art Pochen, etwas ebenso Ununterdrückbares wie die Brunstrufe zu hören meint: das geheimnisvolle Pochen der Pflanzen (kaum wahrnehmbare Bewegungen von Blättern infolge irgendeines Lufthauchs, sondern jener langsamen Entfaltungen, jener langsamen Windungen, als öffneten, verengten oder schlössen sie sich bei der bloßen Berührung oder vielmehr Umklammerung durch die Finsternis), den gebieterischen und unaufhörlichen Kreislauf des Safts, die geheimen Mutationen der Materie, den vielfältigen Atem der nächtlichen Erde. Stellenweise biegt sich ein Zweig, ein unter seinem Gewicht gekrümmter Ast bis zur Strömung hinab, die ihn mitzieht, losläßt, wiedererfaßt in einem stetigen Hin und Her. Das schnelle Wasser fließt mit seidigem, kaum hörbarem Reiben oder verlangsamt sich, stagniert fast stellenweise, während die Lichter der Lampen in eine graugrüne, kriechende Dichte eindringen. Man kann seinen eisigen Geruch riechen, als ob es noch den mineralischen Atem der Höhlen, der in der ewigen Dunkelheit immer kalten und tropfenden Felsen mit sich führte. Manchmal fliegt ein im Schlaf überraschter Vogel aus einem Gestrüpp, in einem lauten Rascheln von Flügeln und Blättern. Irgendwo, aus einem toten Arm oder einem Pfuhl erhebt sich der mißtönende Gesang der Frösche. Auch sie verstummen, als Schritte sich nähern, und man kann nun deutlich die Geräusche hören, die ihre Körper erzeugen, wenn sie nacheinander ins Wasser tauchen. Dann fängt einer von ihnen wieder an seinen Schrei auszustoßen, ernst, mächtig, maßlos. Über der Flanke des Tals hellt sich der Himmel nach und nach auf und der Mond erscheint. Die Felswände, die den gegenüberliegenden Hang krönen, treten plötzlich aus der Nacht, fahl …* TRIPTYCHON, 195 ff. (206 ff.)

– Lampen und Schritte gehören zu jenen, die das verschwundene, wohl ertrunkene Mädchen suchen, das von ihrer lustbedürftigen Mutter allein gelassen oder andern anvertraut und von diesen dann alleingelassen dem →Wasser zu nah gekommen war.

Nacht … *während die eiskalte, regungslose Luft, wie es schien, noch lange nach deren Vorbeifahrt nachhallte, wie die Schwingungen einer großen Glocke, als ob alles, was sie umschloß, Bäume, Hecken, Häuser, Tiere, Menschen, von einem Augenblick zum andern bersten und zu Staub zerfallen könnte, infolge einer einzigen Schwingung, die sich von einem zum andern unter höllischem Geklirr von Glas und zerborstenem Metall fortpflanzte, die Nacht selbst, die, einem schwarzen Diamanten gleich, schlafwandlerische, versteinerte Wachtposten und einen kranken Mann umschloß, der, von Koliken aus stinkigen, muffigen Zimmern getrieben, auf Latrinen, über einem Haufen gefrorener Exkremente hockte, die Hose bis auf die Absätze heruntergezogen, die intimsten, empfindlichsten Teile seines Körpers schutzlos der finsteren Kälte aussetzend, die ihn gleichsam zu vergewaltigen und peitschen schien, als würde er von einer monströsen Gottheit besprungen, während er in einer Art friedlicher Verzweiflung, der Ohnmacht nahe und jämmerlich, seine gequälten Eingeweide sich befreien hörte, in der sich erneut über ihm schließenden, erschreckenden Stille …* GEORGICA, 129 f. (132)

– dies das Ende einer sehr langen satirischen, sarkastischen, mit dem Auftreten des Generals beginnenden Sequenz (innerhalb des Winters der großen Mobilmachung) darüber, wie und mit welchen Menschen ein Krieg anfängt (es ist diese Nacht, die mit dem →Morgengrauen endet).

Nachtstille … *Der kräftige Chor der Frösche drängt das stete Zirpen der Heuschrecken in den Hintergrund. Wenn ersterer manchmal aussetzt, ist das Gezirpe wieder da, sozusagen unumstößlich, grenzenlos, wie das Geräusch der Stille selbst, der Nacht …* ANSCHAUUNGSUNTERRICHT, 80 (103)

Nebel … *und S. sagte noch einmal wenn man so etwas nicht selbst durchgemacht habe könne man sich keine Vorstellung davon machen Weil, sagte er, sich alles in einer Art irrealem Nebel abzuspielen schien Nein das liege nicht, wie der Journalist wohl meine, an der vergangenen Zeit jetzt mehr als fünfzig Jahre der Nebel des Gedächtnisses, daß er (S.) im Gegenteil eine sehr präzise Erinnerung an diese ganze Sache bewahre und präzise sei eben jene Irrealität in der sich alles abzuspielen schien …* JARDIN DES PLANTES, 254 (260)

– das Interview, das sich durch das ganze Buch zieht, hat in den neunziger Jahren in Simons Pariser Wohnung stattgefunden, es geht immer um Flandern und die Angst, hier genau um den Moment des Dahinreitens auf jener Straße, auf der dann kurz darauf der eine der beiden Obersten von den Heckenschützen erschossen wird.

New York … *in einer Art irrealer Stille, als ob das Dröhnen, das der riesigen Stadt entsteigt, einförmig, sozusagen sich stauend, unterschiedslos all die Millionen von Geräuschen überdeckte oder vielmehr absorbierte, die zu einem einzigen gewaltigen, irgendwie beunruhigenden Rumoren verschmelzen, hin und wieder zerrissen von sporadischem Sirenengeheul (Polizei, Krankenwagen, Feuerwehr?), anschwellend, außer sich geratend, schrill, abschwellend, sich verlierend. Wie Schreie von Verrückten, exotischen Vögeln oder Hörnern von Schiffen in Seenot. Als ob die Stadt selber schrie. Als ob, zeitweise, die funkelnde und hochmütige Anhäufung von Kuben und Türmen in einer Art diamantener Apotheose endlos im Sterben läge, immer wieder lange Alarm-, Angstsignale zum undurchdringlichen Himmel schickte …*
JARDIN DES PLANTES, 218 f. (225)

O

Oleander … *und er sich allein wiederfände, oder mit einem von seinesgleichen, neben dem er wie jeden Tag unter den Platanen am Kanal entlanggehen wird, die leuchtenden Flecken des Oleanders betrachtend, ohne sie zu sehen, die ephemere und liebliche Blüte, weiß inkarnat purpur … ohne aufzuhören mich heimtückisch hinterhältig zu beobachten, indes die verschwommenen rosa Blütentrauben des Oleanders sich neigen, sich wieder aufrichten, schaukelnd, sich wiegend, und direkt vor mir seine gelblichen Zähne, sein nikotinfleckiger Schnurrbart, seine pergamentenen Wangen, sein Mund, der sich öffnet und schließt, vor sich hin plappernd, ein am hellichten Tag aufgetauchtes Gespenst …*

GESCHICHTE, 46/49 (50/52)

– der Erzähler trifft auf der Straße, auf seinem Weg zur Bank an diesem erzählten Tag, einen ekligen Greis, der, peinliche Fragen kaum zurückhaltend (sie kennen sich seit Ewigkeiten), sich damit brüstet, ein Verehrer seiner Mutter gewesen, fast also, denkt der Erzähler, sein Vater zu sein, vielleicht also jener, von dem diese geistreichen etwas affigen Postkarten stammen, die er unter den vielen anderen in der Kommode gefunden hat. – Wenn am Schluss dieses Kapitels von der chaotischen →Kehrseite der Welt die Rede ist, dann treten nur Sachen, gemachte Sachen in Erscheinung, nicht, eigentlich niemals so etwas wie hier der Oleander, der gegen den furchtbaren Greis, der ihn anstarrt, ohne ihn wirklich zu sehen, beinahe das immer Betrachtenswerte, immer unumkehrbar Schöne bleibt (dieses, wie es gleich danach heißt, auch gegen die so künstlich wirkenden Pflanzen in der Bank, 66 (70): … *Zusammenspiel von Wasser, Luft, Licht … jenes leise und feuchte Rauschen grünen Bluts, … etwas, was man in die Erde steckt und was einfach wächst, wenn man es gießt …*; siehe dann auch den Frühling in Flandern, die Wälder mit den Vögeln, die auch unter dem Kriegsgetöse nicht aufgehört haben zu singen (im Dezember 1813, nach den mit Napoleons Niederlage zusammenhängenden großen Kriegsereignissen, schreibt Goethe, als Zelter ihm dennoch wieder aus Berlin Teltower Rübchen schicken will: *Du kündigst mir die Erdgewächse freundlich an, zum großen Troste, da ich hieraus ersehe daß das ungeheuerste Schicksal nicht einmal den Rüben Zyklus stören kann*), jedenfalls singen sie, als das Getöse zu Ende ist, und als hätten sie damit nicht aufgehört gehabt inzwischen, etwa: *allmählich nahm der Lärm der*

Schlacht ab hörte dann ganz auf als ob der dichte Hochwald ihn aufsaugte erstickte alles war still die senkrechten Stämme der großen Bäume schraffierten den grünen Raum im dichten Schatten lag noch Tau ich trat auf kleine Pflanzen mit gezackten Formen wie winzige Akanthusblätter winzige Farne bald war das Leder meiner Schuhe ganz durchnäßt ich hörte einen Vogel singen man hätte meinen können man höre den Wald atmen das Geräusch eines Tautropfens der auf einen Grashalm fiel das lautlose Aufsteigen des Saftes unter der Rinde … DIE SCHLACHT BEI PHARSALOS, 110 (115). – Andererseits, ebendieses Ereignis betreffend, mit einer Parenthese Barcelona, doch auch so: … *inmitten jener frühlingshaften jäh gefährlichen Landschaft (gleich dem banalen und beunruhigenden Dekor der Avenue mit den eintönigen ockerfarbenen Fassaden, den leeren Trottoirs, den leeren Fahrbahnen, den geschlossenen Läden): die Wiesen voller Gänseblümchen, die Ränder der Wäldchen, die Hecken, die Obstgärten: als hielte die ganze Natur, Komplizin der Mörder, den Atem an in Erwartung des Mordes, hätte sich plötzlich in etwas sowohl Gleichgültiges wie Perfides verwandelt, grün, in der Sonne funkelnd, merkwürdig still, merkwürdig reglos, menschenleer, irgendwelche unsichtbaren Blicke, irgendeinen unsichtbaren Tod bergend … während jener hinter den zarten Frühlingsblättern versteckte Fallschirmjäger …* GESCHICHTE, 178 (190)

Ölsardinenbüchse … *Auf dem Deckel der Büchse ist ein Dreimaster abgebildet, dessen ockerfarbene Segel sich deutlich vor dem grünen Himmel abzeichnen. Das Meer, auf dem er vorrückt, ist metallisch grau. Die Büchse hat die Form eines länglichen Rechtecks mit abgerundeten Ecken … Der Deckel haftet jetzt nur noch mit einem Ende am Büchsenrand. Seine Innenseite aus schillerndem Messing zeigend, ist das dünne Metallblatt, eine Art Hörnchen bildend, um den Schlüssel gerollt, wobei seine Fläche von der grauen Spirale der abgelösten Schweißnaht umrandet ist. Auf den Seitenrand der Büchse ist der Name des Herstellers oder der Konservenfabrik in metallisch roten, golden konturierten Buchstaben auf grünem Untergrund geschrieben …* ANSCHAUUNGSUNTERRICHT, 58/60 (76/78 f.)

– die Ölsardinen isst der ältere der beiden Maurer, der jüngere hatte das →Ei.

Oper … *indes die junge Araberin jetzt inmitten der verstreuten Scherben ihres Krugs in der Stellung am Boden liegt, in die die beiden Sklaven sie geschleudert haben, das heißt anmutig auf einer Hüfte lagernd, dem Publikum zugewandt, auf ei-*

nen Ellbogen gestützt, sich dann allmählich aufrichtend, sich schließlich auf den gestreckten Arm stützend, den anderen langsam ausbreitend, eine flehende Hand zu dem schrecklichen König hebend, sich dann vorwärtsschleppend, kriechend, ihren beringten Hals dem Messer darbietend, während im schattigen Orchestergraben, wo schwach die Blechinstrumente schimmern, alle Köpfe der Geigen parallel über die Mahagonireflexe gebeugt sind, die parallelen Bögen sich immer schneller heben und senken, dann jener Schrei, die unglaubliche Vibration, nicht erzeugt von einem menschlichen Organ, sondern zweifellos von irgendeinem Mechanismus, wie er in jenen automatischen Puppen oder Vögeln steckt, oder auch in den Lokomotiven, und vielleicht unter dem pompösen Flitter der Sängerin verborgen, wobei jetzt alle Instrumente des Orchesters gleichzeitig spielen in einer Art ungestümen Paroxysmus, der (so wie die Mischung der Farben des Prismas die Illusion von Weiß erzeugt) sich selbst zu verneinen, zu zerstören scheint, wobei weiterhin endlos, unerträglich, jene Art Pfeifen, jene sehr hohe Modulation emporschießt, dem bajaderischen Flitterhaufen entweichend … GESCHICHTE, 55 f. (59)

Orion *… der Kopf des Orion, des blinden Riesen, zeichnet sich zwischen den aufgeblähten, noch nachttrunkenen Wolken der Morgendämmerung ab. Sein muskelgeschwellter Körper ist fast ebenso groß wie die stark verzweigten Bäume, die die Landschaft rahmen. Seine Schultern, ein Großteil seines Oberkörpers und seiner Arme ragen über den Hügel hinaus. Er wird in halber Rückenansicht rechts im Bild dargestellt, mitten im Lauf, das linke Bein nach hinten gestreckt, das rechte halb angewinkelt, den waagerechten linken Vorderarm wie ein tastender Blinder vorgestreckt, während die riesige offene Hand eine kleine Anhöhe in der Ferne fast völlig verdeckt. Auf seinem Gesicht im Halbprofil breitet ein Lichtfleck, den der aufgehende Tag wirft, sich von der Schläfe bis zum Backenknochen aus, wobei die Nase und die Augenhöhle mit dem geschlossenen Lid im Schatten bleibt. Obwohl er des Augenlichts beraubt ist, greift er mit großen Schritten aus, geleitet von der kleinen Gestalt, die aufrecht auf seinen Schultern steht, sich mit einer Hand auf die Haare des Riesen stützt und den Kopf neigt, um mit ihm zu sprechen, und den andern Arm gegen Morgen richtet, als wolle er den einzuschlagenden Weg anzeigen. Die Falten seiner kurzen hellen Tunika flattern im heftigen Wind, der sicher da oben um den Kopf des Riesen wie um einen Berggipfel bläst … Orion läuft auf den Hügel zu, den man links im Bildhintergrund erkennt und den die ersten Strahlen der Sonne treffen. Rund um seinen Kopf rollen die klumpigen Formen der Wolken sich ineinander, wie gebauschte dunkle und helle Flächen, wie Fabrikrauch, den der*

Wind in die Marschrichtung des Riesen treibt und der wie dieser angesogen wird von dem Loch, aus dem das Licht zu quellen beginnt. Tatsächlich scheint es sich um Morgennebel zu handeln, die von der Erde aufsteigen, rechts noch in den Stämmen und dem Gezweig der Bäume hängen bleiben als Schärpen, die sich in die Länge ziehen, verdichten und im Firmament zu Trauben und Kuppeln runden …

DIE LEITKÖRPER, 53/65 (58/70 f.)

– solche herausgezogenen (zwei von mehreren, so werden 68 (74) drei Nebengestalten des Bildes skizziert, 71 (77) folgt eine längere fast zweieinhalbseitige Reflexion über die Perspektive auf diesem Gemälde, sie endet damit, dass alles eigentlich nur aus hauchdünnen Farbschichten besteht; und 206/208 (219/222) wird Orion noch einmal aus der →Luke des Flugzeugs sichtbar; einzig die kleine Göttin, die bei Poussin oben auf einer Wolke posiert, kommt bei Simon nicht vor) und hier aneinander gereihten Stellen fälschen in gewisser Weise Simons Text, der nämlich, in diesem Falle, auf 52 (57) zuerst, nach einer Art Liebesszene zwischen zwei Riesen (*… die Kopf an Leib liegenden Körper kreisen langsam in der Nacht, in einem Sturz ohne Ende, ineinander verklammert …* – dies das Ende dieser Sequenz), das Sternbild des Orion schildert (*… das Sternbild des Orion ist eines der schönsten in der Äquatorzone. Es zeigt dem bloßen Auge eine Gruppe von sieben Sternen, von denen vier, die rötliche Beteigeuze, der weiße Rigel, Bellatrix und Saiph, ein Viereck bilden …),* dann sofort wieder in eine Liebesszene übergeht, vielleicht in dieselbe wie davor (*… verloren in der dunklen Unendlichkeit sucht die Zungenspitze in der Tiefe des Haarbüschels nach dem Vorsprung der Klitoris …),* dann erwähnt, dass in zwei andern Sterngruppen Völker des Altertums zwei Stellungen des Kopfs einer Frau im Orgasmus zu erkennen glaubten (nämlich … *wenn sie ihn in konvulsivischen Zuckungen nach hinten wirft und sich aufbäumt, die Eichel losläßt, die sie mit ihren Lippen saugte, doch die Rute weiter mit der Hand umspannt …,* 53 (58)), und jetzt den durch die Landschaft schreitenden Orion schildert; ganz offenbar tut er das, Orion also, auf einem Gemälde Poussins, das schon im vorausgehenden Roman DIE SCHLACHT BEI PHARSALOS zwei Jahre vorher eine große Rolle spielt, dort wird sein Titel genannt: ORION AVEUGLE MARCHANT VERS LA LUMIÈRE DU SOLEIL LEVANT (dieses Gemälde stammt aus dem Jahre 1658, es hängt in New York, ein bisschen weit weg also, sonst würde ich es gern ansehen, denn Simons Beschreibung verlockt dazu, sosehr sie andererseits ja auch als Versuch, als sehr glücklicher Versuch verstanden werden kann, diese großen Entfernungen verschwinden zu lassen und in gewisser Hinsicht wo nicht geradezu das Bild zu ersetzen, so doch über seine Ferne sozusagen hinwegzutrösten, sie im Weiterlesen vergessen zu lassen; denn wozu auch sonst diese Beschreibungen?); und auch hier, also im vorhergehenden Roman, Der Schlacht bei Pharsalos, 156 (162) (nachdem 134/36 (135 ff.) ein betrunkener nackter säbelbewaffneter Halbverrückter schon als Orion bezeichnet worden ist, vielleicht seiner Körpergröße wegen, oder 157 f. (164) dann die Vision einer riesigen Reklameschrift des Wortes Orion folgt; vielleicht ist das aber auch gleichgültig), gibt es schon eine Beschreibung: ... *riesig sein Kopf über die Wipfel der Bäume hinausragend die Wolken berührend auf deren Gipfeln das Licht der ersten Strahlen erscheint ihre Kämme mit lachsfarbenem Rosa tönend die unteren Teile der Wolken die ganze Landschaft die Blätter der Bäume noch in dem Grau das dem Tagesanbruch in dem Augenblick vorausgeht da die Schicht der Finsternis dünner wird sich allmählich auflöst durchsichtig wird langsam abtropfend als ob man hören könnte wie sie sich zurückzieht immer dünner und durchsichtiger entgleitet die Farbe plötzlich auf den Berggipfeln auftauchend mit einem fernen Berg beginnend der sich weit hinten erhellt eine Öffnung ganz in der Tiefe des Bildes* ...

Nach der zitierten ersten Stelle aus dem späteren, unserm Roman jetzt, also den Leitkörpern, folgt unmittelbar eine Morgendämmerung von einem Flugzeug aus, sie endet im Bild jenes Sonnenlochs, aus dem Strahlen kommen wie auf einem vergoldeten Altarbild, und unmittelbar hierauf ruhen, also wie auf einem vergoldeten Altar, der Mann und die Frau auf dem Bett, das Licht kommt zu ihnen, ... *das wachsende Licht beginnt ihre Körper mit warmen Tönen auf dem Grau der zerwühlten Laken zu färben* ..., 54 (59 f.). Nun über viereinhalb Seiten hin Szenen und Redefetzen von einem Kongress lateinamerikanischer Schriftsteller, es geht um das Leiden der Unterdrückten und die Kunst. Dann kurz ein →Bildersaal (jener amerikanische, den ich leider nicht kenne?), danach die Fortsetzung, Fortschreibung einer Szene mit einer Greisin in einer Hotelhalle, sie öffnet eine Perlentasche, in der Geldscheine sind, offenbar will sie dem ehrerbietigen Portier davon geben, jedenfalls scheint der es so zu sehen; und jetzt ist über Orion dieser kurze Text eingeblendet (*eingeblendet* muss nicht das richtige Wort sein, denn da es keinen Haupttext gibt, ist jeder Text in die andern eingeblendet, alle also stehen nebeneinander): ... *Je höher die Sonne steigt, desto mehr verblassen die Sternbilder, verlöschen einer nach dem andern die Sterne und der riesige Körper*

Orions, der ihr entgegeneilte, scheint unterzugehen im Licht und verschwindet … (60 (65)) – eine Passage, die mit dem endgültigen Verschwinden des Sternbilds am Ende des ganzen Buchs korrespondiert. Jetzt Tänzerinnen auf einer Bühne, sie rufen den Romananfang herauf, in dem bestrumpfte Beinfragmente im Schaufenster eines Strumpfladens an eine Tänzerinnentruppe erinnert hatten; dann wieder die Greisin, der jetzt, beim Kramen in dem Täschchen, ihr Stock auf den Boden fällt, der Portier will ihn aufheben, die Greisin hindert ihn daran, bückt sich selber, dabei rutscht ihr die während des Bückens vom rauen Teppichboden festgehaltene Federboa von den Schultern und bleibt, als sie selber wieder aufgerichtet steht, ihrerseits auf dem Teppichboden liegen. Draußen inzwischen hebt eine junge Frau, die schon öfter aufgetaucht ist, endlich den kleinen rollenden Holzhasen auf, der ihrem Kind, das ihn hinter sich herzieht, immer wieder umfällt. Jetzt treffen die waagerechten Sonnenstrahlen oben den Fluggast, dem die Lider brennen (vermutlich ist er müde von dem Schriftstellerkongress, den er verlassen zu haben scheint – an diesem Punkt kann man daran denken, dass Simon erstens einmal auf einem Schriftstellertreffen gegen Sartre aufgetreten war, der dort einige seiner humanistischen Thesen zur Kritik des Schreibens vorgetragen hatte, und dass er zweitens in einer kleinen Schrift, 1970, genau zwischen den beiden hier angeführten Romanen, Poussins Orion-Gemälde zur Erläuterung seiner Idee des Schreibens, oder seiner Erfahrungen beim Schreiben, ausführlich herangezogen hatte – also das frühe Sonnenlicht, das hier den fliegenden schlaf- und diskussionsblinden Simon / Orion trifft).

Ein Blick noch auf die beiden Liebenden auf ihrem zerwühlten Bett, ihre Körper haben, heißt es, ihre Fleischfarben wiedergefunden; es hatte beim ersten Erscheinen dieses Paars, damit hatte die wie zwischen Riesen (*… Gerüche nach feuchter Erde und Muscheln steigen zwischen den offenen Schenkeln der Riesin auf …* 52 (57)) spielende Liebesszene eingesetzt, nämlich geheißen, 51 (56): *… Die Jahre, die Oxydation oder der Kerzenrauch haben die Farben grau werden lassen, während die Körper, deren Weichen sich im Rhythmus des Atmens heben und senken, in eine langsame kreisende Bewegung hineingezogen werden und abwechselnd aufrecht stehen, liegen oder den Kopf nach unten drehen. Im milchigen Licht, das durch das in die Nacht geöffnete Fenster dringt, wirken die beiden verschlungenen Körper grau, als seien sie mit einer einförmigen Malschicht überzogen, die auf dem der Frau etwas heller ist …* – jetzt sieht man, auch dies eine Art Wiederholung, denn von Anfang an ist die Rede von geöffneten Körpern,

Lehrmitteln für Mediziner, zwei zwischen Brust und Schamberg vorn geöffnete und mit Plexiglas abgedeckte Körper, offenbar sind es ein männlicher und ein weiblicher, die inneren Organe, farbig, atmend alles, lebendig, unmittelbar übergehend in die halb schlafenden Liebenden wieder; dazwischen ganz kurz das Flugzeug, unten das Meer, Inseln (*dazwischen*: die Liebenden ihrerseits sind natürlich genauso lediglich zwischen den Flugzeugsequenzen da); dann die Liebenden wieder, eine Hand, die über das Plexiglas gleitend sich auf dem Venushügel niederlässt, mit einem Finger in der Spalte (64 (68)); dieses Motiv wird wieder aufgenommen: ... *die Schläferin preßt ihre Schenkel über der behaarten Hand zusammen, die ihre Möse umschließt, sie stöhnt leise, dreht sich auf die Seite* ... 73 f. (80), dann, 107 (114 f.), hat die Frau eine andere Stellung eingenommen: ... *Es scheint, als gehe ein schwaches Leuchten von ihrem aus dem Schatten springenden Gesäß aus, von den Hüften, hinter denen der Abhang des Rückens allmählich in das wirre Dunkel eindringt, in dem man die schwarze Masse der ausgebreiteten Haare erkennt, das glatte Profil der Wange, die Nase, den auf dem Laken halb erdrückten Mund, worum die zu beiden Seiten des Kopfes angewinkelten Arme einen Henkel bilden. Die hellen phosphoreszierenden Schenkel sind in einer etwa senkrechten Stellung gespreizt, die Schienbeine und Fußspanne ruhen flach auf dem Bett, wobei die Fußsohlen von geschmeidigen Falten schräg überzogen werden. Ebenfalls knieend und sich auf ihre Backen stützend, kann er, wenn er sich zurückzieht, sein ganzes waagerecht ausgestrecktes Glied sehen, das im Halbdunkel leuchtet, spindelförmig, während der düstre Lichtschein der Nacht sich auf der gewundenen Bahn einer Vene schlängelt, und das die entblößte, geschwollene, glänzende Eichel vorreckt, schwarzer Purpur in der Schwärze* ...; dann 109: ... *in einer immer schnelleren Hin- und Herbewegung stößt sein Bauch an die weiße Form darunter. Hinten im Schatten kann er das Blitzen der Zähne sehen* ...

Kontrastiert, wenn man das so nennen darf, ist diese Szene erstens mit einem Zusammenbruch eines kranken Mannes über einem Waschbecken, in das er sich übergibt, zweitens mit einem Telefongespräch, in dem zwei Liebende, er auf der lauten Metrostation, sie mit einem Kind zu Hause, sich vergeblich zu verabreden versuchen, das heißt, er möchte sie verzweifelt sehen, aber sie kann nicht, sie kann nicht einmal frei reden im Moment (sie werden (wenn es dieselben sind, vielleicht sind es andere) noch einmal zusammen sein, ein letztes Mal, glaube ich, oder ein letztes Mal vielleicht auch nur zusammen gewesen sein, und der Mann erinnert sich nun daran, auch dies eine Szene, die, eingeblendet und mit Einblendungen, viele Seiten durchzieht und zusammenhält und trennt, an einem Morgen, während die Sonne unmerklich immer heller wird und die den Tropenwald durchziehenden Soldaten allmählich zuschanden werden: →Liebe, →Tränen), oft hören sie sich nur atmen, und immer wieder rasen durch dieses Atmen die Untergrundbahnen; außerdem beginnt eine Gestein- und Schuttlawine – die →Zeit? – allmählich alles zu erobern (vielleicht so etwas wie eine Finsternis, wie im PALAST, als im großen Nachtkapitel der Student nicht einschlafen kann, 130 (159): *... da er nun seit wer weiß wie langer Zeit in der erstickenden Finsternis, in der rätselhaften, drohenden Stille lag (als ob es nicht einfach die Nacht und die Dunkelheit gewesen wären, die den Tag abgelöst hatten, sondern eine Art Flut, eine warme, undurchsichtige Lava, die sich langsam in den Straßen und Aveniden ausgebreitet hätte, sich allmählich wie das Wasser in einem Schleusenbecken vom Boden erhebend, die Fassaden in dem Maße, wie das Licht sich zurückzog, erkletternd und sie schließlich ganz überschwemmend, alles verstopfend, sogar der Luft den Weg versperrend) ...* – das ist ein etwas anderes Bild, aber bei Simon überlagern die Bilder sich fortwährend, sie verschieben dabei auch immer wieder das, wofür sie zu stehen scheinen, und sind eben durch diese doppelte Bewegung – und also nicht bloß dadurch, dass sie Bilder sind – jeder Begrifflichkeit voraus); immer wieder dann der Kongress dazwischen, und viel Raum nehmend eine Szene an einem Biertresen in einer Bar (mit dem kranken Mann, der sich in den Toiletten übergeben muss), in sie wieder sind ein Boxkampf eingeblendet (wegen eines Plakats in der Bar, der Wirt hat früher geboxt) und der Marsch einer Kolonne von Männern durch moskitoverseuchtes Gelände (eine immer wiederkehrende, am Buchanfang schon angelegte kolonialistische Eroberungsszene, angeregt durch Reklamen, Kinoplakate etwa, durch Illustriertenbilder, durch den Flug über unwegsames exotisches Gelände und durch die dezidiert antikolonialistischen Reden auf dem Kongress); und dann ruft der Mann noch einmal die Frau an, sie sagt, muss wohl sagen, das sei ein Irrtum, legt aber dennoch nicht auf. Im Grunde also gibt es nirgendwo einen Halt bei der Lektüre dieser absatzlos weitergehenden, weiterziehenden 200 Buchseiten.

Und dann endlich hebt die Greisin, der erstarrte Portier traut sich nicht, auch die Boa auf: und nun die lange anfangs zitierte Stelle, in der Orion auf den Hügel zuläuft; und gleich danach nehmen zwei (später glaube ich sind es drei) Fabrikschornsteine ein Motiv aus der Schilderung Orions auf, 65

(71), *… zwei Fabrikschornsteine, die blaß vor dem blassen Hintergrund stehen und deren Schäfte abwechselnd rote und weiße Streifen zieren. Die roten Streifen scheinen frei in der Luft zu schweben, wie auf den verwaschenen Himmel aufgemalt. Weißliche Rauchkringel dringen aus den Gipfeln, geduckt zunächst vom Seewind, dann allmählich hochsteigend und sich ineinanderrollend …* – dieses Wort, dies *Ineinanderrollen* war bei den Wolken aufgetaucht, genau ehe sie an Fabrikrauch erinnert hatten. – Und ganz entsprechend eingelassen in anderes, also wie hier Orion etwa auch in die Liebenden, sind die Liebenden aus der SCHLACHT BEI PHARSALOS (→Liebe); wiederum sind sie an einigen Textstellen in ähnlich grauen oder leblosen Farben gehalten wie in dem späteren Buch, wo sie dann, anders als hier, wo das anfängliche Grau den Fleischfarben weicht, in der schließlichen Versteinerung enden; das Grau dort beginnt mit jenem berühmten immer wieder auftauchenden Kavalleristen, dem Autor also, der an dieser Stelle O. heißt wie die Liebesakrobatin (oder wie Orion?); der hat, als er unter Beschuss in den Eisenbahndurchstich gerät, das Pferd verloren, und ehe er erneut nach dem Zügel greift, heißt es: *Die Sonne hat sich wieder versteckt, alles ist grau*. Und Orion, herauswollend aus dem ewigen Grau seiner Augenlosigkeit, ist nun fast zu erkennen als das schreibende Gegenbild, Abbild eigentlich, oder Nachbild jenes O., ganz wie im Roman jetzt einmal die Rede ist von jenem *Grau das dem Tagesanbruch in dem Augenblick vorausgeht da die Schicht der Finsternis dünner wird sich allmählich auflöst durchsichtig wird … die Farbe plötzlich auf den Berggipfeln auftauchend …*

– Orion selber stammte aus Böothien, ein Jäger, ein Sohn, den der Meergott Poseidon mit einer der drei Gorgonen hatte, mit Euryale (Poseidon hatte auch ein Verhältnis mit der einen Sterblichen unter den drei Gorgonenschwestern, nämlich mit Medusa, die, als Perseus ihr, als sie schwanger war, den Kopf abschlug, das legendäre Flügelross Pegasus gebar); er sei schön gewesen, sagt Homer, Eos, die Göttin der Morgenröte, habe ihn sich auf ihr Lager geholt (sie wird es sein, die bei Poussin oben auf der Wolke steht); und ein Riese; als Jäger war er gern mit Artemis unterwegs, und dabei so leidenschaftlich, dass ihn, weil er drohte, alles Getier auszurotten, Artemis schließlich erschossen haben soll; aber noch im Hades habe er mit einer eisernen Keule weitergejagt, sagt wieder Homer; nach anderen Berichten war Orion Jagdbegleiter der Artemis, aber auch der Leto, der Göttin der dunkelnden Nacht, Mutter Apollos wieder und der Artemis (durch

Zeus dies); er soll beiden versprochen haben, alle Ungeheuer der Welt zu töten, aber dann brachte die Erde, aus Neid wohl, wenn wir die Griechen richtig verstehn, einen Skorpion hervor, der ihn erstach. Oinopios, auf Chios, der für ihren Marmor berühmten Insel, vermutlich ein Sohn des Dionysos und der Ariadne, hatte eine schöne Tochter, Merope (eine andere Merope als jene Tochter des Atlas, die dann einen Sterblichen, Sisyphos von Korinth, heiratete, wirklich jenen mit dem Felsblock, den er – glücklich, wenn wir Camus glauben wollen – wälzt, und die jetzt eine der Pleiaden ist), in die sich Orion verliebte und die er, im Rausch, vergewaltigte; daraufhin blendete ihn ihr Vater. Zu seiner Heilung führte den blinden Riesen dann, auf seiner Schulter sitzend, Kedalion, ein Schmiedemitarbeiter des Hephaistos, in Richtung ihres Aufgangs zur Sonne, und Helios gab ihm das Licht, das Augenlicht wieder. – Sein Bild am Himmel: ein Wintersternbild besonders, schon die arabischen Astronomen waren voller Bewunderung; Huygens will 2000 Sterne im Orion gezählt haben. Auffällig sind die drei Sterne seines Gürtels, 2. Ordnung alle drei, namentlich schön und funkelnd ist an seiner Schulter die Beteigeuze, vielleicht auch der Beteigeuze (aus dem Arabischen), rötlich strahlend, dreihundert- oder auch vierhundertmal so groß wie unsre Sonne, und 270 Lichtjahre entfernt –

(– 1974, also drei Jahre nach den LEITKÖRPERN, fünf Jahre nach der SCHLACHT BEI PHARSALOS, und ich erwähne diesen wunderbaren Autor, weil er, und er sagt es dann auch, im BESUCH, zwei Jahre später, ein wahrer Verehrer Simons ist, hat Gerhart Meier sonderbar über Orion geschrieben, oder ihn wenigstens erwähnt, nämlich im neunzehnten, JAGDHÖRNER UND NEBELHÖRNER überschriebenen Stück des Prosabuchs DER ANDERE TAG. Es geht da um eine Blechmusik, um einen Schwalbenschwarm über einem Friedhof, dann um zwei Ulmen (eine davon an der Ulmenkrankheit eingegangen, vor Jahren schon) und eine im Inzest geschwängerte schon nicht mehr ganz junge Lehrerin. Dann ist es windstill, und die Rede kommt auf Wurstwaren (Protagonisten dieses Erzählens, Berichtens oder wie man sagen soll, sind in allen diesen Stücken hier Kaspar und Katharina, seine Frau vielleicht, wobei Katharina jene ist, jene Stimme sozusagen, die wiedergibt, was Kaspar ihr gegenüber geäußert hat; meistens sind aber noch einmal Katharinas Referate in einen Konjunktiv des bloßen Hörensagens gesetzt); die Wurstwaren verlässt Meier, oder verlassen Kaspar und Katharina, oder habe Kaspar noch einmal verlassen, wie Katharina sagt, oder gesagt haben soll, um zu einem Porträt zu gelangen, das Picasso von Gertrude Stein angefertigt hat (eine Rose ist eine Rose, auch wenn es hier eher um Wurst geht): auf welche die Rede nun aber auch sofort zurückkommt, auf das Fleisch dazu, auf die Tiere, die gehalten werden zur Gewinnung von Fleisch zur Wurst, endlich aber auch auf Tiere, die nicht eigens dazu, wie Kühe und Schweine etwa, gehalten werden, sondern die, auch wenn man ihr Fleisch dann womöglich nicht unbedingt zu Wurst verarbeitet, frei leben, und gejagt werden müssen (gewissermaßen hören wir jetzt die Hörner schon blasen), wenn man an ihr Fleisch will. Und jetzt: *So komme es, wenn auch diese Art der Fleischgewinnung nicht mehr in Betracht falle, doch immerhin noch zur Ausübung dieses alten Gewerbes, und damit auch zum Erschallen der Jagdhörner, im Herbst wieder vor allem, in Gegenden wenigstens, wo Treib- und sonstige Jagden eben noch möglich seien. Diese Hörner, im Klang doch eigentlich angenehmer als ihre Schwestern, die Nebelhörner, an Meerhäfen, welche, diese Nebelhörner, doch leises Unbehagen zu wecken imstande seien, wenn sie frühmorgens und unerwartet erklängen (obwohl sie eigentlich humanem Zwecke dienten, was man von den Jagdhörnern, in bezug auf die Tiere wenigstens, nicht zu sagen vermöge), diese Jagdhörner wiederum schlügen zeitlich den Bogen zu Eichendorff, natürlich auch weiter zurück, habe Kaspar ihr, Katharina, gesagt, soll Katharina gesagt haben, versunken in das Sternbild des Orion.*)

P

Panzer … *nun wie über eine Brüstung hinweg den ersten Panzer lotrecht zur Hecke vorbeirollen sieht, den offenen Turm, aus dem ein schwarzbekleideter Oberkörper ragt, dessen eine Hand lässig auf dem Rand der Öffnung liegt, während die andere bisweilen eine Zigarette an die Lippen hebt, deren Rauch sich in kleinen bläulichen Wolken in der ruhigen Luft auflöst, sieht, wie die vom Laub zerfetzten Sonnensprenkel über die Panzerplatten gleiten, jäh die Ebene wechseln, sich an den Knicken dehnen oder zusammenziehen, die Türme hinaufklettern, wieder herabsteigen, als ob jedes der drei Fahrzeuge unter einem immateriellen gefleckten Teppich, einem immateriellen Tarnnetz hindurchkröche, es dabei anhöbe, dehnte, verzerrte, worauf alles wieder an seinen Platz zurückkehrt, das Schnurren der Motoren abschwillt, die Luft aufhört zu vibrieren, der mineralische Geruch nach*

Benzin und verbranntem Öl noch eine Weile, stinkend, in der reglosen Luft schwebt, sich dann ebenfalls auflöst, die Welt, die Natur, einen Moment gestört, wieder friedlich sind ... DIE AKAZIE, 86 (92f.)

Parfum ... *(und zum erstenmal roch ich jenes Parfüm, das wie der Duft einer vertrockneten Rose riecht oder vielmehr – da eine vertrocknete Rose nach nichts riecht – wie der Duft, der von ihr ausgehen müßte, das heißt wie etwas, das sowohl aus Staub als auch aus Frische bestünde, und ich warf einen Blick auf ihr Frisiertischchen, aber da war nichts außer den vier Nadeln und dem Fläschchen billigen Kölnischwassers, und doch duftete es wie eine Blume, wie ein junges Mädchen, wie das Schlafzimmer oder vielmehr die Gruft, wie der Sarkophag eines ganz jungen Mädchens duften mag, das man unversehrt darin aufbewahrt hätte, wenn es auch beim gelindesten Hauch sofort zu Staub zerfallen würde) ... Nichts als dieser zu Kopf steigende und wahrscheinlich imaginäre Duft von Frische, Jungfräulichkeit und angesammelter Zeit. Nicht verlorener Zeit: besiegter, oder vielmehr überwundener, gezähmter Zeit ...* DAS GRAS, 7f. (10f.)

– das ist im Zimmer jener jetzt, als sie stirbt, über Achtzigjährigen, und den Duft weiß Louise von damals, als sie den Neffen, also den Sohn des Bruders der Alten, Georges, geheiratet hat und die Alte ihr den Ring schenkte, den sie hier, jetzt, wo die Alte stirbt und er sie bedrängt, ihrem Geliebten zeigt, oder dem Mann, mit dem sie sich unten, unter dem Hotel, hinter den Büschen getroffen hat.

Passion ... *im voraus durchlitten hatte, mit dem Unterschied daß ihr Ort ihr Zentrum ihr Altar nicht ein kahler Hügel war, sondern jene süße und zarte schwindelerregende buschige verborgene Falte des Fleisches ...*

DIE STRASSE IN FLANDERN, 12 (13)

– den Rittmeister (Oberst dann später) betreffend, der sich von den Maschinengewehrschützen umbringen lassen wird, vielleicht weil seine zu junge Frau niemals eigentlich seine war, eher und bestimmt dann die seines Jockeys.

Pfeifennecessaire ... *Was hingegen das Pfeifennecessaire aus Email betraf, verziert mit über Seerosen schwebenden indigofarbenen chinesischen Vögeln mit rosa*

Bäuchen, so war es vor der Schlacht in dem vorschriftsmäßigen Feldkoffer verstaut worden, der, dunkelgrün gestrichen und mit Gurten verschnürt, zusammen mit dem Gepäck der Kompanie in den Troßwagen reiste ... Die Akazie, 57 (62)

– dieses Necessaire gehört dem aus den Tropen in den ausgebrochenen oder bevorstehenden Weltkrieg geholten Vater Simons, einem Hauptmann, der in dieser Schlacht vom 27. August 1914 umkommt; und Simon meint (Die Trambahn 17 f. (21 f.)), seine Mama denke daran, wenn sie den Rumpfmännern, so nennt sie die schwer verwundet aber eben doch Heimgekehrten, manchmal Tabak bringt, denke an *jene Garnitur für Raucher, die derjenige, um den sie trauerte, aus dem Fernen Osten mitgebracht hatte und auf der man (Tablett, Tabakdose und Aschenbecher), in Zellenschmelz, türkisfarbene Vögel mit rosigen Bäuchen zwischen Schilfgräsern über breite Seerosen fliegen sah ...*

Pferde ... *dessen Hals noch länger geworden zu sein scheint, an den Muskeln, den Sehnen zerrend, als zöge das Gewicht des riesigen Kopfes ihn aus der Streu in den dunklen Bereich, wo unermüdlich die toten Pferde galoppieren, die unermeßliche schwarze Herde der in einen blinden Angriff getriebenen alten Mähren, um die Wette laufend um einander zu überholen, ihre Schädel mit den leeren Höhlen vorstreckend, in einem Gedonner aneinanderstoßender Knochen und Hufe: eine gespenstische Kavalkade blutleerer verstorbener Rosse geritten von ihren ebenfalls blutleeren verstorbenen Reitern mit abgemagerten in ihren zu weiten Stiefeln schlotternden Schienbeinen, mit den verrosteten nutzlosen Schwertern, eine Spur bleichender Skelette hinter sich lassend ...* Die Strasse in Flandern, 139 (123)

Pferde ... *stämmige Tiere mit breitem, geringeltem Hals, fuchsrotem Fell sowie schwarzem Mähnen- und Schweifhaar, ähnlich den kräftigen Reittieren der Ritter in früherer Zeit ... heute waren es nur noch Ackerpferde, die zu sehen waren, regungslos, paarweise oder zu dritt oder viert auf den verschneiten Wiesen, von denen sich, wie mit Kohlestift konturiert und schwarz gescheckt (Mähne, Schweif und die dichten Haarbüschel der Fesseln), die dunkelgelben, lehmfarbenen Massen ihrer von Harnisch und Zaumzeug freien Körper abhoben, wie Tiere von heraldischem Stolz, sanft, nachdenklich, märchenhaft und wild ... als wären sie Fabelwesen in der Art von Einhörnern oder Doppeladlern, gegen Kälte und Hunger anscheinend unempfindlich (vielleicht ernährten sie sich von Schnee?) und geschlechtslos, mit ihren großen, langwimprigen Almenaugen, sanft, sehnsüchtig und scheu zu-*

gleich … jene heraldischen Tiere, die sich im Tempo eines lautlosen, luftigen Trabs voranzubewegen schienen, anscheinend mühelos, als trieben sie zwischen zwei Wassern, bewegten sich in Zeitlupe in einem Film, mit bossierten Muskeln und Brüsten und den mächtigen Schenkeln, mit denen sie bei jedem Auftreten in geschmeidiger Langsamkeit hochsprangen, sich dehnend und entspannend …

GEORGICA, 98/132 (100 f./134)

– es geht um jene Pferde, die in dem eiskalten Winter dort frei herumlaufen, wo nebenan die Kavallerie mit ihren schweren Percheronpferden biwakiert. – Almenaugen: Alm ist eigentlich immer die Bergweide, wortgeschichtlich hängt es aber auch zusammen, oder ist im Gebrauch jedenfalls zusammengebracht worden mit Alb, das Dämon bedeuten kann, aber auch Lichtwesen, Elfe; bei Simon ist von den *grands yeux d'almées* dieser Pferde die Rede, wobei aber *almée*, wenngleich etwas ungebräuchlich und nur in älteren Wörterbüchern noch zu finden, zweifellos für eine orientalische Tänzerin steht, deren Augen man sich also vorstellen muss; für sehnsüchtig steht bei Simon *alangui*, im Sinne von schmachtend, für sanft steht *doux*, sicher also auch sanft, aber eher doch süß, und für scheu *ombrageux*; sodass diese Pferde also nicht so sehr sanfte, sehnsüchtige und scheue Almenaugen haben, als vielmehr die süßen, schmachtenden, verschatteten Augen orientalischer Tänzerinnen. In älteren Konversationslexika taucht die Alme noch auf, etwa bei Pierer 1840 ff. mit einem Verweis auf die ägyptische Mythologie, dort heißt es: *zu den Priestern gehörten gewissermaßen die Alme, Tempeltänzerinnen, deren wilde, bacchantische Tänze bei den Festen von rauschender Musik begleitet waren*; was die Gegenwart angeht, heißt es einmal dort: *beim Tanz tanzten Männer mit Männern, Weiber mit Weibern, die Geschlechter gemischt aber nicht; Frauen scheinen zugleich getanzt und gesungen zu haben wie die jetzigen Alme in Ägypten noch tun*; Pierer führt unter Alme als zweite Bedeutung auch an: *auf neueren Theatern wilde orientalische Tänze*. Der große Meyer von 1905 schreibt: *Alme (arabisch, d. h. die in Künsten Gelehrte, Mehrzahl Awâlim), Name der umherziehenden Tänzerinnen und Sängerinnen in Ägypten und Indien. Sie bilden eine eigene Zunft, werden häufig bei Festlichkeiten zur Unterhaltung der Gäste gemietet und haben auch in den Harems Zutritt.*

Pferdebegräbnis … *das Pferd war in der Nacht verendet und wir begruben es frühmorgens in einem Winkel des Obstgartens dessen Bäume mit den schwarzen* *vom Regen lackierten und fast völlig entblätterten Zweigen jetzt in der feuchten Luft tropften: wir hievten den Kadaver auf einen Karren und kippten ihn in die Grube und während die Schaufeln ihn nach und nach mit Erde bedeckten betrachtete ich ihn knochig schaurig mehr Insekt Gottesanbeterin denn je mit seinen angewinkelten Vorderbeinen seinem riesigen schmerzerfüllten resignierten Kopf der allmählich verschwand und unter dem langsamen dunklen Ansteigen der Erde die unsere Schaufeln darauf warfen das bittere Grinsen seiner langen entblößten Zähne mitnahm als verhöhnte er uns von jenseits des Todes prophetisch kraft einer Kenntnis einer Erfahrung die wir nicht besaßen, eines enttäuschten Geheimnisses das die Gewißheit des Fehlens jeden Geheimnisses und jeden Mysteriums ist, dann setzte der Regen wieder ein …* DIE STRASSE IN FLANDERN, 285 f. (249)

Phantasie … *Er hat gesagt Das Thema des Krieges kehrt bei Ihnen beharrlich immer wieder. Man hat sogar behauptet es sei der Schlüssel zu allem was Sie geschrieben und daß … Ich habe gesagt Oh das sei wohl doch ein wenig übertrieben, ein wenig vereinfachend, immerhin hätte ich noch ein paar andere Dinge geschrieben und daß … Aber er hat mich unterbrochen, er hat gesagt Trotzdem müssen Sie zugeben daß … Ich habe gesagt Ja das sei richtig es kehre tatsächlich häufig wieder aber … Er hat gesagt Warum? Ich habe gesagt Wissen Sie ich habe nicht viel Phantasie und abgesehen von meinen allerersten Büchern die nicht besonders gut waren bin ich mehr oder weniger immer von Dingen ausgegangen die ich erlebt habe, von meinen persönlichen Erfahrungen, oder auch von alten Familienpapieren und so weiter … Er hat gesagt Ja das wisse er, was ihn jedoch interessiere sei: meine persönliche Erfahrung, da habe ich gesagt Naja unter anderem habe es halt den Krieg gegeben und es sehe wohl so aus als habe das einen starken Eindruck auf mich gemacht, vielleicht weil ich zu empfindsam sei oder zu schwächlich, oder aber weil ich keine Zeit gehabt hätte mich daran zu gewöhnen, weil ich praktisch nur acht Tage daran teilgenommen hätte …* JARDIN DES PLANTES, 73 (76 f.)

– aus dem Interview mit dem leicht ignoranten Journalisten.

Picasso … *Morgenstunden also, in denen er die Bewunderer oder Bittsteller empfängt, die ihm mehr oder weniger enge Freunde anschleppen, Schriftsteller, Dichter oder Kunsthändler: die auf der üppigen Vegetation des Gartens (Parks?) funkelnde Sonne hinter dem breiten Belle-Epoque-Fenster mit den ausgeschnittenen Wicken, die Hitze, die leichten Kleider der Frauen, dieses verfälschte, zweideutige, sinnliche* *und irgendwie schurkische Ambiente der Côte d'Azur: etwas Priapisches, Faunenhaftes, gleich jenen gehörnten Köpfen, die er bis zum Überdruß auf emaillierten Tellern wiederholt, neben schlummernden matten Nymphen in Panflöten blasend. Reben, Bacchanale, und Erinnerungen an Poussin, die ihn umtreiben. Thema der Huren, des Bordells und des voyeuristischen Greises, auf das er in seinen Zeichnungen mehr und mehr zurückkommen wird. Spöttische und maskierte Hetären mit schattigem Gestrüpp, bis sich zwischen ihren dargebotenen Schenkeln, wie Blumen erblühend, die Lippen der verborgenen Münder öffnen. Mit seinem sonnengebräunten kahlen Schädel, seiner silbrigen Haarkrone, seinen wie in Bronze gemeißelten Hängebacken ...* JARDIN DES PLANTES, 221f. (228)

– der Abschnitt beginnt mit den Worten: ... *Picasso ähnelt einem Kaninchen ...*

Pinselstrich ... *der Pinsel bewegt sich waagerecht ohne Eile beladen mit einem kräftigen ziemlich hellen verhältnismäßig flüssigen Rot so daß beim Vorwärtskommen die Farbe in kleinen Streifen nach unten fließt und der sich dehnende breite blutige Strich den er hinter sich läßt in seiner Geradheit leichte Schwellungen leichte Buckel zeigt je nachdem die den Pinsel führende Hand die dem kaum wahrnehmbaren Zittern dem nicht wahrnehmbaren Pochen des Blutes unterworfen ist das sie tränkt und der Muskeln die sie bewegen sich der Leinwand nähert oder von ihr entfernt abwechselnd die Borsten erleichternd oder sie aufpressend sie ein wenig zerdrückend was bewirkt daß sich dann nicht nur der Strich verbreitert sondern außerdem die zusammengepreßte Farbe über die Ränder dringt und auf der senkrechten Oberfläche herabrinnt bis schließlich am Ende seines Weges und fast am Ende seines Farbvorrats der Pinsel sich noch ein wenig stärker aufpreßt aufhört sich vorwärts zu bewegen und an die Stelle der waagerechten Bewegung eine Rotationsbewegung tritt wobei die Borsten sich um sich selbst drehen einen Punkt vergrößernd eine Art Kugel Knospe zeichnen flammend lebhaft rot die frische Farbe wie Email glänzend ...*

DIE SCHLACHT BEI PHARSALOS, 54f. (58)

(– der Stelle voraus im französischen Text geht als eingeschobener Absatz ein *Oreille qui peut voir, Ohr das sieht*, ein Thema (das durch die geschlossene Tür eifersüchtig die Liebenden sehende Ohr, oder das den Eifersüchtigen da vor der Tür sehende Ohr der Liebenden), das, in derselben Form, immer wieder auftaucht, an dieser Stelle aber vom Übersetzer offenbar vergessen worden ist; ohne großen Schaden, denn die sexuelle Komponente des zitierten Absatzes ist dem Leser noch aus dem nichtvergessenen Absatz davor gegenwärtig.)

Plot … *(ich weiß: nachträglich werden manche sagen, letztlich sei das Ganze bloß eine Weibergeschichte gewesen, eine jener erbarmungslosen, grausamen Schlachten zwischen drei Frauenzimmern, von denen jede die gleiche blinde, kalte Entschlossenheit an den Tag legt, ganz zu schweigen von jenem sechsten Sinn, den der ängstliche männliche Aberglaube ihnen beimißt, als ob sie, um das Böse zu gebären oder hervorzurufen, lediglich zu existieren brauchten, sich nicht einmal die Mühe machen müßten, zu handeln oder sich zu rühren: nur geduldig und wachsam in der ewigen Haltung der hügeligen Mutter der Welt, der ewigen Hure – Demeter oder Dalila – zu verharren brauchten mit jener in der Mitte aufgestellten Falle, jenem gierigen, verruchten Mund, in den von Generation zu Generation die Schafherde der Männer sich stürzt, um darin unterzugehn. Aber vielleicht ist das etwas zu simpel, etwas zu einfach)* … DER WIND, 182 (163)

– Demeter, die Göttin des Getreides, menschenfreundlich und weizenblond bei Homer, allgemeiner aber auch die Göttin der fruchtbaren Erde, mit dunkleren Zügen; Dalila, oder Delila, in der Bibel am Bache Sorek die Geliebte Simsons, oder Samsons, die, von den Philistern dafür bezahlt, ihren Liebhaber so lange danach fragt, bis er ihr endlich, völlig ermattet, sagt, dass seine gefürchtete Unüberwindlichkeit und Stärke in seinen Haaren liege; und dann, während sie ihn, wie es heißt (Richter 16), auf ihrem Schoß einschlafen lässt, kommen, von ihr gerufen, seine Feinde und schneiden ihm seine gewaltigen Locken ab. Goethe, in einem Brief an Zelter (vom 19. Mai 1812) nennt sie *das verfluchteste Luder, das die Erde trägt* –

– anderswo, zwei Jahre später, heißt es, und sicher bezieht Simon das auch auf sein eigenes Erzählen, und zwar, als Blum, in der STRASSE IN FLANDERN, einmal unendlich umständlich immerzu rekapitulieren will, dass de Reixach die Stute im Rennen reitet, vielleicht bloß um endlich seiner zu jungen Frau Corinne beizukommen, die es mit seinem Jockey Iglésia treibt, und als ihm Georges da ins Wort fällt und Blum dann repliziert, da also heißt es: *Ich dachte es würde dir Spaß machen: du sitzt da und kaust immer dasselbe wieder, stellst Vermutungen an, malst dir was aus, erfindest Geschichten,*

Märchen wo wette ich niemand außer dir je etwas anderes gesehen hat als eine vulgäre Fickgeschichte zwischen einer Hure und zwei Schwachköpfen ... (194 (170))

Pornographie ... *außer Pornographie ...*

Jardin des Plantes, 16/41 (18/44)

– der Generalsekretär, der seinen Gästen 1986 in Moskau erläutert, und dann erzählt es Simon seiner Geliebten, was in seinem Land neuerdings alles erlaubt sei, alles nämlich –

Proust: ... *da das Bild das einzig wesentliche Element ist, wäre die Vereinfachung, die darin bestünde, die realen Personen schlicht und einfach abzuschaffen, eine entscheidende Vervollkommnung.* Die Trambahn, Motto

– Marcel in der Recherche liest in seinem Zimmer in Combray, in den Sommerferien, ein Buch, das er in der Papeterie des kleinen Orts gekauft hat; er erwähnt, dass Françoise, vielleicht nicht gradezu tadelnd, aber doch irgendwie alles zurechtrückend, gesagt habe, die Personen und Ereignisse in Büchern seien doch gar nicht wirklich; und er wendet nun ein, dass im Grunde aber ja auch das Schicksal wirklicher Personen zu uns nur über Bilder ihrer Freude etwa, ihres Unglücks kommt; und jetzt fährt Proust fort, und jenes *wäre* und *bestünde* oben in der Übersetzung des halben Satzes täuschen da ein bisschen (jedenfalls was Proust angeht): ... *der geniale Einfall des ersten Romanschriftstellers bestand in der Entdeckung, daß in unserem Gefühlsapparat das Bild das einzig wesentliche Element ist und daß es deshalb einer entscheidenden Verbesserung gleichkäme, wenn man die Dinge dadurch vereinfachte, daß man die wirklichen Personen einfach ausschaltete ...* (125 f. der neuen Proust-Werkausgabe, Frankfurt, Band 1, 1994; in der neuen vierbändigen Ausgabe bei Gallimard Band 1, 84). Wenn Simon nur einen halben Satz zitiert, der dann einen andern, über Proust hinausgehenden Sinn haben kann, so ist das sein eigener genialer Einfall, der ihm erlaubt, nach Proust noch einmal den Roman neu zu konzipieren und ihn dabei an Prousts Konzeption zu messen. Die etwas irritierende Pointe Simons liegt darin, dass er dieses Wort Prousts ausgerechnet über das seiner Bücher setzt, in dem am allerunverblümtesten, von dem Straßenbahnfahrer angefangen, immer von realen Personen die Rede ist: als wäre hier der Romancier, nach unendlichen

Wegen, wieder zurückgekehrt zu dem Punkt, den er hatte verlassen müssen, um zu schreiben (und dann kommen uns, mit Verlaub, Prousts Auslegungen, die er dann jenem Satz gibt – dass wir beim Lesen in einer einzigen Stunde Gefühle kennen lernen, von denen wir sonst in einem ganzen Leben nur wenige erfahren, und dass die intensivsten uns ganz unbekannt bleiben, da sie sich, auch die beklagenswerten, in fast absolut unmerklicher Langsamkeit vollziehen, und so weiter –, sonderbar altmodisch vor; wahr, aber sonderbar altmodisch).

Pyjama … *Nun im Spiegel sich nähernd, taumelnd, das ruhmlose Phantom der menschlichen Gattung in zerknittertem Pyjama, schlurfend, von dessen Nabel die geflochtene Baumwollschnur herabhängt, schlaff und weißlich, die seine Hose festhält, als bewahrte er noch immer irgendein viszerales Band, blutleer, schlecht abgetrennt und ausgefranst, von der Finsternis entfärbt, dem fahlen Bauch der Nacht entrissen …* GESCHICHTE, 40 (43)

Q

Quelle … *In der Stille des Tals, die einzig das stete Geräusch des Wasserfalls durchbricht, reiht die Kirchenglocke langsam ihre Schläge, deren Schwingungen lange zwischen den bewaldeten Hängen und den grauen Felswänden hängenbleiben. Das Tal liegt fast genau in Ostwestrichtung. Im Osten vereinen sich seine Wände und bilden einen felsigen Kessel ohne Ausgang, in dessen Tiefe sich die Quelle des Flusses befindet: ein waagrechter Schlitz, wie ein Mund, dem gleichzeitig ein eisiger Hauch entweicht. Im Innern der Höhle senkt sich die Felsendecke, dunkler werdend, bis sie, wie es scheint (die Dunkelheit verhindert nun, es deutlich zu erkennen), die schwarze flüssige Haut berührt, die still aus der unterirdischen Finsternis quillt. Manchmal löst sich ein Tropfen von dem sinternden Gewölbe und erzeugt auf der Oberfläche einen Ring konzentrischer Runzeln, die die Strömung fortzieht. Die Stille ist so tief, daß sie das Geräusch des Wassers zu übertönen scheint, das, etwas weiter unten, sich windend, weiß und tosend, zwischen Felsbrocken abprallt, die das Bett des Flusses versperren und ihn in eine Vielzahl kleiner schäumender Kaskaden zerteilen …* TRIPTYCHON, 63 (67)

– auf der Seite davor setzt sich vom Ende der vorhergehenden Seite die Abschilderung eines Kinoplakats fort, mit dem Gesicht einer Frau, hinter dem eine in ihre Schürze weinende Frau zu sehen ist; der Mond geht auf, vom Fluss steigt ein Dunst auf und geht über die Wiesen; auf demselben Plakat, an einer andern Stelle, ist ein umschlungenes halbnacktes Paar zu sehn, die Frau ist wahrscheinlich, nach ihrem Haar zu urteilen, sagt der Beschreiber, jene in die Schürzende Weinende. Unmittelbar darauf wird der heftige Samenerguss eines Mannes geschildert, der sich eben aus einem Mädchen löst; man sieht den Weg des Spermas auf dem Körper des Mädchens, etwas Sperma tropft auf den alten Mantel, den der Mann unter sie beide gebreitet hat. Dann küsst das Mädchen den Mann – und direkt daran schließt sich die Sequenz, die mit der Stille des Tals beginnt. Nun beruhigt sich der Fluss, sein Weg durch die Umgebung wird geschildert (Forellen tauchen auf, solche, die Seiten davor von einer Brücke herab zwei Knaben beobachtet haben – man kann sich das Tal von Les Planches bei Arbois vorstellen, die Heimat von Simons Vater, Simons Feriengegend, das Flüsschen kommt wie oben beschrieben aus dem Fels, aus der Höhle, stürzt wie dort zwischen Felsen herab), diese Knaben trennen sich jetzt vor der Flussbrücke, dann flussabwärts die Kirche, und nach einigen Häusern, darunter ist die Schule, kommt der Friedhof, mit einigen Gräbern, die beschrieben werden. Hinter der Schule führt eine Straße zur Talöffnung – und jetzt richtet sich ein Paar wieder auf, das vorhin, in mehreren immer wieder unterbrochenen Sequenzen, an eine Mauer gelehnt im Regen stehend einen etwas riskanten fast besinnungslosen Liebesakt ausgeführt hatte und gleich nach seiner Beendigung in den Straßenschlamm gefallen war, der Mann war schon vorher betrunken, ein Bräutigam, den seine Freunde der Braut entführt hatten und der aus der Kneipe dann mit der Kellnerin abgezogen war, wohl einer alten Liebschaft. Dann die Geräusche dieser Nacht, ein Güterbahnhof ist in der Nähe, man sieht noch das Gittergerüst eines Schachtförderturms, hört Waggons, Puffergeräusche, auch Muhen von Rindern; Wagen rollen. Mit diesen fünf Seiten endet der erste Teil des TRIPTYCHONS, oder endet die erste Phase seiner Darstellung.

R

Rauch … *bis die zweispaltigen Flammenenden im dichten Rauch verschwanden, der sich aus dem grünen Holz entwickelte, sich zu Spiralen kringelte, die, sich gegenseitig abstoßend, zum Himmel aufstiegen, wie angesogen, und dann plötzlich (bis zu einer gewissen Höhe sah man den Schatten der Lichtung, den gebläuten Schnee, die senkrechten und dunklen Stämme, die gräulichen Wirbel, in denen sich die orangefarbenen Flammen verloren), dann plötzlich die Sonne, die mit ihren noch fast waagrechten Strahlen über die Wipfel der Bäume strich, die lachsfarbene Rauchsäule plötzlich rosa, als hätte deren Substanz ihre Beschaffenheit verändert längs einer messerscharfen Linie, als durchstieße sie eine unsichtbare Decke, dringe in eine Fabelwelt ein in so lieblichen, schillernden und feenhaften Farben, wie sie gewöhnlich Blütenblättern, den Felsen des Olymp oder der Haut von Frauen vorbehalten sind …* GEORGICA, 117 (120)

– aus dem ewig langen Winter, in den die Kavallerieschwadron (in dem langen zweiten Kapitel des Buchs) eines frühen Morgens aufgebrochen ist, zum Bahnhof erst, dann einen eiskalten Tag lang in den Waggons, dann die Nacht durch, mit dem einsetzenden Schneefall, reitend, gehend, in der sich zersetzenden Ordnung, dann den übertrieben kalten Winter selbst in der von Wäldern durchsetzten Landschaft verbringend, in ekelhaften Bauernhäusern, nichtstuend im Grunde, Bäume, junge Birken verbrennend etwa, wie hier.

Recht … *woraufhin er (derjenige, den man so aus dem Haus gejagt hatte), begriff, was die Leute gewöhnlich nur ungern eingestehen, nämlich daß Recht keine Frage von Moral oder Gerechtigkeit ist, die von Philosophen erörtert und von Parlamenten und Versammlungen angewandt wird, sondern in Wahrheit nur eine Sache von Konventionen, und die einzige der Natur gemäße Legalität darin besteht, daß einer einen Revolver besitzt gegenüber einem, der keinen besitzt …* GEORGICA, 262 f. (267)

Redegabe … *Ich habe gesagt Ich mag dieses Gerät nicht sonderlich. Ich habe nicht die Gabe der Rede. Das ist bestimmt auch der Grund warum ich schreibe, ich …*
JARDIN DES PLANTES, 75 (79)

– als während des Interviews der Interviewer ein Tonbandgerät aufstellt.

Regen … *wobei Louise die Worte kaum noch verstehen konnte: ein einfaches, eintöniges, jämmerliches Geräusch inmitten des eintönig rauschenden Regens, der nun auch sozusagen gleichmäßig fiel, der sich eingeregnet hatte und, wie es schien, in aller Ruhe die weite Nacht vervielfältigte: nahebei, ganz deutlich, das Fließen von den Dachrinnen und Traufen, dann, unmittelbar dahinter, der von Tränen triefende Garten, die triefenden Zweige und Blätter, das triefende Gras, und noch weiter weg, ringsherum die Weiden, die Wälder, das Tal, die unsichtbaren, im undeutlichen, ruhigen Rauschen des Wassers durchnäßten Hügel, als ob die ganze Nacht, die ganze Welt sich langsam in der feuchten Finsternis verflüssigte, sich auflöste, versänke, allmählich, unmerklich zerflösse unter den tausend und abertausend, den unzählbaren, ruhigen, unablässig fallenden Tropfen, die alle eifrig dabei waren, das Haus aufzuweichen, es anzunagen, es abzutragen, wobei sie es mit jenem gewaltigen, majestätischen Gemurmel umgaben, vor dem, oder vielmehr in dessen Mitte, die Stimme der alten Frau in der Leere irgendeine ewige, unstillbare Klage vor sich hinzuleiern schien* … Das Gras, 124 (196 f.)

Regen … *(sie können den Regen nicht sehen, nur hören, nur erraten wie er murmelnd, leise, geduldig, tückisch in der dunklen Nacht des Krieges überall tropft, auf sie, über ihnen, um sie herum, unter ihnen, als ob die unsichtbaren Hügel, die ganze unsichtbare Welt sich nach und nach auflöste, zerbräche, zu Wasser würde, zu Nichts, zu eisiger flüssiger Finsternis* …

Die Strasse in Flandern, 134 (118)

Regen … *und auf einmal hatte es zu regnen begonnen, ebenfalls friedlich, wodurch gleichsam eine andere Stille aufkam, diffus, ein stilles Rauschen, das nach und nach auf die bewaldeten Hänge des Tals übergriff, um schließlich die beiden Männer von allen Seiten zu umgeben, hin und wieder vom Fall einiger größerer, von den letzten Blättern herabfallender Tropfen untermalt, die bald in der Nähe auf dem faulenden Teppich mit dumpfem Ton zerplatzten, bald in der Ferne den Raum gleichsam weiteten durch die Wiederholung desselben deutlich vernehmbaren, klar unterschiedenen Aufpralls, wie ein Skandieren, wie das Schlagen eines unsichtbaren Uhrwerks, das die Zeiteinheiten nacheinander abspulen läßt, geduldig und gleichgültig* …

Georgica, 158 (162)

– das ist bei jenem Niedergang in die Unterwelt, Simon ist mit dem Idioten unten am Callèpe, beim Grab Mariannes.

Regen … *(und plötzlich, draußen, ohne Blitz oder irgendein ihn ankündigendes Donnergrollen, begann mit einemmal der tropische Regen zu fallen: nicht jenes Knabbern oder auch Prasseln, mit dem ein Gewitter bisweilen gegen die Scheiben schlägt, sondern ein sintflutartiger, urzeitlicher, senkrechter, blinder Regen mit dem majestätischen Geräusch der Katastrophe oder des Unheils, gleich einem flüssigen Vorhang, der innerhalb weniger Sekunden die aufgerissenen Chausseen in Seen, in Flüsse verwandelte, auf denen die Abfälle und die krepierten Ratten schwimmen würden, am nächsten Tag wieder trocken, dampfend unter der wiedergekehrten erbarmungslosen Sonne) …* JARDIN DES PLANTES, 101 (105)

– um diese Parenthese herum sitzt Simon mit zwei Männern, einem Regisseur dabei, spätabends, die Kellner wollen schon längst gehn, im Speisesaal eines alten Luxushotels in Kalkutta, und die beiden Männer, in einen Streit über das Sprechen von Alexandrinern geraten, bombardieren einander mit Racine-Zitaten; vor dem Regen also decken die Kellner die Tische schon für den nächsten Tag, während während des Regens *die Simmen von in Togen gehüllten und mit Federn gekrönten Helden einander antworteten, von Königinnen, Sultaninnen in Brokatgewändern und Kaisern, die sich in Palästen oder Serails aus Pappkarton zerfleischten, sich nacheinander in eleganten Rhythmen, eleganten Seufzern und eleganten Rasereien ergehend vor dem klangvollen und mächtigen Hintergrund einer Katastrophe …*

Reklame … *er stand also da und versuchte, das ihn unaufhörlich schüttelnde Zittern zu bezwingen, während um ihn herum die rotviolette, von bonbonfarbenen Neonschildern durchlöcherte Nacht der Stadt war (wenn man hinaufblickte, hatte der Himmel über den düsteren Häusern einen rosa Schimmer, das heißt, er sah schmutzig-rosa, schwarz-rosa aus, was von dem verwischten, vermischten Widerschein der Lichter auf der niedrigen Wolkendecke herrührte, da die Neon-Reklamen mit der mechanischen, monotonen Brutalität eines Gebots, einer für Idioten wiederholten Lektion aufleuchteten und erloschen) …* DER PALAST, 42 (51 f.)

– der Italiener in Paris, vor dem Lokal, in dem er gleich danach jemanden erschießen wird: dies alles in der Bahn dem nach Barcelona reisenden Studenten (Simon) erzählend (ich selber frage mich, ob das Wort Reklame eigentlich noch so richtig in Gebrauch ist).

Reklame ... *Indem sie die Reihen der Glühbirnen entlang aufeinander folgen, die ganze Oberfläche eines Feldes überschwemmen, ununterbrochen blinken, Pfeile durchlaufen, die Farben von Buchstaben und Hintergrund umkehren, die Zahlen von Stunden, Minuten, Sekunden und Zehntelsekunden schreiben, die mit erschreckender Schnelligkeit sich winden, zerbrechen, sich neu bilden und ablösen, prägen die Lichter auf der Netzhaut die Namen oder Siegel von Fluggesellschaften, Filmstars, Rasierapparaten, Deodorants, Auto- oder Bourbonmarken ein. Von Rechtecken, goldtriefenden Sonnen, roten Monden oder kurzlebigen diamantenen Kaskaden umrahmt, werden sie unablässig wiederholt wie Einschärfungen, wie Lektionen für Idioten oder zurückgebliebene Kinder ... wild, fremdartig in der nächtlichen Unendlichkeit, lächerlich unter den kalten und langsamen Gestirnen ziehen die künstlichen Feuer, in denen die Namen von Stars, Schmierölen, Parfüms, Whiskys und Reifen auflodern, langsam vorüber, sinnlos ankämpfend gegen die Finsternis, die sie einschließt ...*

DIE LEITKÖRPER, 77 f. (83 f.)

Rilke ... *Doch er ritt weiter, starr, stumm, wie eine Statue, den Kopf gerade, taub, blind, eingekapselt in das ferne Schweigen eines Oberst und Baron, und ich schätze, daß er an seine Vorfahren dachte, die auf ihren Pferden gestorben waren, so wie alle Barone seit Generationen starben, ohne jemals für etwas anderes abgesessen zu sein als zum Trinken und Lieben, soweit man zurückdenken konnte in der Geschichte des Krieges und der Barone ...* DAS SEIL, 145 f. (159)

– es liegt mir nichts daran, Rilke zu desavouieren, diesen wunderbarsten aller Dichter, aber diese erste Version jener Simonschen Geschichte von dem leicht anachronistischen, antiquierten Oberst parodiert doch allzu schön Rilkes unseligen Cornet, finde ich.

Rilke: *Uns überfüllts. Wir ordnens. Es zerfällt. Wir ordnens wieder und zerfallen selbst.* (8. ELEGIE) GESCHICHTE, Motto

Rom ... *Er schreibt: Je näher ich Roms Umland kam, desto schmerzlicher wurde ich berührt von den brachliegenden Feldern ringsum, von dieser wüsten, verwilderten Natur, sollte sie etwa die Nähe der Gräber verkünden, sollte sie verkünden, daß dort allzu lange ein Papst regierte, Vizegott einer absurden, unwürdigen Religion? Was kann man von Menschen erwarten, die von abscheulichen Grundsätzen über-*

zeugt sind, nämlich daß man die natürlichen Leidenschaften unterdrücken müsse, nur denken dürfe an … GEORGICA, 72 f. (74 f.)

– der Königsmörder, der Atheist spricht, der Revolutionsgeneral, Liebhaber Rousseaus und Vergils (und Mariannes).

Romanhelden … *Das Publikum ist verliebt in Märchenprinzen. Zum Beispiel hält es die Hauptfigur eines Buches der Definition nach für einen authentischen Helden, der mit der Absolution und den Segenswünschen des Autors bedacht ist. Gleichwohl haben die Romanfiguren, schätze ich, ebenso gut wie irgendein Individuum, ein Bürger unserer so einstimmig in Demokratie vernarrten Welt, achtenswerte Rechte auf Freiheit und streben nach ihr. Jedenfalls ergreifen sie sie …*
DAS SEIL, 115 (125 f.)

– und sie ergreifen ihre Freiheit so sehr, dass sie dann aus Simons Büchern mehr und mehr und schließlich eigentlich ganz und gar verschwinden und dort, wo sie dem authentischen Leben, der Familien- oder eigenen Lebensgeschichte entnommen sind, nicht bleiben, was sie doch einmal, in ihrer inzwischen geronnenen Gestalt, gewesen sein müssen: das Erzählen gibt ihnen hier die Freiheit wieder, die Leben und Tod ihnen genommen hatten.

Rosa & Gelb … *Ein und dasselbe Rosa färbt das Euter der Kuh, die aufgeschossene Eichel des Knechts, den Spalt zwischen den Beinen der Magd, die Spitze einer ihrer aus dem Busentuch quellenden Brüste, ihre Lippen und ihre Wangen. Ein und dasselbe Hellgelb färbt ebenfalls unterschiedslos den Strohballen, auf den der Knecht sie geworfen hat, die blonden Schamhaare sowie das gelockte Haar einer der über die Luke gebeugten Knaben …* TRIPTYCHON, 40 (43)

– nämlich auf einem Stich in dem Zimmer in dem schicken Hotel, in dem im Film Corinne mit ihrem Körper einen Mann hat bestechen wollen; der Stich wieder, denn zwei Knaben auf dem Stich sehen der Liebesszene heimlich zu, gibt auf seine Weise die Liebesszene in der Scheune wieder, der die beiden Knaben zuschauen, die auf der Brücke standen und der Forelle zusahen; und so weiter.

Rousseau … *Sich ihn also vorstellend, ihn gewissenhaft nacheinander jeden der dreiundzwanzig Bände tränenseliger, idyllischer, nebulöser Prosa lesen sehend, sich die weitschweifigen Genfer Lektionen über Harmonie, Gesang, Erziehung, Einfalt, Herzensergüsse und Genie einverleibend, dieses aufrührerische Geschwätz eines besserwisserischen, musikalischen, exhibitionistischen und weinerlichen Vagabunden das ihn schließlich dazu bringen sollte an seine Schläfe die unselige eiskalte Mündung dieser …* DIE STRASSE IN FLANDERN, 86f. (77)

– der Lesende ist jener Reixach, Henri wohl (dieses H, das in den Büchern steht), in der Chronologie der Bücher Simons gewissermaßen ein Vorgänger jener historischen Figur des Lacombe Saint-Michel, dessen Geschichte in den GEORGICA erzählt wird, Ahn wenigstens mütterlicherseits Sabines (direkter Vorfahr also jenes de Reixach, der sich in diesem Buch erschießen lässt), dessen Bild, mit der vermeintlichen Schusswunde (erschossen hat er sich aber wirklich, nach einer verlorenen Schlacht), im Schlafzimmer der Eltern von Georges hing; und dessen Geschichte er also immer wieder Blum und den andern erzählen muss, und keiner macht einen Hehl daraus, immer wieder heißt es, dass die Rousseau-Lektüre jenen Henri vollkommen zermürbt habe – die Rede ist von dieser unverdaulichen Lektüre, durch die Henri alle Leute schon in einen höheren Zustand versetzt sähe (und sich dann wundert, bis zum Sichtotschießen wundert – denn auch dies kann sein Grund gewesen sein, zur verlorenen Schlacht dazu –, warum seine Frau es mit einem Pferdeknecht treibt); und einmal sieht Georges eine Parallele zwischen diesem Henri und seinem fetten Vater Pierre, der, als Sohn eines analphabetischen Bauern, glaubt, alle Probleme der Welt ließen sich durch die Lektüre guter Bücher lösen.

Rousseau: *Klimate, Jahreszeiten, Töne, Farben, Dunkelheit, Licht, Elemente, Nahrung, Lärm, Stille, Bewegung, Ruhe, alles wirkt auf unsere Maschine und damit auf unsere Seele.* (BEKENNTNISSE) GEORGICA, Motto

S

Saris … *Der Musiklehrer sitzt auf der Erde in der Mitte des Kreises, den um ihn herum junge Mädchen im Schneidersitz bilden, in Saris gehüllt, die die Farben von Blumen oder Früchten haben: Geranium, Indigo, Karmin, Immergün, Kirsch, Purpur, Safran, Granat, Altrosa, Zitrone, Reseda …*

Jardin des Plantes, 121 (125 f.)

Satz – Man klopft an die Tür, während du dasitzt und liest, es handelt sich um einen Roman von Claude Simon: Das Gras, du sagst: ja, und man macht die Tür auf, steckt den Kopf durch die Tür und sagt: das Essen. Und du sagst: schön, nur den Satz noch zu Ende – also du willst den Satz noch fertig lesen, den du eben angefangen hast, in dem du jetzt mittendrin steckst, irgendwo auf Seite 122, jeder versteht das.

Also, die fast schon tote Alte in dem Bett hat eben der jungen Louise, die ins Zimmer gekommen war, wie durch Magie, indem sie der dafür ortsbekannten buckligen Pflegerin offenbar durch die Haut entsprechende Anweisungen gegeben hat, die diese dann an Louise weitergeben musste, aus einer Schublade eine Dose mit einigen ihrer Habseligkeiten zugespielt. Nun liegt die Alte wieder wie tot da, die Pflegerin sagt, sie sei zufrieden, Louise verlässt den Raum und öffnet, irgendwo in einem andern Raum des Hauses, die Dose. Nach einer Weile inventarisiert sie alles, legt es vor sich hin, da liegt es nun, in der Mitte sechs rotbraun kartonierte Notizbücher, die einer dieser Gummiringe zusammenhält, die eigentlich für Weckgläser gedacht sind. Auf dem Deckel des ersten Notizbuchs stehen, neben- und untereinander geschieben, wie eine Zahlenwand, Jahreszahlen, von 1922 bis 52, und in dem Notizbuch dann, in den andern auch, in Spalten geordnet, nichts als Einnahmen, Ausgaben, und ganz links immer, wofür. Also etwa an einem 1. Januar der Bestand, dann am 4. Gehälter, zwei, die Schwester lebte noch, sie waren beide Lehrerinnen, am 6. ist Pierre krank, das ist der sehr viel jüngere Bruder, den sie versorgen und aus dem sie dann einen Professor machen und mit dessen Sohn Georges Louise übrigens verheiratet ist, und die Schwester muss mit ihm nach Bordeaux fahren, wofür sie der Kasse 800 Francs entnimmt, am 25. wird sie davon 560 wieder zurückbringen, sie sind dann als Einnahmen verbucht, unter fünf Sack verkauften Nüssen und einer Holzentschädigung, während ein Regenschirm 32 Francs gekostet hat und der

Mann zum Schneefegen 20. Und so geht das dann in der gleichmäßigen, unpersönlichen Lehrerinnenhandschrift immer weiter und weiter, irgendwann ist der inzwischen mit Sabine verheiratete Pierre mit Kindern dagewesen, einen Monat lang, das hat die Schwestern fast 1400 Francs gekostet. An einem 24. September ist der Name der Schwester rot unterstrichen, am darauf folgenden 20. ist sie tot, am 25. sind die Kosten dafür verbucht: 70 Francs für die Todesanzeigen, 100 für den Leichentransport, 50 für zwei Wagen, 100 für den Sarg, vier Tage später hat Marie, das ist die übrig gebliebene der beiden Schwestern, jene also, die jetzt gerade stirbt, und die das alles aufgeschrieben hat, auch damals schon, als die andere noch lebte, 50 Francs für die Dachrinne und die Wetterfahne am Schornstein zahlen müssen, offenbar war in den Herbstregen und -stürmen da etwas kaputt gegangen. Und so weiter.

Und dann, und daran erinnert sich Louise immer, wenn sie an diese spätsommerlichen sehr warmen Septembertage zurückdenkt, in denen die Alte da in dem Haus im Sterben lag, ist sie, mit dem Gedanken, das gehe sie doch gar nichts an, sie sei doch schließlich überhaupt nicht verwandt mit ihr, durch den Garten weggelaufen, hinab, zwischen Büschen voll entsetzlichem Vogellärm, und an einer Katze vorbei, die immer auf einer Mauer da saß und sich dann abwandte und auf der andern Seite der Mauer hinabsprang, ungefähr, und schon im bloßen Abwenden ihrer grässlich scharfen gelben Augen, als wolle sie Louise weghaben aus der Welt. An all das erinnert sich Louise als an etwas, das weit zurückliegt, sie weiß jetzt natürlich sehr viel mehr als damals, als sie fast weinend und irgendwie empört vor den Notizbüchern und der sterbenden Alten davongelaufen war, zum Fluss hinab; aber im Grunde ist dieses Wissen, um das sie jetzt reicher zu sein scheint, kein Gewinn, vielleicht sind nur ein paar Illusionen vergangen, ein bisschen Unschuld, sodass man eher von einem Verlust reden müsste. Die Sonne steht schon fast waagerecht, als sie, durch Wiesen, unten ankommt, sie bleibt stehn, hört irgendwo einen Hund bellen und einen Pumpenmotor mühsam arbeiten, über dem Fluss liegt schon Dunst, der Himmel wird grün und dann schieferfarbig, und Louise flüstert, hört sich mit einem Mann flüstern, der sie dringlich, dann fast wütend fragt, was sie denn beschlossen habe. Aber dann geht oben im Haus, das sonst nur noch eine dunkle Masse ist, das Licht an, und sie befreit sich aus seiner Umarmung, stößt ihn regelrecht zurück und geht.

Jetzt ist der Satz aus, mit einem Punkt. Du kriegst eben noch mit, beim

Augenaufheben und während du das Lesezeichen ins Buch legst (August Macke, Elisabeth am Schreibtisch, Ausschnitt, darstellend eine lesende Frau), dass Louise, in der Erinnerung wieder, sich ins Esszimmer gehn sieht, wo Sabine und Pierre schon sitzen und irgendwie fragend aufblicken, als sie sie so aus dem Dunkeln kommen sehn, sodass sie blinzelnd, stockend, dann wohl sagen wird: ja, ach, ich war unten am Fluss. Und du stehst also auf, gehst in das Zimmer, wohin man dich ja mitten im Satz gerufen hatte, aber es ist keiner mehr da, nicht einmal ein leerer Teller steht noch an deinem Platz, fast riecht es auch nicht mehr nach Essen, alle sind weg, man hört sie auch nicht mehr, vielleicht schlafen sie schon längst, oder wenn du sie jetzt irgendwo doch hören würdest, dann wahrscheinlich, weil sie schon wieder zum Frühstück kommen.

Scheinwerferlicht ... *schneller geht, ihn einholt, einen stützenden Arm um ihn legt, die andere Hand unter seine Achsel schiebt, dann jählings wie eine Marionette zur Seite geschleudert wird, sich dann, die gebeugten Arme vor das Gesicht haltend, so gut es geht vor dem Hagel schlecht gezielter Schläge schützt, die jetzt auf sie prasseln, die beiden schwarzen Gestalten plötzlich vom silbrigen Gestöber des Regens im Strahlenbündel der Scheinwerfer eines Autos umflossen werden, grotesk gestikulierend, die Arme des Knaben wild Räder schlagen, das Mädchen den Rücken krümmt, dann alles erlischt, der Schatten sich wieder schließt, während die Rücklichter des Wagens und das nasse Geräusch der Reifen in der Ferne abnehmen, eine doppelte Sprühspur hinter sich herziehend, die man glitzern, dann erlöschen, dann von neuem glitzern, dann verschwinden sieht ...* TRIPTYCHON, 108 (115)

– nach der betrunkenen Nummer der Kellnerin mit dem Hochzeiter (das heißt, nur er ist betrunken) an der dunklen Mauer im Regen, als dann beide wieder am Auto sind, vor der Kneipe, in der sie arbeitet, er vergeblich auf der Straße unten den Schlüssel gesucht hat (zu seinem Ärger hat sie ihn überhaupt von jeder Schlüsselsuche abhalten wollen, denn er ist völlig betrunken), und nun schwankend abzieht in Richtung Braut und Hotel, dabei sie, die ihm helfen will, schlagend – sie, die gleich darauf Ärger genug haben wird, denn ihrem Liebhaber ist nichts von dem allen entgangen, vor allem, denn ihr Slip hängt ihr aus der Manteltasche, die Nummer an der Mauer nicht; und gleich wird er sich dann auf ein Motorrad setzen, dem betrunkenen Hochzeiter nachfahren und ihn verprügeln.

Scheiße … *Scheiße isses was hier alles verpestet haste nich gesehn wos ihn erwischt hat? In der Wampe. Und in der Wampe was haste da? Scheiße Toto, weißte das nich? Solange die Decke noch drauf war roch es noch nich so aber als se weg war meine Fresse da konntes einen umhauen. Scheiße nichts als Scheiße und wir was sind wir andres wir hä was sind wir andres kannst du mir das sagen … wirst nich mal die Zeit haben uff zu sagen schon biste nur noch ein Spritzer Scheiße und ein Stück Fleisch an die hintre Mauer geklatscht … also nich mal Ratten sind wir weniger als Ratten Scheiße nichts andres als Idiotenscheiße Scheiße Scheiße Scheiße …*

Anschauungsunterricht, 38 f./54 (50/70)

– die zweite Stelle ist der Schluss des langen Monologs des Soldaten, dem beinahe der Gips auf den Kopf gefallen wäre, und der nun weiter ausführt, was er dem schon geantwortet hatte, der gefragt hatte, was da so stinke im Zimmer; in dem Monolog erzählt er auch von dem Sprung in den Eisenbahndurchstich, der seit dem Flandernbuch immer wieder auftaucht bei Simon.

Schlachtfeld … *Von dort aus konnten wir irgendwann zu unserer Rechten die dritte Schwadron sehen die auf Futtersuche im Galopp floh von Artilleriefeuer verfolgt zweifellos Mörsern deren kleine Granaten in ziemlich großen Abständen einschlugen Man überblickte das ganze Land es erinnerte an eine jener Reliefkarten aus Pappmaché Rekonstruktion eines Schlachtfelds wie man sie in bestimmten Museen sieht mit kleinen Baumgruppen aus dunkelgrüner Watte nur daß diese Art von Plänen im allgemeinen staubig sind gräulich während die ganze Landschaft gleichsam mit jadegrünem englischgrünem smaragdgrünem Lack überzogen war Auch die explodierenden Granaten sahen aus wie kleine graublaue Wattebäusche die Reiter und die galoppierenden Pferde wirkten wie winziges Bleispielzeug das eine ungeschickte Handbewegung ein Ärmelaufschlag umstoßen kann doch haben wir keine fallen sehen …* Jardin des Plantes, 39 f. (42 f.)

Schlachtfelder … *was uns diese Welt gelehrt hatte, die uns auch selber gelehrt hatte, sie als zivilisiert zu betrachten oder jedenfalls als etwas, das ein gewisses Entwicklungsstadium oder, wenn nicht das, so doch einen gewissen Grad der Lebensart, der Sittsamkeit, der Anständigkeit erreicht hatte, und das, weil sie sich damit begnügte, nur ein paar Millionen junger Leute männlichen Geschlechts zu töten, und das auch nur von Zeit zu Zeit und sozusagen diskret, insgeheim, da die Sache* *sich aufgrund einer Übereinstimmung zwischen Regierenden, Strategen und geographischen Gegebenheiten an Orten abspielte, die seit jeher dafür vorbehalten waren (so wie jedes rationell eingerichtete Haus eines zivilisierten Menschen mit Toiletten ausgestattet ist): jene Ebenen, jene zwei oder drei Flüsse, deren sich Europa als Kampfstätten, als natürliche Abflußrinnen zu bedienen angewöhnt hatte, oder vielmehr als, wie nannte man noch die Wasserleitungen, welche die Säuberung der besudelten, mit Toten besäten Arenen ermöglichten, während, wie es heißt, gleichzeitig Zerstäuber oder perfektionierte Räucherpfannen die Luft von dem faden, störenden – und ungehörigen – Geruch des Blutes reinigten …*

Das Gras, 22 f. (33 f.)

– ähnlich, sarkastischer noch, wohl dem Bürgerkrieg angemessen, im Palast, 104 (127): *… nicht so sehr aus Haß oder Wut, als wahrscheinlich routinemäßig, aus Gewohnheit, als Formalität, weil dieser alte Erd- und Wasserball, damit er nicht aufhört sich zu drehen, offenbar in bestimmten Zeitabständen seine Ration durch Balken zerschmetterter Kinder und mit verkrampften Händen aus dem Schutt kriechender, sich die Brüste zerkratzender Frauen mit zerzaustem Haar braucht, damit die Jahreszeiten beinahe regelmäßig wiederkehren und Sonne, Regen, Wind und Frost sich die Zeit in erträglicher Weise teilen …*

Schlagzeilen *… und hob das zerknitterte Exemplar einer Tageszeitung vom Fußboden auf (bis auf wenige Ausnahmen trugen alle die gleiche Schlagzeile in riesigen Lettern (die Schlagzeilen, gewissermaßen nur eine typographische Dehnung von Wörtern, die die Zeitungen bereits gedruckt hatten oder die die Gesamtheit der von den Zeitungen (jedoch in kleineren Lettern) gedruckten Wörter bereits seit mehreren Wochen postulierte – tatsächlich seit mehreren Monaten – tatsächlich seit mehreren Jahren), als hätten die anderen (die anderen Wörter: jene, von denen sie gewöhnlich umgeben waren) zusammen mit den Regeln der Syntax, die ihnen eine Ordnung sozusagen wohlanständiger und beruhigender Immunität verlieh, plötzlich jede Daseinsberechtigung verloren, nachdem auch die Syntax vertrieben war, sich die Überschriften (die Überschriften, denen in den folgenden Tagen mehrere andere, jedesmal größere folgen sollten, bis die Lettern schließlich die halbe Seite ausfüllten) auf die Verbindung von zwei oder drei vereinzelten und übermäßig vergrößerten Substantiven beschränkten – auch die Lettern selbst hatten sich vereinfacht: dick, ohne Grundstriche und Haarstriche, einfach fett, massiv – wie für Kurzsichtige oder Idioten) …* Die Akazie, 150 (161)

– im Zug, nach der Mobilmachung August 39, der die Soldaten irgendwohin bringt und überall hält.

Schreiben … *und nun gleich eine erste Feststellung: nämlich daß man niemals etwas schreibt (oder beschreibt), das sich vor der Arbeit des Schreibens abgespielt hätte, sondern eigentlich das, was sich im Lauf dieser Arbeit herstellt (in allen Bedeutungen dieses Wortes), in dieser Arbeit selber, und nicht aus einem Kampf zwischen einem vagen anfänglichen Vorhaben und der Sprache entsteht, sondern im Gegenteil aus einer Symbiose der beiden, die nun bewirkt, daß, wenigstens bei mir, das Entstandene unendlich viel reicher ist als alles vorher Gewollte …*

Discours de Stockholm, 25

– also in der Rede bei der Verleihung des Nobelpreises.

Schwalbe … *Einmal ist eine von ihnen, in der Dämmerung, gegen die Scheibe geprallt, hinter der das Licht schimmerte. Ich habe das Fenster aufgemacht. Sie lag ausgestreckt auf den Backsteinen, riesig, schwarz, wild. Ich habe ihre Flügel, spitz wie Messer, sehen können, ihren zweigespaltenen Schwanz …*

Jardin des Plantes, 56 f. (60)

Schwalbenflug … *Wenn man den Kopf zurückbiegt, kann man Pfeilen gleich die Schwalben über die Mauern hinwegschießen sehen mit ihren schwarzen und wie Dolche gebogenen Flügeln. Sie tauchen ganz plötzlich auf, sehr tief, dicht über den Dächern, eine, zwei, drei, zehn, zerstreuen sich fächerartig wie die tausend Teile eines Feuerwerks, in Form von Flitzbogen, wobei ihre Flugbahnen sich kreuzen, auseinanderlaufen, manchmal jäh durch einen kurzen Flügelschlag abgelenkt. Dieselben in unterschiedlicher Höhe am Himmel, den sie bisweilen bevölkern. Man kann diejenigen mit den Augen verfolgen, die regungslos sehr hoch dahinsegeln, lange windungsreiche Kurven beschreibend, die sie plötzlich abbrechen, noch immer regungslos, zweifellos die Luftströmungen nutzend, manchmal in einem leichten Beben. Einige Sperlinge schnellen zuweilen von einer Mauer zur andern oder aus dem Efeu auf ein Dach. Gegen Ende des Tages fliegen Möwen, sehr hoch, ohne Hast aber geradeaus von Osten nach Westen, das heißt vom Meer ins Landesinnere. Ihre gekrümmten weißen Flügel schlagen langsam. Alles an ihnen steht im Gegensatz zu der blitzartigen Geschwindigkeit der Schwalben. Wenn ihre Flugbahn jäh die Richtung ändert, schwankt ihr Körper und das sinkende Licht der Sonne beleuchtet für* *einen kurzen Augenblick ihren Bauch mit dem glänzenden Gefieder, wie Metall, Silber …* JARDIN DES PLANTES, 52 (55)

Schwarze Blume … *die Hitze spürend, den Atem, den aus der dunklen schwarzen Blume der Lippen dringenden Hauch einsaugend, das ganze Gesicht wie eine Art schwarze Blume über das seine geneigt als versuchte sie darin zu lesen, zu erraten … Aber er packte ihr Handgelenk bevor sie ihn erreicht hatte, im Flug auch die andere Hand packend, so daß ihre Brüste auf seinen Brustkorb rollten: einen Augenblick lang kämpften sie, wobei Georges dachte und nicht einmal Lust hatte zu lachen Gewöhnlich sind es doch sie die nicht wollen daß man Licht macht, aber die Nacht war noch zu hell sie beugte sich zur Seite ihr Kopf glitt vom Fenster die Sterne enthüllend und er konnte spüren wie der kalte Schein auf ihn traf sich wie Milch auf sein Gesicht legend … plötzlich war alles völlig dunkel, vielleicht war ich tot vielleicht hatte jener Wachposten als erster und schneller geschossen, vielleicht lag ich noch immer im duftenden Gras des Straßengrabens in jener Erdfurche ihren schwarzen herben Humusgeruch* atmend in mich einsaugend ihre Rose schleckend aber kein Rosa nichts als Schwärze in der buschigen Finsternis die mir das Gesicht leckte aber jedenfalls konnten meine Hände meine Zunge sie berühren sie erkennen mich vergewissern, meine blinden vergewisserten Hände berührten sie überall über sie über ihren Rücken ihren Bauch streichend in einem Geräusch von Seide auf dieses krause Buschwerk treffend das wie ein sonderbarer Parasit auf ihrer glatten Blöße wuchs, ich hörte nicht auf sie zu durchstreifen unter ihr kriechend im Dunkeln ihren unermeßlichen düsteren Leib erforschend … den Duft ihrer bronzenen Brüste einsaugend endlich jene buschige Schwüle erreichend schleckend mich berauschend in der seidigen Mulde ihrer Schenkel kauernd ich konnte ihre Hinterbacken schwach phosphoreszierend in der Dunkelheit bläulich schimmern sehen … ich sagte Mach kein Licht, ich packte ihren Arm im Flug sie schmeckte nach salziger Muschel ich wollte nichts anderes kennen, nichts anderes wissen …*

DIE STRASSE IN FLANDERN, 99/271 f. (88/236 f.)

* … *von den begossenen Gärten kam der Geruch der feuchten Erde** einige riechen nach Meer nach Muscheln*** andere als vergrübe man sein Gesicht in Moos und fände darunter diesen herben schweren Humusduft von …*

DAS HAAR DER BERENIKE, 21 f. (19)

** … *Gerüche nach feuchter Erde und Muscheln steigen zwischen den offenen Schenkeln der Riesin auf …* DIE LEITKÖRPER, 52 (57)

*** *... Ein starker Geruch nach Muscheln**** und Humus zugleich steigt aus dem dichten schwarzen Vlies unter dem blanken Gesäß auf, wo das Glied hin- und hergeht ...* ANSCHAUUNGSUNTERRICHT, 122 (155)

**** *... ihr Spalt diese nach Salz schmeckende Muschel ...*

GESCHICHTE, 116 (124)

– die Frau, mit der Georges hier schläft (jener Georges, der im vorhergehenden GRAS abgemagert und schweigsam mit schwarzen Händen sich um die Felder (und seine Birnen) kümmert und abends in der Kneipe pokert (und dessen Frau Louise dort, im GRAS, den Ölingenieur zum wahrscheinlich aber falschen Geliebten hat), ist offenbar, für ein paar Monate, ehe sie dann wegläuft (sie ist ohnehin, zum zweitenmal also, verheiratet), Corinne, jene Frau (in späteren Büchern eine Verwandte, mit der der junge Simon aufwächst), die fortwährend, im Krieg, während der Gefangenschaft, Georges und Blum beschäftigt hat, wenn sie Iglésia dazu brachten, ihnen von ihr zu erzählen, dieser allzu jungen Frau ihres Chefs, der sich dann abschießen lässt, und mit der sein Jockey und jetzt Bursche Iglésia es getrieben haben soll; und irgendwie haben sie also beide Recht in diesen Liebesszenen (während welcher Georges dauernd vom Krieg und allem erzählt), Georges, wenn er sagt, seit Jahren denke er an sie, und habe im Krieg immer nur an sie gedacht, und Corinne, wenn sie noch vergewaltigt und weinend darauf besteht, er liebe nicht eigentlich sie; und es passt zu dieser Zweideutigkeit, dass Simon (oder Georges) einmal meint, es sei bei diesen ganzen Berichten und Erzählungen eigentlich egal, wer da wem immer etwas erzähle, 195f. (171f.): *... und Georges (falls nicht immer noch Blum es war, sich selbst ins Wort fallend, albernd, oder er (Georges) gar nicht im Begriff war sich im kalten sächsischen Regen mit einem kränkelnden kleinen Juden zu unterhalten – oder mit dem Schatten eines kleinen Juden der bald nur noch eine Leiche – noch eine Leiche – eines kleinen Juden sein würde – sondern mit sich selbst, das heißt mit seinem Double, ganz allein im grauen Regen, zwischen den Schienen, den Kohlewaggons, oder vielleicht Jahre später, immer noch allein (obgleich er jetzt neben dem warmen Fleisch einer Frau lag) noch immer im Zwiegespräch mit jenem Double, oder mit Blum, oder mit niemandem) ...* in diesen gleichsam poetologischen Zusammenhang gehört dann auch Blums Einwand gegen die erzählerischen Ausmalungen, die Georges dauernd vornähme an diesen simplen →Plots, um die es im Grunde immer nur gehe.

Schwarzes Wasser – Traum: Da war eine Landschaft aus leuchtendem ockerfarbenem Stein, halb Fels, halb gebaut, das Gebaute halb Stadt, halb Mauerwerk, auf Mauern und Fels wollten wir nach vorn, dort war wohl die Stadt, oder wohin wir nun eben wollten, manche gingen auf Stein und Mauern, aber als ich das auch wollte, war das Wasser, vor mir waren schon welche, oder war einer wenigstens in das Wasser gegangen, um hinüberzukommen, ich tat das auch, ging in das schwarze Wasser, das aber, ohne dass man das sah, nach links zog, so stark, dass man nicht dagegenschwimmen konnte, es zog mich vor der Mauer an die ich wollte, und an der der vor mir schon fast war, nach links weg, abseits, wo das Ocker, das Leuchten des Steins weniger war, und andre Wasserstraßen kreuzten, in die es das schwarze Wasser zog, in dem ich war, von dem ich mitgezogen wurde.

Schwere ... *nichts rührte sich regungslos als ob mein ausgestreckter Körper langsam einsänke auf dem Laken der Matratze seinen Umriß hinterlassend und am Ende bliebe nur noch dieses Loch von der vagen Form eines Menschen wie jene ausgesägten Holzfiguren die man als Zielscheiben aufstellt wie damals als sie das eingeschaltete elektrische Bügeleisen auf dem Küchentisch vergessen hatte und es als wir es entdeckten anfing das Linoleum den Fußboden zu versengen als wollte es immer tiefer hinabsteigen langsam geduldig jedes Hindernis zerfressend ebenfalls unwiderstehlich angezogen von jenem Magneten jenem dunklen Kern in der Tiefe der Erde liegend mein Gewicht aus Eisen Bronze Marmor abwägend während sie nicht aufhörte mich anzuziehen mit jener ausdauernden wachsamen Gewalt auf den kleinsten Anlaß lauernd den kleinsten Fehltritt* ... GESCHICHTE, 348 (367 f.)

Schwerfälligen Schritts ... *Er geht schwerfälligen Schritts in seinem Anzug für alle Jahreszeiten, wie jemand, dem an Eleganz nichts liegt, gewohnt, in klimatisierten Räumen zu leben und nie sehr viel mehr als die drei oder vier Meter zurückzulegen, die irgendeinen Eingang, vor dem ein betreßter Portier steht, von der Bordkante des Gehsteigs trennen, wo ein Chauffeur die Tür eines jener ungraziösen, ebenfalls massigen Wagen hinter ihm schließt, die der Mode trotzen, mit den ewig gleichen Karosserien, spiegelglatt und, wie die Anzüge ihrer Besitzer, ewig dunkel* ...
TRIPTYCHON, 140 (148)

– schwerfällig schon, aber (*pesant* französisch) auch gewichtig geht dieser Mann die paar Schritte, die er da geht, kein unsympathischer Mann übrigens, auch kein Wichtigtuer, aber was er tut, und worum man ihn bittet, ist eben wichtig, und das sieht man.

Seele … *und auch wenn jenes berühmte Konzil mit einer Stimme Mehrheit den Frauen eine Seele zugestanden hat, müssen die jungen Mädchen gewiß frei davon sein, da das, was wir unsere Seele nennen, letzten Endes vielleicht nur jene Schwere, jene träge Masse ist, die wir aus Angst umzukippen wie einen Ballast mit uns herumschleppen und ohne die es uns so erginge wie jenen zu wenig beladenen, trunkenen und nicht zu steuernden Schiffen in der stürmischen Unendlichkeit …*

DER WIND, 69 f. (64)

– das junge Mädchen hier ist die Knabenhafte der beiden Töchter jenes dicken Onkels des Weinbergerben, Cécile, graugelbe Augen (aber auch wieder kastanienbraune Pupillen), rötliches kurz geschnittenes Haar, abrupte Bewegungen; und sie sei noch Jungfrau gewesen, sagt später immer wieder jener junge Mann, so etwas wie ihr Verlobter, als sie ihn gezwungen hatte, mit ihr zu schlafen, offenbar weil dieser Weinbergerbe nicht dazu zu bringen gewesen war.

Seidenstandarten … *den versammelten Schwadronen jener Regimenter mit Seidenstandarten, rosa, elfenbein, smaragd, azurblau, scharlachrot, safrangelb …*

GEORGICA, 364 (369)

Seife … *Das Wasser der Badewanne ist blaßgrün. Der Körper zeigt sich wie durch eine beschlagene Glasscheibe. Ausgestreckt scheint er zu schweben, einer rötlichen, wirbellosen Alge gleich, in seiner Mitte von einem braunen Flausch gefleckt. Aus der in die Badewanne gefallenen Seife steigt langsam so etwas wie ein milchiger Rauch empor, der sich träge verlagert, sich nach und nach im Wasser auflöst und es noch stärker trübt. Seine Voluten, seine schwebenden Schlangenlinien schaukeln schwach, ohne sich aufzulösen, den unmerklichen Strömungen folgend, die bei den kleinsten Bewegungen der Glieder entstehen, sich von einem Ende der Badewanne zum andern fortpflanzend, in entgegengesetzter Richtung zurückfließend, in lautlosem Schwappen aneinanderstoßend. Manchmal tauchen die Brüste auf wie zwei Inseln mit ihren lila Spitzen, ihrer durch die Hitze des Bads leicht geröteten Haut. Auf der blassen Oberfläche des mandelgrünen Wassers zerbröckelt der dünne Seifenfilm, bleibt als Rückstand an den Klippen der Wände hängen, von denen die nächste* *kleine Welle ihn fortspült. Als die Badende sich erhebt, scheint das Wasser, aufleuchtend, unter ihren Schenkeln zu zerreißen, rinnt geräuschvoll in tausend Kaskaden herab, während sie sich aufrichtet, sich reckt. Von dem ausgestreckten Arm, der nach dem Handtuch greift, löst sich eine Schnur von Tropfen, die auf der jetzt wogenden Oberfläche eine geradlinige Reihe kleiner Kreise erzeugen, die sofort wieder verschwinden. Die nasse Haut ist von einem Netz rasch abfließender gewundener Streifen überzogen, die silbrige Schlieren hinter sich lassen. Das Wasser glättet das braune Gestrüpp, in dem es als glitzernde Perlen hängenbleibt …*

JARDIN DES PLANTES, 341 f. (352 f.)

– man muss es kaum noch einmal sagen: diese schöne Geliebte, mit der er sich trifft, als er aus Moskau zurückkommt: →Badezimmer, →Dryade, →Hostie …

Sepia … *an der Stelle über seiner linken Schulter konnte ich sie jetzt sehen das heißt jene riesige Vergrößerung die sie hatte anfertigen und rechts an der Wand parallel zu ihrem Bett hatte aufhängen lassen so daß sie nur den Kopf ein wenig zu drehen brauchte um ihn betrachten zu können seinen kurzen sepiafarbenen Bart seine hellsepiafarbenen unter den buschigen Brauen wohl blauen Augen und sein von einem Mittelscheitel geteiltes sepiafarbenes Haar seine verwegene leicht spöttische unbekümmerte Miene den etwas unterhalb der Schultern abgeschnittenen und von einem verschwommenen Lichthof umgebenen Oberkörper den hellsepiafarbenen allmählich verblassenden und schließlich weißen Hintergrund so daß er zu schweben schien unwägbar und lächelnd wie eine jener von einem Lichthof umflossenen Erscheinungen vor dem Saatfeld kleiner Blumenkörbe hängend das die Tapete zierte gleich einer Gottheit mit lockigem seidigem Haar und jenem ironischen verwegenen und unwandelbar optimistischen Lächeln das er über den Tod hinaus bewahrte seiner eleganten sepiafarbenen Jacke mit den schmalen Dandyrevers seinem eleganten sepiafarbenen Bart und seinem Fayenceblick so wie er ihr vor zwanzig Jahren erschienen sein mochte und wie sie ihn zweifellos unaufhörlich gesehen hatte immer anwesend das unvergeßliche Bild das immateriell und von Nebel umflossen vor ihr schwebte während all der Jahre ihrer endlosen Verlobung in denen er für sie schon nur noch in dieser ungreifbaren und luftigen Form existierte als wäre sie (die Verlobung) gewissermaßen eine Vorform dessen gewesen was sie nach der kurzen strahlenden Periode da sie ihn wirklich besitzen sollte erwartete das heißt als wäre alles was sie danach wie davor je haben würde jene sowohl glühende wie heitere*

Überzeugung daß Er in einem Irgendwo existierte wohin sie ihm eines Tages folgen würde in einem paradiesischen und vage orientalischen Jenseits irgendeinem Eden irgendeinem Garten ... GESCHICHTE, 15 (17 f.)

– während des Besuchs des Priesters im Schlaf- und Sterbezimmer der Mutter das Bild des Vaters von Simon, der im Jahr nach Simons Geburt, 1914, im Krieg umgekommen war. Die Betonung der Sepiafarbe immer wieder, des Barts, des Haars, der Jacke, des Hintergrunds, sogar der Augen, die blau waren, lässt ahnen, dass sie für die Betrachterin, die dort neben dem Bild jetzt im Sterben liegt, niemals da war, ähnlich, wie auch für uns auf solchen alten Fotos der Sepiaton verschwindet, sobald wir angesichts dessen, was uns wirklich interessiert, vergessen, dass das Braun, das eben alles einfärbt (Augen, Jacke, Haare, Hintergrund), nur eine technische Begleit- (oder sogar, solange wir nicht nostalgisch werden) Mangelerscheinung war.

Shakespeare ... *wie bei Shakespeare, wenn der junge Thronerbe, der kindliche König mit der Pagenfigur, trotz des heftigen Gekläffs eines kleinen Spaniels, der das Nahen der Mörder hörte, erwürgt worden ist, und die sieben Onkel, die bei Gott, dem Heiligen Öl und dem ganzen heiligen Klumpatsch geschworen hatten, ihn zu beschützen und zu behüten, von neuem alle zusammen den Schwur leisten, das Opfer zu rächen und den Meuchelmörder (die Schlange, das Kriechtier) zu züchtigen, wobei sie alle Flüche des Himmels und der Erde auf ihn herabrufen, indes die sieben rechten Hände zu einem unlösbaren Knoten vereint sind, um das neue heilige Bündnis zu schließen, die sieben Augenpaare einander verstohlen betrachten und die sieben linken Hände in weiser Voraussicht hinter den Rücken auf den kunstvoll verzierten Griffen von sieben italienischen Dolchen ruhen ...*

DER PALAST, 89 (109)

– so der Amerikaner dem Studenten gegenüber (dem jungen Autor also, das ist jetzt, im Buch, fünfzehn, beim Schreiben fast fünfundzwanzig Jahre her) zur Erläuterung der Situation, als unten am Palasthotel der Leichenzug vorbeikommt, im Sarg liegt jener, den der Präsident nicht selber hatte umbringen lassen wollen, und den dann die zwanzig andern seiner Regierung umgebracht haben, oder haben umbringen lassen, sodass der Präsident nun, wie es heißt, seinem eigenen Leichenzug folgt, was sonst kaum einem vergönnt sei. Das alles ähnelt ganz dem, was Eric Ambler beschreibt, wenn er die Mord- oder Beseitigungsintrigen der revolutionären Regierung in Doktor Frigo (1974) schildert; Ambler hat ein ähnlich kühles, unbestechliches Auge wie Simon, vielleicht ein Auge noch etwas von weiter weg, da ihm anders als Simon hier, der doch mit dem Studenten sympathisiert, der er selber war, jene fast unabweisbare Nähe und halb sentimentale (wie die meisten wohl finden werden: berechtigte) halb zornige Anteilnahme abgeht, die bei Simon manches färbt. Ambler in seinem Roman hat einen Icherzähler, einen Arzt, der von den neuen Machthabern geholt wird, weil der offizielle Präsident eine tödliche Krankheit hat; und gerade er wird geholt, weil er der Sohn eines dort einst berühmten, immer noch legendären Politikers ist, der damals, das kommt dann allmählich heraus, eben von allen denen, die jetzt an der Macht sind und den Sohn geholt haben, umgebracht worden ist, offenbar war er ihren Zielen oder Ambitionen im Wege. Ambler, wie Simon ein Freund nachdenklicher Motti vor seinen Texten (das Motto übrigens, ein ebenfalls sehr lakonisches Motto, das Simon für seinen Palast gewählt hat, stammt aus dem Dictionnaire Larousse: *Revolution: Bewegung von etwas Beweglichem, das, einen geschlossenen Kreis beschreibend, nacheinander dieselben Punkte berührt*), Ambler hat seinem Buch drei Zitate vorangestellt, zwar keines von Shakespeare darunter, aber doch diesen dem Geiste des bei Simon Shakespeare bringenden Amerikaners sehr nahen Gedanken von Francesco Guicciardini (aus dessen Aphorismen, 1528 ff.): *Nichts wirkt dem Erfolg einer Verschwörung so sehr entgegen wie der Wunsch, das Unternehmen völlig abzusichern und alles für ein Gelingen zu tun. Das erfordert viele Leute, viel Zeit und sehr günstige Bedingungen. Und all dies erhöht wiederum das Risiko des Entdecktwerdens. Man sieht also, wie gefährlich Verschwörungen sind.* – Guicciardini lebte von 1483 bis 1540, also rund achtzig Jahre vor Shakespeare, und war ein florentinischer Jurist, Politiker und Geschichtsschreiber; er war Berater von Alessandro de' Medici, der an die Macht gekommen war, als er seinen Vetter ermordet hatte, und die Macht abgab, als ein Vetter von ihm ihn ermordete; und Berater, Guicciardini also, ebenfalls Cosimos, des Nachfolgers Alessandros; Verschwörungen, politische Intrigen waren gewissermaßen sein Leben (Ambler und Simon – Ambler ist 1909 geboren, Simon 1913 – kennen, was sie beschreiben, auch immer aus allernächster Nähe, aber doch eher als Beobachter, Simon erzählt öfter, dass er, im Krieg, aber sicher auch in seiner kurzen spanischen Zeit, keinen einzigen Schuss abgefeuert habe, er war einfach nicht dazu gekommen; Guicciardini wird dem

Gift, auch wenn er es selber nicht gemischt haben wird, näher gewesen sein).

Sonnenschirm … *sie, deren Lippen vermutlich kein Mann je geküßt, ja nicht einmal berührt hatte, fand sich mit einemmal aus ihrem wohlanständigen pflanzlichen Dasein gerissen, auf dem Höhepunkt der gierigen Dreißiger in eine Art schwindelerregenden Mahlstrom geschleudert oder vielmehr katapultiert, dessen Mittelpunkt ihr Unterleib war, aus dem in wilden Wogen etwas aufschäumte, was sich zu den Freuden, die sie bisher gekannt hatte, etwa so verhielt wie Schnaps zu Orangensirup, nicht einmal an den Grenzen ihres Körpers haltmachte, sich außerhalb seiner fortsetzte, falls sie überhaupt noch imstande war, zwischen Innen und Außen zu unterscheiden, wenn sie, von ihrem Sonnenschirm geschützt, noch keuchend und feucht, erneut auf jenen Arm gestützt, dessen Muskeln sie durch den leichten Leinenstoff hindurch spüren konnte, erschöpft (oder vielmehr gefüllt, satt, stumpfsinnig), die Gangway hinunterging, in den Zwischenhäfen flanierte (oder vielmehr schlaff dahintrieb, wie in einem Rausch, schlafwandlerisch), an den Auslagen der Suks oder der Eingeborenenmärkte entlang, wie in einem ständigen Orgasmus jene Häfen, Städte, Pyramiden, Kamele, jene barbarischen, zerlumpten Menschenmengen wahrnahm, über die sie der alten Dame schrieb: »… man fragt sich, ob es menschliche Geschöpfe sind wie wir …«* Die Akazie, 124 (134)

– Simons Mutter, nachdem sie den Mann geheiratet hat, auf den sie, seit sie sich kennen gelernt hatten, vier Jahre gewartet hatte, in denen er sich im fernen Ausland aufhielt, sich die ersten beiden Jahre nur mit Ansichtskarten meldete, sie dann in seine Heimat zu Besuch brachte, nach Arbois, nach Les Planches, dann wieder wegfuhr, worauf sie sich dann zwei Jahre lang, bis sie heirateten, Briefe schrieben.

Sonnenuntergang … *Durch einen Spalt zwischen den schwarzen Flanken zweier Baracken kann man jenseits des Stacheldrahtzauns die orangefarbene Scheibe der untergehenden Sonne über dem Horizont sehen. Je tiefer sie sinkt, desto größer scheint sie zu werden, und das Orange geht nach und nach in Rot über. Der Himmel ist von seidigem, zartem Grau über der sandigen Ebene, auf der sich hier und da ein magerer Fichtenhain abzeichnet. Noch tiefer sinkend, berührt die Scheibe die Wipfel der Bäume. Zum Schluß ist sie rosa …* Die Akazie, 315 (337)

– in Sachsen, 1940.

Sphinx … *als Wasserträgerin im stereotypen Dekor staubiger Palmen vor dem staubigen Azur des Prospekts erscheint, bekleidet mit einer wie nennt man jene Gewänder Dschellaba oder so ähnlich pflaumenblau gestreift die Brüste vom Tuch der Bayadere bedeckt eine Hand auf der Hüfte den anderen Arm an dem der Pappkrug hängt längs des Körpers und unter den Zechinen aus vergoldetem Blech die auf ihrer Stirn hängen ihr mit Schwarz verlängerter geschlitzter Blick eines prostituierten Kindes ruhig neutral mit der Nase einer Sphinx dem Mund einer Sphinx so wie sie fortfährt zu lächeln über dem plumpen Kinn, rätselhaft, gelangweilt und erbarmungslos unter den Verstümmelungen während das Orchester das Vorspiel zu Aida oder vielleicht Aischa anstimmt, die Frau mit der zugenähten Vulva und dem Leopardenkörper die seit Jahrtausenden im Sand liegt und die rosa safrangelben oder nilgrünen Briefmarken ziert* ARABIAN GIRL *Lichtenstein & Harari Cairo N° 177, und dann einen Schritt vorgeht, sich von dem Brunnen löst im Klirren ihrer schweren Armreifen vorwärtsschreitet, ihren grünen Schleier zurückwirft und zu singen beginnt* … GESCHICHTE, 53 (56 f.)

– in der →Oper; oder die Oper, hervorgehend aus einer Briefmarke auf einer Postkarte.

Spiegel … *der an der Tür eines halboffenen Schranks angebrachte Spiegel wirft teilweise das Bild des hingestreckten Körpers zurück: die Füße mit den gelackten Nägeln im Vordergrund, wobei der des auf der Seite liegenden Beins seine runzlige, leicht ockergelbe Sohle mit der aprikosenfarbenen Ferse sehen läßt. Die Schenkel haben einen Perlmuttschimmer und sind ebenfalls grün umschattet. Unter diesem Winkel kann man die kastanienbraune Furche sehen, die die Hinterbacken trennt, die beiden Falten zwischen den Hinterbacken und den Oberschenkeln, den Damm, über den bereits ein Flaum blonder Haare huscht, dichter werdend zu beiden Seiten des lila Spalts der Vulva, die sich in einer Linie von lebhaftem Rosa ein wenig öffnet. Jenseits des Schamhügels erhebt sich sanft das Fleisch des Bauchs, in dessen Mitte sich einbiegend, um die Senke des Nabels einzuleiten, der in dieser verkürzten Perspektive unsichtbar ist* … TRIPTYCHON, 34 (37)

– und als die Frau dann der Schranktür einen kleinen Stoß mit dem Fuß gibt, sieht man im Spiegel auch noch einen Mann, der gerade dabei ist, sich wieder anzuziehen, ganz offenkundig hat er gerade mit der Frau geschlafen, die ihn, kaum sieht sie ihn nun wieder, einen Schweinehund nennt. Sicher macht sie das nicht mit allen ihren Liebhabern, dieser aber ist einer, der ihr einen großen Gefallen versprochen zu haben scheint (irgendetwas, an dem ihr viel liegt, und an das sie anders gar nicht kommen kann), jetzt aber, nach der Lust, in dieser Angelegenheit wohl einen Rückzieher machen will (spielerisch, wie in einem intertextuellen Puzzle, deutet Simon an, diese Frau könne die aus vorhergehenden Büchern dem Leser sehr vertraute Corinne sein, und der Mann der Abgeordnete Lambert, ein Schulfreund Simons, den Simon offenbar nicht mag, und der schon einige schlechte Auftritte in GESCHICHTE hatte).

Stadt ... *dann beginnst du zu spüren, daß diese große Ansammlung von Häusern unter dem blauen Himmel, die weiß und ockerfarben hinabsteigt zum Meer, mit den dunklen Flecken der Gärten, ihren Villen in Rosenhainen und ihrem riesigen kohligen Hafen, etwas Ungewöhnliches in sich birgt, das du noch nirgendwo sonst gefunden hast. Eine hohle, verheerte Stadt, ein aufgeblähter, wuchernder Dekor; das konsequente und zerrüttete Gesicht einer schamlosen, weil nicht zu lindernden Not* ...

DAS SEIL, 41 (43 f.)

– Barcelona; und beim Lesen gerade dieser Stelle erinnere ich mich an einen Traum letzte Nacht, im Februar jetzt, auch eine Stadt, Bremen, ich bin dort groß geworden, an der Weser, in der norddeutschen Tiefebene, der höchste Berg liegt bei Worpswede, am Rand der Moore, 23 oder 24 Meter hoch; aber in dem Traum standen da überall mit einem Male, ganz selbstverständlich, wunderbare Stadthügel, voller alter Bebauung, Kirchen, Bauten wie Klöster, Häuser wie kleine alte schmucklose aber schöne Paläste, überall diese Hügel, aber gleich rechts ging es dann einen sanften Hang hinab wieder in eine weite Landschaft, Wege, Wiesen, weidende Pferde, Spaziergänger, Spaziergänger mit Wagen auch, wie Kinderwagen. – Ich wundere mich über den Traum an dieser Stelle, aber ich lasse ihn stehn.

Starenzug ... *Der Herbst ist die Zeit der Stare. In Schwärmen von Hunderten bilden sie Wolken aus Punkten, bei denen es im Unterschied zu denen, die die Krähen bilden, nicht möglich ist, einzelne zu unterscheiden, Wolken, die sich abwechselnd dehnen und wieder schrumpfen, aus einem Konglomerat von auftauchenden und* *verschwindenden Punkten zusammengesetzt, entsprechend der Schnelligkeit des Flügelschlags. Ebenfalls im Gegensatz zu den Krähen gehorchen sie alle der gleichen, zusammenhängenden Bewegung, wenn auch mit unvorhersehbaren Richtungswechseln, Verlangsamungen und Beschleunigungen. Die Wolke ist dunkler, wenn sie sich verdichtet, fast schwarz, und hellt sich auf, wenn sie sich längt, schießt in die eine oder andere Richtung, scheint mitunter gar, regungslos, gleichsam auf der Stelle zu schweben, vielzählig, als würde sie blinken. Bald nimmt sie an Größe ab, sammelt sich, bald streckt sie sich plötzlich lanzenförmig, dehnt sich zu Schärpen, wie von einem Magneten angezogene Eisenfeilspäne, der sich am Himmel entlang bewegte, auf- und absteigend, weite Spiralen beschreibend, von einer unaufhörlichen, minimalen inneren Bewegung angetrieben …* GEORGICA, 65 (67 f.)

Sternbilder *… jeden Abend keuchend in der braunen Nacht dem braunen Meer die Sterne ankeuchend die unter ihnen kommen und gehen abgestützt mit dem Rücken stoßend das Funkeln der Laterne auf ihren schweißglänzenden aus der tiefen Nacht hervortretenden Schultern bei jedem Stoß kann man die Spanten krachen hören während sich das mächtige Boot ungeheuer schwarz gegen den Hintergrund der Sternbilder abhebt der Bärenhüter die Jagdhunde die Weibliche Wasserschlange ihre Beine waten in den gegeneinanderstoßenden Sternen die dunkle Masse stöhnend schwankend aber immer noch hoffnungslos unbeweglich jede Nacht treten die braunen Wellen eine nach der anderen aus dem Grunde der Nacht hervor sich brechend in parallelen Linien herankommend brandend den Spiegelteppich aufrollend der Schlangenkopf der Adler der Fuhrmann aufleuchtend und erlöschend endlich bewegte es sich glitt sie schrieen lauter einen Triumphgesang anstimmend aber gleich darauf hielt es in der Bewegung inne der Gesang brach ab … wieder Atem schöpfend schweigend aneinandergereiht unbeweglich ohne sich von ihm zu lösen mit dem Rücken angeklebt bei jeder Welle warfen sich die raschen Sterne um ihre Beine und spritzten sie an dann zogen sie sich zurück das Haar der Berenike Pegasus ihre halb im braunen Sand versunkenen Knöchel zeigend jeden Abend Tag für Tag …*

DAS HAAR DER BERENIKE, 11 f. (11 f.)

– die hier gemeinte Berenike ragt aus einer kleinen Reihe gleichnamiger ägyptischer Königinnen durch eine Locke ihres Haares heraus, die sie, bittend darum, dass ihr Mann, Ptolemäos III., heil und siegreich aus einem Krieg zurückkehrte, im Tempel der Aphrodite hinterlegte; als die Locke am nächsten Morgen verschwunden war, erklärte dies der Hofastronom damit, dass diese Locke unter die Sterne versetzt worden wäre (*... das Haar der Berenike zeichnen etwa zwanzig Sterne in der Größenordnung 4 bis 6 ...*, so Simon nebenbei in den LEITKÖRPERN, 52 (57), nachdem er das Sternbild des Orion ausführlich geschildert hat). Berenike scheint eine energische Frau gewesen zu sein, denn als ihre Mutter sich ihrer von ihrem inzwischen verstorbenen Vater geplanten Verbindung mit Ptolemäos widersetzte und ihr einen andern Mann aufdrängen wollte, einen gewissen Demetrius den Schönen, den sie zudem zu ihrem eigenen Liebhaber gemacht hatte, ließ sie diesen ermorden und heiratete, 247 v. Chr., eben Ptolemäos. Gleich anschließend schrieb der griechische Dichter Kallimachos, er starb ungefähr siebzigjährig 240 v. Chr. und war Hofdichter und Bibliothekar in Alexandria, ein berühmtes Gedicht auf jene Haargeschichte, DIE LOCKE DER BERENIKE, von dem nur wenige Verse überliefert sind; der römische Dichter Catull, er lebte von 84 bis 54 v. Chr., kannte das Gedicht noch und hat es übersetzt. Bei ihm spricht die Locke, spricht also das Sternbild, das einst eine Locke war, rühmt den tapferen Mord der Berenike und sagt, dass, auch wenn die andern Sterne es dafür tadeln oder ihm sogar drohen würden, es doch stärker als die Ehre, unter den Sternen zu strahlen, den Schmerz darüber empfinde, keine Locke mehr auf dem Haupt einer solchen Frau wie dieser Berenike zu sein. Berenike selber wurde dann von einem Sohn ermordet, weil sie ihn nicht allein regieren lassen wollte. – Bärenhüter, *bouvier* französisch, ist Bootes oder Arkturos, Ochsentreiber oder eben Bärenhüter; die weibliche Wasserschlange ist die Hydra, Pegasus ist das bekannte geflügelte Ross, das Poseidon mit Medusa gezeugt hatte.

Strand ... *Abdrücke ihrer nackten Füße in Form einer länglichen weichen Gitarre in ihrer Mitte verengt gekrönt durch die Eindrücke der fünf Zehen konkave Perlen von schwacher Ausbuchtung manchmal kaum eingedrückt allerdings tiefer bei der die näher beim Wasser im ebenen feuchten Sand gegangen war die Umrisse der Eindrücke dort sehr präzise kleine Steilküsten bildend manchmal zerbröckelnd winzige Geröllablagerungen dann verschwanden die Spuren über mehrere Meter wenn sich eine stärkere Welle entfaltet hatte und sie völlig verwischte andere Male blieben sie noch sichtbar aber wie erodiert undeutliche Becken halb zugeschüttet die Ränder weich abgerundet wobei ein bißchen Wasser zurückblieb manchmal beinahe schon verschwunden aufgesogen ...* DAS HAAR DER BERENIKE, 20 f. (18)

Strand ... *als ob wir schon auf ihren Skeletten säßen wieviel Pferde wieviel Tausende von Pferden wieviel Dutzende von Pferden der zertrampelte Badestrand war ein wirres Durcheinander von Hufabdrücken die einander überlagerten einander zerstörten die schärfsten tiefsten ganz am Ufer wo das graue Wasser stagnierte die Formen der Hufeisen nachzeichnete deren Ränder von den winzigen Wellen zernagt wurden zerbröckelten zerfielen* ... DIE SCHLACHT BEI PHARSALOS, 31 (34)

Strand ... *Ein Band weißer Kiesel zieht sich unmittelbar am Fuß der Steilküste entlang wie angesammelte kleinste Gebeine, ein langer Friedhof zermahlener Gerippe und Skelette, die von den Stürmen an Land geworfen und vom Salz ausgebleicht wurden. Weiter weg färben sie sich dunkelgrün, beinahe schwarz (Moose oder kleine Algen hängen an ihrer Oberfläche), während sie weniger dicht liegen, so daß man den nassen und braunen Sand sehen kann, der einige große Blöcke einfaßt, die durch ihr Gewicht fortgezogen bis in eine ziemlich große Entfernung davongerollt sind. Strudel haben unter ihnen den Boden nach und nach ausgehöhlt, so daß sie dort nur noch halb herausragen, wo das zurückweichende Meer eine völlig nackte und glatte Fläche aufgedeckt hat, die, sonst fahlgelb, nur dort bläulich schimmert, wo die Blöcke eingelassen sind. Hier und da glänzen stehende Wasserlachen in dem Beinhaus des algengeschwärzten Gerölls. Einige winzige, in der Weite verloren wirkende Figuren bewegen sich langsam von einer zur anderen fort, bleiben stehen, beugen sich vor und verweilen, in den Prielen nach Krabben und Muscheln suchend* ...
ANSCHAUUNGSUNTERRICHT, 64 (83)

Straßenbahnschaffner ... *nur daß sich der Schaffner, auch wenn er den gleichen unförmigen gräulichen Anzug zu tragen schien, durch eine militärartige Mütze auszeichnete und der schlottrige Anzug durch den Riemen seiner Geldtasche und den Gurt jener Art langem Bauchladen eingeschnürt war, den er in seiner linken Armbeuge trug und in dem sich in zwei parallelen Reihen die verschiedenfarbigen Abschnitte der Fahrscheine staffelten (einfache Fahrt/Hin- und Rückfahrt), entsprechend den auf der Strecke verteilten Haltestellen in einer Skala von Pastelltönen (rosa, mandelgrün, malvenfarben, narzißgelb, schwefelgelb, indigoblau, himmelblau), die im Gegensatz zu den verschlossenen, mürrischen Gesichtern der beiden Männer und ihren abgetragenen Kleidern wie eine liebliche Auslage von Blumen mit zwar tarifierten, aber in jeder Jahreszeit frühlingshaften, heiteren Blüten wirkten ... auf dem sich in zwei senkrechten Reihen die kleinen Fahrscheine (einfache Fahrt – Hin- und Rückfahrt) mit den zarten Farben staffelten, hier und da* *durch einen lebhaften Ton (Purpur, Indigo, Ultramarin, Kadmium) belebt, die er mit angefeuchtetem Daumen ablöste und dem Fahrgast überreichte …*

DIE TRAMBAHN, 15 f./111 (19/138)

T

Tagesanbruch … *Begann sie zu hören lange bevor ich die Augen öffnete einen ersten der sich in einigen schwachen zunächst zaghaften Schreien versuchte dann einen zweiten dann einander antwortend dann kühner werdend dann bald das mißtönende kreischende betäubende Konzert gleich dem Quietschen eines ins Rollen kommenden alten Karrens, als ob die protestierende und ächzende alte Welt sich erneut in Gang setzte in einem Konzert verrosteter Achsen, und die Augen öffnend sah ich ihn auf der Ecke des Dachs sich dunkel gegen den noch farblosen Himmel abheben gegen die Hunderte von Federn die kleinen ovalen Blätter der Akazie grau auch sie völlig regungslos kaum aus dem Dunkel tauchend, als ob die letzten Schichten der Nacht sie noch bedeckten, als könnte man die Dunkelheit abfließen, abtropfen sehen …* GESCHICHTE, 35 (38)

Teppichklopfer … *von draußen hörte ich die regelmäßigen auf die Decken fallenden Schläge Der Ton schien schlaff vom grauen Himmel herabzusinken verdoppelt anzukommen wie aus weiter Ferne Ein Ding um die Teppiche zu klopfen mit biegsamem verdrillten Stiel wie nennt man das doch gleich aus Weidenruten oder so ähnlich Schlaufen bildend ein Kleeblatt ineinander verschlungene Achter wie jene Verzierungen aus vergoldeter Litze auf den Mützen der Offiziere aber weniger …*

GESCHICHTE, 275 (293)

Terrasse … *Von der Terrasse aus kann man das Grab nicht sehen. Man erkennt nur die Wipfel der Espen, deren Blätter von unaufhörlichem Zittern geschüttelt werden, selbst wenn keine Brise weht, als bewegten sie sich von selbst, in stillem Rauschen, ruhelos …* GEORGICA, 30 (32)

– das →Grab ist das der ersten, so schönen Frau jenes Revolutionsgenerals, am Grund eines Tals, am Bach Callèpe, Canton Vaour, Tarn; die Terrasse hat er erst wenige Jahre vor seinem Tod vollenden lassen; und wenn wohl gemeint ist, man habe von der Terrasse aus das Grab nicht sehen können, so ist jetzt (als Simon hinkommt) auch von dieser Terrasse nichts mehr übrig als eine kleine Geländeerhebung, ein kleiner von Brennesseln eingekreister Gemüsegarten, ein paar verdorrte Tomatenstöcke, einige hochrankende Bohnen, ein paar geschossene Kohlhäupter.

Tod … *bei der jähen Offenbarung des Todes das heißt nicht mehr in der abstrakten Form des Begriffs mit dem zu leben uns zur Gewohnheit geworden ist sondern in seiner physikalischen Realität aufgetaucht oder vielmehr zuschlagend, diese Gewalt diese Aggression, ein Schlag von unerhörter ungeahnter maßloser unverdienter Brutalität die stupide und stupende Wut der Dinge die keiner Gründe bedürfen um zuzuschlagen wie wenn man mit dem Kopf voran an eine Straßenlaterne stößt die man nicht gesehen hat gedankenverloren wie man sagt und Bekanntschaft macht mit der schwachsinnigen empörenden grausamen Bosheit des Gußeisens, da das Blei ihm die Hälfte seines Körpers weggerissen hatte, deshalb vielleicht drückte sein Gesicht diese Art Überraschung Mißbilligung aus aber nur sein Gesicht weil ich vermute daß sein Geist wohl schon seit langem die Schwelle überschritten hatte hinter der ihn nach dem Verlust seiner letzten Illusionen im Rette-sich-wer-kann eines Desasters nichts mehr überraschen oder enttäuschen konnte, und also bereits in jenes Nichts gestürzt war in das ihm der Schuß nur noch sein Gerippe nachgeschickt hatte …* Die Strasse in Flandern, 92f. (82)

– das ist eine Zusammenfassung mehrerer Tode, nämlich des nicht sehr hellen (blöden, idiotischen, wie es immer heißt) Wack (mit Blum und Iglésia Kamerad von Georges), de Reixachs mit dem erhobenen Säbel und jenes Reixachs, der sich selbst erschossen hat seinerzeit: von seinem Tod, einer wie eine Gravüre vorgetragenen Klatschgeschichte, auf der er nackt und tot in seinem Zimmer aufgefunden wird, nackt vor allem, geht das aus.

Tod … *Und dies: daß ihm von einem Augenblick zum andern jene schmutzige, brutale Sache widerfahren sollte … Und dann der Sturz, das Blut, der Staub, in den er rollen würde, er und seine karge Eleganz, seine anmaßende Haltung, sein Stolz, sein gleichmütiges Gesicht, mit einemmal in jene anstößige schamlose Sache verwandelt: in bloßen Unrat, wie er ihn in den Gräben rechts und links der Landstraße sehen konnte und auf den sich Scharen von Fliegen stürzen würden, das bald nicht mehr rote, sondern einfach schwarzbraune verkrustete Blut, seine zerrissene ele-*

gante Uniform besudelt von diesem Auswurf, wie ein Kind sich mit seinen Exkrementen beschmiert; ganz zu schweigen von der Nachlässigkeit, der Groteske der eines gewaltsamen Todes gestorbenen Kadaver: mit verrutschtem Helm, den Mund in einem naiven Ausdruck der Überraschung, des Protests geöffnet, wie eine letzte und perfide Rache des Körpers in dem Sekundenbruchteil, da der Geist, der Wille aufhören, ihn zu kontrollieren, und er sich beeilt, jenes abstoßende Aussehen anzunehmen, das ihn der Welt des Aases, der Clochards und der öffentlichen Müllhalden einverleibt … GESCHICHTE, 179f. (191f.)

Tod … *der Tod hat die Farbe von Schmutz, eisengrau, kohlig und schwärzlich im zarten Grün …* GEORGICA, 55 (57)

Tränen … *Um die letzten Tropfen Kaffee in die Kehle rinnen zu lassen, neigt sie die Schale so stark, daß er jetzt von unten deren kreisrunden Boden sehen kann, der in diesem Blickwinkel eine Elipse zeichnet. Die Frau hält sie weiter so, lange nachdem sie ausgetrunken hat, wobei sie ihr Gesicht mit Ausnahme der Stirn vollkommen verbirgt. Nach einer Weile senkt sie sie ein wenig, und die Augen mit den braunen Sternen werden sichtbar, starr geradeaus gerichtet. Doch entdeckt man zwischen Lidrand und der grünen Leiste, die den Rand der Schale ziert, einen schmalen Streifen des Gesichts. Zwei schimmernde, silbrige Linien laufen senkrecht von den an den Wimpern hängenden Tropfen herab, auf denen leicht ein Lichtschein zittert. Die schimmernden Linien tauchen unterhalb der Schale wieder auf, rahmen das Kinn, als ob sie von den Mundwinkeln flössen …* DIE LEITKÖRPER, 210 (223f.)

– dies sind die beiden Liebenden, aus deren weiterer →Liebe vor lauter Hindernissen nichts werden wird. Aber genau vor dieser Stelle hier hat ein junger Journalist, auf jenem Schriftstellerkongress, auf dem nichts mehr los ist, sich über sie beugend auf eine junge Kollegin eingeredet, die ihm auch dann lächelnd zuhört, als er ihr ins Ohr flüstert und sie auf den Winkel ihres immer noch lächelnden Mundes küsst. Und gleich nach der Stelle mit den Tränen der beiden andern, für die alles aufzuhören scheint, wendet die junge Journalistin ihr Gesicht ganz dem über sie gebeugten Kollegen zu, und er wird sie vermutlich küssen, im nächsten geschriebenen Leben, in dem die unglücklich Gewordenen nicht mehr auftauchen werden.

U

Uccello … *vielleicht sind Armbrustschützen, Fußsoldaten, Reiter, erdrückt von dem dunklen Himmel dort in Vergessenheit geraten, dazu verurteilt, gegeneinander zu kämpfen, einander bis zum letzten zu töten, ohne Hoffnung auf ein Ende, auf eine Morgendämmerung, auf ein Morgen), die Dinge, die Formen mit einer Art von Phosphoreszenz versehen zu sein scheinen, als ob das Licht gewissermaßen aus ihnen selbst hervorginge, als ob, da seine Quelle verstopft ist, das Licht, das sich während des Tages in ihnen angesammelt hat, jetzt aus ihnen hervordränge, vielleicht nur einen Augenblick lang, währenddem sich in der dunkelbraunen Dämmerung die Felle der Pferde (elfenbein, isabelle, ziegelrot, weiß, grau), die Gesichter, die in den Furchen entfliehenden Hasen, das Holz der Armbrüste und Hellebarden in hellen Flecken abheben wie Pergamentlaternen, auf dem Boden (auf den selbst unter den durcheinander wimmelnden Hufen der schweren Reittiere keinerlei Schatten geworfen wird) Stücke zerbrochener Lanzen von dem gleichen Gelb oder dem gleichen hellen Rot wie jene, die von den Reitern geschwungen werden in Rüstungen, die nicht wie am Morgen das Blau eines klaren Himmels widerspiegeln, sondern diese bronzene Decke, von der gleichen Farbe wie die Erde …*

DIE SCHLACHT BEI PHARSALOS, 101 (106f.)

– zu den vielen Schlachtenbildern, die Simon in diesem Buch beschreibt (oder mitunter wohl auch, denn zunächst nennt er selten einen Malernamen, erfindet, sodass man vielleicht vergeblich suchen würde, was man zu kennen glaubt, weil ja auch Simon dann nur ausspinnt, was es anderswo schon gibt), gehört auch diese wunderbare zweite Tafel der Schlacht von San Romano von Paolo Uccello aus den Uffizien (die erste Tafel hängt in London, die dritte in Paris), man freut sich dann, aus der Beschreibung das Bild wieder zu erkennen, sogar den Maler zu wissen (154 (160) taucht Uccellos Name dann einmal auf). Vasari, in der ersten Abteilung des zweiten Bandes seiner KÜNSTLERLEBEN, beginnt seine Darstellung Uccellos so: *Paolo Uccello würde der anmutigste und seltenste Geist unter allen gewesen sein, die von Giotto an in der Kunst der Malerei blühten, wenn er so viel Fleiß aufgewendet hätte, Menschen und Tiere darzustellen, als er mit Gegenständen der Perspektive Zeit und Mühe verlor; denn diese Dinge sind zwar schön und sinnreich, wer sich ihnen aber allzusehr ergibt, wirft seine Zeit weg und ermüdet sein Talent … Sicher ist, daß wer mit zu ängstlichem Studium der Natur Gewalt antut, den Geist zwar schärft, allem aber was er ausführt, jene Leichtigkeit und Anmut nimmt, die denen eigen ist, welche mäßig, mit Einsicht und Urteil den rechten Punkt zu treffen vermögen, und gewisse Subtilitäten vermeiden, die den Werken etwas Kümmerliches, Trocknes und Schwerfälliges geben, wodurch der, welcher sie betrachtet, eher zu Mitleid als zu Bewunderung hingerissen wird …* Vasari ist oft etwas pedantisch, und wir würden heute kaum finden, dass das, was er hier sagt, Uccello wirklich trifft (einmal tadelt er ihn, weil er *Gründe blau, Städte rot und die Gebäude verschieden, wie es ihm einfiel,* malt); andererseits ist es amüsant, sich beim Lesen, wenn wir einmal im Umkreis Simons bleiben wollen, statt Uccello etwa Nathalie Sarraute oder Alain Robbe-Grillet vorzustellen, deren so glänzend theorieuntermauerte Bemühungen manchmal dann tatsächlich etwas leicht Trostloses an sich haben; oder man denke daran, wie einer sonst kraftvollen Schriftstellerin wie der Duras in dem Augenblick, wo sie sich der Vorgehensweise der Sarraute oder Robbe-Grillets annähert, plötzlich wirklich, wie Vasari sagen würde, ihr Talent zu ermüden scheint (Vasari, hier nach der Ausgabe Schorns, 1832 ff. bei Cotta, Stuttgart und Tübingen). – Wie sich Simons Beschreibungen der selbst erlebten Schlachten zu den – damit immer wieder vermengten – Beschreibungen verhalten, die er von jenen alten Bildern liefert, oder zu diesen Bildern selber (die man ja bestimmt ganz anders beschreiben könnte), das ist auch eine sehr schöne Frage, auf die ich hier so wenig eingehe wie auf das alte Problem (man denke an die fatalen und kraftlosen Reflexionen Lessings) des Verhältnisses von Schriftstellerei und Malerei oder sonst bildender Kunst; dazu müsste man auch die einschlägigen Kapitel in der ÄSTHETIK DES WIDERSTANDS von Peter Weiss wieder lesen (1975, also nicht lange nach Simon) – dieses Buch beginnt ja direkt mit der Schilderung einer Kampfszene vom Pergamonaltar, auch der von Simon so geliebte della Francesca kommt ausführlich vor mit seinen Fresken in Arezzo (und während ich blättere in dem Dreibänder, den ich damals gelesen habe, und an dessen Kunstbeschreibungen ich mich besonders erinnere (sie nehmen im Buch sehr viel weniger Raum ein als in meiner Erinnerung an das Buch), bemerke ich mit einem gewissen Grauen, wie ich mich wieder darin festlese; und dies, zum Beispiel nur, obwohl ich, auf einem andern Gebiet, sehr gut weiß (und gerade auch sehe), dass mir bei Weiss die Emphase in seinen Schilderungen aus dem Spanischen Bürgerkrieg doppelt wenig gefallen wird jetzt nach den Lektüren Simons und Orwells. *Erst zweitausend Jahre nach Aristonikos glückte die Re-*

volution – solche Sätze sind eben nur noch sehr schwer zu lesen, auch wenn Coppis Mama sie sagt. Es gibt Bücher, die man nicht ein zweites Mal lesen sollte).

Uhren … *durch diese Art Uhren, die das ganze Rechteck des Fensters ausfüllen und der Zeit mit Hilfe der Nacht etwas Monumentales geben, dieser Zeit, die schwarz und dicht bei dem unaufhörlichen katastrophenhaften Getöse von aneinanderprallenden Puffern, von Gezische und Pfiffen vergeht, als ob sie aus einem ebenso harten Material wie Metall bestünde und zerdrücken und zerstören könnte; sie hörten also, wie die Zeit stöhnte, stampfte, keuchte und sich unablässig durch das Dunkel mühte (und wie sie in Momenten der Stille von fernem und vereinzeltem Muhen auf einem Abstellgleis vergessener Rinder schauerlich interpunktiert wurde), während die schauerliche, frivole, für immer kaputte Louis-XV.-Uhr mit den für immer stehengebliebenen Zeigern und dem schicksal- und zyklopenhaften, das Fenster als eine Art Voyeurstern erfüllenden leuchtenden Zifferblatt da sind, um dem Bewußtsein des Reisenden oder der heimlich Sich-Liebenden eindringlich die wilde, atemberaubende Angst vor dem Provisorischen, vor dem Begrenzten einzuprägen, das dem Vergnügen seinen tragischen Charakter verleiht, der darin besteht, daß es über kurz oder lang ein Ende hat* … Das Gras, 58 (91)

unbesiegbar … *nicht das Rascheln der sanft schaukelnden Zweige oder das schwache Zischeln des Windes im Gewölbe des Laubs, sondern, geheimer, mächtiger, ihn von allen Seiten umgebend, stetig, gleichgültig, das unsichtbare und triumphale Aufschießen des Safts, das unmerkliche, langsame Aufbrechen der Knospen im Licht, der Blumenkronen, der kompliziert gefalzten Blätter, die sich öffnen, entknittern, entfalten, bebend, zerbrechlich, unbesiegbar und zartgrün* …

Die Akazie, 91 (98)

– Flandern am Morgen nach der Vernichtung seiner Schwadron, Simon, auf der Flucht nach dem unvermuteten Durchqueren des Wassers am Waldrand wieder zu Atem gekommen.

Unten der Schlamm – Traum, an einem Morgen, mitten in der Lektüre von Simons Geschichte: Meine Leute und ich wollen einen Hügel hinauf, den ich sehr gut kenne und nicht mag, ich sage, ich gehe dort hinten herum. Offenbar auf der andern Seite des Bergs hätte ich dann durch eine Höhle hindurch müssen, an einer Stelle auf Knien, unangenehm für mich, kriechend also; vor dem Eingang ist ein Gebüsch, ein schwarzer schleierartiger Vogel kommt, wie aus der Höhle auch, aus diesem Gebüsch geflattert, nach links, und setzt sich dort hin. Beim Hineinwollen in die Höhle sehe ich hinter jener engen Stelle Sand und Steine herunterkommend sich häufen immer mehr, ich gehe zurück, der Berg beginnt ganz und gar zu wanken, sich zu bewegen, sich völlig zu verändern, sandfarbene Wolken kommen vor den sonst blauen Himmel, bald gibt sich das, der Himmel ist wieder blau, aber alles ist anders. Ich will nach hinten gehn, um in einem weiten Bogen wieder zurückzukehren (in die Stadt, zu den andern?), ich drehe mich um, schaue über eine kleine Bodenaufschüttung, einen kleinen, kniehohen Wall: auf der andern Seite ist nichts mehr, nur tief unten sehr tief unten, nirgends sonst gibt es überhaupt solche Tiefen, riesige fließende Schlammmassen, alles ist wie verwüstet hinuntergefallen, nur noch Schlamm, der sich in breiten Bahnen flussartig, rutschartig, wie braune Lava, bewegt. Ich halte mich an einer Stange, braunrot, sie scheint fest zu sein, obgleich ich meine, dass genau dort, wo sie in der Erde steckt, jetzt eigentlich alles auch abbrechen müsste, wie das, was sonst davor war, gelange wieder, offenbar waren meine Füße schon drüben, ehe ich sehen konnte, dass es nicht weiterging, gelange wieder auf die noch feste Seite, hinter der, sozusagen rückwärts von der also alles abgerissen ist. Und ein Mann, in einem Liegestuhl liegend wie vorher, redet zu einigen andern irgendetwas, das nichts zu tun hat mit dem was passiert ist, ich sage, ohne Aufregung, fast ruhig wie in einem Schrecken, der keinen Ausweg haben kann, dass es nur noch den Weg schräg nach rechts hinüber gebe, dort scheine noch alles fest zu sein; und alle sagen, gut, dann gehn wir in diese Richtung, also schräg an der Flanke des ins Wanken geratenen Bergs vorbei, er wird links bleiben, während rechts schräg hinter uns unten dann, vielleicht aber auch schon genau neben uns, Hunderte von Metern unter uns, diese Schlammmeere rollen –

– und ich füge diese Stelle ein, an die ich am Morgen nach dem Traum gerate: *... und keine Uhrzeit überhaupt keine Zeit tausend Jahre vor oder nach und wovor und wonach und kein Wasser sondern eine schlammige gelbliche weite Fläche die abfließt dahingleitet in einem eintönigen mächtigen Geplätscher stiller als die Stille wie ein von Sternen Sonnen Welten wimmelnder Himmel leerer ist als die in einer Retorte erzeugte Leere und der gleiche Unterschied zwischen dem Wasser* *eines Flusses und dem was dort dahinfließt nachdem es Tausende von Schluchten Tälern Ebenen durchquert hat Tausende von Mäandern gezeichnet Tausende von Sümpfen Feldern Wäldern überflutet hat und jetzt am Ziel seiner ungeheuren Wanderung ankommt den Schlamm den Sand den Morast die Auswürfe eines Kontinents zwischen ebenfalls schlammige flache Böschungen schwemmt … Haiphong …*

GESCHICHTE, 246 (262 f.)

V

Valéry: … *Zwei Gefahren bedrohen unaufhörlich die Welt: die Ordnung und die Unordnung.* DER WIND, Motto

– das Diktum steht in einem Aufsatz Valérys aus dem Jahre 1919, DIE KRISE DES GEISTES, einige Passagen daraus hat Valéry seinem Vortrag im Jahre 1932 eingefügt (DIE POLITIK DES GEISTES, in der deutschen Valéry-Ausgabe des Insel Verlags Band 7, 31 & 94). Der Mensch, so lautet beide Male der Satz davor, *denkt an den Verdruß, die Vergangenheit auf sich nehmen zu müssen, an den Wahnsinn, immerfort Neues zu wollen. Er schwankt über diesen beiden Abgründen, denn zwei Gefahren …* Losgerissen aus dem Zusammenhang entfaltet sich das Diktum fast schöner, es ist Gedanke, mehr noch Vers, und der Vers ist es, den Simon zum Motto seines Buchs macht. – Es verführt immer wieder, doch man sieht die Unvernunft, die darin steckt (anders lernt man sie aber nicht kennen), Zitaten nachzuspüren, deren genauen Ort der Autor, hier Simon, nicht angibt, und mit besseren Gründen nicht angibt, als man haben kann, ihn wissen zu wollen.

Valéry: … *Grausamer Zeno, Zeno, deine Worte! Ob mich am Ende jener Pfeil durchbohrte, der schwirrt und fliegt und doch nicht fliegt zuletzt? Der Ton gebiert –, der Pfeil will mich bestatten! Ach, Sonne ach! Und da … Schildkrötenschatten, Achilleus, unbeweglich und gehetzt!* (FRIEDHOF AM MEER, *21. Strophe, übers. Rilke)* DIE SCHLACHT BEI PHARSALOS, Motto

– Zenon, der im 5. vorchristlichen Jahrhundert lebte, ist berühmt geblieben durch die beiden von ihm aufgestellten Paradoxa oder Beweise für die

Unmöglichkeit von Bewegung, nämlich erstens, dass ein fliegender Pfeil ruhe, weil er sich entweder an dem Ort bewegt, an dem er ist, oder dem, an dem er sein wird, am ersten aber ist er, am zweiten nicht; und zweitens, dass der schnelle Achill niemals eine Schildkröte laufend einhole, denn wenn er dort ist, wo sie eben war, ist sie schon wieder weg, und so weiter. – Valéry, begraben auf dem Friedhof am Meer, ich habe auf seinem Grab gestanden, schaut, lebend noch, wie ich, als er aber tot war, aufs Meer hinab, das ewige, wie man gern sagt, und von Friedhöfen herab ist das auch wahrer als sonstwo, und dieses Hinschauen aufs Meer, sagt er in der ersten Strophe des Gedichts dann, sei nach langem Denken wie ein Hinschauen auf die Ruhe der Götter, oder ihr Ruhn, wie Rilke übersetzt. In der fünfzehnten Strophe sind aber die Toten, die doch so ins ruhende Sein eingegangen schienen nach den vielen Verlorenheiten und Vergänglichkeiten des Lebens, doch in ein durchdachteres Nichtsein zergangen: durchdachter, das ist es: die Reflexion, das Nichts, hat alles scheinbare Ruhen doch eingeholt (grausamer Zeno darum: er hat geschwindelt, der Pfeil fliegt doch); und jetzt, da oben, sind vom Meer nichts (oder besser als alles) als der Wind, flimmernde Sonne und Leben da, *in einem Aufruhr, der der Ruhe gleicht*. – Eine Geschichte noch: Am 18. Juni 1920 trafen sich in einem Salon, zum ersten Mal, Valéry und Catherine Pozzi, Tochter eines berühmten Chirurgen und Gynäkologen, eines Mannes von Welt (er tritt bei Proust auf, als Cottard, oder als ein Stück von ihm, Prousts Vater und er waren Kollegen); Catherine, achtunddreißig, sehr gebildet, sehr apart, wohlhabend, trug an diesem Abend, schreibt sie in ihren Tagebüchern, ein griechisches Kleid von Vionnet (schwarze Tunika, ohne etwas, erklärt sie) und, fügt sie an, für hunderttausend Francs Perlen. Valéry, sie verehrt ihn aus der Ferne seit langem, ist knapp fünfzig, beide sind verheiratet, Catherine nur noch offiziell, sie lebt schon lange von ihrem Mann getrennt, einem sehr beliebten Theaterautor, der gleich nach seinem ersten Erfolg eine Liebschaft mit seiner Hauptdarstellerin angefangen hatte. An diesem Juniabend 1920 unterhalten sich Catherine und Valéry fast die ganze Zeit über miteinander, nach zehn, halb elf vielleicht, fragt er sie, ob sie seine neuesten Verse schon gelesen habe, sie waren eben in der Juninummer der NOUVELLE REVUE FRANÇAISE erschienen, sie sagt, nein; und nun, *langsam, mit einer leicht singenden Stimme*, schreibt sie, sagt er ihr ebendiesen FRIEDHOF AM MEER auf; und ich höre, schreibt sie, *ich hörte mit einer solchen Intensität zu, daß ich in einem bestimmten*

Augenblick um meinen Gesichtsausdruck fürchtete und mich umdrehte, um zu prüfen, ob man es mir ansah … Diese Verse sind mehr als alles, was ich je von einem lebenden Wesen erhoffte (er notiert später: *von ihren Lippen kommend*, habe der *Blitz in ihn eingeschlagen an diesem Abend*). Sie nennt ihn dann Lionardo (nach dem nun wirklich wunderbaren Essay, den er früher einmal über Leonardo geschrieben hatte, und den sie natürlich kannte, er hatte den Essay seinerzeit Marcel Schwob gewidmet, einem frühen Freund auch Catherines, Verfasser der berühmten VIES IMAGINAIRES, des ROMANS DER 22 LEBENSLÄUFE), sie schreibt: *ebendies ist die Liebe, ich habe nur dies gewollt, immer,* und sie schreibt: *Leider gibt es noch keine Klöster für die Liebenden. Das wird kommen.*

Vallotton … *die Ölbäume grau das Gebirge malvenfarben der Himmel safrangelb …* DAS HAAR DER BERENIKE, 27 (22)

Vergangenheit … *und später scheint es ihm, als sähe er sie, erstarrt oder wie auf einem Foto festgehalten, in jener steif und gräulich gewordenen Materie, die die Vergangenheit ist, einer Art Gallert, die Dinge und Leute endlos wie in Alkohol konserviert, etwas entstellt zwar, aber unversehrt …* DER PALAST, 27 (33f.)

Verlassenheit … *zum Beispiel die Abende, wenn nach und nach alles langsamer wird, wenn nach und nach, in mehr oder weniger weiter Ferne die Explosionen und das Rattern der Maschinengewehre nachlassen, nur noch sporadisch zu hören sind, manchmal erneut einsetzen, gleichsam wütend, wie ein letzter Schwall von Flüchen, grimmig, für kurze Zeit dann in noch größeren Abständen, schließlich ganz verstummen, und sich dann die Stille einstellt, die Nacht hereinbricht, der abendliche Frieden, die Luft auffrischt, ein leichter bläulicher Dunst von den feuchten Wiesen aufsteigt, die Waldungen sich verfinstern, und dann, in dieser Ruhe, weil die Spannung nachläßt, etwas schwer zu Beschreibendes, vielleicht das Unerträglichste: diese Art von Jammer, von Niedergeschlagenheit, dieses Gefühl der Verlassenheit, körperlichen und seelischen Elends … Weil man weiß daß es am nächsten Tag, sobald es hell wird, wieder losgeht, daß sich in diesen Wäldern, hinter diesen Hügeln in aller Ruhe jene riesige Maschine einrichtet, die sich von neuem entfesseln, brüllen und die Luft zerreißen wird …* JARDIN DES PLANTES, 80 (83f.)

– noch einmal, in einem fast letzten Versuch der Erklärung, dem verblüfften Journalisten gegenüber in dem Interview.

Vogel … *wohl auf der Suche nach irgendwelchem Aas, irgendeinem verwesten Tierkadaver, reglos und unwägbar, läßt ein Vogel mit blauschwarzem Gefieder sich von der Luft an den eisigen Wänden des Gebirges entlangtragen. Mit unmerklichen Bewegungen lenkt er seine langsame Flugbahn in die eine oder andere Richtung, beschreibt dann im schrägen Gleitflug einen weiten Kreis, der ihn der Wand näherbringt, wegträgt, wieder näherbringt. Nachtfarben im blendenden Licht, starr und wachsam, könnte man ihn für einen als Raubvogel zugeschnittenen Papierdrachen halten oder auch für einen ausgestopften, mit einem Faden an der Decke eines Ladens für Vogelbälge befestigten Räuber. Sein ungefiederter Hals, tiefrosa und mit fleischigen Auswüchsen bedeckt, reckt sich aus dem weißen Flaum, der wie ein Schal oder Pelzkragen um seine Schultern liegt. Seine Federn haben die Beschaffenheit und den blauen Schimmer von Stahl. Sein kahler, knochiger und höckriger Schädel und seine Klauen sind von dem grünlichen Grau eines Kadavers. Jetzt sitzt er auf einem Fels, dreht den Kopf ruckweise, sein gelbes und starres Auge in Alarmbereitschaft. Mit einem plötzlichen Schnabelhieb zerfetzt er irgend etwas Fauliges, in das sich seine Fänge wühlen. Elastische Bänder von Eingeweiden oder totem Fleisch ziehen sich auseinander, entschlüpfen ihm oder zerreißen. Er richtet dann den Hals wieder auf, erneut wachsam, wobei der Kopf jäh auf seinem Ständer herumfährt und ebenso jäh wieder stillsteht, das Auge rot umrändert, leer, wild, während der Fetzen stinkenden Fleischs von seinem Schnabel herabhängt und bei jeder Bewegung baumelt* …
Die Leitkörper, 28 (32)

Vögel … *Die Hauptbewohner des Tropenwalds sind die Vögel: vom Glöckner, der den Klang einer Glocke nachahmt und damit den Verirrten zum Wahnsinn treibt, bis hin zum Uruparu, der die schönste Singstimme der Welt besitzt* …
Die Leitkörper, 116 (124)

– der Glöckner und der Uruparu gehören, wie einige Schmetterlinge, zu jenen mehr herbeizitierten Wesen, die in diesem Buch teils den Urwald, teils die Illustrierten, teils einige Schaufenster bevölkern, auch sprachlich Einschüsse fremder Welten.

W

Waldnacht … *Sie geht durch den Wald. Weiter unten kann sie die Frösche hören. Sie kann vor dem schwarzen Himmel die schwärzeren gezackten Spitzen des Blattwerks erkennen. Es streicht plötzlich über sie, in waagrechtem Flug, ungeheuer, düster, beide Schwingen ausgebreitet, hochgewölbt, langsam schlagend, leise, wie Samt. Sie zuckt zusammen. Sie geht wieder weiter. Ein toter Ast knackt unter ihrem Fuß. Sie sieht abwechselnd ihre hellen Hände neben ihrem Körper. Sie fühlt das Brennen an ihrem Finger. Sie führt die Hand an den Mund und saugt daran. Das Käuzchen schreit …* ANSCHAUUNGSUNTERRICHT, 36 (46f.)

– das Brennen an der Hand: sie hat, als sie sich aus dem Haus geschlichen hat, in der Küche irgendetwas aus Glas angestoßen, es ist auf dem Fliesenboden kaputt gegangen, im Dunkeln hat sie es zusammengefegt, irgendwo druntergefegt, und hat, als sie einen Splitter noch glänzen sah, ihn wegnehmen wollen und sich dabei geschnitten: sie, das ist die Mutter des kleinen Mädchens mit dem →Canotier, sie waren spazieren auf dem Kalenderbild, ein junger Geck hat sie bedrängt, ihr Mann Charles ist offenbar im Krieg, nun ist sie tatsächlich auf dem Weg zu ihm, sie habe ihm versprochen zu kommen, sagt sie dann, das schon, aber weiter nichts.

Wasser … *wie man Wasser im Dunkeln fühlen kann, den kalten, tödlichen Atem des Wassers, selbst, wenn das ganz ruhige Wasser weder Strömungen noch Strudel hat und finster in der Finsternis, tückisch, glatt, schlangenhaft ist …*
DER PALAST, 132 (161)

Wasser … *Das Wasser fließt rasch mit einem seidigen, fast unhörbaren Geräusch, an den Rändern bewegt von schwachen Wirbeln oder Strudeln, die sich auf der Oberfläche einrollen und davoneilen, von der Strömung mitgerissen. Deutlich erkennt man den gelblichen Tuffstein und die Kiesel auf dem Grund, die größten stellenweise mit schwarzem Moos bedeckt. Eine Forelle, ebenfalls schwarz, schwimmt schräg durch die Strömung und verschwindet unter dem Vorsprung der Böschung. Zwischen dem reflektierten dunklen Laub spielen Himmelssplitter, wie Pfützen aus Silber, sich kaum wellend …* TRIPTYCHON, 183 (194)

– natürlich sieht man es dem Wasser nicht an, aber in ihm wird dann das kleine Mädchen ertrinken, das von der Hausangestellten, die mit einem Mann Liebe machen will, erst den beiden Knaben (die zwei Liebende belauschen werden: ebendiese) und von diesen den drei kleinen Mädchen anvertraut wird, von denen zwei aber wegspringen, und das dritte, indem es das Kind ermahnt, sitzen zu bleiben, ihnen hinterherläuft. Nein, vielleicht sieht man das dem Wasser nicht an, doch unmittelbar vorher der Satz lautet: *Das kleine Mädchen bleibt allein, und ihr Kleid bildet einen hellen Fleck auf dem kräftigen Grün der Wiese. Mit ungeschickten Gesten ordnet es seinen Strauß, blickt um sich, beugt sich zur Seite, um eine Blume zu pflücken, steckt sie zu den anderen, blickt erneut um sich, steht auf und nähert sich dann, als es ein Büschel malvenfarbener Blumen mit langen Stengeln entdeckt, die am Ufer wachsen, dem Fluss* – und nun sieht man dem Wasser doch wohl an, was kommen wird, oder meint es ihm ansehn zu müssen, oder fürchtet es ihm ansehn zu können. Später, als es vermisst wird, sucht man das Mädchen in der →Nacht.

Weiterfahren … *dachte daß ich immer so weiterfahren könnte in ihre warmen Eingeweide dringend ohne etwas anderes zu sehen als die beruhigende Finsternis Spät in der Nacht würde es hin und wieder ein schlafendes Dorf geben oder eine hell erleuchtete ausgestorbene Stadt mit ihren Kreuzungen ihren Plätzen ihren Straßenbahnschienen Vom Flugzeug aus kann man sie wie Sternenhaufen sehen mit doppelt gezogenen Strahlen von Laternen punktiert leuchtende Skelette von Seeigeln die langsam über die Oberfläche der dunklen Erde gleiten schreckenerregend tausend Leben die sich unmerklich drehen wie die Speichen eines Rads dann seltener werdend verschwindend und von neuem nichts anderes als das uranfängliche Dunkel und morgen früh gäbe es Berge die reine Luft des Schnees einen See mit Doppelsegeln sich durchkreuzende Möwenflügel alles wäre von jenem leichten und zugleich tiefen Blau die sich spiegelnden Bergspitzen die Gletscher ich erinnere mich …*

GESCHICHTE, 306 (324)

– er erinnert sich, während er da nach Perpignan zurückfährt von dem Haus am Meer, wo er Paul getroffen hat, zur Unterzeichnung eines Papiers, erinnert sich an den Bodensee dann, und wieder an Hélène, wie eben schon einmal … (ich glaube, das ist das einzige Mal, dass man ihn irgendwohin wollen sieht; aber zurück …); andererseits, kaum etwas ist schöner als dieses abendlich-nächtliche Fahren, wenn es zum Weiterfahrenwollen wird, allein, mit wem, wohin auch immer.

Weiterleben … *während er im Dunkeln neben ihm auf der Bank des Wagens saß, den dieser bekloppte Chauffeur, dieser immer noch regungslos dasitzende Mann steuerte (als ob die Regungslosigkeit, eine verächtliche Kaltblütigkeit, gewissermaßen eine Ergänzung, eine paradoxe und notwendige Komponente der Geschwindigkeit wäre, so daß er zu sehen glaubte, wie nach der Zertrümmerung des Wagens, zu der es ja jeden Augenblick kommen mußte, ihre drei Körper oder vielmehr die Phantome ihrer drei Körper, weiter friedlich, unbekümmert, gleichgültig und auf nichts sitzend, endlich in schreckenerregender Geschwindigkeit durch die verlassene, hell beleuchtete Stadt sausen und den Haufen verbogenen Blechs und ihre zerfetzten Hüllen hinter sich lassen würden) …* DER PALAST, 74 (90 f.)

– so fährt der Student, Simon, während ihm der Italiener immer noch, wie im Zug, die Geschichte erzählt, wie er in Paris jenen Mann getötet hat, nach Barcelona ein.

Weltdämmerung … *Das wunderbare Licht des Spätnachmittags senkt sich langsam über die Wiesen, den Obstgarten und den dunkler werdenden Wald. Die wenigen, beinahe reglosen Wolken färben sich nach und nach golden. Jetzt kann der Scharfschütze den Text des auf dem Tisch offen liegengebliebenen Buchs nicht mehr lesen. Die Überschriften und die fettgedruckten Zusammenfassungen sind kaum vom übrigen zu unterscheiden. Die Illustrationen, die felsige Gebirge, Steinbrüche, Schnittholzsäger, Dachdecker, die verschiedenen Steinsorten, Töpfer, Gipsöfen, die Wolkenverschiebungen über dem Meer, Heißluftballons, Luftschiffe, Aeroplane, Sturzbäche, Seen, artesische Brunnen, Geländeprofile, Flüsse, Steilküsten, Dünen, Gletscher, Schneekristalle, Eisberge, Fossilien, Vulkane, Minengänge, Hochöfen, Schmieden, Farne, Löwenmäulchen, Hauswurz, Glockenblumen, Schilf, Sümpfe darstellen, sind auf den Seiten nur noch schwarze Rechtecke …*

ANSCHAUUNGSUNTERRICHT, 83 (106 f.)

Wind … *Und Stille. Und draußen nur, von neuem, der vergessene, beharrliche Wind, das sporadische, seidige, über die Mauern streichende Rascheln wie der Lauf eines Diebs, der auf leisen Sohlen an den Mauern entlang flieht, wie die entfliehende, unwiderruflich dahineilende Zeit, während das Blut aus einer Wunde fließt,* *durch die der Körper, das Leben entweicht in einer langsamen Verzweiflung, und irgendwo das Klappern eines schlecht befestigten Fensterladens oder auch etwas Herunterfallendes, ein auf einen Erker, einen Balkon, das Pflaster prallender Ziegel, dann nichts mehr ... Bald würde er von neuem als Sturm über die Ebene brausen, die letzten roten Blätter von den Weinstöcken reißen, die unter ihm sich krümmenden Bäume vollends entlauben, eine entfesselte Kraft ohne Ziel, dazu verurteilt, sich ohne Ende, ohne Hoffnung auf ein Ende zu erschöpfen, des Nachts in einer langen Klage stöhnend, als jammere sie, als beneide sie die schlafenden Menschen, die hinfälligen, vergänglichen Geschöpfe um die Möglichkeit des Vergessens, des Friedens: das Privileg zu sterben.* DER WIND, 193/270 (172f./241)

– nur diese beiden Stellen von den unendlich, nun ja, sehr sehr vielen, an denen der Wind eine Rolle spielt in diesem Buch, das nach ihm heißt. Im Untertitel heißt das Buch: VERSUCH DER WIEDERHERSTELLUNG EINES BAROCKEN ALTARBILDES – das bezieht sich wohl auf jene zerbrochene →Wirklichkeit, das heißt also auf eine Realität, die in sich, man denke an die Toten und wie sie zustande kommen, zweifellos unzerbrochen, beinahe entsetzlich unzerbrechlich funktioniert und vorhanden ist, die aber in jenem Moment zerbröckelt, völlig zerbrochen ist, in dem man irgendein vernünftiges, von irgendetwas Einsehbarem zusammengehaltenes sinnvolles Bild von ihr, und womöglich noch aus dem Munde eines Beteiligten, haben will. Der Untertitel des Buchs (wörtlich bezieht er sich auf die riesigen mehrteiligen frommen Gemälde in den ländlichen Kirchen jener Gegend) ist einfach die Umschreibung des Wortes Roman, das sonst immer unter den Titeln solcher Bücher stand. Der Leser ist der, der das Bild verstehen will, und rein für ihn versucht der Autor es zusammenzusetzen, also dadurch etwa, dass er das, was der Erzähler wirklich bruchstückweise erfährt, durch die Reihenfolge dieser Erfahrungen ungefähr nach der Chronologie der Ereignisse ordnet – oder, was den Kriminalfall betrifft, nach jener Reihenfolge, die der Leser eines Kriminalromans erwarten kann, in dem ja der Tote den Ereignissen vorausgeht, die zu seinem Tod geführt haben –: ich setze den Kriminalfall in eine Parenthese, denn im Grunde ist er eine scheußliche Trivialität, den eine auf ihre Reputation bedachte Frau auslöst; nur dass eben die Tote am Schluss, in ihrer Unschuld, den sonderbaren Helden des Buchs endgültig in sein völlig eigenes Geschick stürzt, ein Geschick, von dem jene Frau gar nichts ahnt. Die ganze Angelegenheit ist schwer zu durchschauen, am besten denkt man daran, dass Simon kaum noch weitere Versuche auf diesem Feld der Romanschriftstellerei unternommen hat.

Wind ... *während über ihnen träge die langen Windstöße zischelten, die langsam die Wipfel der Pinien wiegten (man hörte sie von ferne kommen, zuerst wie ein weites Rauschen, das sich näherte, anschwoll, als ob der riesige reglose Wald aus seiner Schläfrigkeit erwachte, sich schüttelte, aufzuleben begönne, dann war es da, strich mit gedämpftem Brausen über ihre Köpfe hinweg, ernst, majestätisch, entfernte sich, hier und da einem Rascheln Raum gebend, dann beruhigte sich alles, bis sich im Westen eine neuerliche langsame Dünung ankündigte)* ...

Die Akazie, 329 (352 f.)

– 1940 auf der Flucht in Südfrankreich.

Winter ... *so daß der erschreckende Winter ins Innere einfallen konnte, schwarz und weiß glitzernd, wie der Inhalt einer jener dunklen Lederschatullen, die, wenn sie ein Juwelier öffnet, plötzlich den unerbittlichen, eisigen Glanz der Steine freigeben, wie eine mineralische Apotheose, die letzte, triumphale Phase des Kohlenstoffs seit Abertausenden von Jahren versunkener Wälder, seinen schneidenden Äther- und Ozongeruch verbreitend, wie jene eigenwilligen, kostspieligen Parfums, die in Totenhallen aufgestellte Blumen und Kränze ausströmen und die, subtil und makaber, die Emanationen jener Kohlensäureschneeblöcke selbst zu sein scheinen, mit denen man die Körper der Verstorbenen umgibt, um sie noch für einige Stunden zu erhalten, bevor sie den Würmern und dem Zerfall überlassen werden* ...

Georgica, 136 (138 f.)

– Ende jener sechzigseitigen Sequenz über den kalten Winter der großen Mobilmachung, ausmachend das zweite Kapitel des Buchs, mit dem einen Anklang an den alten Revolutionsgeneral, von dem das Buch eigentlich handelt, wenn es heißt, ein General wie hier in dieser Sequenz jener, der sich dann erschießt, im Mai nach diesem Winter, hätte, obwohl selber eine Unmenge von Grafen, Marquis und Baronen befehligend, einfach Charbonnier, Ducourneau oder eben Lacombe heißen können – Lacombe Saint-Michel ist der Name des Revolutionsgenerals.

Wirklichkeit … *da er von den Ereignissen, die sich seit sieben Monaten abgespielt hatten – so wie jedermann, sogar deren Helden, deren Akteure –, nur eine bruchstückhafte, unvollständige Kenntnis besaß, bestehend aus einer Summe kurzer, ebenfalls unvollständig wahrgenommener Bilder, schlecht verstandener Worte, schlecht erklärter Empfindungen, und alles vage, voller Lücken, leerer Stellen, welche die Phantasie und eine annähernde Logik zu ergänzen versuchten mit Hilfe einer Reihe gewagter, zufälliger, aber nicht unbedingt falscher Schlüsse, denn entweder ist alles Zufall, und dann machen die tausendundein Versionen, die tausendundein Gesichter einer Geschichte ebendiese Geschichte aus, da sie im Bewußtsein derer, die sie erlebt, erlitten, durchgemacht, ihren Spaß daran gehabt haben, genauso ist, war und bleibt, oder aber die Wirklichkeit führt ein Eigenleben, stolz, unabhängig von unseren Wahrnehmungen und mithin unserer Kenntnis und vor allem unserer Gier nach Logik – und dann ist der Versuch, sie zu finden, zu entdecken, aufzuspüren, vielleicht ebenso vergeblich, ebenso enttäuschend wie jenes Kinderspielzeug, jene ineinandersteckenden Puppen aus Mitteleuropa, von denen jede eine immer noch kleinere enthält, bis etwas ganz Geringfügiges, Winziges, Unscheinbares ans Licht kommt: gar nichts; und jetzt, jetzt da alles zu Ende ist, ist der Versuch zu berichten, zu rekonstruieren, was sich zugetragen hat, etwa so, als wollte man die verstreuten, unvollständigen Scherben eines Spiegels wieder zusammenkleben, unbeholfen ineinanderfügen, um dann doch nur ein zusammenhangloses, lachhaftes, idiotisches Ergebnis zu erzielen, wobei uns vielleicht nur unser Geist oder vielmehr unser Hochmut, dem Wahnsinn nahe und allem Augenschein zum Trotz, um jeden Preis auch dort noch eine logische Folge von Ursachen und Wirkungen zu entdecken zwingt, wo alles, was die Vernunft zu erkennen vermag, nur jenes Umherirren ist und wir hin und her geworfen werden wie ein auf dem Wasser treibender Korken, ohne Richtung, ohne Ziel, nur oben zu bleiben suchend und leidend, und schließlich sterben, und das ist alles …)* … DER WIND, 7f. (9f.)

– dieser Satz steht gleich auf der ersten Seite des Buchs, in einer Parenthese, die ausgeht von der Geschichte, die sich hier ereignet habe, nämlich als der Anwalt ihren Anfang dem mitteilt, der alles was er hört und sieht dann dem Leser berichtet; der Satz bezieht sich, man weiß aber nicht ob zuerst oder erst dann auch, auf das Romanschreiben, das Geschichtenerzählen, aber eben davor oder dann auch auf die Wirklichkeit, das Leben selbst; in diesem Sinne wohl zitiert Simon vierzig Jahre später, als Motto zum JARDIN DES PLANTES, ein Wort Montaignes: *Keiner entwirft einen bestimmten*

Lebensplan; wir legen ihn uns stückweise zurecht … Wir bestehen alle aus Stücken; und diese sind so uneinheitlich zusammengefügt, daß jeder einzelne Bestandteil, zu jeder Zeit wieder anders, seine Rolle für sich spielt – vielleicht liegt es an einer Rückübersetzung sozusagen, wenn die Übersetzerin die Stelle bei Montaigne nicht gefunden haben sollte und sich nun, von einem einzigen Satz aus, an ein Denken herantasten muss, das ihr sonst vielleicht ein bisschen fremd ist, jedenfalls bei Montaigne lautet der zweite Teil des Simonschen Mottos (es stammt aus dem ersten Essay des zweiten Buchs), in der Übersetzung von Tietz, 1753: *Wir sind alle aus verschiedenen Lappen zusammen gesetzet: und sind so ungestalt und so ungleich zusammengesetzt, daß jedes Stück von uns jeden Augenblick sein Spiel treibet;* in der Übersetzung von Lüthi, 1953: *Wir sind alle aus lauter Flicken und Fetzen und so kunterbunt unförmlich zusammengestückt, daß jeder Lappen jeden Augenblick sein eigenes Spiel treibt;* schließlich in der Übersetzung von Stilett, 1998: *Wir bestehen alle nur aus buntscheckigen Fetzen, die so locker und lose aneinanderhängen, daß jeder von ihnen jeden Augenblick flattert, wie er will.* – Anders als das bei Simon scheint und für uns vielleicht attraktiv wirkt, ist Montaigne übrigens der Meinung, dass der Mensch sich anstrengen sollte und mit Erfolg anstrengen könnte, den Fetzenzustand zu vermeiden und wirklich einen Lebensplan zu entwerfen. Vielleicht aber simuliert er auch diese Moral bloß, um sagen zu können, was er für die Wahrheit hält, etwa wie Maler seiner Zeit antike oder heilige Geschichten zum Vorwand nehmen, Landschaften oder schöne nackte Frauen zu malen; andererseits, wenn Montaigne, wofür auch vieles spricht, die Moral, auf die er hinauszuwollen scheint, ernster nahm als wir womöglich möchten, dann waren vielleicht auch jene Maler gar nicht usw., aber das sieht doch so wenig wahrscheinlich aus, dass Simon Montaigne entweder richtig versteht oder ihn doch (denn Montaigne steht uns wohl tatsächlich sehr viel ferner als seine malenden Zeitgenossen) so versteht, als könnten wir ihn gern lesen.

Wirklichkeit … *auf alle Fälle ist es auch egal ob dieser Hügel oder der da hinten auf alle Fälle hat es sich niemals so zugetragen wie man es sich vorstellt oder man könnte auch sagen man stellt sich niemals die Dinge so vor wie sie sich in Wirklichkeit zutragen und selbst wenn du dabei bist kannst du sie niemals so sehen wie hör bloß auf sie sind Also mach es wie alle und beschließe daß sie das sind was du zu sehen glaubst oder stell sie dir vor und beschließe daß es sich so abgespielt hat und dann hat es sich wirklich hier abgespielt Vielleicht hat er hier gestanden die Augen* *über die Ebene schweifen lassend ein Mann aus geschwärzter Bronze hart kahlköpfig mit flachen Wangen auf dem Hügel den er Berg nannte …*

Die Schlacht bei Pharsalos, 84f. (88f.)

Wolken … *zusammen mit den Schlagsahnewolken …, regungslos, wie Schaumgebäck, das heißt oben aufgebläht und unten flach als lägen sie auf einer unsichtbaren Glasplatte, schnurgerade ausgerichtet in aufeinanderfolgenden Reihen die die Perspektive in der Ferne zusammenrückte (wie Baumstämme entlang einer Straße), um ganz dort hinten, am duftigen Horizont, eine reglos über den Wipfeln der Bäume und den schlanken Fabrikschloten hängende Decke zu bilden, bis man bei näherem Hinsehen bemerkte, daß sie als ein Ganzes unmerklich dahinglitt, ein treibender Archipel, über den Häusern segelnd, den unglaublich grünen Rasenflächen … die langsamen Wolken die sich wie jene scheinbar reglos auf dem Meer liegenden stolzen Armadas gleichsam sprungweise mit phantastischer Geschwindigkeit fortzubewegen scheinen, indes sich das Auge, ihrer scheinbaren Reglosigkeit überdrüssig, von ihnen abwendet und sie dann einen Moment später, scheinbar noch immer reglos, am anderen Ende des Horizonts wiederfindet, Wolken die auf diese Weise sagenhafte Strecken zurücklegen während unter ihnen, winzig und lachhaft, Städte, Hügel, Wälder dahinziehen, und unter denen, ohne daß sie, noch immer majestätisch, aufgebläht und unwägbar, sich je bewegt zu haben scheinen, noch andere Städte, andere Wälder, andere lachhafte Hügel dahinziehen würden …*

Die Strasse in Flandern, 160/174 (141/151)

– Beobachtungen während des großen Rennens, das de Reixach leider doch nicht gewinnt, und dessen Erzählung immer wieder verschmilzt mit der seines Untergangs in Flandern dann (denn in gewisser Hinsicht lässt er sich hier erschießen, weil er dort nicht gewinnen konnte oder womöglich wollte) und dem Untergang seines ebenfalls, nur in anderer Reihenfolge besiegten Vorfahrn: der erst von den Spaniern geschlagen wird und dann zu Hause merkt, dass ein anderer seine Frau hat (und sich dann umbringt oder von dem andern Mann umgebracht wird, das spielt aber keine Rolle). – Während solcher Bemerkungen, etwa also dieser eben, die ja leicht zu parallelisieren ist damit, dass es ja ebenfalls kaum eine Rolle spielt, ob in Flandern de Reixach sich selbst umbringt oder von dem Heckenschützen abgeschossen wird, während solcher Bemerkungen geht einem dann immer deutlicher (man ist fast zu Übertreibungen geneigt) die Erzählstruktur dieser Romane auf: wie sich also alles ineinander spiegelt, selbst noch auf den immer wieder wie zu Rate gezogenen (oft sogar eigens erfundenen – doppelt erfundenen also, in der Geschichte sowieso, und noch einmal für sie) Gravüren in diesem Falle (für die alten Geschichten, oft werden es auch Fotos sein). – Ich weiß im Grunde nicht, wie sehr es auf das Bewusstsein solcher poetologischen Strukturen (siehe auch →Schwarze Blume oder →Plot) ankommt fürs Lesen (gar nicht, wahrscheinlich), aber ein mitlaufendes heimliches Halbbewusstsein davon wird es oft doch geben, und man freut sich dann, ein Wort dafür gefunden zu haben.

Wolken … *Langgestreckte Wolken schweben oder vielmehr treiben dahin wie die Inseln eines Archipels, die kleinsten, deren Dünne das Licht durchscheinen läßt, vollkommen weiß, die größeren dickeren von einem blassen Rot beschattet. Ihre Formen mit den länglichen Zacken, die alle in dieselbe Richtung weisen, sind so wie sie ein heftiger Wind prägt, einer wie der, der offenbar in der Nacht geweht hat, den Regen vertreibend – oder vielleicht noch in der Morgendämmerung –, doch der sich jetzt gelegt hat, kein Hauch bewegt mehr die reglosen Äste der Bäume (allenfalls überläuft manchmal die Blätter ein leises Zittern, das nicht einmal die kleinen Zweige biegt), die Wolken gleiten langsam weiter in ihrem Zug, so langsam, daß sie fast unbeweglich erscheinen, ihre Formen und ihre Abstände bleiben unverändert, der ganze Archipel treibt mit gleichmäßiger Geschwindigkeit dahin, die Wolken, die am nächsten sind, durchlaufen eine scheinbar größere Strecke, indes die ferneren, wenngleich von der gleichen Geschwindigkeit bewegt, auf der Stelle zu verharren scheinen, so daß der Himmel sich unmerklich um einen fixen Punkt zu drehen scheint, der im Unendlichen liegt* …

Die Schlacht bei Pharsalos, 96 (101 f.)

Wörter … *es in Büchern zu lesen oder in Museen künstlerisch dargestellt zu sehen und es zu berühren und die Spritzer abzubekommen dazwischen besteht derselbe Unterschied wie wenn man das Wort Granate geschrieben sieht und sich dann von einer Sekunde zur andern am Boden liegend wiederfindet an die Erde geklammert und die Erde selbst anstelle des Himmels und die Luft selbst die über dir zusammenstürzt wie zerbrochener Zement wie Glasscherben, und Schlamm und Gras anstelle der Zunge, und man selbst zersplittert und mit so vielen Bruchstücken von Wolken, Steinen, Feuer, Schwärze, Lärm und Stille vermischt daß in diesem Augenblick das Wort Granate oder das Wort Explosion ebensowenig existiert wie das Wort Erde,* *oder Himmel, oder Feuer, so daß es ebenso unmöglich ist, derartige Dinge zu erzählen, wie sie nachträglich noch einmal zu durchleben, und doch besitzt du nur Wörter, also kannst du lediglich versuchen zu …* GESCHICHTE, 142 (152)

– Onkel Charles unterhält sich hier in seinem Büro mit dem jungen Simon (im Alter, wie öfter in diesem Buch, zwischen dem Knaben und dem Mann, der das erzählt) über dessen Spanienabenteuer und erklärt ihm also in seiner gewöhnlichen Manier einige Unterschiede; was die Spritzer angeht, so hat Charles eben vorher über den jungen Mann da mitten in der Revolution noch diese zwei Sätze gesagt: *… und du mittendrin ein bißchen bestürzt ein bißchen verstört wie der brave junge Mann voller Ehrfurcht und Liebe zu seiner wunderbaren Mutter der sie überrascht hätte wie sie mit hochgereckten Beinen auf dem Rücken liegt bei eben dem Akt dem er das Leben verdankt Wußtest du denn nicht daß das immer in Schweiß und Entleerungen vor sich geht? …*

Wörter *… in Wirklichkeit ein inneres Bild betrachtend, vielleicht die Form die Farbe der Wörter die sie gerade gesagt hat als ob sie ihr nicht gedruckt und in Blasen eingeschlossen erschienen sondern eines nach dem andern aus dem Nichts auftauchten mit ihren Bogen ihren waagerechten und senkrechten Strichen ihren Mäandern ihren Wellen ihren schroffen Trennungen einander ergänzend sich verknüpfend wachsend dann innehaltend in der ebenfalls reglosen Luft in der Schwebe bleibend weiter vibrierend lautlos furchterregend rätselhaft mit vielfachen Bedeutungen beladen bis der folgende Satz die folgende Replik sie zurückstößt sich an ihre Stelle setzt …* DIE SCHLACHT BEI PHARSALOS, 64 f. (68)

– eine telefonierende Frau in einem Zeitungscomic.

Wörter: *… wendet man die Seiten der Register und hält sie etwas geneigt, so lösen sich feine rostfarbene Teilchen mit wie Glimmer glitzernden, goldenen Facetten aus den Briefen und gleiten über die Blätter. Man könnte meinen, die aneinandergereihten Wörter, die Sätze, die auf dem Papier hinterlassenen Spuren von Truppenbewegungen, Schlachten, Intrigen und Reden blätterten ab, zerbröselten und zerfielen zu Staub, an den Händen nur jenes nicht greifbare Pulver in der Farbe getrockneten Blutes zurücklassend …* GEORGICA, 74 (76)

– als der alte Simon, dieses Buch schreibend, in den schriftlichen Hinterlassenschaften des damals fast ebenso alten Mannes blättert, dem das Buch gilt, das er schreibt.

Z

Zeit ... *unaufhörlich gepeinigt von jener wütenden, ohnmächtigen Empfindung der Dringlichkeit, der unbarmherzig, bedrohlich, heillos verrinnenden Zeit ... Und nun schien der Sonnenstreifen wie schmelzende Bronze immer schneller zu gleiten, so daß er seinem langsamen Fließen fast folgen konnte, dem langsamen, schreckenerregenden, unwiderruflichen Fließen der Zeit ... da verspürte er zum dritten Mal ... jene Angst, so erzählte er mir später, die an Panik grenzte, mit einer Art von Entsetzen, von Grauen, von Revolte seines ganzen Körpers die herzzerreißende Wehmut über die verrinnende Zeit, die sich unmöglich festhalten läßt, wie der Sand, das Wasser, die durch die Finger von Kindern rinnen, unerbittlich, unwiderruflich entfliehend ... erstarrt in jener Dichte der Zeit (die diesmal nicht schnurförmig ist wie die geflochtenen, mit Knoten versehenen Halme, deren sich die Indianer für ihre Botschaften bedienen, mit ihrer Auffassung einer eindimensionalen Dauer, in der die durch Knoten dargestellten Ereignisse, Vergangenheit, Gegenwart und Zukunft, ohne Gedränge in bravem Gänsemarsch aufeinanderfolgen: sondern im Gegenteil einer Zeit, die einer Art von dickem Magma* ähnelt, in dem der einzelne Augenblick einem Spatenstich in die dunkle Erde gliche, der ein unabsehbares Gewimmel von Würmern bloßlegt) ... Es war, als wäre keine einzige Regel eingehalten worden ... und nicht einmal die Zeit: als wäre sogar sie von etwas noch Schnellerem eingeholt worden ... oder vielleicht hatte die Zeit selber keine Zeit ... wobei er die Zeit spüren konnte, sagte er mir, den ewigen Wiederbeginn, das ewige Wandern der leblosen, fühllosen Materie, die in der Unendlichkeit kreist, sich mit jener überwältigenden, unerbittlichen Langsamkeit fortbewegt, Verheißung einer langsamen Marter, einer langsamen Agonie, und irgendwo in der leuchtenden Dauer so etwas wie ein Fleck, etwas Dunkles, Schwarzes, Unwiderrufliches, an dem sein Geist sich stieß ... und sicherlich war er geistesabwesend (anderswo oder vielmehr nirgendwo, verloren im langsamen Strom der Zeit, im Schoß jener Leere, jenes Nichts, der Unendlichkeit, die unerbittlich, Millimeter um Millimeter, angenagt wurde durch das langsame Vorrücken eines Stücks Sonne, den langsamen Tod, das lang-*

same Leiden, das so langsam war, so absolut, so maßlos, daß es fast dem Frieden gleichkam) …

DER WIND, 91/94/110/182f./202f./221f./225 (83/85/99/163f./180f./198/201)

* im Büro von Charles eine alte Gravüre, Barcelona darstellend (der Erzähler sitzt bei Charles, der ihn auf das Touristische seines damaligen Spanienabenteuers hinweist, spöttisch; unter dem Fenster jene inzwischen im Efeu verschwundene Wasserleitung, an der er einst mit Corinne gespielt hat, oder Fotos entwickelt vielmehr, der Kirschbaum dazu; jetzt Corinne irgendwo, einen Brief von Charles lesend, ihrem Vater also, worin er schreibe, dieser Idiot sei nach Spanien gegangen: er also; Barcelona deshalb nun), und das Auge, heißt es, sähe ein Rumoren aufsteigen über der von oben gesehenen Stadt, aber dieses Rumoren bleibe kurz über der Stadt gleichsam kraftlos hängen, und dann: *so daß eine geraume Weile verging, bevor die Augen – nicht das Ohr: die Augen – schwache, vereinzelte Geräusche wahrnahmen, die das Gehirn später identifizierte, sie erst erkennend und unterscheidend lange nachdem sie ausgesendet worden waren, als hätten sie eine beträchtliche Zeitspanne benötigt, dieses formlose Magma zu durchqueren, diese beklommene Atmung eines Dickhäuters, die sich ihnen in den Weg stellte …* GESCHICHTE, 152 (163)

– oder auch, im sächsischen Gefangenenlager, Georges mit Blum: *… da auch die Zeit sozusagen stillstand, wie eine Art Schlamm, Schlick, stagnierend, wie eingeschlossen unter dem Gewicht des erstickenden Deckels aus Gestank ausgedünstet von tausend und abertausend Männern die in ihrer eigenen Erniedrigung vermoderten, ausgeschlossen aus der Welt der Lebenden und doch noch nicht in der der Toten … so daß sie sich nun nicht in der Zeit zu bewegen schienen sondern in einer Art gräulichem Formalin ohne Dimensionen, in einer Art Nichts, einer ungewissen Dauer …* DIE STRASSE IN FLANDERN, 125f. (111f.)

Zeit *… während ich die ganze Zeit jenen Jungmädchenduft, jenen Blumenduft roch und dabei nach der Glasglocke, nach dem Brautkranz suchte, aber es war nichts da. Nichts als dieser zu Kopf steigende und wahrscheinlich imaginäre Duft von Frische, Jungfräulichkeit und angesammelter Zeit. Nicht verlorener Zeit: besiegter, oder vielmehr überwundener, gezähmter Zeit: nicht mehr jener allgegenwärtige, allmächtige Erbfeind, den man voller Schrecken herannahen und mit unerbittlicher Langsam-*

keit dahinschwinden sieht, sondern ein alter, vertrauter Weggefährte, vielleicht früher auch einmal gefürchtet und gehaßt, aber das war schon so lange her, daß die Befürchtungen und Schrecken den panischen Ängsten unserer Kindheit gleichen, über die wir nur noch lächeln können … DAS GRAS, 8 (10 f.)

– so erzählt Louise ihrem Liebhaber, zu dem hinab hinter die Bäume sie von oben aus dem Haus kommt, in dem gerade Marie stirbt, diese alte Frau, die ältere Schwester ihres Schwiegervaters; sie erzählt da von den Tagen ihrer eigenen Hochzeit, fünf Jahre oder so muss das her sein, als diese alte Frau, Marie, damals Ende siebzig, ihr in ihrem Zimmer, in das sie sie geholt hatte, einen Ring schenkte, den sie ihrem Liebhaber nun zeigt, sie trägt ihn offenbar immer.

Zeit … *Obwohl die Zeiger stillstehn, scheint es, als könne man so etwas wie ein lautloses Rasseln vernehmen, wie das Vorrücken eines unsichtbaren Gletschers: etwas Graues, Unstoffliches und ungeheuer Schweres, das unablässig vorrückt, eine Lawine im Zeitlupentempo, die am Boden, an den Wänden entlangstreift, seit Millionen Jahren im Vormarsch, geduldig und schleichend …*

DIE LEITKÖRPER, 81 f. (88)

Zigarette … *Ich bin einen Augenblick stehengeblieben ohne Licht zu machen an den Balkon gelehnt die Zigarette in der Hand ebenfalls ohne sie anzuzünden die Dunkelheit einatmend ein- oder zweimal habe ich gehört wie ein Vogel sich im Efeu bewegte vielleicht träumend oder aus Angst schwache Schreie Wenn man auf der Straße ist verhindern die Laternen daß man die Sterne sieht nur auf dem Land oder wie hier über den Dächern den Kaminen war der Himmel voll davon …*

GESCHICHTE, 335 (354 f.)

– manchmal, so wie dann diese Lust am →Weiterfahren ein Auto verlangt, scheint die richtige Ordnung der Dinge zu wollen, dass man (wie hier am Ende eines Tags, eines Buchs) raucht, auch wenn alles dagegen spricht, der Herzinfarkt vor noch nicht allzu langer Zeit (auch wenn ich davor schon zwanzig Jahre nicht mehr geraucht hatte), und meine schöne Ärztin; und doch scheint das dann eine höhere, größere Art des Daseins zu sein, die mich nach so vielen Jahren und auf eine andere Weise als früher dazu bringen möchte, wenn ich solche Stellen lese, und viel stärker als wenn ich wie früher öfter in Filmen schöne Frauen rauchen sah, wieder eine Zigarette zu nehmen und sie schließlich dann auch anzuzünden. Denn in gewisser Hinsicht ist die Bewegung, in die die Kunst, also in die uns Sätze, Farben, Töne versetzen, nicht genug, sie scheint sehr oft nur der Anfang einer Bewegung zu sein, die weiterwill, in die Ferne, rauchend, an einen Mund, an Lippen (es gibt so viel Leben, wie es geglückte Literatur gibt) – und geht dann, knurrend, und indem sie sich klarmacht, woher sie rührt, in meinem Fall dann also schreibend weiter, auf Ziele zu, die es nicht gibt, aber doch an Schönheiten entlang, die Ziele sein könnten. Und vielleicht ist es auch so, dass zu dieser Zigarette dann doch der Balkon dazugehört, und das alte fast verlassene eigene Haus, mit diesen ungeheuren Erinnerungen, und die Akazie vor dem Fenster, die Vögel darin, wenn man aufwacht; nur die Geliebte, die nicht da ist, und zu der ich, oder in deren Richtung ich, wenn ich noch ein Auto hätte, fahren, in eine schöne Nacht hinein und durch sie hindurch immer weiter fahren möchte, habe ich, das ist doch wieder ein Anfang.

Zugfahrt … *der Wagen neigte sich Dort ganz am Ende der Kurve fuhr die unermüdliche Lokomotive die lange Reihe der Wagen ziehend die metallische Mauer dunkelgrün ein raumverschlingender Wurm auf der behaarten Oberfläche der Erde dahingleitend über den mineralischen undurchdringlichen Tiefen in denen die funkelnden Anthrazitfarne ruhen die steinernen Fische die Muscheln die Schnecken das eingeschlossene Feuer die Wiesen die Wälder sich auf den Schlaf vorbereitend sich verdunkelnd die melancholische und erschauernde Dämmerung sie überflutend sich über sie legend sie allmählich zudeckend der beharrliche geduldige mechanische Zug auf den Brücken grollend die Flüsse zwischen den dämmrigen Feldern entfliehend in das Getöse eindringend das zwischen den feuchten felsigen Wänden der Gräben widerhallt daraus hervorkommend sich abermals in einer Kurve neigend Ufer eines Sees mit schwarzem Wasser kleine leckende silberfransige Zungen zwischen dem Schilf des Ufers* … Die Schlacht bei Pharsalos, 173 f. (179 f.)

– nachdem derselbe Zug schon eine Fabrik an sich hat vorbeiziehen lassen.

Zusammenhanglosigkeit … *Von hier an werden simultan mehrere Ereignisse eintreten, die trotz oder vielleicht gerade wegen ihrer scheinbaren Zusammenhanglosigkeit ein praktisch homogenes und zusammenhängendes Ganzes bilden …*

JARDIN DES PLANTES, 197 (202f.)

– der Krieg? (denn das steht zwischen zwei Stellen, die erste Rommel, die zweite Churchill meinend) oder das Schreiben, dieses Buch?

DIE BÜCHER – EINE ÜBERSICHT

Das Seil – La Corde Raide – 1947

Diese schöne ruhige Art, ein Buch anzufangen, das hätte man auch gern einmal gemacht, sagt man sich, aber jetzt ist das wohl vorbei: *Früher blieb ich lange im Bett und fühlte mich wohl. Ich rauchte Zigaretten, genoß meinen ausgestreckten Körper und betrachtete durchs Fenster die Zweige der Bäume ...*, und dann Blicke aus Fenstern in Perpignan und Paris, in Berlin, in Italien irgendwo, in Avignon.

Dann das Reisen, etwa wie das ist, wenn man am nächsten Morgen zum ersten Mal in eine Stadt geht, die man nicht kennt, man ist abends angekommen, es war wohl schon dunkel; Anmerkungen zu Schuhputzern; er erinnert sich an eine Schuhcremereklame in Perpignan und denkt über die Langeweile nach angesichts der meisten Bilder in Museen (ein Thema, das wiederkommen wird); über die Polizei in verschiedenen Ländern, über die Vorteile, die der Fremde genießt, wenn er Geld hat, in Russland etwa, vor dem Krieg; und dann, Russland, vor dem Krieg, ist er bei Vera, diesem schönen Mädchen, das er in Odessa geliebt hat, zuerst habe sie kaum küssen können, schreibt er; dann (18 (19)): *ich habe noch Jahre danach von ihr geträumt* – und er fragt sich, ob das ein Beweis für Liebe ist; wahrscheinlich ist es keiner, wo gäbe es schon solche Beweise* – (so bis ins Einzelne hinein, etwa der Schuhputzer, will ich das Buch aber nicht weiter erzählen).

* selbst im Bett, erst recht im Bett nicht, und der Beischlaf ist gar keiner, jedenfalls denkt so Corinne, als, gegen Ende der STRASSE IN FLANDERN, Georges mit ihr schläft; er versichert ihr, immer, während der ganzen Kriegsjahre, an sie gedacht zu haben, sie zu lieben, und jetzt, als sie, in ihrer letzten Szene, weinend und mit zerquetschtem zerküsstem Mund unter ihm liegt, und er jeden Stoß als Beweis dafür gelten lassen will, dass er sie liebt, sagt sie jedesmal Nein, nein, er liebe sie nicht, oder liebe jedenfalls nicht sie (sie meint: Schenkel einfach, eine Möse), und sie haben beide Recht; die Ambivalenz liegt darin, dass Corinne, als sie, halb so jung wie er, mit Georges' jetzt schon lange totem, gleich Anfang des Kriegs umgekommenen Chef verheiratet war, es mit dem Jockey ihres Mannes getrieben hat, weit weg von aller Liebe, man musste denken, jenes Innere, in dem man die Liebe vermutet, sei bei ihr nichts als die Innenseite ihrer Haut – und genau sie, von der man im Grunde nicht annehmen kann, dass sie jetzt

eine ganz andere ist als damals, wehrt sich vehement, gewissermaßen bis in den Tod, gegen die – sie sozusagen auch seelisch vergewaltigende – Behauptung ihres Beischläfers, er liebe sie: er, von dem sie weiß, dass er sie nur aus geilem Klatsch und Gerede unter frauenlosen jungen Soldaten kennt, und sie, gleich bei ihrer ersten Begegnung, genommen, sich ihrer bemächtigt hat allenfalls in einer Mischung aus jahrelanger stiller Wut und Entbehrung und aufflammender Begier beim Anblick ihrer (wie er auch immer schon weiß, nicht bloß jetzt sieht) verführerischen Haut und fundamentalen Wehrlosigkeit. Und dies alles ganz abgesehen davon, dass bei Simons, wenn ich einmal so sagen darf: so entschiedenem Entlangschreiben an der sinnlich erfahrbaren Oberfläche der Welt jene Art Liebe, die man dazugefühlt hinzusagen müsste zum Begehren, kaum vorkommen kann (kaum, und ganz vorläufig geredet, und ich bleibe skeptisch auch gegen die Theorien, die ich, wenn es gar nicht anders geht, selbst ausdenke, denn zweimal glaube ich tritt diese Liebe doch auf, 1971 in den LEITKÖRPERN, und 1997 im JARDIN DES PLANTES – und vielleicht also könnte man nun das schöne Mädchen Vera in Odessa doch auch noch dazunehmen –, beim ersten Mal scheint sie, die Liebe also, bei einem Abschied dabei zu sein, beim zweiten Mal eigentlich auch bei einem Abschied, aber ihm geht eine Art der Lust am andern voraus, die man für Liebe halten möchte – Liebe, sagt man sich dann, ist ja vielleicht für einen entschlossenen Schriftsteller nur (aber in diesem nur liegt es) ein hellerer, leuchtenderer Grad der Lust an Lächeln und Brüsten und Mund oder was es immer ist, wenn etwa dort, im Badezimmerspiegel (im JARDIN DES PLANTES), das Lächeln und die schönen Brüste der auf dem Badewannenrand sitzenden Geliebten erscheinen). – Dies wäre der Punkt, die hinreißenden nackten Frauen, die Simon öfter fotografiert, oder besser vielleicht die hinreißenden Fotos nackter Frauen zu betrachten, die er gemacht hat, Schwarzweißfotos, aus den früheren Jahren also: dreimal (von den sechs Akten in den PHOTOGRAPHIES von 1992) nur Körper, mit abgewandtem, fehlendem oder verhülltem Gesicht, jeder auf seine Art vollkommen schön, ohne alle verführerische Attitüde; zweimal, und das sind die Fotos, auf denen der Schoß der Frauen beinahe auf Kopfhöhe des Betrachters ist, mit einem Stück ihres Kopfs, mit Kinn und Mund und Nase einmal, das andere Mal nur mit Kinn und Mund, und beide Male ist (oder wäre) der Mund das Unwiderstehlichste am Bild (an der Frau); auf dem sechsten Foto sind der Körper und das ganze Gesicht neben Blumen, die man unmittelbar sieht, hinter einem Fensterflügel halb verborgen, wie verschleiert; den Schluss des Bandes macht ein ungewöhnlich schöner Halbakt Réas, eigentlich das am Betrachter vorbeiblickende Gesicht einer Frau, die, auf die Ellbogen gestützt, auf einem Bett liegt. Man hat keinen Zweifel, dass diese Körper geliebt und begehrt werden, aber wenn man einen Unterschied zwischen Liebe und Begehren nicht wüsste (zu wissen glaubte, oder annehmen zu sollen meinte), würde man angesichts dieser Bilder auf ihn nicht kommen; man würde also, an dieser Sichtbarkeit bleibend, nicht darauf kommen, auseinander zu nehmen, was einem dann in actu, wie Georges und Corinne zeigen, so entsetzlich schwer fällt wieder zusammenzubringen; oder man würde für eins halten, was leider, wie bei Georges und Corinne (oder einmal nach einem eigentlich überaus schönen Akt im ANSCHAUUNGSUNTERRICHT) auseinander bricht.

Natürlich, das ist keine Frage: *Früher blieb ich lange im Bett* – jeder denkt an Proust, den berühmten Anfang der RECHERCHE: *Lange bin ich früh schlafen gegangen*; man muss nicht sagen, dass Simon mit diesem ersten Satz jenen berühmteren ersten Satz ins Gedächtnis rufen will, das wissen wir nicht; sicher ist nur, dass er, nachdem er diesen Satz einmal geschrieben hatte, ihn stehn gelassen, und also in Kauf genommen hat, dass sich dabei jeder an Proust erinnert, oder an ihn denkt, um das in diesem Falle so sehr beladene Erinnern einmal wegzulassen: dieses also dann doppelte, dreifache Erinnern; denn auch Simons beinahe ganzes Schreiben, angefangen (und viel mehr ist ja noch nicht da zu diesem Zeitpunkt) mit diesem ersten Satz des SEILS, ist (oder wird eben sein) ein ständiges Sicherinnern, ein Wiederheraufrufen, ein Immerwiederheraufrufen des Gewesenen, des Erlebten: das offenbar zu keiner richtiggehenden Biographie gerinnen will, die ja irgendwann dann fertig wäre; ja, das der Autor geradezu an jedem solchen Gerinnen hindert, indem er es immer wieder in immer neue Sätze verflüssigt. Man muss deswegen Simons Romananfang noch nicht als Zeichen eines bewussten Gegenentwurfs zu Prousts Unterfangen nehmen, aber zweifellos, indem er Proust so schön bedenkenlos heranassoziiert, deutet er wohl an, dass er nicht dasselbe machen wird, was Proust eben erst gemacht hatte (Proust war gerade fünfundzwanzig Jahre tot). – Und ich will noch anfügen, dass der berühmte FREMDE bei Camus, im Jahre 42 (Camus ist, wie Simon, 1913 geboren), einmal schreibt, über den Sonntag, der auf die Beerdigung seiner Mutter folgt, und nachdem er die Nacht mit Maria verbracht hat: *Ich legte mich auf die andere Seite und suchte im Kopfkissen den Salzduft, den Marias Haar dort hinterlassen hatte, und schlief bis zehn Uhr. Ich bin dann noch im Bett geblieben und habe bis Mittag Zigaretten geraucht …* – die Leidenschaft einer Generation offenbar.

Im Leben wie im Tod, so knüpft Simon dann an die Träume von Vera an, ist jeder allein, und er erzählt vom Sterben eines älteren Onkels (eines bemerkenswerten Mannes, wie aus späteren Büchern hervorgeht; einmal, als Beobachtungsflieger, hat er aus der offenen Kanzel seines Flugzeugs sein Wasser abgeschlagen in die Tiefe unter sich, die voller Explosionswölkchen stand, es war Krieg – der erste, die Flugzeugkanzeln waren noch aus Holz und Leinwand, und die Flugzeuge selber offenbar nicht allzu schnell), der eigentlich nichts im Leben geliebt habe als Frauen, Wein und Tabak, und der, halb tot schon, als Simon einmal zufällig mit einer jungen Freundin bei ihm vorbeigekommen war, er saß vor seinem Haus im Garten, wie von unwiderstehlichen Kräften gezogen aufgestanden und zu dem erschreckten Mädchen hingegangen war (solange man wollen kann, glaubt man zu wollen – wird hier nun die Wahrheit darunter sichtbar?), und er habe gefühlt, schreibt Simon (25 (27)), wie seine Freundin geschaudert habe, *erfüllt von dem delikaten und erbarmungslosen Grauen junger Mädchen vor allem, was ihre Welt stört und zerreißt, ihre wohlgeordnete Welt scheinheiliger Wünsche und ephemerer Artigkeiten* – später im Buch, als ein Vater seine Tochter von einem Bild Cézannes wegreißt, denkt man daran zurück.

Und dann berichtet er von einer Stadt in Südfrankreich, in deren alten Festungsanlagen immer Zigeuner kampiert hätten, und dann habe man beschlossen, die Stadt hatte einen sozialistischen Magistrat, diese Stadt solle aussehen wie alle andern ordentlichen Städte, man habe die alten Befestigungen Vaubans geschleift, und auf dem freien Gelände habe jeder bauen können nach seinem Geschmack, und wirklich sah die Stadt jetzt aus wie alle andern; fünfzehn Jahre sei das her, das muss also Anfang der dreißiger Jahre gewesen sein; Vera hatte er im Jahre 1937 geliebt, nach seiner Rückkehr aus Spanien war Simon nach Deutschland, Polen und nach Russland gereist.

Auf das spanische Abenteuer (das für ihn nur vierzehn Tage dauerte), den Aufstand damals, den Bürgerkrieg, kommt er jetzt, er erzählt, und findet (30 (33)), *daß jeder Mensch eine gewisse Inszenierung braucht, um die Erscheinungsweisen seiner Existenz so zu verwandeln, daß sie ihm wert erscheint, gelebt zu werden ... Von da an ist der Mensch, falls er sich davon zu überzeugen vermag, Teil oder Antrieb eines tragischen Ganzen zu sein, in bezug auf sein inneres Leben praktisch gerettet* – selbst von jenen will er das sagen, die bloß in beschlagnahmten Autos kläglich umkamen, weil sie zu schnell durch Barcelona rasten: *Vielleicht hatten sie dunkel das Lächerliche und Eitle jeglichen Handelns gespürt und hatten sich, von Ekel zu Ekel, davon überzeugt, daß es nichts ist als Täuschung und Heuchelei – keine freiwillige Handlung will zugeben, daß ihr einziges Ziel der verzweifelte Versuch dessen ist, der sie ausführt, sich durch sie hindurch zu befreien* (31). Sich selbst sieht er als einen jener von überall her Gekommenen, die das Elend Europas, so nennt er das, leid waren, *all diese Männer und all diese Frauen, einander gleich durch die erhabene Würde des Elends, von denen man hätte sagen können, sie wären wie jene im Nebel Verlorenen, umherirrend, niedergeschlagen und gezwungen, die Hände an ihre Gesichter zu führen, um nicht daran zu zweifeln, daß sie wirklich dort waren, wo sie wußten (ohne daran glauben zu können), daß sie sich befinden mußten* (34 (36)).

Die Sequenz über Barcelona ist sehr umfangreich, sie umfasst beinahe die Hälfte des bisher referierten Buchteils, fünfzehn Jahre später wird Simon ein ganzes Buch dem Spanienausflug widmen (DER PALAST, 1962), er wird immer wieder darauf zurückkommen, sehr ausführlich noch einmal weitere zwanzig Jahre später, 1981 in den GEORGICA, wo wiederum er nun sehr ironisch das Buch referiert, das seinerzeit der englische Kollege George Orwell über sein spanisches Abenteuer geschrieben hatte; und ich glaube, diese Ironie, dieser Abstand beim Schreiben rührt daher, dass Simon für sein eigenes Leben relativ früh auf eine Inszenierung, auf einen Sinn, auf eine forcierte Sinngebung, jene Rettung eines inneren Lebens (wenn nicht das Schreiben, vielleicht noch die Liebe solche Rettungen sind) verzichtet hat – daher, so empfinde ich das, dieses schreibende Nichtgerinnenlassenwollen des Erlebten zu einer Biographie.

Was eine Biographie begründen könnte, ist oft der Tod, der drohende Tod, wenn er groß genug auftritt. Aber auch hier ist wenig zu holen für Simon, er schreibt, gleich im Anschluss an die Barcelona-Sequenz (an deren Ende Kriegsschiffe im Hafen stehn, 44 f. (47 f.)): *Nur in Büchern kommt es vor, mit Hilfe von Wörtern, daß der Tod Größe gewinnt und feierliche Majestät. In Wirklichkeit kann er grauenvoll sein, abschreckend oder lächerlich, aber nicht tragisch ... Ich war mehrmals dem Tod recht nahe, aber wenn ich mir vorstelle, wie das sich zugetragen hätte, wenn die Dinge bis zum Ende gediehen wären, so sehe ich nur etwas sehr Mittelmäßiges.* Er erwähnt eine Kinderkrankheit, dann ein Kriegserlebnis, das später noch oft wieder auftauchen wird; hier, in diesem Buch, ist das Erlebnis noch vergleichsweise nah, und Simon erzählt, dass er keinerlei Todesfurcht verspürt habe, sondern nur ein gewisses Bedauern, und das Leben, das mit einem Mal kostbar schien, habe sich ihm in diesen Augenblicken verkörpert erstens in den Kameraden seiner Schwadron (mit denen ihn persönlich wenig verbunden habe), sodann in einer Taschenlampe, die er in seiner Satteltasche (er diente bei der Kavallerie) zurückgelassen hatte, rot, glänzend, neben einem Stück Schinken, und dann *verschwand dies alles hinter dem Bild des Tüllvorhangs am Fenster meines Zimmers in Perpignan, den der Wind blähte, der sich füllte mit dem frühlingshaften Hauch, in das Zimmer drang und zurückfiel, schlaff zusammensank, um von neuem anzuschwellen, zuckend, luftig und wunderbar weiß* (47 f. (51)).

Etwas später, als er auf so etwas wie das Gefühl des Gestorbenseins zu sprechen kommt, *Wenn also auch ich tot sein könnte, mit einem einzigen Schlag mich öffnend von oben bis unten und mit Bildern mich anfüllen lassend, ich selber werden könnte, in der ungewissen Luft mich auflösend …* heißt es: *Ich bleibe stehen und die Dinge bleiben gleichfalls stehen, fangen sich, das Stück grüner Himmel eingefugt zwischen die grauen Häuser, so als zerteilten die erstarrenden Linien mich in Fragmente, und ich kann jenen Raum durchziehen, den ich enthalte* (58 f. (62 f.)) – man muss nicht immer tiefe Bedeutung in die Motti legen, die Simon fast allen seinen Büchern voranstellt, aber man begreift an solchen Stellen seine Nähe zu Rilke, mit dem er zwanzig Jahre später einen großen Roman (Geschichte) auf den Weg schickt.

Es folgen Reflexionen über den Krieg; und um die Dimension begreifbar zu machen, in der er empfindet, schreibt er über den Schrei einer Frau, nachts einmal, sie liegt in den Wehen; er wisse, dass da nichts weiter ablaufe als ein simpler biologischer Vorgang, sagt er, dennoch könne man einen solchen Schrei nicht vergessen; und dann: *Die Wissenschaftler wissen so viele Dinge, oder man traut ihnen zu, so viele zu wissen, daß sie fähig sind, alles zu lösen ohne einen Rest von Geheimnis. Du versuchst, so gut es eben geht, auf diesem verfluchten Seil weiterzumachen, riskierst bei jedem Schritt, dir das Genick zu brechen, und diese Kerle erklären dir, daß in Wirklichkeit gar keine Gefahr besteht, auch keine Schwierigkeit, wenn du das Gesetz des Gleichgewichts kennst.* Und jetzt diese große Idee des Unseriösen, die Simon da hat: *Wenn du dich weigerst zu verzichten, auf die eine oder andere Art, wenn du dich versteifst, ohne Ba-*

lancierstange und ohne Sonnenschirm den Akrobaten zu spielen, so werden die Gimpel nicht zögern, dich als jemand Unseriösen zu betrachten … (57 (67 f.)) Und dann kommt er ganz rasch auf die Schönheit der Welt, und auf Cézanne.

Der Gedanke dabei ist der, dass das Empfinden, oder die Idee irgendeiner schlimmen oder heldenhaften Absurdität der Welt sich selbst aufhebt, denn sie kommt, in uns, nur dadurch zustande, dass wir heimlich immer noch an so etwas wie ihre Vernünftigkeit geglaubt hatten. *Ich habe lange gebraucht, um zu entdecken, daß es so ist,* schreibt Simon (59 (64)), und fährt fort: *Zu entdecken, daß es nichts zu korrigieren gibt, nur zu nehmen – alles zu nehmen – und daß alles, was war, ist und sein wird, sich genügt; daß es genügt – und noch weit darüber hinaus – auch die anspruchsvollsten Wünsche zu befriedigen, daß man niemals dahin kommen wird, sich an dieser prunkvollen Herrlichkeit der Welt sattzusehen, vorausgesetzt, daß es gelingt, sich ihrer bewußt zu werden* (Goethe, erst in den Wanderjahren, dann im West-östlichen Diwan, überträgt einmal einen Vers des großen Ferdausi – als schlösse er sich damit also älteren Weisheiten nur an, erprobten Weisheiten früher schon klug gewesener großer Kollegen – so ins Deutsche: *Was machst du an der Welt, sie ist schon gemacht, der Herr der Schöpfung hat alles bedacht*). Zum Korrigieren würde dann auch so etwas wie die Weigerung gehören, die Augen ganz zu öffnen für alles (wie Baudelaire sie für das Aas am Weg geöffnet hatte), eine Weigerung, die Simon, wie den Moralisten (… *Unter Moral verstehe ich eine zweckmäßige und selektive Definition von Gut und Böse, die erlaubt, einen mehr oder weniger wichtigen Teil des Lebens vor sich zu verbergen, häufig einen sehr wichtigen …* 62 (67)), den allermeisten Malern vorwirft: *Weigerung ist ein sicherer Hort. Es ist bequemer, wenn man sich weigert zu sehen, sich weigert die Augen zu öffnen und sie lieber zusammenkneift, nur noch einen kleinen Spalt läßt, der bloß dem Teil der Welt in dich einzudringen gestattet, der dir der günstigste scheint* (63 (68)).

In der ebenfalls, wie sein Fremder, 1942 erschienenen großen Abhandlung über den Mythos des Sisyphos hatte Camus die Absurdität zu beschreiben versucht, von der Simon sich hier verabschiedet; genauer verabschiedet er wohl sich nicht von der Absurdität, sondern er verabschiedet sich, wie soll man das nennen: von dem gewaltig schönen Wind, den Camus um sie (um das, was im Grunde bloß hinter ihr steckt, und in dem Wind entsteht sie dann) gemacht hatte. An wenig Werken, die einmal großes Aufsehen erregt haben, haben die sechzig seither vergangenen Jahre so sehr gezehrt wie an diesem Mythos des Sisyphos; oder, um es mit Hegel zu begütigen, der einmal meint, das, was einst die Kraft eines Genies gekostet habe, lerne heute der geringste Schüler fast mühelos (Pythagoras), so ist eben das, was damals ein fast heroischer Gedanke war in einem bestimmt großartigen Buch (das lässt sich alles noch leicht nachempfinden), heute kaum mehr als die Lektüre eines müßigen Nachmittags, und Simon hat Recht, wenn er findet, dass von der großen Feier des Absurden, von seinem Pathos, seiner Leidenschaft, seiner Emphase kaum noch die Rede sein kann, wenn wirklich einmal nur noch die Welt und der Mensch, der sterben wird, da sind: denn immer der fehlende Gott, der immer noch mitgedachte, und der leere Himmel machen den Menschen erst elend, dann zum Helden; beides gibt sich. Ich weiß nicht, ob Camus bei längerem Leben (er starb sechsundvierzigjährig bei einem Autounfall) einsichtig genug dafür gewesen wäre, aber eigentlich hätte er in dieser in Simons Romanen dann Gestalt werdenden Absage an den doch sehr jungenhaften Idealismus des Absurden sehen können, wie schön es ist, wenn andere begreifen, was man wohl gemeint hatte.

Was an den Sachen von Camus immer noch fasziniert wie an kaum anderen Büchern jener Zeit, ist die Erinnerung an das Gefühl irgendeines Glücks, das die Gedanken damals machten, und wie sie das Leben tangierten. Wenn Camus, Schauspieler, Bühnenmensch, im Grunde der geborene Held (der Mensch in allen solchen Philosophien braucht Zuschauer), eine Zigarette rauchte, dann scheint das ein ganz anderes Rauchen gewesen zu sein als sonst bei jemandem; wie Goethe von Schiller sagt, der sei noch groß gewesen, wenn er sich die Nägel schnitt, so zündete sich Camus eine Zigarette an, als hätte er eben gerade das Feuer dazu von Prometheus geholt. Simon hat damals schon völlig anders geraucht, immer wie mit dem Geschmack der elenden Kippen aus dem sächsischen Gefangenenlager im Mund, und den Sätzen, mit denen er das Absurde verabschiedet, sieht man nicht einmal mehr das Bedauern an, die alte Emphase nicht mehr teilen zu können. Sie sind dermaßen nüchtern, dass sie fast verstockt wirken angesichts der eloquenten Ausführlichkeit, mit der Camus sich seinen schönen Gedanken widmet; offenbar hat Simon in jener Art und schweigender Unablässigkeit nachgedacht, die dahin führt, dass man die Lust an Argumenten verliert; es bleibt dann, jedenfalls für jedes Gegenüber, nur so etwas wie der Anblick einer kahlen Wand, aus der einfach keine feinen Antworten mehr kommen werden.

Nicht ohne Bewunderung sieht man das große Risiko, das Camus eingeht, wenn er dem fast schweigenden Stil Meursaults in seinem Fremden die beinahe gesuchte und dann auch wirklich glänzend gefundene Brillanz seines Sisyphos an die Seite stellt; denn es sieht dann so aus, als habe Simon in seiner Absage an das große und so großartig befreiende Absurde dem Intellektuellen Camus einfach noch einmal seine Erfindung Meursault in den Weg gestellt. Vielleicht muss man sich klarmachen, dass Sätze wie jener berühmte letzte von Camus, wonach man sich Sisyphos als einen glücklichen Menschen vorstellen müsse, im Grunde nur noch für einen Small Talk taugen, oder, wenn sie wirklich gut sind wie dieser, dafür, an diesem Abend eine schöne Frau zu erobern für diese Nacht. Eigentlich hatte Paul Valéry (Jahrgang 1871, für seinen ersten großen Roman, Der Wind, hat sich Simon das Motto bei ihm geholt) in aller Stille (in aller Morgenstille, wenn er sich früh an seine Hefte setzte) schon längst mit diesen Illusionen aufgeräumt, aber das war damals noch nicht so klar.

Man kann ja überhaupt das Glück (oder dieses ihm ähnliche Hochgefühl, trotzig, heroisch, oder wie man sich Sisyphos nun vorstellen mag), das ein gefundener Gedanke ausstrahlt, oder damals jedenfalls ausstrahlte*, leicht für ein Indiz seiner Wahrheit halten, zumal es kaum andere Indizien gibt, und man ohnehin eher das Glück als die Wahrheit sucht, wenn nicht beide von vornherein, wie das Gott sei Dank in jeder vernünftigen Metaphysik ist, zusammenfallen sollten: denn wie gesagt: woran sollte man die Wahrheit, wenn man sie denkend will, anders erkennen als daran, dass sie nun ein Gefühl des endlich gefundenen Glücks mit sich führt? Eigentlich ist es also richtig, und jedenfalls spricht sehr viel dafür, mit dem Denken aufzuhören, wenn man mit seinem Ergebnis glücklich sein kann, und das war Camus mit seinem Gedanken des Absurden, der auch noch so schön den Stolz des von allen Göttern so schmählich oder von den schmählichen Göttern endlich allein gelassenen Menschen befriedigte. Ein kleines bisschen war es hier aber wie mit dem Leben nach dem Tode: Man hätte Sisyphos fragen mögen, ob er glücklich wäre; aber die Unterwelt war zu. Und so hatte dieser letzte große Salongedanke der Metaphysik zwar noch einen Schimmer mancher alten Schauder und schönen Schrecken, aber die Frauen verloren am Ende wenig, wenn man sie ohne ihn kriegte, und nichts ihr Schrei in der Nacht (dieses alte Pathos verlor sich erst später).

– Ehe ich diesen kleinen Exkurs beende, noch eine Abschweifung, nämlich zu Ernst Jünger, der, in fast denselben Jahren, im Abenteuerlichen

Herzen, 1938, in der zweiten Fassung also, in Überlingen, beim Frühstück, beobachtet, wie aus einem Rotschwänzchennest ein Junges fällt; tot liegt es unten, und das tote Ding wird von den Eltern jetzt nicht mehr beachtet; und Jünger schreibt nun: *Der kleine Vorfall brachte mich auf einen Gedanken, den ich als glücklich empfand* – und diesen Gedanken nun, sein Inhalt, sein Aussehen muss uns hier nicht kümmern, hält er also deshalb, des Glücks wegen, den er vermittelt, mit dem er daherkommt so beim Frühstück schon, für mitteilenswert, und insofern für wahr. –

So weit dieser kleine Exkurs, diese kleine Abschweifung. Simon schreibt (68 (73 f.)), er gehe ganz auf in der Schwierigkeit zu leben, *ich suche, was mir helfen könnte weiterzumachen, und da muß ich Solides finden, an das ich mich halten kann. Ich gehe sonntags nicht zur Messe, ich rauche kein Opium, ich spiele nicht Karten, ich trinke nicht so lange, bis ich betrunken bin, ich gehe nicht angeln, ich frequentiere nicht die Häuser der Illusionen, ich gehöre zu keiner politischen Zunft. Nicht etwa aus Tugend. Wenn ich irgendeine Befriedigung an diesen Dingen fände, würde ich sie wahrscheinlich tun, so gut wie jeder andere. Ich habe nichts gegen derlei Tätigkeiten einzuwenden, wenn der, der sich ihnen hingibt, dabei findet, was er braucht, und mich nicht zwingen will, zu tun wie er …*

* vielleicht ist Wahrheit einfach eine bestimmte intellektuelle Konfiguration, die uns zu einem bestimmten Zeitpunkt glücklich macht, eine Art wunderbarer Verliebtheit, und wie jede Liebe verraten wir auch diese dann irgendwann, ohne dadurch doch ihr Glück, also die Wahrheit leugnen zu wollen – bei der man also offenbar nur bleiben kann, wenn man sie immer wieder, oder jedenfalls nicht grundsätzlich nicht verrät. Kaum etwas erregt ja eine ambivalentere Bewunderung als ein Mensch, der an einer Wahrheit festhält (sagen wir also an der Wahrheit über Sisyphos), die uns selbst jetzt vorkommt wie ein großes Gefühl, das wir auch einmal hatten, und wahnsinnig gern wiederhätten, aber dazu müssten wir Erfahrungen verraten, vergessen, die dasselbe Recht haben wie jenes alte Gefühl (und jünger sind – eine, wie ich zugebe, doppelt verräterische Formulierung: die aber sein muss, denn): in dem Augenblick, in dem wir uns das klarmachen, erhält jenes schöne wahre alte Gefühl eine Aura von wieder gefundenem Glück, das damals noch nicht bei ihm war, und durch das es nun doch zu etwas anderm wird und eben schon geworden ist, und wohin es eben wohl doch kein wahres Zurück mehr geben kann (sein einst strahlendes Wesen

ist eine Fotografie geworden). Mitleidvoll und sehr klar hat das alles Wilhelm Raabe in seinen ALTEN NESTERN beschrieben. – Natürlich wären hier noch ein Dutzend Anmerkungen nötig (etwa über das wirkliche Wiederfinden, das niemals ein Wiedergefundenes will – also nur diese eine Anmerkung doch: als, am Ende von Simons PALAST, der nach fünfzehn Jahren nach Barcelona zurückgekehrte damalige Student und Revolutionärsvolontär die Mitkämpfer von damals wiederfindet, Phantome, und sie ihn begrüßen, als ob es natürlich wäre, dass er, wenn auch mit etwas Verspätung, zu ihnen käme, und sie immer damit gerechnet hätten, dass er sie wieder finden würde: erschießt er sich, in einem Pissoir); aber jetzt wollen wir weiter. –

Dann erzählt Simon von einem Mann, der, Bürgermeister einer kleinen spanischen Stadt, vor der Revolution dort eine Kirche bauen und sie nach der Revolution, statt sie niederzubrennen, sorgfältig wieder abtragen ließ. Es folgt eine Geschichte aus dem Krieg, eine dieser Geschichten, die er später (etwa in der STRASSE IN FLANDERN) noch öfter erzählt hat, von dem Verwundeten, der endlich wieder seine Truppe erreicht, aber die falsche Division, und dort wollen sie ihn nicht. Und der Schluss, den er zieht, wenn das einer ist, ist dieser (87 (94)): *Kirchen und Könige sind so: grandiose und dogmatische Aufschneidereien, die mit großer Mühe, doch ohne daß es ihnen gelänge, die Hauptinteressenten zu täuschen, einen Hintergrund aus Furcht und bangen Fragen verhehlen.* Und in diesem Augenblick ist er wieder bei Cézanne (er habe die ganze Zeit nicht aufgehört über ihn zu schreiben, hatte er schon einmal gesagt, noch vor dem spanischen Kirchenbauer), also bei der nicht lügenden Kunst, und schreibt: *Wenn Cézanne diese fürchterliche Panik nicht bei jedem Pinselstrich erkannt hätte, dazu einen vollständigen Mangel an Schneid, wäre er wahrscheinlich nie dahin gekommen, wohin noch keiner vor ihm hatte dringen können (nicht einmal die Idee hatte, daß man eindringen könnte), wie groß und kühn auch seine Selbstlosigkeit und seine Courage gewesen sein mochten.*

Dann über die Kunst, mit der hübschen polemischen Stelle (92f. (101)): *Wenn Kinder sich ausdrücken, kümmern sie sich herzlich wenig um die metrischen, die vernünftigen, die humanistischen Regeln, und zeigen dennoch von der Welt ein weit überzeugenderes, weit enthüllenderes Gesicht als alle Virtuosen mit ihren vorsätzlichen Harmonien* – es ist wirklich nicht wichtig, ob dieser Satz ganz und gar haltbar ist, ich zitiere ihn (und sicher sagt ihn Simon deshalb auch), weil er Licht wirft auf Simon als Fotografen. In dem wunderbaren Band, den Maeght 1992 mit Schwarzweißfotos Simons (neun Dutzend zwischen 1937 und 1970) herausgegeben hat, findet sich neben den Fotos von tanzenden, spielenden, beobachtenden, einfach dasitzenden oder von ihren Eltern in den Armen gehaltenen Kindern auch ein Dutzend Fotos von Wandkritzeleien von Kinderhand: Katzen, Gesichter, Pissende, Schwänze, Vögel, Hexen, Pferde; und in einem Roman, der SCHLACHT BEI PHARSALOS, läuft ein Mädchen, das dort am Arm eines jungen Manns vorbeikommt, ihm beinahe weg, als er ihr an einer Scheunenwand lachend die Möse zeigt, die der Leser kurz davor zwei Jungens hat einritzen sehen (selten in den beschreibenden Sätzen, die er darüber macht, und die immer wunderbar sind, oder in den Fotos, die ihre Kunst unter lauter Reichtum verstecken, wohl aber manchmal in seinen Reflexionen, wenn man sie den Sätzen zu entreißen versucht, kann einem Simon schon einmal etwas naiv, fast unbedarft (wie er Camus vorgekommen wäre) vorkommen – ein Fehler, vor dem sich dann später Robbe-Grillet und Nathalie Sarraute leider nicht immer gehütet haben, wenn sie glaubten, die Raffinesse ihrer Konzepte müsse doch die weit weniger progressive Schönheit der Sätze Simons leicht in den Schatten stellen können – wenn sie also, was sie leider taten, glaubten, sie beide statt Simon hätten den Nobelpreis verdient gehabt).

Nach einigen Reflexionen, über die Schönheit, über den Tod (ganz klar sind die Gegenstände nicht immer, oft scheinen sich bloß gewisse schwer definierbare Lebensgefühle auszusprechen, diese Gefühle, in denen die Gegenstände ja auch gar nicht so ganz zu unterscheiden sind – die junge Marguerite Duras beginnt deshalb unmittelbar mit Romanen), ist Simon wieder bei Cézanne, in Aix, und erzählt die Geschichte dieses Mannes unter den Bürgern seiner Stadt, erzählt auch, wie er selber hilflos war vor den Bildern dieses Malers; und er erzählt nun sehr hübsch jene Geschichte des Vaters, der seine Tochter von einem Bild Cézannes wegreißt, sie sei, sagt er (107 (117)), das müsse dieser intelligente Bürger geahnt haben, in Gefahr gewesen zu versinken in die *katastrophische Betrachtung … einer zum ersten Mal der Wegweiser beraubten Welt. So völlig von allem entblößt außer von Wahrheit und Kohäsion, daß sich zum ersten Mal in ihrer vollen Herrlichkeit, ohne Erläuterungen noch Einschränkungen, die sichtbare Welt darbot und durch sie die Welt schlechthin* – man denkt zurück an die Formulierungen vorhin, daran, dass es an der Welt nichts zu korrigieren, sondern nur zu nehmen, alles zu nehmen gibt, und man entdeckt, warum er wirklich immer an Cézanne gedacht, und auch wenn er ganz woanders zu sein schien wirklich immer über ihn geschrieben hat, und wie mächtig sich hier, ohne noch wahre Gegenstände zu haben, die Ahnung einer besonderen Kunst des Schreibens regt. *Er mochte etwas spüren,* heißt es von Cézanne (111 (121)), nachdem mit ihm eine sarkastische Muse geredet hat, *das in nichts dem ähnlich sah, was schon einmal gemalt, geschrieben oder gesagt worden war. Das, wenn es gelänge, es zu greifen ...* bei Poussin, fügt Simon noch an, habe es einen Anfang, ein Murmeln davon gegeben: viele Jahre später ist dann Poussin, wie durch Cézanne hindurch ganz sichtbar geworden, fast an dessen Stelle getreten (eine nicht so durchsichtige Rolle beginnt am Ende dieses Buchs hier Picasso zu spielen).

Schimpfereien jetzt, Freiheit und Gerechtigkeit, Schuld und Sühne betreffend – mit einem gewissen Recht hat Simon später gefunden, dieses frühe Buch enthalte viel zu viele bloße Meinungen. Daran anschließend der Krieg, und vor allem das Gefangenenlager mit seinen desaströsen Freiheiten und Willkürlichkeiten. Und dann, zurück, die Einberufung, die Eisenbahnfahrt in den Krieg; dann wieder die Eisenbahn, diesmal mit den Gefangenen, aus dem Krieg heraus: Geschichten, die er dann öfter noch erzählt hat, zusammen mit dieser Hauptgeschichte aller Geschichten, die von dem Oberst, der, als seine Schwadron verschwunden ist, aufgerieben, weg, in irgendeinen heldenhaften verrückten Tod reitet in einer zerschossenen Ortschaft in Flandern (eine Geschichte, die sich im Lauf der Jahrzehnte verändert, selbst das Pferd, auf dem der Oberst reitet, ist am Ende ein ganz anderes als hier am Anfang, wirklich ein anderes; die Erinnerung konstituiert nicht, sondern hindert alles am Gerinnen, an einem endgültigen Gerinnen).

Wie kann man, fragt sich Simon dann, er denkt an gewöhnliche Romane, *sechshundertdreiundzwanzig Seiten lang immer konsequent bleiben. Eben das frage ich mich, der ich niemals zehn Minuten hintereinander der gleiche bin, der ich nicht für die Dauer einer Tausendstel Sekunde der gleiche bin, da ich nicht ich bin.* Und dann, von einem fiktiven Mitunterredner (wie das Plato genannt hätte) aufs Schreiben angesprochen, sagt er noch, man wisse nie, wovon man rede, bevor man rede, und als der andere ihn fragt, warum er dann schreibe, sagt er: *Um zu versuchen, mich an das zu erinnern, was sich ereignet hat, während der Zeit, da ich schrieb* (163 (178)).

Und dann noch einmal (noch einmal auch ein Gedanke an Rilke) ein Baum, vielleicht jene Akazie: ... *Die Zweige gehen durch mich hindurch, kom-*

men aus den Ohren, aus meinem Mund, aus meinen Augen, sie des Schauens enthebend, und der Saft fließt in mir und verströmt sich, füllt mich mit Gedächtnis …

Claude Simon, Das Seil, übers. Eva Moldenhauer 1964

Der Wind – Le Vent – 1957

Ein Roman fast noch, mit Romanfiguren, also mit Leuten, die nicht aus Simons Leben kommen oder er selbst sind, wie später dann; aber keine Figur tritt selber auf, oder tritt selber vor den Leser, sondern alle sind nur da (aber dieses *nur* seinerseits heißt wenig, und ist wenig mehr als jenes *nur*, das alles Geschriebene und so Erzählte an sich hat, jenes *nur* also, das kein Romancier vermeiden kann, oder anders: worin doch alle Figuren wirklich sind), alle sind nur da in den Berichten, die ein Erzähler, der für sich in der Geschichte aber sonst keine Rolle spielt, sich von ihnen und über sie geben lässt und sich sonst aus dem, was er so hört, zusammenreimt (was durchaus nicht bedeutet, dass ihm etwa das Innere seiner Hauptfigur verborgen bleibt – insofern, wenn man eine literarische Parallele will, ähnelt das Vorgehen Simons dem von Henry James etwa in den Gesandten), mit Floskeln wie: *und da er es mir später erzählte, konnte ich ihn mir vorstellen*, oder: *und mir war, als sähe ich sie*, oder: *er sagte, er habe es sehen können, als er mit ihm sprach*, oder: *und er beschrieb die Szene*, oder: *später erzählte mir Montès* – denn um diesen Antoine Montès geht es: er kommt von weit her, der Erzähler sagt (118 f. (106 f.)): *jenes ferne unbekannte Land, und hier all diese unbekannten Tage und Stunden, aus denen er vor unseren Blicken auftauchte wie ein hinter dem Vorhang hervortretender Schauspieler, dann wieder verschwand – manchmal sah ich ihn mehr als vierzehn Tage nicht –, unvermutet erneut auftauchte (wie war es ihm inzwischen ergangen? wo war er gewesen? was hatte er getan? was erlebt?: das, was der Klatsch behauptete? was er selbst mir darüber erzählte? mir erzählen zu können glaubte? oder sich in Erinnerung hat rufen wollen? oder glaubte, es zu können? oder woran er sich einfach erinnerte?), Auftritte, Klatsch, Erinnerungen, Berichte, mit deren Hilfe wir flüchtig (was auch für die anderen galt: für Rose, das Kind, den Boxer, den entlassenen Verwalter, seinen Onkel, den Notar, Maurice?) nur eine Art von plesiosaurischer Realität erblickten, die man auf gut Glück rekonstruiert hat anhand zweier Wirbel, eines Stirnbeins, eines halben Kiefers und dreier*

Mittelhandknochen, aus dem grauen Schlick der Zeit gefischt und aufs Geratewohl je nach den individuellen Neigungen und Vorlieben zusammengefügt, und so war das alles letztlich vielleicht nur das vulgäre, idiotische Abenteuer eines vulgären Idioten … – er kommt von weit her, aus Nordfrankreich, hierher, in den Süden, wo sein Vater ihm Weingüter vermacht hat, ihm, der den Vater nie gesehn hat, weil seine Mutter, ihn noch im Leibe, weggegangen ist, als sie ihren Mann, seinen Vater also, mit einem Dienstmädchen es hat treiben sehn, und zwar, und das scheint den endgültigen Ausschlag gegeben zu haben, im Stehen; hätten sie gelegen, wer weiß, sie wäre geblieben.

Der Notar sagt ihm, das Gut sei verwahrlost, er solle es verkaufen; er will das offenbar nicht, entlässt den Verwalter (dessen Tochter die mit Schmuck belohnte Geliebte seines alten Herrn war), mietet sich in ein schäbiges Hotel ein und fängt dort, vielleicht bloß weil er ihre Kinder liebt, eine Liebe, nur weiß er nichts davon, mit der Serviererin an: die ihrerseits ganz sicher gern mit ihm schlafen würde, selbst aber mit einem Zigeuner liiert ist, einem gewesenen Boxer, der eben einen Schmuckdiebstahl begangen hat. Dazu so etwas wie ein entfernter Onkel des Erben noch, mit zwei Töchtern, deren eine verheiratet und ständig schwanger ist und eines Nachts, halb nackt, eines ihrer Dienstmädchen es mit dem völlig nackten Zigeuner haben sieht, der seinerseits ihren hinzukommenden Mann ausknockt; die andere Tochter verliebt sich in den sonderbaren Erben, bietet sich ihm geradezu an, und als dann noch ein Hotelmitbewohner mit einem Briefchen, das sie dem Erben in seine Bleibe gebracht hat, den Vater, also jenen Onkel erpressen, ungeschickt genug erpressen will, nimmt sich jene Schwangere, indem sie dem erfolglosen Erpresser den Zettel entreißt, der Sache an, denunziert den Zigeuner, und alles endet mit Toten, unter ihnen auch jene vom Erben eben doch insgeheim begehrte Serviererin, deren Kinder nun in ein Heim kommen und weg sind, als er sie, lächerlich, untragbar für die Behörden, adoptieren möchte. Der entlassene Verwalter gewinnt einen Prozess gegen ihn, die wilde halbe Cousine oder was sie ist lässt sich voller Wut von ihrem danach dann endgültig weggeschickten Exverlobten entjungfern, und der weinberglose Erbe kehrt nicht zurück in den Norden, der Erzähler sieht ihn ewig noch auf der Terrasse seines Hotels oder Gott weiß wo sitzen, und er wird wohl bleiben, irgendwie verloren, in dem ewigen Wind in dieser Gegend.

Man könnte noch anfügen, dass Montès (der Weinbergerbe) eines Tages, als er mit dem älteren der beiden Mädchen der Serviererin, dem, das nicht vom Zigeuner stammt (Thérésa, sie ist dreizehn), zu ihm geht, wahrscheinlich, um ihn wegen des Diebstahls zur Rede zu stellen, von diesem auf der Straße niedergeschlagen wird (ähnlich wie eben der Ehemann der ewig schwangeren Hélène), das ist der Tag, der jenem folgt, an dem spätabends er und Rose (die Serviererin) sich draußen auf der Bank dem Hotel gegenüber unterhalten, eine Liebesszene ohne Liebesszenenworte (ganz wie aus der Realität kein Altarbild mehr wird, nach dem Untertitel des Romans: VERSUCH DER WIEDERHERSTELLUNG EINES BAROCKEN ALTARBILDES); oder, dass Montès die vom Zigeuner gestohlene Schmuckkassette, die er dann in seinem eigenen Zimmer findet (Maurice zeigt sie ihm, er hat sie selber dort hingebracht, Maurice: der erfolglose Erpresser), dem Priester der nächstgelegenen Kirche zum Aufheben übergibt oder irgendwann übergeben hat, und dorthin dann, nachdem Rose und Jep (der stehlende Zigeuner) tot sind, den Polizeiinspektor führt; oder, wie die Toten, auf die Anzeige der ewig Schwangeren hin, zustande kommen: der Zigeuner, als er merkt, dass ihn die Polizei holt, ersticht Rose, weil er denkt, sie habe ihn verraten (er hat gesagt, er werde sie umbringen, wenn sie ihn je verrate), und als er dann flieht, erschießt ihn ein Polizist; oder auch noch, dass der entlassene Verwalter mitten auf der Landstraße beinahe, wäre nicht der Gerichtsdiener dazwischengegangen (er war noch in der Nähe, weil er gerade dem Verwalter den Entlassungsbescheid gebracht hatte), Montès erwürgt hätte, eben wegen der Entlassung; oder dass im Grunde bloß einige reiche Leute der Stadt, die mit dem Notar unter einer Decke stecken, das Weingut des alten verstorbenen Montès (verwahrlost vielleicht, aber eines der schönsten der Gegend, wie sich dann herausstellt) für sich haben wollen, und deshalb alles tun, den jungen Montès fern zu halten von dem Erbe, und viel ist dazu ja kaum nötig bei dem ganzen Ärger, den er sich selber auf den Hals zieht und eigentlich sogar dazu noch jedem, der sich mit ihm einlässt, so jedenfalls sieht das der Erzähler, ein Fotograf (also wie Montès, der am liebsten Kinder fotografiert, einmal zufällig auch Rose), der sich auf die romanischen Bauten der Umgebung spezialisiert hat, über die er ein Buch schreiben will, mit Fotos (ziemlich oft wird der sehr teure Fotoapparat erwähnt, den Montès ständig bei sich habe, etwa auf dem Bauch, wie ein drittes Auge, und so weiter, und einmal, wie merkwürdig es sei, dass er ausgerechnet Rose nie fotografiert habe, außer zufällig einmal, in einer Gruppe; das bringt alles aber auch dann nicht weiter, wenn man weiß, mit welcher Leidenschaft Simon seit den späten dreißiger Jahren fotografiert hat, besonders gern auch Kinder).

Rose übrigens ist ungefähr dreißig, und schön, unter der Oberfläche sozusagen (*... mit ovalem Gesicht, von jenem südländischen Typ mit gerader, ziemlich langer Nase und dicken Lippen, sehr schwarzem Haar, das im Augenblick des Fotos ein Windstoß zerzauste und ihr ins Gesicht wehte, und schön, wenn man will, sogar bestimmt schön, aber von einer sozusagen geschmähten Schönheit ...* 60 (55 f.); und später, anlässlich ihres Todes, 204 (182): *... mit ihrem leicht pockennarbigen Gesicht, das sie jenen verstümmelten antiken Skulpturen ähneln ließ, wie man sie auf dem Meeresgrund oder unter Ruinen findet, mit ihrem großen, hügeligen weißen Körper, den breiten, marmorierten weißen Brüsten ...*, und glatt, poliert und fade, heißt es, seien solche Gesichter vorher, in ihrem Entwurf, gewesen: also erst jetzt von dieser Schönheit), Montès ist fünfunddreißig, sieht aber sehr viel älter aus (wie fünfzig, heißt es einmal), oder irgendwie alterslos in dem Sinne, dass es einen sehr überrascht, wenn man hört, er ist erst fünfunddreißig, aber womöglich würde einen jedes Alter überraschen. Die Stadt ist wohl Perpignan, und man hat nicht das Gefühl, wie sonst so oft, wenn man in Romanen, die man im Norden liest, südliche Städte beschrieben findet, dass man gern hinfahren möchte (ich weiß auch, und welcher Leser, der gern reist, wüsste nicht, dass kein Ort der Welt das hält, was uns ein Autor, besonders ein Romancier, unabsichtlich womöglich, davon verspricht, wenn er ihn beschreibt oder seine Helden dorthin versetzt; und Simon nun schildert fast alle Orte so, wie man sie vorfände, wenn er sie wie die allermeisten seiner Kollegen beschrieben hätte: und fährt man nun doch hin – und ich habe das eben, →Bon Pasteur, im Falle Perpignans getan –, dann entdeckt man mit einem Male, unvermutet, als wäre man von der andern Seite der Welt aus hingekommen, wirklich etwas von dem, wovon, sozusagen, Simon schreibend geschwiegen hatte).

Übrigens dauert die ganze Geschichte, von der Ankunft des Erben Ende Februar oder Anfang März, zehn Tage nach dem Begräbnis seines Vaters, bis zur Abreise jenes erfolglosen Erpressers, nicht ganz vier Monate, nach weiteren zwei Monaten ist Montès den Weinberg los, dann sind die Kinder weg, und bald darauf, ganz zu Anfang ist von sieben Monaten die Rede, macht sich der Erzähler dann an seinen Bericht, nachdem er offenbar mehrmals umsonst versucht hat, Montès zu sich aufs Land einzuladen; zwei Gefahren, dieses Wort Paul Valérys setzt er als Motto vor seinen Bericht, oder setzt Simon vor den Bericht seines Erzählers, und vom Wind schweigt er, schweigen sie beide dabei noch, *zwei Gefahren bedrohen unaufhörlich die Welt: die Ordnung und die Unordnung.*

Claude Simon, Der Wind, 1957,
übers. (Eva Rechel-Mertens 1959) Eva Moldenhauer 2001

Das Gras – L'Herbe – 1958

Auch dies noch, wie Der Wind, und jedenfalls was die Figuren angeht fast ein Roman, also mit erfundenen Figuren, aber manche dieser Figuren wie lediglich ein Stückchen weit wegerfunden von jener autobiographischen oder Familienrealität, die dann immer mehr überwiegen wird; so ist hier der jüngere Bruder der beiden Lehrerinnen, die ihn großziehen im Jura, in dem Dorf, und sie selber wohnen dann in dem viel zu großen Stadthaus, in Arbois, wirklich, ganz nach ihren Plänen, Professor geworden (in der Familienrealität Simons Vater, aber er wurde Offizier, und fiel 1914), seine Frau ist neben ihm alt geworden, sie haben drei Kinder (in der Realität eines, nämlich Claude). Dass da in diesem Buch, in der Fiktion der Realität, noch zwei Mädchen da sind, ältere, sie treten dann außer indem sie einmal genannt werden überhaupt nicht auf, sie sind wohl schon lange aus dem Haus, und jedenfalls scheint Georges ein Nachkömmling zu sein, deshalb, wie seine Mutter sagt, vielleicht auch nicht so recht geraten, mit diesen blöden Birnbäumen, die er überall pflanzt, und von denen alle Birnen unreif abfallen und stinkend am Boden verfaulen – das alles sieht aus, als wiederhole sich da, als Parodie, die Konstellation der Generation davor, mit den beiden Frauen, die den kleinen Bruder großziehn. Und etwas wie eine schlimme Parodie, sozusagen auf das, was hätte werden können, ist die ganze Geschichte: Pierre, auf dem Hochzeitsfoto ein schmaler Bursche, ist ein Fettkloß geworden, der kaum aus Stühlen oder Betten mehr hochkommt und jetzt, im Alter, den ganzen Tag mit irgendwelchen philologischen Papieren in einem Gartenhäuschen sitzt, und seine Frau (gewissermaßen also Simons Mutter, diese so schöne, zu einer gewissen wunderbaren Üppigkeit neigende, Süßigkeiten liebende Frau, die, als Simon ungefähr zehn war, an Krebs starb) ist jetzt eine ziemlich grauenhafte angemalte in jeder Hinsicht gefärbte mit Schmuck behangene Frau, die trinkt, unter der vermutlich eingebildeten Untreue ihres Mannes leidet und entsetzliche Angst davor hat, zu altern, alt zu sein, zu sterben. Im Grunde ist diese Parodie auf das, was hätte werden können, gar nicht heiter, fast ist sie dann auch so etwas wie eine sonderbare Rechtfertigung des Lebens, wie es wirklich gelaufen ist – aber eben, was ist denn, gegen was auch immer, zu rechtfertigen (außer dem Faktum: das aber keiner Rechtfertigung bedarf) an einem sofortigen Tod in einem sinnlosen (ersten großen) Krieg und dieser schlagartigen Witwenschaft mit dem Krebs danach – selbst wenn das Leben davor, für den Vater die Reisejahre in den Tropen und überall, für die Mutter die Jugend im Süden, für beide dann die offenkundig sehr genossenen kurzen Ehejahre, selbst also wenn das das reinste Glück gewesen war, Glück, das man Pierre und Sabine kaum zutrauen würde? Wie man es also auch wendet: dieses ganze Erfinden an den Rändern der gewesenen Realität ist ein ebeso nachdenkliches wie heikles Spiel.

Marie, die noch überlebende ältere Schwester, vor zehn Jahren, auf der Flucht vor den Deutschen, aus Arbois allein durch das in Unordnung geratene Frankreich in den tiefen Süden gekommen, in die Gegend von Pau, wo ihr Bruder mit Frau und Familie am Rand eines Dorfs wohnt (die Flucht war in den frühen vierziger Jahren, jetzt sind wir wohl im Jahr 52, Marie ist vierundachtzig, Pierre ist fünfzehn Jahre jünger), Marie liegt im Sterben; fast schon tot hat sie Louise, der seit fünf Jahren mit seinem Sohn Georges verheirateten Schwiegertochter Pierres, ein Kästchen mit einigen Habseligkeiten ausgehändigt; und verzweifelt und ratlos nun, und ohnehin wenig glücklich mit Georges, trifft sich Louise unten irgendwo hinter Bäumen und Büschen mit ihrem Liebhaber, und in Rückblenden wird jetzt die Geschichte Maries erzählt, erinnert: diese Sorge für den jüngeren Bruder, das viel zu große Haus in Arbois; die beiden Schwestern waren Lehrerinnen und hatten noch eine kleine Landwirtschaft, von ihrem Vater, in einem Dorf bei Arbois, beides, Land und Stadthaus, verkauft Marie, als der Krieg zu Ende ist und sie nicht mehr zurück will. Pierre und Sabine, sie wissen noch nichts von Maries Sterben, sind in Vichy, es ist Anfang September, Louise holt sie jetzt auf Anraten des Arztes (der nebenbei sie zu einer Liebelei erpressen will, da ihr Mann Spielschulden bei ihm habe, aber sie weigert sich), sie kommen (in einer sehr burlesken Sequenz wird erzählt, wie im Schlafwagen Sabines Hut umkippt, in dem sie auf Reisen immer allen Familienschmuck aufbewahrt, wie dieser Schmuck durchs Waschbecken abgeht aus dem fahrenden Zug, und wie nun die Männer, mit einem Hilfstrupp, zurück müssen und das Gelände absuchen nach dem Schmuck: den sie fast vollständig wiederfinden, bis auf einen Smaragd, und Sabine beschuldigt nun insgeheim und mit bösen Anspielungen, und vielleicht mit Recht, Georges, er habe ihn eingesteckt und versilbert), das ist die Mitte des Buchs.

Louise ist eben wieder, nach dem Rendezvous, mit dem das Buch begonnen hat, und nach dem Abendessen, zu dem sie zu spät erschienen ist, auf ihrem Zimmer, wo Georges sie beschuldigt, mit jenem Liebhaber zu schlafen, und sie schlägt. Ein Gewitter zieht auf, im Nebenzimmer streiten sich die alten Eheleute, erst über ein Begräbnis der Sterbenden (deren Röcheln man das ganze Buch hin durch hört, vergleichbar dem Wind in dem Buch davor), dann über den Smaragd, dann kommt ein großes Lamento Sabines über jene eingebildete Untreue ihres Mannes, das ganze Leben hindurch, dazwischen trinkt sie heimlich, dann merkt Pierre das, will ihr die Flasche wegnehmen, die Flasche zerbricht, sie prügeln sich fast – wie einen Film malt sich Louise das alles aus, sie hört mit, ihr Badezimmerspiegel hängt Rücken an Rücken, eine dünne Wand dazwischen, am Badezimmerspiegel Sabines. Dann tiefe Nacht, und es beginnt zu regnen. Louise hat unter den Sachen ein Foto gefunden, mit einem jungen Mann darauf, der vermutlich der wäre, der Marie gern genommen hätte, hätte Marie nicht den kleinen Bruder, Pierre, gehabt – das sind diese Hinterlassenschaften, über die Louise in richtiggehende Wut gerät; in dieser Wut läuft sie gegen Abend wieder hinunter, zu einem, man muss fast glauben: letzten Rendezvous mit ihrem Liebhaber, und liegt, als sie fertig sind, halb nackt auf der Wiese, allein dann, über ihr stehend hat der Liebhaber noch geraucht, dann ist er ab, und sie, mit nacktem Schoß … *reckte sie sich, legte sie sich auf den Bauch: Sie lag nun lang ausgestreckt auf dem Boden, haftete am Boden, ihr Gesicht suhlte sich im kühlen Gras, wühlte sich hinein, als wolle sie es darin einprägen, und sie atmete lange den kräftigen, herben Geruch mit Erde vermengten Grases ein (aber keine Tränen: die trockenen Augen waren geschlossen), sie atmete nur, sich ganz mit dem pflanzlichen, reinen Geruch erfüllend, dann, sich entspannend, sich liegenlassend, immer noch auf dem Bauch, aber mit zur Seite gedrehtem Kopf, konnte sie nur spüren, wie die sich kreuzenden, zerdrückten Gräser sich in ihre Wange einprägten, und vor ihren Augen am Boden dehnte sich die Wiese aus, die mannigfaltigen, wuchernden Gräser hoben sich wie Tuschestriche vom verblassenden Himmel ab* (160 (254)).

Es wird dunkel, Pierre geht oben ins Haus, im Gartenhäuschen sieht man nichts mehr, Hunger wird er auch haben, der Zug kommt wie jeden Abend, jener Zug aus Pau, mit dem, nur damals war er nicht pünktlich, Marie gekommen war, Marie, die jetzt da oben stirbt.

Claude Simon, DAS GRAS, 1958, übers. Erika und Elmar Tophoven 1981

Die Straße in Flandern – La Route des Flandres – 1960

Georges und Blum und Iglésia in Flandern, der Schwadronschef ist ein entfernter Verwandter von Georges, ein de Reixach, zu dieser Sippe gehört mütterlicherseits auch Georges' Mutter Sabine, die Frau Pierres aus dem Roman davor, DAS GRAS – dieser Georges ist also, nach dem Krieg, jener abgemagerte schweigsame Bursche, der, mit Louise verheiratet, die dort, im GRAS, jenen Geliebten hat, von dem sie sich trennen wird, Birnen pflanzt, die nichts bringen, abends sein Geld beim Pokern in der Kneipe verspielt und seinerseits nun, in diesem Buch, drei Monate lang wenigstens, mit Corinne ein Verhältnis hat, also jener für ihn damals viel zu jungen Frau ebenjenes für sie viel zu alten de Reixach, die vor dem Krieg, jedenfalls erzählt er das so den jungen Leuten im Gefangenenlager, das gelegentliche erotische Objekt ihres Jockeys war, jenes Iglésia, den de Reixach dann in den Krieg als seinen Burschen mitgenommen hat. Die Chronologie: Im Winter 1939 auf 40 ist die Schwadron oder ist das ganze Regiment im Biwak (das wird in späteren Romanen ausführlich geschildert), im Frühjahr 40 dieser nächtelange Ritt durch Flandern im Regen, die letzte große Rast, im Mai, in einer Scheune in den Ardennen (dort stirbt das eine Pferd, dort sehen die jungen Leute das junge Mädchen), dann verschwindet die Schwadron, in einem Hinterhalt, wie vom Erdboden verschluckt; Georges entkommt dem Chaos, durch einen Wald, über einen Bach, begegnet plötzlich dem Rittmeister, seinem Leutnant und Iglésia, wird von ihnen mitgenommen, in einem völlig zerstörten Ort geraten sie ins Feuer eines Heckenschützen, der Rittmeister wird erschossen, Georges und Iglésia fliehen, kommen in ein Haus, betrinken sich (in den GEORGICA, über zwanzig Jahre später also, fasst Simon diesen frühen Roman zusammen, 49 f. (52): (*er schildert in einem Roman die Art und Weise, in der sich die Dinge in der Zwischenzeit abgespielt haben: wenn man seine der Müdigkeit, dem Schlafmangel, dem Lärm und der Gefahr geschuldete Verminderung der Wahrnehmungsfähigkeit sowie unvermeidliche Gedächtnislücken und Entstellungen berücksichtigt, kann dieser Bericht als eine so getreu wie nur mögliche Schilderung der Ereignisse gelten: die Wegkreuzung und die Felder, von Leichen übersät, der Verwundete, blutüberströmt, der Tote, auf der gegenüberliegenden Seite des Grabens hingestreckt, sein allmähliches Zusichkommen, sein plötzlicher Entschluss, sein keuchender Lauf auf den Hügel hinauf durch die mit Weißdornhecken abgesetzten Wiesen, das Überqueren der Straße, auf der die feindlichen Panzerspähwagen patrouillieren, sein Marsch durch den Wald (Und wohin werdet Ihr gehen?), sein Durst, die Stille des Unterholzes, die Rufe des Kuckucks, das ferne Dröhnen des Bombardements, die unerwartete Begegnung mit den beiden dem Hinterhalt entkommenen Offizieren, der lässige Befehl, der an ihn ergeht, auf eines der beiden vom Offiziersburschen geführten Handpferde zu steigen, die Durchquerung der zerbombten Stadt usw.*), die Deutschen sind überall, und offenbar werden sie dann gefangen genommen und nach Sachsen in ein Lager gebracht; dort sind sie den Sommer über mit Erdarbeiten beschäftigt, im Herbst arbeiten sie auf einem Bauernhof, eine Flucht missglückt, im Winter müssen sie Kohlen entladen; und nach dem Krieg dann (die Jahre dazwischen beschreibt Simon in andern Büchern, sicher ist ihm, genauer jetzt, ist dem jungen Simon im Jahre 41, als das Lager nach Südfrankreich verlegt wird, endgültig die Flucht gelungen) besucht er die inzwischen wieder verheiratete Corinne und bemächtigt sich ihrer bei dieser Gelegenheit: und erzählt ihr also dann den Krieg, und kann ihr nicht klarmachen (und vergewaltigt sie darum beinahe), dass er damals und danach immerzu an sie gedacht habe: was aber über Iglésia und den Rittmeister schon die Wahrheit ist (nur scheint Corinne zu ahnen, um was für eine Art von Wahrheit es sich da handelt).

Die Erzählung selbst besteht aus Erinnerungen, Rückblenden, oft doppelt, aus dem Viehwagen mit den Gefangenen, aus dem Gefangenenlager in Sachsen, an beides wieder aus dem Hotelbett mit der dann so wütenden Geliebten nach dem Krieg; und zurückgeblendet immer, erinnert immer (zusammen mit Blum und Iglésia, oder an beide auch; der Jude Blum, der sich so hübsch an seine arme Heimatstraße erinnert, die Stoffläden; es scheint poetologisch gleichgültig zu sein, wessen Stimmen, wessen Gedanken um was kreisen, und wer wem was sagt), erinnert also immer an das ewige herbstliche nächtliche kalte regnerische Reiten, an die Scheune in den

Ardennen mit dem sterbenden Pferd, mit dem schönen milchigen Mädchen und den verrückten Alten dann, und, nach dem Chaos, mit dem Tod des blöden Wack, an den Maimorgen, das tote Pferd an der Straße, und ebendiese Straße und den wahnsinnigen Tod de Reixachs und an den mit ihm reitenden dummen Leutnant, davor noch im Stehen das Bier im Hof der Schenke, der Rittmeister zahlt und lässt sich genau herausgeben (das Pferd de Reixachs ist noch seines, ausdrücklich, erst in späten Büchern verändert sich das, de Reixach wird immer mehr zu einem schon halb Verrückten, und am Ende ist sein Pferd jenes requirierte Percheronpferd mit dem abgeschnittenen am Boden schleifenden Riemen, das hier noch das Handpferd seines Burschen ist – das ist über die Jahrzehnte hin ein langer Erinnerungsprozess).

Im zweiten Teil vor allem das große Rennen, das de Reixach, gegen den Willen der wütenden Corinne (will sie ihn nicht gewinnen sehen womöglich, ihn, der vielleicht durch einen Sieg auch sie wiedererobern wollen könnte? will sie ihn nicht verlieren sehn, den Herrn, den Gatten?), reitet und in dem er Zweiter wird, Corinne hat Geld setzen wollen, der Jockey hat es gesetzt, und dann Iglésia und vor allem eben Corinne, die so scharf auf ihn ist – und diese Geschichte immer verbunden (oder unterbrochen, durchwoben) erstens mit oder von oder wieder mit dem Tod dann auf der Straße und mit dem Tod, in verschiedenen Versionen, jenes Vorfahrs von Georges, dessen Bild bei Pierre und Sabine zu Hause den Jungen schon immer beschäftigt hat, und der sich ebenfalls erschossen haben soll, oder jedenfalls dann erschossen tot war nach der Niederlage seiner Soldaten gegen die Spanier und als er dann nach fünftägigem Ritt zu Hause angekommen offenbar, jedenfalls lieben die jungen Leute diese Version, seine Frau in den Armen eines andern fand, des Pferdeknechts etwa: worauf also dieser ihn oder er sich selber erschossen habe (er hatte auch viel zu viel Rousseau gelesen); diese Geschichte läuft doppelt parallel, in der Handlung zu der de Reixachs mit seiner Corinne, denn offenkundig ist sein Tod auf der Straße in Flandern auch so etwas wie ein Selbstmord, und in der Person zu der des später in Simons Büchern so prominenten Marschalls Lacombe de Saint-Michel, eines Vorfahrs jetzt der Familie Simon (auf dem Hochzeitsfoto der Eltern Simons, 1910, ist de Reixach ein junger Dragoner in Uniform), und wie der de Reixach von damals einer, der den König seinerzeit mit verurteilt hat (romantechnisch also ein Vorfahr des Marschalls dann, Vorläuferfigur, ehe die richtige Figur gefunden worden war). Und eben immer wieder, bei jenem toten Pferd an derselben Straße, jener Tod auf der Straße, zweideutig, immer zweideutiger werdend (im Seil, 142, heißt es noch, *er hatte auf idiotische und sinnlose Weise das Regiment, das er befehligte, massakrieren lassen, und nun mußte er sich, dem Kodex zufolge, ebenfalls umbringen lassen* – das tut jetzt allenfalls noch der General, der sich erschießt, als ihm alle Soldaten abhanden gekommen sind, aber das tut eben kaum noch de Reixach), zweideutig wie eben auch der Tod des Vorfahrs, wobei unklar bleibt, bewusst unklar sicher, wie sehr der Jockey bei seiner Affäre mit Corinne nur dem Drängen der jungen Leute nachgibt, wenn er davon erzählt (auch über den damaligen de Reixach gibt es ja keine Klarheit, nur erfundene Gravüren, oder ein Porträt, auf dem eine vermeintliche Kopfwunde aber nur ein schlecht restaurierter Riss im Gemälde ist, und so weiter); und immer wieder das einzig Gewisse, das Reiten, die Pferde, irgendwo auch Georges und Iglésia an der Mauer, in unmittelbarer Nähe zu den Feinden, auf die Georges, wie Simon, nie einen Schuss abgegeben hat, er hat überhaupt keinen abgegeben; und eben immer wieder, bis ganz an das Ende, dieser in die Schüsse reitende de Reixach, der auch noch, halb tot wohl schon, den Säbel zieht und hochhebt.

Claude Simon, Die Strasse in Flandern, 1960,
übers. (Elmar Tophoven 1961) Eva Moldenhauer 2003

Der Palast – Le Palace – 1962

Also die Geschichte jetzt des damaligen Revolutionstouristen Simon 1936, diese paar Tage in Barcelona und auf dem Weg dahin, erinnert von ihm fünfzehn Jahre später, und wer er dann gewesen wäre, vielleicht, wenn jener Amerikaner in ihm weitergelebt hätte, oder er überhaupt gewesen wäre, der er damals gern sein wollte, oder wie immer man sich das vorstellen will, den Amerikaner und die drei andern in dem Hotelrevolutionsbürozimmer, und er, vor fünfzehn Jahren, schreibend also vor rund einem Vierteljahrhundert.

I. Inventar. – Das Zimmer in dem sozialisierten Hotelpalast, das andere, ersetzte Mobiliar, das scheinbar funktionale statt des absurd luxuriösen, im Zimmer der Schulmeister, der Amerikaner, ein Mann mit einem

Gewehr und ein Kahlköpfiger mit einer Polizeiuniform, und er, der Student von damals, also Simon, und die vielen Zeitungen, unten nähert sich die Menschenmasse mit dem Katafalk – und er, fünfzehn Jahre später, in dem Kunststoffcafé, mit dem abgehärmten Kellner, der Nutte, die ihn hinauswerfen, oder machen dass er geht, und drüben, statt des Palasts, die Bank; und dann erinnert der Schulmeister mit seinem Gesicht und allem an beliebige Männer, etwa die auf dem Bahnsteig, nachts, mit ihren Koffern, und im Abteil eines Zuges dann mit dem Mann, der in Paris einen erschossen hat, sagt er; und er erzählt das dann bis nach Barcelona hinein, noch im Auto also.

II. Die Geschichte des Mannes mit dem Gewehr. – Diese Geschichte nun, aus Paris, erzählt, während die beiden, und der Student also erstmals, damals, 36, als Revolutionstourist, wie er dann sehen wird, nach Barcelona fahren, erzählt von jenem Mann mit dem Gewehr, dem Italiener; und dazwischen, als sie mit dem Zug ankommen, in Barcelona, die wahnwitzige Autofahrt durch die Stadt.

III. Das Begräbnis des Patroklos. – Der Trauerzug am Hotel unten vorbei, die fünf Männer oben auf dem Balkon; dazwischen der Student, und wieder dieser fünfzehn Jahre später denselben Platz betrachtend. Unten hinter dem Sarg die zwanzigköpfige Regierung, der Präsident, dem sie den einen, den er wohl nicht fallen lassen wollte, einen Freund vielleicht, erschossen haben, den in dem Sarg; Shakespeare, wie der Amerikaner sagt, und eben alles ein bisschen wie bei Ambler; immer wieder das stinkende Barcelona (die verwesende Leiche des Generals, sagt der Amerikaner).

IV. In der Nacht. – Im Hotelzimmer der Student, es ist schwül, heiß, er kann nicht schlafen. Glocken, die Zeit; dazwischen Gespräche vom Abend davor zwischen dem Amerikaner und dem andern, dem mit dem Schulmeistergesicht, der offenbar der Vertreter der offiziellen Meinung, des revolutionären Kurses, der sozialistischen Strenge ist; das wegfahrende Auto; Poussin, die schwüle Nacht, Ratten auf seinen Bildern; im Zimmer des Amerikaners drüben (wenn es das des Amerikaners ist) dann Licht, die Silhouette, das Bild des nackten Mädchens am Vorhang, daneben, dahinter, zweimal.

V. Das Fundbüro. – Zehn Uhr, der Student, mit dem Amerikaner verabredet, sucht ihn, drüben das Zimmer (und es war wohl nicht das mit dem Mädchen am Fenster) ist zu, er läuft in das Palasthotel, kommt erst nicht hinein, dann der plötzliche Regen, der ein Chaos verursacht, in dem er hinaufgeht; der Schulmeister sitzt dort wieder, wie immer noch, sagt, der Amerikaner sei weg: irgendwohin an die Front, mit dem amerikanischen Bataillon (sagt ein anderer dann, den er nicht kennt), man gibt ihm einen Passierschein, er rennt zurück, der Hotelier dort wo er geschlafen hat, ein Affe, ein Wachsmensch, verdrossen, weiß nichts, hat nachts nur Autos gehört. Dann wieder draußen, nun ein letztes Ineinander der beiden Zeiten, Gegenwart und die fünfzehn Jahre alte Vergangenheit (schnellere Zeitenwechsel als die weniger spürbaren in den Kapiteln davor): im Pissoir, und oben dann im dritten Stock des Palasts (ein Drittes jetzt, eine Fantasie, schon jenseits fast) wieder alle jene vier andern von damals, als hätten sie gewusst, dass er auch noch kommt, auch nach so langer Zeit noch, so der Amerikaner); der Schuss im Pissoir, die auffliegenden über den Platz kreisenden und zurückkehrenden Tauben, die Stadt abends im September, unten der Verblutende, und die Schuhputzer mit ihren schwarzen kleinen Kindersärgen.

Claude Simon, Der Palast, 1962, übers. Elmar Tophoven 1966

Das Haar der Berenike – La Chevelure de Bérénice – 1965

Eine Reihe von rund siebzig beschreibenden, lyrischen Skizzen: eine Frau, drei Frauen dann an einem Strand, Fischer auf ihren Booten am Strand, Fischer nachts die Boote ins Wasser schiebend, in einem Haus, Maultiergespann, Docks, Kaianlagen, Arbeiter, ein Bordell, Huren, Strandgut, Fußspuren am Strand, die Frauen wieder, Soldaten, die Frauen, weggehend endlich.

Claude Simon, Das Haar der Berenike, 1965, übers. Silvia Ronelt 1994

Geschichte – Histoire – 1967

Der Erzähler, im Alter Simons beim Schreiben des Buchs, oder eben wirklich Simon selber, im Hause seiner Eltern in Perpignan, erinnert sich an die Ansammlung alter Frauen in diesem Haus, damals, an Musikabenden (an denen zum Beispiel als Geiger jener Friseurlehrling mitwirkte, in den sich Corinne verliebt hatte, die Tochter von Onkel Charles, der, nach dem frühen Tod des Vaters, auch beim Erzähler, der ungefähr im gleichen Alter wie Corinne ist, Vaterstelle einnimmt – es gibt dann noch Corinnes kleineren Bruder Paul, der in späteren Kapiteln des Buchs, in der Gegenwart, eine kleine eigene Tochter namens Corinne hat und Grundstücksmakler in Perpignan ist, der Erzähler besucht ihn und hat dann auch geschäftlich mit ihm zu tun, ein Familiengrundstück muss aufgeteilt werden; in andern Kapiteln, als Corinne dann schon mit dem sehr viel älteren de Reixach liiert ist – dem, der sich in Flandern dann von Heckenschützen umbringen lässt, vielleicht, weil sie mit seinem Jockey schläft, der jetzt aber mit in Flandern ist –, fällt Paul, ein fetter übergroß gewachsener Ballsportler, seiner stets leicht erregbaren Schwester sehr auf die Nerven, weil er, als sie mit einer vornehmen Freundin angibt, lässig sagt, ebendie habe er neulich in einer Eisenbahntoilette gebumst), erinnert sich also an Musikabende, zu denen seine Mutter, wie um ihrer Krankheit und der Gesellschaft zu trotzen, sich aus ihrem Zimmer hinuntertragen lässt, dann erinnert er sich an das Sterben seiner Mutter, neben ihrem Bett, als der Priester bei ihr ist, an das Foto seines Vaters, den er sonst nicht gekannt hat.

Das Buch ist als ein Tagesablauf des Erzählers geschrieben, aber nur wie nebenbei, der Ablauf des Tages bietet die Erinnerungsanlässe, oder die Erinnerungen kommen mit dem Tag und was er bringt: das Aufwachen, dann geht er auf die Straße, trifft auf dem Weg zur Bank einen alten widerlichen Mann, sitzt und verhandelt in der Bank, geht danach etwas essen, am Tisch oder daneben redet unablässig eine schmuckbehängte Frau; er empfängt dann im Haus eine Antiquitätenhändlerin, fährt in seinem alten Wagen, der erst nicht anspringen will, ans Meer hinaus zum Haus Pauls, fährt nachts zurück, isst noch etwas in einem Lokal, bummelt am Rathaus vorbei, raucht auf dem Balkon noch eine Zigarette, geht zu Bett, schläft ein. Es sieht auch so aus, als sei Onkel Charles, der immer wieder auftritt, aber weniger als Erinnerung, fast noch wie gegenwärtig, und eher als Anknüpfungspunkt für Erinnerungen, eben gestorben (oft sind die einzelnen Kapitel so angelegt, dass sie Aufforderungen an den Erzähler richten, immer noch genauer zu werden). –

Am Morgen, aufwachend, die Schulkindheit, ein damaliger Freund, der dann in späteren Kapiteln, in der Gegenwart, im Wahlkampf, der gerade die

Abende in Perpignan belebt, Kandidat einer konservativen Partei ist; damals, als Jugendlicher, hatte er immer die neueste Mode vertreten und einmal Onkel Charles, der in seinem dunklen Zimmer, einem Mostlabor, die alte Welt vertrat, mit einem Plädoyer für Eisenbeton gelangweilt. Am Tag dann geht der Erzähler, nachdem er mit Mühe dem unangenehmen Greis entkommen ist, der sich, ein früher Verehrer seiner Mutter, sagt er, an ihn klammert, zur Bank, offenbar benötigt er einen Kredit; in der Bank belauscht er mit den Augen hinter dem Schaltermilchglas das Gespräch des Angestellten mit einem Kunden und mit den Ohren das Gespräch zweier Geschäftsleute, die, wie er, auf einen Termin warten, und erinnert sich zugleich an Kinderstreitereien mit Corinne, erstens, wie sie Kirschen von einem Baum im Garten holt und sich eine Wade aufgekratzt hat, zweitens, wie sie zusammen draußen unter dem Fenster von Onkel Charles in einem Bottich Fotos entwickeln; und auch noch, wie sie immer schon Kleider mochte, die mehr zeigten als verhüllten (und Aufputschmittel nahm, wenn sie lernen musste); und es stellt sich dann heraus, Charles erzählt das, irgendwann, dass das Wasserrohr, das damals zum Bottich führte, längst im Efeu verschwunden ist, nur Charles ist noch da mit seinen Geräten. Dann erinnert er sich, vielleicht im Gedanken an die immer unglücklichen Liebschaften von Onkel Charles (eine war dieses erst nackte, dann halb nackte Modell bei dem holländischen Maler, eine Szene, die ausführlich bald danach geschildert wird, ganz anhand eines Fotos, das sich in den Augen des erzählenden Betrachters verlebendigt), an die eigene große Liebe, Hélène, mit der er in Griechenland war, und er denkt an ihren Schoß, den sie rasiert hatte, weil er Apuleius liebte und sie als Photis wollte, und wie er ihn geküsst hat.

Charles dann wieder, der ihn, das muss in früheren Jahren gewesen sein, oder es vermischt sich mit einer leicht arroganten Ausfragerei seitens de Reixachs, spöttisch nach seinem Spanienabenteuer, damals, 1936, befragt; daran anschließend ausführlich Barcelona, so etwas wie ein Stadtporträt, wieder anhand eines Bildes, diesmal einer gemalten Ansicht. Die Antiquitätenhändlerin, eine Möbelfresserin, wie er findet, kommt ins Haus, der Erzähler scheint wirklich Geld zu brauchen, verkauft auch etwas, aber kaum etwas von dem, was die Händlerin wirklich haben möchte, etwa eine alte Kommode: in der nun, und er holt sie heraus, betrachtet sie kapitellang, geordnet und ungeordnet jene alten, von dem die Welt durchreisenden Verlobten und von Freunden und Bekannten geschickten Ansichtskarten liegen, die die Mutter niemals weggeworfen hat; und er, der Sohn, beschreibt nun, etwa nach wechselnden Tageszeiten, eine halbe Welt (er holt hinter den Verlogenheiten der werbenden Bilder die Wahrheit hervor). Irgendwann gegen Nachmittag versucht er sein Auto in Gang zu setzen, und fährt schließlich, nachdem er ihn vergeblich, von einem Café aus, in dem Jugendliche flippern, in seinem Büro zu erreichen versucht hat, zu Paul ans Meer, er trifft ihn mit seiner Familie und zwei Freundinnen der Frau, ein Doktor mit gefangenen Fischen kommt dazu, und angesichts eines Tintenfischs benimmt sich die kleine Corinne fast wie ihre Tante Corinne damals.

Bei Dunkelheit fährt er zurück über Land in die Stadt, und geht noch in ein Lokal, etwas essen, trinken, Soldaten in der Kneipe, ein Liebespaar, eine Entjungferung kommt ihm noch in den Sinn angesichts der Soldaten, damals war er selber einer, dann, es ist Nacht, steht er auf dem Balkon seines alten Hauses, sinnend, sich erinnernd wieder an das Sterben, an das Begräbnis dann der Mutter, und denkt an Charles und dessen Leben, dessen Nacht neben der schönen eigenen Frau, die weiß, dass er mit dem hübschen Modell schläft. Dann noch einmal jene große Liebe damals, diese immer wieder auftauchende Szene am Bahnsteig, sie, obwohl nicht weinend, mit Tränen in den Augen, sprachlos, er sie beschwörend, sie könnten sich nicht verlieren (aber sie haben es offenbar). Dann noch einmal die vielen Ansichtskarten, und er stellt sich seine sterbende Mutter mit diesen Karten vor: … *sicher zu erschöpft oder vielleicht ihr Kopf der Friedhof zwischen anderen von reisenden Freunden geschickten banalen Ansichten alle gleichgültig oder vielleicht sie selbst gleichgültig ob vorher oder nachher belanglos da jetzt alles stillstand gegenwärtig in ein und demselben Augenblick für immer erstarrt die Bilder die Augenblicke die Stimmen die Bruchstücke der Zeit der vielfältigen üppigen unerschöpflichen Welt verstreut auf dem Bett einer Sterbenden* …, 364 (385). Schließlich eine Karte von der Hand der noch jungen Mutter, von den Seychellen, von den Reisen zusammen mit dem Mann, seinem Vater, als sie ihn endlich hatte heiraten können, und er stellt sie sich, und so endet das Buch, das er hier schreibt, diese Karte schreibend vor, und schreibt, oder denkt und wird schreiben: *ein gelbhäutiger Herr S. S. Ohashi ihr beim Schreiben zusehend auf einer Ecke des Tisches oder der Theke jener Frau die ihren geheimnisvollen von Spitzen umhüllten Oberkörper aus weißem Fleisch vornüber beugt jenen Schoß der vielleicht mich schon trug in seinem finsteren Tabernakel eine Art gallertartige zusammen-*

gerollte Kaulquappe mit ihren riesigen Augen ihrem Kopf einer Seidenraupe ihrem zahnlosen Mund der knorpeligen Stirn eines Insekts, ich?

Claude Simon, GESCHICHTE, 1967, übers. Eva Moldenhauer 1999

Die Schlacht bei Pharsalos – La Bataille de Pharsale – 1969

Zwei junge Leute reisen nach Thessalien, sie wollen den Ort finden, an dem damals die berühmte Schlacht bei Pharsalos stattgefunden hat, zwischen Cäsar und Pompejus, 48, Cäsar hatte gewonnen. Die Leute dort wissen nichts, ein Fußballfeld, ein verlassenes Haus an einem Baumwollfeld (also sie fahren hin- und her- und irregeleitet durch allerlei Auskünfte, die der eine der beiden einholt, Nikos, er kann die Landessprache, obwohl er sich auch darin nicht ganz verständlich machen kann, denn keiner hier hat irgendeine Ahnung von Römern und Cäsar und so weiter, so fahren sie durch die Gegend), eine abgewrackte landwirtschaftliche Maschine, auf der Kinder spielen, von der Männer sich Teile holen, später ein Waggon voller solcher fabrikneuer Maschinen (in Italien irgendwo, in Verona vielleicht; Städteporträts: Verona, Belgrad); zwei Knaben in erotischen Spielen dort an dem Haus, eine Kritzelei an der Wand, ein Soldat und ein Mädchen davor (also: zwei Knaben, ein älterer, ein jüngerer, spielen an der Maschine, an dem Maschinenwrack herum, dann ritzt der ältere in den brüchigen Bewurf des unbewohnten Hauses dieses berühmte Symbol, dieses bewimperte aufrecht stehende Auge mit dem senkrechten Strich, dann rangeln sie, der ältere masturbiert den jüngeren; und später, irgendwann, zeigt der Soldat lachend dem Mädchen das Symbol, sie tut empört, ist es womöglich, ist es wohl sicher, macht sich los von ihm, schmollt, er beruhigt sie, dann küssen sie sich, und so weiter).

Schlachtgemälde immer wieder, Uccello zum Beispiel, della Francesca, auch andere Bilder ausführlich, Cranach, Breughel, ganz am Schluss auch ein zerfallendes Marmorrelief, eine Schlacht mit Pferden darstellend (Flandern natürlich dazwischen). Ein Künstlerball, immer wieder das Atelier (in dem Charles sich lange Zeit mit der Frau des Malers unterhält, die möchte, dass er auf ihren Mann wartet, er tut das aber nicht), das Atelier dieses holländischen Malers, in dessen halb nacktes Modell sich Charles so unselig verliebt: jener Onkel Charles, der, in der Realität Simons Onkel, der seinen toten Vater vertritt, auch immer wieder die Lateinübersetzung des Jungen korrigiert, betreffend die Schlacht bei Pharsalos (zweifellos ist also dieser Junge mit der schlechten Übersetzung der, der dann das Schlachtfeld ansehn will mit seinem griechischen Freund, und derselbe wohl, der auch die vielen Schlachtenbilder kennt). Tauben am Fenster des Erzählers (Simons Schreibtisch in Paris), er sieht Leute aus der Metro heraufkommen (einmal ist Jesus dabei); dazwischen immer wieder Charles, oder irgendein Eifersüchtiger, an eine Tür hämmernd, hinter der Tür immer wieder ein in wilder Liebe begriffenes, dann, als wohl der eifersüchtige Liebhaber an die Tür hämmert, und schon als er bloß bemerkbar wird, erstarrendes, dann Marmor werdendes, und im Kontext des Schlachtreliefs Marmor gewordenes, steinverwittertes halb zerbrochenes Paar (vorher mitunter noch ein liebendes Paar: dasselbe vielleicht? aber im Ichstil, jenes: er und sie); vor diesem Haus ist ein Café, mit jungen Leuten. Erinnerungen immer wieder an Flandern, dazwischen jener oriongleiche Halbwahnsinnige im Schlafsaal. Zugfahrten, Proust-Zitate, wenn Charles Karten schreibt oder Karten schreiben will, er nennt dann die kleine viel liebende Geliebte Odette ... Über die Realität, das Sehen, Objekte. Die Reisenden finden nichts, das heißt, sie stehn auf dem Schlachtfeld, aber das ist alles, man weiß auch nicht, ob sie's wissen; die Taube wieder am Fenster vorbei.

Das Ganze in drei Teile geteilt, erstens *Achilles, unbeweglich mit großen Schritten*, mit einem Motto von Valéry, zweitens *Lexikon*, mit einem Motto von Proust (*ich fixierte im Geist irgendein Bild, das meine Blicke mit Gewalt auf sich gezogen hatte, eine Wolke, ein Dreieck, einen Kirchturm, eine Blume, einen Kieselstein, wobei ich das Gefühl hatte, daß sich hinter diesen Zeichen vielleicht etwas ganz anderes verbarg, das zu entdecken ich versuchen müßte, ein Gedanke, den sie nach Art jener Hieroglyphen übersetzten, von denen man glaubt, sie stellten nur materielle Dinge dar*, 95 (99)*), mit den lexikonmäßig alphabetisch geordneten Unterkapiteln *Schlacht* (*bataille*; Gemälde und Flandern), *Caesar* (er mit der Großmutter in Lourdes, die cäsarkopfbedruckten Banknoten, die sie aus einem Busentäschchen holt, und Cäsar natürlich bei Pharsalos), *Unterhaltung* (*conversation*; in dem Atelier Van Veldes, mit einem singenden schwarzen Gitarristen im Hintergrund), *Krieger* (*guerrier*; der halb verrückte nackte säbelbewehrte Riese in dem Schlafsaal, den die soldatisch Bekleideten dann holen), *Maschine* (*machine*; ebendiese landwirtschaftliche Maschine), *Reise* (*voyage*; im Zug, Bilder, alles), *O* (*zéro*; Null oder Orion oder Objekt; über das Sehen und Beobachten, die Perspektiven und so weiter), und drittens *Chronologie der Ereignisse*, mit einem Motto von Heidegger über Werkzeug, Zeugzusammenhang, das Ganze und wie sich darin Welt meldet.

Ganz am Anfang und wieder sehr viel später und angedeutet zwischendurch zahlt, wie in einer fahlen Unterwelt, Charles seinen Arbeitern →Lohn aus, Banknoten, Münzen in den Mund dieser wie Phantome Dastehenden: Charles ist eben gestorben; ziemlich am Anfang, 34 (38), bald nach der erwähnten ersten Phantomstelle mit dem Tod von Charles taucht auch, und ich glaube zum ersten Mal in diesem Zusammenhang (ganz spät dann noch einmal am Ende der TRAMBAHN, im selben Zusammenhang), an dieser Lokalität, sonst ist eher von Efeu die Rede, ein Granatapfelbaum auf: … *Granatapfelbaum der an der Wand vor dem Fenster seines Arbeitszimmers wuchs die obersten Zweige höher als das Fensterbrett ihr Schatten spielte über die beharrlich geschlossenen Läden und er dahinter in dem säuerlichen Mostgeruch sich zersetzender Dinge wie ein Leichnam* … – der Granatapfel, seit dem Altertum eine symbolbeladene Frucht, für Zeugung und Tod, vielleicht wächst er hier erst, seit Charles tot ist, die Wörter lassen ihn wachsen; als könnte also das alles ein Buch für Charles sein.

Claude Simon, DIE SCHLACHT BEI PHARSALOS, 1969,
übers. Helmut Scheffel 1972

* diese Stelle, die man zunächst bei Proust im ersten Band der RECHERCHE sucht, und zwar am Ende des zweiten Kapitels von COMBRAY, dort, wo vor dem kleinen Aufsatz über die Türme von Martinville Marcel über die Art seiner Eindrücke reflektiert, und die zweifellos auch in solche Gedankenzusammenhänge gehört, findet sich dann auch in solchen Zusammenhängen, aber erst ziemlich am Ende der RECHERCHE (Werke II, Band 7, 275 der neuen Werkausgabe, Frankfurt 2002), als sich Marcel in der Bibliothek des Palais Guermantes daran erinnert, dass er schon in Combray, und er erwähnt direkt die Kirchtürme von Martinville, auf dem Weg war, hinter den Dingen ihre verborgene oder verrätselte Wahrheit zu entziffern, dass er aber jetzt imstande sein wird, diese Wahrheit in Form der Kunst, die er schaffen wird, zu benennen, ans Licht zu bringen; er spüre, sagt er, das Glück, das Wirkliche wieder zu finden.

Die Leitkörper – Les corps conducteurs – 1971

Ein kranker Mann in den Straßen der Großstadt, er setzt sich auf einen Hydranten, in der Nähe das Schaufenster mit halben bestrumpften Frauenbeinen, zugleich, im selben Moment des Lesens, ist er Patient in einer Arztpraxis, der Arzt tastet ihn ab, es schmerzt furchtbar, und alles, was schmerzt, und alles andere auch, sieht man auf Lehrtafeln, an Unterrichtskörpern für Studenten; auch Liebesszenen später gehn oft über in diese Innereien unter Plexiglas, etwa als tasteten sich Hände auf spiegelnden Flächen auf dann sich wieder bewegende, dann wieder zum Leben erweckte Schamlippen vor: sodass immerzu und immer wieder der Eindruck eines Inneren, einer Innenwelt entsteht, in der man lebt: das immer wieder gezeigte Innere eines fliegenden Flugzeugs, das Innere des Urwalds, in dem alle umkommen, und eben das Innere der Körper. Das Äußere, Welt: Reklamen, Kinoplakate, Schaufenster, Zigarrenkistendeckelbilder, Illustrierte, antikolonialistische Reden auf einem lateinamerikanischen Schriftstellerkongress: aus lauter solchen Fetzen entsteht etwa der Marsch der Soldaten in den sumpfigen Urwald, ihn illustrieren Zitate über die Fauna dieser Wälder, vorwiegend die Vögel. Schließlich der Schriftstellerkongress selbst und der Schriftsteller, der im Flugzeug sitzt und sich an den Kongress erinnert.

Alle diese Motive, oder wie man das nennen soll, diese Sequenzen von Innerem und Äußerem, eingeschlossen tausend Skurrilitäten dieses hastig vorbeirauschenden Lebens, durchdringen sich, lösen sich immer wieder manchmal fast ununterscheidbar ab, zusammen (aber was heißt das: zusammen?) jene Welt bildend, in der der Kranke, der Schriftsteller, die Liebenden sich bewegen. Und dann ebendiese beiden Liebenden, die sich nach einer Nacht wohl nicht wiedersehn werden, und jene, andere vielleicht, vielleicht aber auch dieselben, die sich gar nicht sehen, unablässig versucht der Mann die Frau am Telefon zu überreden, versucht überhaupt mit ihr zu reden (durchs Stadtinnere hindurch, fast Erdinnere, er telefoniert neben einem Untergrundbahngleis, hinauf zu ihr, die immer wieder kaum verstehen kann, was er sagt, oder schweigen muss, weil die, die um sie sind, nicht hören dürfen, was der Mann unten neben der Metro aber auch nicht hören würde).

Dann dieses große Motiv →Orion mit Poussin, gleichzeitig eine Liebesszene, Riesen (wie Sternbilder, wie Halbgötter, jene also, die zu Sternbildern wurden) miteinander schlafend, grau und wieder fleischfarben im kommenden Morgen (es ist nicht wichtig, wie sie, ob sie überhaupt zusammenhängt mit der Liebesnacht der beiden, die sich am Morgen trennen müssen). Ein Platz mit zwei Negern am Schluss, Verrückten irgendwie, der eine redet zu jedem, aber mit keinem, der andere küsst einen kleinen Taschenspiegel, entweder die Spiegelseite oder die Rückseite, auf der eine nackte Frau abgebildet ist, auf Bänken Ausruhende in einer Arbeitspause, Nacht und Tag wechseln auch, eine Bar, in der der Kranke ein Bier trinken will, Toiletten unten, in denen er sich erbricht vor Schwäche, eine Hotelhalle mit einer Greisin, der alles herunterfällt, die Straße. Geröll oder etwas Ähnliches bewegt sich durch alle Räume, versperrt Wege (die keiner gehen will), erdrückt alles, zerstört, zerbröckelt selbst: die Zeit, die Angst, die erstickende Luft, oder gewissermaßen für die, die hier in dieser Großstadt leben müssen, ganz das, was der Urwald war für die, die ihn erobern wollten (ihn schließlich ja auch erobert haben?). Am Ende des Buchs ist der kranke Mann hinten in der schluchtartigen Großstadtstraße in seinem Hotel gelandet, auf dem Teppichboden dort bricht er zusammen, am Ende ebendieser über zweihundert Seiten hin absatzlos durchgeschriebenen Bilderfolge.

Claude Simon, DIE LEITKÖRPER, 1971, übers. Irma Reblitz 1974

– zum Titel des Romans noch zwei Sätze von Nathalie Sarraute, einer Kollegin Simons (auf Gruppenfotos, aus den sechziger, noch aus den achtziger Jahren, ist sie neben Robert Pinget und Alain Robbe-Grillet immer dabei), aus ihrem berühmten Roman PORTRAIT EINES UNBEKANNTEN, 1948: *… Mehr bedurfte es nicht, um meinem Streben nach Unabhängigkeit, nach Unschuld ein Ende zu bereiten. Ich fand sofort meine Rolle wieder, meine Eigenschaft als Leitkörper, durch den alle Ströme, mit denen die Atmosphäre geladen war, hindurchflossen. Die Unterhaltung hatte nun für mich einen anderen Klang, sie verlor ihren scheinbar banalen, harmlosen Charakter. Ich fühlte, daß gewisse Worte, die gesagt wurden, weite Schlünde, unermeßliche Abgründe öffneten, die nur den Eingeweihten sichtbar waren, die sich über den Rand beugten und sich zurückhielten – und ich beugte mich mit ihnen vor und hielt mich mit ihnen zurück, zitternd und von der Leere angezogen wie sie …*

Triptychon – Triptyque – 1973

Eine Ansichtskarte (Palmen, Esplanade, blauer Himmel, blaues Meer, Leute) auf dem Tisch, auf dem auch ein gehäutetes Kaninchen liegt; das Haus, die Gegend mit Fluss, Wasserfall, Kirche, Scheune; Plakate an ihr, erstens für einen Zirkus, mit Dompteur und Tigern, darunter wohl für einen Film: eine Backsteinmauer, an der zwei Gestalten sich umschlungen halten, hinter der Mauer ein Fabrikschlot, und dazwischen, zwischen den zerrissenen Plakaten und den Holzbrettern der Wand: der Spalt in die dunkle Scheune (also: Zirkus, Mauer, Bretterwand mit Spalt, Scheunendunkel); an der Scheunenmauer noch ein Motorrad (… *Von der Stelle aus, wo sich die Scheune befindet, hört man deutlich das mächtige und stete Geräusch des Wasserfalls, zurückgeworfen von den grauen Felswänden, die hier und dort zwischen dem buschigen Laub der Wälder auf den Steilhängen des Tals hervorscheinen, die sie zuweilen krönen, selber gekrönt mit Büscheln von Sträuchern, deren Wurzeln sich in ihre Ritzen senken und deren kümmerliche Stämme sich vor dem Himmel winden, wo die Wolken ruhig dahinziehen, ihre gebogenen oder gezackten Umrisse unaufhörlich verformend, Wülste, Buchten und Kaps zeichnend, die vorspringen, sich höhlen und zerreißen. Wenn man die Wolken anschaut, scheint es, als kippten die Felswände langsam nach vorn, in einem Block, ihre Pflanzenkronen, die bewaldeten Hänge und das Geröll mit sich reißend, die von ihren Füßen herabstürzen und in einem Chaos von Felsen und entwurzelten Bäumen alles unter sich begraben, den Weiler, den Fluß und den Kirchturm, dessen Kanten über dem hellen Laub der großen Nußbäume schimmern* … 9f. (11f.)); dazwischen immer der Blick zweier auf einer Brücke stehender Knaben ins Wasser, Forellen, Hineingeworfenes.

Dann ein Brunnen an der Kirche, im Schatten der Nussbäume (… *Wenn man die Hand in den Brunnen taucht, scheint es, als werde sie von einem eisigen, am Gelenk glatt abgeschnittenen Handschuh umschlossen. Unter den Fingern ist die Berührung mit dem langen grünen Moos sanft, samtig. Wenn man es abreißt, bleibt es an den Fingern hängen, etwas glitschig, wie feuchte Watte* … 14 (17) – die in den Brunnen getauchte Hand schließt unmittelbar an das in den Schoß des Mädchens verschwundene Glied des Mannes an). Ein Hirtenjunge mit den Kühen kommt über die Brücke mit den Knaben, der Kotfladen einer zurückbleibenden Kuh dann. Die an der Mauer Stehenden beginnen sich zu bewegen, halb ausgezogen schon trotz des Regens. Das Motorrad jetzt, der Weg durch das Gras des Mannes, der es geschoben hat. Von den in ihren

Liebesakt Vertieften in der Scheune (es sind der Motorradfahrer und die junge Frau, die das Kind oben am Fluss gelassen haben wird) sieht man nur den mittleren Teil (*… Wenn das Becken des Mannes zurückweicht, sieht man für den Bruchteil einer Sekunde sein glänzendes, zylindrisches Glied, das zur Hälfte aus dem dichten schwarzen Vlies zwischen den hochgezogenen Schenkeln herauskommt, die fast blau sind, wie Milch, phosphoreszierend im gelblichen Halbdunkel der Scheune …* 13 (16)).

Junger Tannenwald nun in der Höhe, sein Boden. Und wieder die beiden an der Mauer Stehenden (*… Der helle, in der Dunkelheit phosphoreszierende Fleck, den der Schenkel des um seinen Gefährten geschlungenen Mädchens bildet, ist größer geworden. Auf dem anderen Bein stehend und mit dem Rücken an die Backsteinmauer gelehnt, hat sie ihren angewinkelten Schenkel an ihren Bauch gehoben und führt mit der Hand das steife Glied des Mannes in sich ein, dessen Haut um so weißer erscheint, ebenfalls phosphoreszierend, als es, nach oben schnellend, direkt aus der schwarzen Hose des Kleidungsstücks schießt, das ein Smoking zu sein scheint oder jedenfalls ein Ausgehanzug. Um besser in das Mädchen eindringen zu können, hat der Mann die Knie leicht gebeugt. Er scheint zu taumeln und würde vielleicht fallen, wenn sie ihn nicht festhielte …* 18 f. (20 f.))

Zwei andere Plakate (also neben dem mit den beiden an der Mauer): ein Clown, ein Dompteur. Nun der ältere dicke schwarz gekleidete Mann auf dem roten Teppich in dem grell erleuchteten Zimmer (*… Mit der hellen Wand und dem roten Teppichboden kontrastierend, schluckt der dunkle Anzug das Licht, und alles (die Falten des Stoffs, die Begrenzungen der Jacke oder Weste) verschmilzt zu einem schwarzen Block mit weichen, gewundenen Umrissen, ähnlich denen eines Tintenkleckses oder eines jener Vögel, die, in ihr Federkleid gezwängt, reglos auf einem Bein stehen, gekrönt von einem blaßroten, von der Kupferrose violett verfärbten Kopf mit schlaffer Haut, die unter ihrem Gewicht in Wülsten herabhängt, trotz ihrer Gedunsenheit die scharfen Kanten der Backenknochen betonend …* 20 (22)). Der Clown in der Manege beginnt lebendig zu werden; der Knabe im Haus zeichnet seine Geometrieaufgaben, aus dem Fenster sieht er den Obstgarten, die alte Frau darin mit dem Kaninchen, das noch lebt (der ganze Text, denn es ist ja das schon enthäutete Kaninchen vom Anfang, bewegt sich in der Mikrostruktur und in der Reihung größerer Erzählblöcke in solchen Zeitsprüngen oder -verschiebungen).

Die es miteinander Treibenden in der Scheune, die es ebenfalls miteinander Treibenden an der Mauer, im Regen, dahinter beleuchtete Innenhöfe von Fabriken, ein Rangierbahnhof vielleicht, die Szene weitet sich allmählich zu einer tristen Stadtlandschaft; das schaukelnde Bein des Mädchens, sie hat es angehoben, damit der Mann es leichter hat, sie machen es ja im Stehen, und obendrein ist der Mann halb oder noch mehr betrunken, und das baumelnde Kaninchen am Arm der alten Frau. Der zeichnende Knabe, er sieht, wie die Frau jetzt das noch nicht enthäutete, sogar noch lebende Kaninchen an einen Ast hängt und auf es einschlägt mit einem Holzscheit. Der Knabe betrachtet jetzt, durch eine Lupe, einen Filmstreifen mit zwei Männern drauf, offenbar in einer Kneipe (später glaubt man zu wissen, dass dies eine Folgeszene des Bestechungsbeischlafs der nackt auf dem Bett Liegenden ist); die Alte tötet das Kaninchen und lässt es sich aus einem Auge, das sie herausgeschnitten hat, ausbluten. Hinter der Mauer mit den Liebenden davor (dem betrunkenen Hochzeiter und der Kellnerin) Lokomotivengeräusch. Ein Motorrad, ganz ähnlich dem an der Scheune im Gras (das des Liebhabers der ihm noch einmal davongelaufenen Kellnerin).

Ein Mädchen (das dann ertrunken sein wird?) kommt ins Zimmer des Knaben, der den Filmstreifen versteckt, weiterzeichnet, ihn wieder hervorholt. Dann eine Filmvorführung, mitten in die Liebesszene in der Scheune hinein, über sie hinweg eine donnernde Stimme. Der Film, offenbar von einem Schiff aus gedreht, zeigt (wie auf der Fotografie in der Küche) schwülstige Fassaden, Palmen, Segelboote, Kinder am Strand winken den Filmenden zu; dann konzentriert sich die Kamera auf ein riesiges prächtiges Bauwerk, Kasino, Hotel vielleicht. Jetzt auf einem Bett jene nackte Frau, die mit sich, ihrem immer noch schönen Körper einen Mann besticht. Die Geometrie des Knaben wieder, die Alte mit dem Kaninchen, im Zimmer der nackten Frau die sich drehende Schranktür mit dem Spiegel: in dem jetzt ein Mann in Hemdsärmeln erscheint, den sie heftig beschimpft. Die Alte macht an dem Kaninchen weiter, der Knabe brennt ein Stückchen Seidenpapier mit der Lupe an, die Knaben, die durch den Riss in der Scheunenwand blicken, schrecken hoch, als sie einen Lastwagen hören, sie ducken sich weg, kommen wieder zurück. Jemand kommt zu dem Zeichnenden ins Zimmer, guckt, geht wieder, er sieht eine Frau dann unten zur Alten hinabgehn, holt wieder Lupe und Seidenpapier hervor. Der beschimpfte Mann bindet sich die Krawatte und verspricht sein Möglichstes zu tun. Über ihm an der Wand ein Kupferstich, eine nackte Magd, ein Knecht, zwei lachende Buben oben an einer Luke, eine Katze wegspringend, alles im Innern einer Scheune, wie die beiden Nackten in der Scheune im Weiler. Springend, wie die Katze in der Scheune, beim Dompteur dann ein Tiger in der Manege. –

So weit nur: sodass also nun das Treiben in der Scheune im Weiler, im realen Dorf, sich spiegelt in dem Stich an der Wand in dem Zimmer mit der Nackten, die wohl zusammenhängt mit der Filmerei, die aussieht wie die lebendig gewordene Ansichtskarte auf dem Tisch mit dem enthäuteten Kaninchen, während andererseits das Paar auf dem nur stückweise sichtbaren Kinoplakat an der Scheune (die selber so etwas wie ein Dorfkino werden könnte) in jenem Regen zu leben beginnt, der auf den Rangierbahnhof und die Fabrikschlote und so weiter fällt, genauso gut könnte dieses Paar aber in dem Film sein, der gerade läuft; und wieder beginnt auch der Zirkus, vom vordersten der Plakate, lebendig zu werden.

Bilder, Film, Leben scheinen ineinander zu laufen, dasselbe zu sein, oder dasselbe zu werden, auch rückwärts sozusagen: denn wenn die Knaben, die das Pärchen durch den Spalt beobachten, auf dem Kupferstich, wenngleich in anderer Perspektive, wieder erscheinen, so kann einfach die Zeit anders laufen, und wo sonst das Bild hier anfängt lebendig zu werden, ist dort, was jetzt erst als Bild erscheint, längst lebendig gewesen, oder hat sich als lebendig gezeigt, oder zeigt sich jetzt als Bild; oder alles spiegelt sich ineinander: sodass es darauf am Ende überhaupt nicht ankommt, und es bleiben entweder die Sachen (das Leben, in welcher Form auch, denn für uns ist ja alles irreal, wir haben nichts als die Substanz) oder die Sätze, Bilder, wie man will – was aber nicht heißt, dass für das was wir haben (Substanz, Bilder, Sätze), oder dafür dass wir's überhaupt haben, nicht doch die wunderschön komplexe Form entscheidend war (sie war es zweifellos; vielleicht nur als Spiel, wer weiß: aber was heißt das: nur als Spiel?)

Oder auch so noch, oder noch einmal, wenn man so will, im zweiten Teil des Buchs: Im Obstgarten die jüngere Frau mit dem enthäuteten Kaninchen (das im ersten Bild des ersten Teils auf dem Tisch liegt), die alte mit dem Messer; der Knabe drinnen an der geometrischen Aufgabe, im Fenster verschwinden die Frauen, man hört nur noch Kies knirschen; draußen im Garten das Kaninchenfell am Baum, die Fliegen dabei. Die Tischschublade des Knaben, das Bild der nackten Frau, Erektion, er nimmt die Batterie aus der Taschenlampe. Draußen Wassergeräusche, Fall und Überlauf, dann die Fahrräder, die beiden Jungen mit der Batterie, der Löwe auf der Batteriehülle. Der Löwe auf dem Zirkusplakat: jetzt der Zirkus, seine Musik, Raubtierbrüllen, und der Clown in der Manege. Die Jungen versuchen die Batterie aufzumachen, einer bricht sich den Nagel ab, dann ein Messer, sie holen einen Filmstreifen aus der Batterie: eine nackte Frau auf einem Bett, wie im ersten Teil schon, aber jetzt offenbar in einem Filmstudio. Dann wird daraus ein Gemälde, und wie es gemalt worden ist, nämlich wirklich von innen nach außen, das Gesicht ist noch eine blutige knochige Masse.

Nun die Techniker, Regisseur und andere in dem Studio um die nackte Frau auf dem Bett. Die Knaben mit einem andern Filmstreifen, einen Mann in einem Anzug (den in dem schwarzen Anzug von vorhin) in einem Zimmer zeigend. Jetzt die Postkarte neben dem abgezogenen Kaninchen auf dem Küchentisch, das war der Anfang des Buchs, das Kaninchen ähnlich gemalt wie der Körper der Frau. Unter dem Tisch die Schüssel mit den Eingeweiden, Uhrgeräusche, Geräusch einer auf dem Leimpapier verendenden Fliege. Lampenschirm und Glühbirne schaukeln, die Frau hat sie angestoßen, die wandernden Schatten.

Die Zunge eines Mädchens an der Eichel des Mannes, der auf ihr kniet, sie zieht ihm die Hose ganz aus und greift sich seine Hoden. Der Knabe streichelt seinen steifen Schwanz unter der Hose (er streichelt ihn über der Hose), eine Fliege krabbelt über seine Geometrieaufgabe. Wieder der Clown in der Manege mit dem Publikum und der Musik. Der Knabe hört auf sich zu streicheln, will die Fliege fangen, sie sitzt aber inzwischen auf der Fensterscheibe. Die Hand des Mannes, die die Brust des Mädchens knetet, die Brustwarzen, die Hand des Mädchens dann an der Wurzel des Mannes. Die Kamera geht zurück, durch den Spalt im Zirkusplakat die beiden Liebenden, man sieht immer weniger, zuletzt nur noch Zunge und Eichel, die Köpfe der alles belauschenden Knaben, der eine hat eine Hand in seiner Hose; in derselben wegfahrenden Kamerabewegung Manege, Dompteur, springender Tiger, auf dem Plakat, dann der Clown, die Scheunenwand, ihr Dach, der Waldrand, der Kirchturm.

Nun wieder nah: neben dem Kirchenportal ein Kästchen mit dem Gemeindeblatt, Gottesdienstplan, ein kleines Bildchen, davor ein Kaninchenstallgitterchen; der Platz vor der Kirche, der Kirchenschatten. Der Knabe wieder in seinem Zimmer reißt das Blatt aus, fängt ein neues an. Zwei Hühner im Obstgarten, hinter ihnen eine Katze. Gegenüber der Kirche eine Scheune, ein grünlicher Schuppen mit einer großen Tür, darüber steht

Kino, darunter zwei Kinoplakate, wie schon im ersten Teil: erstens eine Fau mit Perlenkette, hinter ihr zwei Männer, dazwischen ein Halbwüchsiger, zweitens zwei sich schlagende Männer an einem Waldrand, dazu ein Mann und eine Frau umschlungen an einer Mauer, dann noch eine junge Frau mit Brautschleier und ein junger Mann, in beiden Filmen scheint der junge Mann derselbe Schauspieler zu sein.

Die Knaben mit dem Filmstreifen im Gras liegend, der Blutstropfen an dem abgebrochenen Nagel, ein Insekt kriecht auf dem Filmstreifen über die auf dem Bett liegende Frau; dann eine Kuhherde hinter dem Streifen, ein Ochse versucht eine Kuh zu bespringen, der schreiende Hirtenjunge, die pissende Kuh. Der Mann, bei der Frau an der Mauer, erbricht sich, es regnet immer noch, aus der Vorführkabine der filmkommentierende Monolog. Der eine Knabe nimmt für die Einzelheiten des nackten Körpers auf dem Filmstreifen die Lupe, mit der er im ersten Teil in seinem Zimmer, über der Geometrieaufgabe, Seidenpapier in Brand stecken wollte. Die Schauspielerin bewegt sich und drückt die Zigarette im Aschenbecher neben dem Bett aus, jetzt redet sie mit dem Mann im Zimmer, der offenbar etwas für sie tun soll, sie scheint deshalb mit ihm geschlafen zu haben, er sagt etwas, dann reißt der Film, die Zuschauer lärmen, das Licht geht an, man sieht den Operateur. Dann das Innere des Kinos, also der Scheune … – so weit so etwas wie Inhaltsangaben, Szenenfolgen, oder die Bilderreihe diesmal der ersten dreißig der insgesamt neunzig Seiten des zweiten Teils (die in sich zusammenhängenden ununterbrochenen Erzählblöcke scheinen im Lauf des Buchs länger zu werden, jedenfalls ergibt sich dieser Eindruck, vielleicht aus Übung).

Am Schluss des Buchs, also am Ende des dritten Teils, kommt ein Mann zu der auf dem Bett liegenden nackten lesenden rauchenden Frau (deren Roman die Geschichte der Liebenden zu enthalten schien, die dann, oder er jedenfalls, in den Straßenschlamm fielen, und deren männlicher Teil dann offenbar von dem Mann verprügelt wurde, der, als er der Frau den verschmutzten Slip, sie hatte ihren Liebhaber damit gesäubert, weggenommen hatte, diesem gefolgt war auf einem Motorrad; der verprügelte Liebhaber übrigens kommt dann ins Hotel zurück, zu seiner Frau oder wohl der frisch Angetrauten aus der Hochzeitskavalkade, die sich dann, diese Frau, seine Frau wohl, als er nackt und schlaff daliegt, nackt und wenig anziehend auch sie vor den Spiegel stellt und, aber als wäre sie gar nicht dabei, ein bisschen streichelt; andererseits ist das Titelbild des Buchs wieder identisch mit einem der, oder mit beiden Kinoplakaten, zumal die nackte daliegende Frau ja selber in einem Studio liegt, in dem gedreht wird, offenbar jener Film);

und der Mann, das Buch ist der Frau inzwischen aus der Hand geglitten, legt ein Puzzle zu Ende, das ebenjenen Ort darstellt, mit dem Fluss und so weiter, in dem die Geschichte, oder doch ein großer Teil, der Dorfteil jedenfalls der Geschichte spielt, jener mit dem Wasserfall, den Knaben, der Kirche: in deren Nähe aber auch die Scheune sein muss, in der einer der Filme gezeigt wird; und fegt dann alles vom Tisch (... *die kleinen Teile des Puzzles durcheinanderwerfend, die sich ringsherum verstreuen. Ihre mäandrischen Formen sind so berechnet, daß keines von ihnen, einzeln genommen, das vollständige Bild einer Person, eines Tiers oder auch nur eines Gesichts darstellt. Von ganz wenigen Ausnahmen abgesehen (dem Ockergelb des Fells der Kühe, dem Grau der Steine der Brücke, dem violetten Braun der Dächer) zeigt das Ganze die gesamte Palette der verschiedenen Grüntöne (Smaragd, Bronzegrün, Apfelgrün, Jade, Persischgrün, Olivgrün), und sie bilden gleichsam einen Archipel kleiner Inseln, gehöhlt von Buchten und Golfs, gespickt mit Kaps, auf dem roten Grund des Teppichbodens* ...); und aus dem Kino (dem in der verregneten Stadt, dem also, an deren Wand der betrunkene Hochzeiter die Kellnerin genommen hat) kommen dann, das ist der Schluss des Buchs, nach dem Puzzle, und als keiner mehr in dem Buch liest, der Film ist aus, die Zuschauer: *Mit den Augen blinzelnd, ein wenig geblendet, ein wenig bestürzt, wie Leute, die aus schwerem Schlaf erwachen, schlüpfen die Zuschauer in ihre Mäntel, wickeln Schals um ihre Hälse und drängen sich in den Gängen zwischen den leeren Sitzreihen in mehreren Schlangen, die sich langsam zu den Ausgängen wälzen. Draußen hat der Regen aufgehört und der Wind schaukelt die Glühbirnen, die dann und wann über der langen Ader hängen. Man hört die Türen einiger Autos schlagen, die nacheinander anfahren. Am Ende bleibt ein einziges, dessen Türgriffe mit regennassen Tüllschleifen geschmückt sind, am gegenüberliegenden Gehsteig übrig, etwas oberhalb des Kinos, dessen Außenbeleuchtung jetzt erlischt, während die Schließerinnen das Gitter zuziehen und die letzten Zuschauer sich in kleinen Grupen, die Mantelkragen hochschlagend, den Rücken im Wind krümmend, auf den Gehsteigen entfernen, die bald menschenleer sind.*

Also, wenn man so will: eine Frau schläft mit einem Mann, von dem sie offenbar will, dass er einen andren Mann, ihren Sohn wohl, aus einer Verstrickung in irgendeine Rauschgiftsache herausholt; ein betrunkener Bräutigam treibt es ein letztes Mal, als er mit den Brautführern oder wie sie heißen betrunken in vertrauten Kneipen unterwegs ist, mit der Kellnerin und wird dann von deren Galan verprügelt; eine junge Frau schläft in einer Scheune mit einem Motorradfahrer, dem sie am Ende einer Jagd beim Abbrühen der erlegten Sauenstrecke begegnet ist, ein ihr anvertrautes Kind ertrinkt in der Zeit; Buben dazu, die alles beobachten, und so weiter, und so weiter, und immer wieder der Zirkus, der schäbige Industrieort, der hübsche Weiler, das schöne Tal; ein Buch im Film, die Geschichte im Buch, das Puzzle, die Plakate: lauter Verschachtelungen, die aufzudröseln, zu ordnen offenkundig ohne Sinn wäre, wenn man noch bedenkt, dass das alles ja ein Buch ist, und dies hier noch eines.

Claude Simon, TRIPTYCHON, 1973, übers. Eva Moldenhauer 1986

Anschauungsunterricht – Leçon de Choses – 1975

Vorspann. Ausweitung. Divertissement I. Anschauungsunterricht. Divertissement II. Unternehmen Reichshoffen. Kurzschlüsse – die Abschnitte gliedern einsichtig diesen kleinen Roman, der in seiner vergleichsweisen Durchsichtigkeit selbst so etwas wie ein Anschauungsunterricht für die Komposition eines solchen Romans sein könnte. –

Ein Zimmer mit Gipsbrocken auf dem Boden. Spaziergänger, Spaziergängerinnen, auf einem Obstbaumhang, an einer Steilküste, über dem Meer, auf Farbdrucken (nach Monet und nach Eugène Boudin, der für seine Küsten- und Steilküstenszenen aus der Normandie einst sehr berühmt war; einige Proust-Kommentatoren fühlen sich, wenn die jungen Mädchen in Balbec am Strand auftauchen, immer an Boudin erinnert; Boudin lebte von 1824 bis 1898, er wurde in Honfleur geboren und starb in Deauville, er liebte das Meer; er soll es auch gewesen sein, der den rund fünfzehn Jahre jüngeren Monet erst für das Malen im Freien begeisterte) – zu sehen das also auf Farbdrucken im Zimmer der Soldaten mit dem Maschinengewehr; eine junge Frau unter ihnen, den abgebildeten Leuten, die von einem jungen Mann bedrängt wird und ihm schließlich zusagt, ihn abends, wenn sie das Kind schlafen gelegt hat, draußen zu treffen; sie ist schon aus dem Haus gegangen, die Zeiten schieben sich ineinander, sie hat sich geschnitten, als sie in der Küche etwas beim Vorbeigehn im Dunkeln zerbrochen hat; Nacht dann draußen, und doch auch immer wieder davor sie alle spazieren gehend, während unten am Strand Fischer arbeiten und die junge Frau dem Mann verspricht, sie werde doch kommen.

Dann der Scharfschütze mit dem Ladeschützen und dem Munitionsträger, in dem Zimmer, in dem noch ein Verwundeter liegt, den die Granate getroffen hat vorhin, zweimal ein Vorgesetzter, als sie unbefohlen geschossen haben; Gips kommt von der Decke und hat alles mit einer Staubschicht bedeckt.

Und dann ein Haus (und es wird dasselbe sein, nur Jahre später), in dem unten zwei Maurer, ein alter und ein junger, eine Zwischenwand abbrechen und in eine Außenwand eine Türöffnung schlagen, Tapeten gehn ab, dann essen sie, einer aus einem Topf, der andere eine Sardinenbüchse und Brot.

Die Soldaten haben ein Büchlein, das ANSCHAUUNGSUNTERRICHT heißt und in dem zum Beispiel Gipser- und Maurerarbeiten erläutert werden, Küsten- und Wasserverhältnisse. Es dämmert (83 (106) ... *Das wunderbare Licht des Spätnachmittags senkt sich langsam über die Wiesen, den Obstgarten und den dunkler werdenden Wald* ...), in dem Buch ist bald nur noch wenig zu erkennen, die Maurer schaufeln und karren den Schutt weg, die Frau und der Mann küssen und streicheln sich, er eher sie, ihre Brust, dann ihren ganzen Körper, sie muss ihn nehmen.

Das Haus mit den Mauern stürzt ein, oder jedenfals eine Mauer (offenbar eine Notiz in der Zeitung, mit der der Schütze seine Waffe von dem Mörtelstaub säubert; zwei andere Zeitungsmeldungen später noch: Leute sind von der Steilküste gestürzt, und: Rückzugsgefechte: also die drei Geschichten). Die Fischer arbeiten, die Maurer essen wieder, unter Erzählungen vom Krieg (Reixach; vorhin, bei einem Monolog des Munitionsträgers, war es der Bahneinschnitt, jetzt der alte Maurer ist offenbar jener aus dem Flandernbuch, der noch über die Brücke kommt und dann nichts mehr zu essen kriegt, als er seine Leute findet; das heißt, dass er von dem längst Vergangenheit gewordenen Krieg erzählt, in dem die Soldaten noch sind – das sind eher Anklänge jener Art, wie etwa im TRIPTYCHON die sich zu Bestechungszwecken hingebende junge Frau mit einem Male Corinne ist, und der Mann, den sie bestechen will, Lambert, Simons Schulkamerad aus GESCHICHTE: Assonanzen, die nichts bedeuten wollen, am ehesten noch, dass eben dergleichen Zusammenhänge da sein können oder einfach auch nicht, Zufälle also, wenn man so will: Splitter alter Romane; am Schluss seines Monologs, im Divertissement II, erwähnt der Verwundete dem Offizier gegenüber sarkastisch jenes Unternehmen Reichshoffen, nach dem dann das folgende Kapitel heißt: die Schlacht von Reichshoffen nennen die Franzosen jene Schlacht bei Wörth, 1870, die mit einer Flucht der Franzosen endete, nachdem ihre ganze Kavallerie in einem deutschen Feuer untergegangen war – 1870 also, zwei Kriege vorher schon, vor der STRASSE IN FLANDERN).

Die Kavalleristen schießen auf ein Motorrad im Dunklen, der Verwundete ist weggebracht worden, ein junger Offizier tadelt sie; der Mann nimmt die Frau von hinten, eine Kuh nähert sich ihnen. Die Maurer ziehen sich um und waschen sich, die Fischer gehen weg, der Munitionsträger bejammert ihrer aller völlig aussichtslose Lage, irgendwo liegt der Betrunkene. Dazu das Frauenmotiv von der →Feuerplatte vom alten Kamin.

Schließlich läuft die Frau, beleidigt, empört, weg: er hat nicht aufgepasst, und nun mache sie ihn noch fleckig, sagt er, als sie ihn mit ihrem Schlüpfer in der Hand, mit dem sie sich auszuwischen versucht hat (*... Sie dringt so tief sie kann in ihre Vagina ein, noch mehr in die Knie gehend, um die Schenkel weit zu spreizen. Sie sieht aus wie ein Frosch ...*, 131 f. (166)), umarmt.

Ganz am Ende das Haus, die Spaziergängerinnen inspizieren die Bauarbeiten, der Mann verabredet sich mit der Frau, erschreckt lesen sie die Warnung der Maurer vor der Gefahr eines Kurzschlusses.

Claude Simon, ANSCHAUUNGSUNTERRICHT, 1975,
übers. Christine Stemmermann 1986

Georgica – Les Géorgiques – 1981

Quasi als Vorspann eine Zeichnung, wie von einem Baumeister: zwei Figuren, beide nackt; ein älterer, etwas beleibter Mann, an einem Schreibtisch sitzend, mit einem Brief oder jedenfalls etwas Geschriebenem in der Hand, vor dem Schreibtisch ein jüngerer Mann, stehend, athletenhaft; das Zimmer sonst mit gezeichneten Stilmöbeln, nicht vielen, durchs Fenster eine Fensterfront, eine Palastfassade, getüncht, die beiden Männer auch bemalt (als wenn Farbe auf Marmor aufgetragen wäre), der Sitzende noch bis unter die Schultern in einen bunten Uniformrock, der Stehende ist nur bis zum Kinn farbig – später im Text wird daraus der gealterte Lacombe Saint-Michel mit einem der jungen Offiziere, gewissermaßen ist dann die Farbe schon weitergegangen.

Sonst ist das Buch mit seinen fünf langen Kapiteln erstens die Geschichte ebendieses Vorfahrs mütterlicherseits Simons, nämlich des Revolutionsgenerals Jean-Pierre Lacombe Saint-Michel, aus dem Canton Vaour des Departements Tarn, der von 1741 bis 1812 lebte und zweimal verheiratet war, zweitens die Schilderung des Winterbiwaks der Kavalleristen, zu denen Simon gehörte, nach der Mobilmachung zum Krieg, drittens ein Referat dessen, was George Orwell in jenem Spanischen Bürgerkrieg erlebt und aufgeschrieben hat, an dem auch Simon, gewissermaßen aber, jedenfalls mit Orwell verglichen, mehr als Gast teilgenommen hat. Das Buch heißt GEORGICA, nach dem Vergilschen Epos über die Landwirtschaft, denn der General, weit über zwanzig Jahre lang überall in Europa unterwegs, schreibt alle vierzehn Tage seiner Verwalterin Batti einen Brief, worin er ihr minutiöse Anweisungen dafür gibt, was auf dem Gut zu tun ist. Die Kapitel jetzt:

I: Der Schwerpunkt ist die Geschichte des Generals, seine Karriere, seine Frauen, die Oper, angedeutet nur, in großen Zügen, auch das Gut, das Grab am Flüsschen, dieses frühe Grab seiner 1790 schon verstorbenen Frau; die Verwalterin Batti; dazwischen der Krieg in Flandern sowie, meistens schon aus der Sicht Orwells, der Krieg in Spanien: beides in Fragmente aufgesplittert, der Lebenslauf des Generals sehr summarisch, anhand der von ihm geschriebenen Register und Briefe, die von der alten Hand des jetzigen Kompilators (von der Hand Simons also, die aber auch die Hand des Generals sein könnte) umgeblättert, aufgeblättert werden; dazu, aus dem letzten Lebensjahr des Generals, wohl auf seiner Terrasse, die jetzt zerfallen ist, seine Augenbeschwerden, schwarze Punkte, die der jetzige Erzähler zusammensieht mit den eigenen Lichterscheinungen in den Augen; immer wieder auch der Ausblick des jetzigen Erzählers aus dem Fenster seines Arbeitszimmers offenbar, auf den Hof vor einer Kavalleriekaserne. Und immer wieder die Trauer um die so früh verlorene junge Holländerin, die er, jener General damals, während einer Opernaufführung gesehn und erobert hatte, erobert vielleicht danach, jetzt sie in dem Grab unter der zerfallenden, überwachsenen Platte; man kann die Pappeln, die er um das Grab hatte pflanzen lassen, von der Terrasse aus sehn.

II: Flandern, Winter; die Zugfahrt, einen ganzen Tag lang nach einem frühen Ritt zum Bahnhof; der vorbeifahrende Schnellzug, gerade als sie ausgestiegen sind wie in eine abgeschiedene, andere, verlorene Welt hinein; Ritt und Gang der Soldaten und Pferde durch die Nacht, Auflösung der Ordnung der Schwadron mit dem einsetzenden Schneefall, Erzählung und Analyse. Dann der ganze Winter im Quartier, immer wieder die entsetzliche Kälte, die Leere, die sinnlosen Beschäftigungen, das gelegentliche Duschen; am Ende eine große Satire über den eben an den am Waldrand Feuer machenden Soldaten vorbeireitenden General, die Truppenabnahme im Regen, im Schlamm damals, und den ganzen Krieg der hochgekommenen Zivilisten, der Politiker. Das Ganze jetzt, völlig anders als das erste fragmentierte Kapitel, gerade durcherzählt, klassische, oder sozusagen konventionelle Manier, vollendet gut.

III: Das Schloss, daneben immer die letzte Nachkommin des Generals, in Perpignan, in dem alten Haus; Simon besucht das Schloss, oder dieses verfallene Gut, diesen kaputten Bauernhof, auf dem ein Halbverrückter haust mit einer alten schrecklich zerbrechlichen Frau drinnen; dann sind sie, der Idiot und Simon, draußen, im Regen, unten im Tal, bei den Espen, diesen Pappeln (es müssen andere sein als damals, Pappeln werden nicht so alt, etwas rätselhaft das alles, verloren, man müsste sagen: alptraumverloren), der Idiot entziffert mit den Fingern die insgesamt nur noch ahnbare Inschrift auf der Grabplatte, wunderbare Szene, eigentlich in traumhafter Wiederholung Orpheus und Eurydike.

Dann, im andern Zweig der Familie, im Süden, in Perpignan (denn hier, in Tarn, war nach dem Tod des Generals alles aufgegeben worden) im zu großen Haus die alte Nachkommin, Einladungen gebend, zu ihrer Rechten immer der Zwerg, der Bastler, der Reichgebliebene trotz der Reblaus, die das Vermögen der Vorfahren Simons mütterlicherseits, dieses Zweigs also, vernichtet oder doch dezimiert hatte. Dann dazwischen (dazwischen schon mehrmals Anweisungen des Generals an die Batti und andere) ein Flugzeugangriff, also Flandern wieder; und weiter die Einladung, jener royalistische Zwerg mit seinen blöden Erfindungen (tückisch in seinem Royalismus, weil eben die Nachkommen des Generals die eines Königsmörders sind, auch wenn sie das am liebsten nicht wahrhätten).

Dann der Tod der Alten, vieles von den Kindern, Enkeln wohl aus gesehen; das Geheimnis hinter der Tapete, in dem geheimen Schrank (angedeutet: es sind darin die hinterlassenen Akten des Generals: der nicht nur den König mit ermordet, sondern auch den eigenen Bruder mit verurteilt hatte – später dies, in mancher Hinsicht ist das Buch auch wie ein Kriminalroman gebaut); die Alte, noch lebend wieder, winters in dem Haus, sommers, für drei Monate, am Strand, auf dem Gut draußen. Der Gang ins Kino, der junge Simon also (dazwischen das sächsische Gefangenenlager: alles dies Geschichten, die der Leser der früheren Romane Simons irgendwie sehr gut kennt, jedenfalls weiß er immer, worum es geht), das Kino selbst, dann, mit der Großmutter (das Kino war gewissermaßen gegen sie) die Oper, mit Rückblenden nach Mailand (wo der General mit seiner zweiten Frau auch gesellschaftlich eine bedeutende Rolle zu spielen hatte, eine Rolle, die seine Frau, eine Royalistin, die er einst vor dem Schafott gerettet hatte, sehr gern spielte), dazwischen immer wieder Flandern, der Übergang über die Maas, der Zusammenbruch seines Pferds.

Dann, wie die Fortsetzung seines Besuchs auf dem Gut, die Suche nach der Statue, die der General einst von sich hatte anfertigen lassen; dann die großen Reisen, Verschickungen des Generals, erzählerisch transformiert in einen Transport seiner Statue, dazwischen wieder Flandern; und immer wieder in Perpignan Simon als Junge mit dem für den Leser sehr berühmten, legendären Onkel Charles, der mal über Cicero redet (als Simon noch klein ist), dann (jetzt hat er lange Hosen an und rasiert sich) eben über den General in Straßburg, und was das bedeutet habe, nämlich dass er einen Bruder hatte, einen mit Waffen angetroffenen Königstreuen, Emigranten: weshalb der General tun musste, was er ihm sagte, als ihn im Grunde keiner mehr haben mochte (Napoleon, als er Kaiser war, mochte im Grunde natürlich keine Königsmörder, besonders, wenn sie ihren alten Idealen, oder mentalen Gewohnheiten, treu geblieben waren).

IV: Der spanische Eisenbahnwagen belgischer Herkunft mit den Milizsoldaten, Foto. Die Flucht in Spanien, in Barcelona, zu dritt, die Frau dazu, dann, nach Einholen von Papieren, die Ausreise (unter Hinterlassung des Freundes)*. Davor der nächtliche kleine Angriff an der schlammigen Front, die lausige Gegend, Kälte, Nässe, entsetzlich ähnlich dem, was in Flandern war, oder sein würde – sein würde, in der historischen Chronologie, war, weil Simon die Spanienerlebnisse des Kollegen eben lange nach Flandern wiedergibt. Dann Barcelona, mit den Frauen und Babys dabei in dem Kino, und die Schießereien und so weiter in der Stadt (das frühe Buch Simons, aus einer andern Perspektive sozusagen). Das Ganze die Geschichte O.s, Orwells also, der am Hals verwundet wird, nach dem Winter in den Schützengräben Aragons, und dann zurück in Barcelona vor der Polizei sich verstecken muss; er geht nach England zurück und schreibt ein Buch darüber, er war ja Schriftsteller, Journalist, Denker zu Hause mit seinen meistens linken Freunden, späteren Spionen darunter; ein Büchermensch. –

Ein bisschen vergleichbar, in dem fast ungebrochenen Fluss des Erzählens, in der jedenfalls vorherrschenden Konzentration auf ein einziges Thema, ist dieses ganze Kapitel dem zweiten Kapitel, Flandern, es soll ihm sicher auch korrespondieren, wenn auch die Erzählweise sehr viel aufgebrochener, poröser, rauer ist; gebrochener einfach auch deshalb, weil es sich um ein Referat handelt eines Berichts, zu dem der Referent eine deutliche Distance wahrt. Erst im nächsten Kapitel wird klar, wie sehr sich die Flucht Orwells nach der Front in Barcelona, in den undurchschaubaren linken Wirren, auf die ständige Gejagtheit des rebellischen, weil eben royalistisch gebliebenen Bruders des Generals bezieht, und die Wirren in Barcelona erzählerisch jedenfalls parallelisiert sind den ebenso undurchschaubaren (für die Teilnehmer, die niemals wissen, auf wessen Todesliste im einst eigenen Lager sie gerade stehen) Wirren der letzten Monate der Schreckensherrschaft in Paris.

* Kopp. Eine ganz ähnliche Stelle, 275, enthält ein amüsantes Missverständnis der beiden Übersetzer; sie sagen, oder bei ihnen liest es sich so, dass die Ausgereisten, in der ersten Zeitung dann in Frankreich, lesen, man habe einen der Ihren verhaftet, im Französischen, 280, ist nur die Rede von der *arrestation de l'un d'eux*: verhaftet worden sei also einer von ihnen – und genau das ist gemeint, wenn man dann bei Orwell liest, dass sie zu viert ausgereist sind, nämlich McNair, Cottman, Orwell und seine Frau, und sie nun in der Zeitung lesen, McNair sei verhaftet worden: *die spanischen Behörden*, so kommentiert Orwell, 283, *hatten die Verhaftung ein wenig zu früh angekündigt*; Simon, in der Neufassung der Orwellschen Erzählung, macht eine Parenthese und schreibt den Satz, der in der deutschen Übersetzung jetzt ein bisschen dunkel bleibt: *diesmal hatte sich das Tier an Geschwindigkeit selbst übertroffen* – denn auch hier noch ist Simon genauer, eigentlich schreibt er: *diesmal war das Vieh schneller gewesen als es selbst.*

V: Der General nun in seinem letzten Jahr (er stirbt zweiundzwanzig Jahre nach Marianne, der ersten Frau, dieser Schwester oder Tochter eines Amsterdamer Bürgermeisters), zu Hause; unten im Tal Marianne, die junge Tote. Die zweite Frau, wie er sie kennen lernt, sie nimmt (die einzige Sexszene im Buch, abgesehen von den aber nur angedeuteten wilden Akten der Knaben mit Batti und der wie schöne wahr gewesene Träume, aus dem Grab, in dem sie verwest, heraufbeschworenen Schönheit der Spalte der jungen ersten Frau), die überstürzte Heirat, Paris, unterwegs. Und dann der Bruder: Batti beider Lust (sie üben an ihr, sie toben sich an ihr aus, sie benutzen sie), dann Batti die Freundin der jungen wie in diese Abgelegenheit und unter lauter Barbaren verbannten Holländerin, dann Mutter sozusagen des von jener hinterlassenen Kindes: das dann irgendwann weggeholt wird, auf eine Schule, auf ein Schiff. Dann wieder der Bruder. Lange Ausführungen über die wirklichen oder vermeintlichen Unterschlagungen, die Batti und der Sohn, oder Batti für den Sohn vorgenommen haben sollen nach dem Tod des Generals, und zuungunsten der Witwe, die schon viele Jahre lang woanders wohnte, allem sich entfremdet hatte; dann dieser Bruder, auf der Flucht, die offenbar diesmal bei der Batti endet (wie er fast in so etwas wie einem Moor versinkt, wie er bei den Bauern isst: Szenen).

Dann hat Onkel Charles den Brief gefunden, über die Verhaftung jenes Bruders: offenbar hatte die Polizei ihn laufen lassen, oder nicht gleich festgehalten, um den Alten umso besser in der Hand zu haben; und nun, am Ende der letzten Flucht des Bruders, die Begegnung der beiden, als er, der General, plötzlich nach Hause gekommen ist: also im Dunkel sich gegenüber, der fliehende royalistische Aufrührer, und der Mann der neuen durch Aufruhr zustande gekommenen Ordnung. Onkel Charles, der die Tapete, denn die Rollen der alten Tapete sind verbraucht (auch dies ein schon bekanntes Thema), ablösen lässt, und die Schranktür kommt zum Vorschein, also das Geheimnis*: alle diese unendlichen Aufzeichnungen, und dann das Urteil gegen den Bruder, nach jenem Gesetz, wofür der Ältere zweimal gestimmt hatte: Emigranten, die bewaffnet angetroffen werden, müssen zum Tod verurteilt werden; und wirklich wird er hingerichtet. Und Onkel Charles übergibt alle Papiere dem jungen Simon. Noch einmal die hinterlassene Frau, und der Sohn, der, sobald der Alte tot ist, alles wegwirft, was an die Soldaten- oder Seemannskarriere erinnert, die er auf Wunsch des Vaters hatte einschlagen müssen, und mit der Alten um das Erbe feilscht. Dann Batti, endlich die beiden Brüder los, und vielleicht stachelt sie wirklich den Sohn zu allem an, ehe sie dann auch rasch stirbt. Und am Ende, zusammen mit Truppenanweisungen und sonstigen Dienstsachen, ein paar dieser Anweisungen, alle vierzehn Tage, mehr als zwanzig Jahre lang, die Batti gelesen hat.

Claude Simon, GEORGICA, 1981,
übers. Doris Butz-Striebel und Trésy Lejoly 1992

* eine hübsche Stelle von Nathalie Sarraute, der alten Freundin und literarischen Weggenossin Simons, taucht da noch dunkel aus der Erinnerung auf; im PORTRAIT EINES UNBEKANNTEN, 1948, weit über dreißig Jahre ist das jetzt her, vielleicht erinnert auch die Sarraute sich, wenn sie das Buch des Freundes liest, heißt es, als ich nun nachlese: ... *Und glaubt sie, eine Reserverolle finden zu können? Mit genau demselben Muster? Es ist ja ausgerechnet mitten im Salon, mitten im Licht ... Ach was, sie wird das hinkriegen, sie wird das ausbessern, niemand wird etwas davon sehen, niemand wird, vor allem wenn der Vorhang nicht zugezogen ist, die Stelle bemerken, wo die Tapeten, die alte und die neue, aneinanderstoßen ... Man wird das Loch zustopfen und die Tapete darüberkleben ... Die Gefahr wird gebannt sein ... er wird keinen Spalt, keinen Riß mehr sehen, wo etwas Unerbittliches, Unerträgliches hindurchdrang, ihn brutal umklammerte und an ihm zerrte und durch den sein eigenes Leben zu verrinnen schien ... Alles wird wieder einmal in Ordnung gebracht werden ...*

Die Einladung – L'Invitation – 1987

Kurzer Bericht über eine einwöchige Reise nach Russland, die Simon, berühmt und einladenswert durch seinen Nobelpreis, wohl 1986 mit vierzehn andern Künstlern und Wissenschaftlern nach Moskau und nach Kirgisistan unternimmt, am Ende (das ist dann aber erst später beschrieben, im JARDIN DES PLANTES) kommt es zu einem kleinen Eklat, da Simon offenbar, darauf ist wohl der Vereinnahmeversuch des Generalsekretärs hinausgelaufen, samt der ganzen Einladung, als Einziger ein Papier, sicher irgendeine Resolution, nicht unterschreibt; in diesem Büchlein nur, sarkastisch, sehr witzig, ironisch gegen alles (nur die große Natur kommt gut weg), Eindrücke, in kleinen Kapiteln: Ankunft beim Generalsekretär, der eben von einem Treffen mit Reagan kommt; die Schriftsteller und Künstler, darunter der elegante Südländer, der Nubier, die beiden Sektenprediger oder Tänzer (einer ist ein Filmstar aus New York), der Nero-Schauspieler (Ustinov), der zweite Mann der schönsten Frau der Welt (Miller). – Die Ballettvorstellung, die greise Tänzerin, die schon vor Stalin die Möwe getanzt hat. – Nächtlicher Flug, Ankunft, Fahrt durch die Stadt am Fuß des Gebirges*, dann draußen das Hotel. – Wieder beim Generalsekretär: dessen Hochkommen, seine Art, die (banditenhafte) Art der ganzen Führungselite. – Immer der Wildbach, sein Geräusch; Gewöhnung an alles, aneinander; Flug an den Gebirgssee, Rede des Präsidenten in Asien, die Dolmetscherinnen, Reden, etwa die des Nubiers, während welcher sich Präsident, südländischer Diplomat und Chefdolmetscher über ein Papier unterhalten (die Resolution?); Fotos beim Bäumepflanzen, die Stadt aus der Fabrik, Empfang beim mongolischen Stadtrat, und die Dolmetscherinnen wieder, und er, abends, ermüdet, endlich allein, ein Fenster öffnend. – Der große Vereinnahmeversuch des Generalsekretärs. – Im Kloster (und jetzt eher Momentaufnahmen:) – wieder der Generalsekretär, weiter in seinem geschichtlichen Dilemma – der See oben, kleines Fest im Dorf – Scherz des Generalsekretärs – Pferde und Ringkämpfe – Ende des Besuchs beim Generalsekretär – Pferderennen am Abend, im Gebirge noch – Blumen – ein Denkmal – im Saal – die Primaballerina (Erinnerungsbild). – Schluss: Wachablösung am Mausoleum.

Claude Simon, Die Einladung, 1987,
übers. Christine Stemmermann 1988

* diese Stadt ist ganz offenkundig (so jedenfalls auf der ersten Seite des Jardin des Plantes) Frunse, in Kirgisistan; das große Gebirge, an dessen Fuß sie liegt (wie fast alles in Kirgisistan), ist der Tienschan, jenes gewaltige Gebirgsmassiv, in das Alfred Kubin 1909 in seinem Roman Die andere Seite jene Stadt Perle setzt, in die der Erzähler dann reist, über Bukarest, Constanza, Batum, Merw, Bochara, Samarkand; Perle selbst, völlig anders als Frunse und ihm doch ähnlich, wenn man an die dorischen Säulen und so weiter denkt, die Simon schildert, ist bei Kubin ganz und gar aus alten europäischen Häusern gebaut, die sein Schulfreund überall aufgekauft und dann dort in Asien wieder aufgestellt hat.

Die Akazie – L'Acacia – 1989

I. 1919 – Die zehntägige Wanderung der Mutter Simons mit den beiden Schwestern ihres gefallenen Mannes und dem jungen (fünf-, sechsjährigen) Simon durch das zerstörte Flandern auf der Suche nach dem Grab ihres Mannes: das sie am Ende, oder als sie aufgeben, auf einem kleinen Soldatenfriedhof finden, gefunden zu haben glauben, jedenfalls nicht weitersuchen, das Grab zweier französischer Offiziere zwischen, etwas abseits, den Gräbern deutscher Soldaten.

II. 17. Mai 1940 – Das Vorbeireiten des Offiziers an der verlorenen, übermüdeten, dreckigen, hoffnungslosen Schwadron; der Krieg, der keiner ist, außer dem Verlorengehn, dem Zerfallen, dem gelegentlichen Explodieren, wenn die Flugzeuge kommen (und im Hintergrund die Zivilisten, oder alle, die das veranlasst haben und nicht da sind); und dann jener Offizier wieder da, vorn, und die Deutschen seien im Dorf (in ein oder zwei Sätzen erzählt, mit fortwährenden Einblendungen etc.).

III. 27. August 1914 – Die Fahrt des Regiments in die Schlacht, an die Feuerwand, ihr Untergang; im Regen im Oktober dann der Orden für die Fahne. Zurück zum 27. August: jener 40-jährige Hauptmann mit den fayenceblauen Augen, also Simons Vater, tot, noch warm an den Baum gelehnt zurückgelassen. Ein Soldat trennt ihm vermutlich den Finger mit dem Ehering ab, alles andere hat man ihm schon abgenommen und nach Hause geschickt, das Pfeifennecessaire ist im Tross. Dann die Geschichte seiner Familie: Der Vater stirbt bald nach dem Entschluss, den Sohn auf dem Gymnasium zu lassen, die Mutter liegt gefüttert winzig klein da, aber er bricht sich, in der Prüfungsvorbereitungszeit, das Bein, er fällt vom Pferd, und beschließt, Soldat zu werden, auf diese Weise aufzusteigen; im Krankenhaus, der heimliche Kampf zwischen ihnen, ihm und seinen Schwestern, die ihre Welt zusammenbrechen sehn, er will sie von sich befreien, aber das geht nicht. Seine Mutationen, wie er, in den fernen Ländern, aus denen die beiden Frauen, jetzt in ihrem zu großen vom Vater hinterlassenen Haus in Arbois, die Karten und Fotos und Briefe erhalten, bis zu jenem, in dem er mitteilt, er werde heiraten.

IV. 17. Mai 1940 – Am Morgen nach der Vernichtung der Schwadron der Flüchtende, Simon, er erinnert sich dunkel, läuft, kriecht, bis unter die Weißdornhecke; die drei Panzer dann, und wieder losrennend er. Das Hinfallen auf den Schotter, dann der aufgestaute Fluss, dann ist er am Wald, hört den Kuckuck. Er geht weiter, trinkt aus dem Teich, sieht den Fröschen zu, versucht zu rauchen, die Kanone in der Ferne, dann auf der Straße der saubere blanke Kavallerieoffizier, jener Oberst also, der sagt, er solle aufsitzen, und nun hinter den beiden Offizieren her, mit dem Burschen mit dem Handpferd neben sich, hinter sich zwei Radfahrer, und er fragt sich, wo die herkommen, ob das alles ist, und so weiter.

V. 1880–1914 – Die Geschichte nun der mütterlichen Familie, also der Mutter, der mittleren von dreien (die beiden andern sind verheiratet, die jüngere schon tot), die mit der verwitweten Mutter und dem Großvater zusammenlebt, dem Patriarchen (Enkel des Revolutionsgenerals), niemals etwas getan hat, zweimal im Jahr nach Paris geht. Daneben ihre Schwester mit vier Kindern, nebenbei Klaviervirtuosin; selbst nur fotografierend. Dann bei einer Hochzeit neben ihr dieser gesittete Barbar mit dem Fayenceblick, ein paar Begegnungen, arrangiert, dann vier Jahre lang Ansichtskarten. Zwei Jahre nach der ersten Begegnung dann sie und ihre Mama nach Arbois, aus dem reichen warmen Süden in den armen kalten Norden, aber der künftige Gatte hat die Frauen gezwungen zu sehen woher er ist; dann noch zwei Jahre Warten, aber sie schreiben sich jetzt, nach diesen vier Jahren dann die Hochzeit, die Reisen, in der Ferne. Krieg, das Schicksal des fetten ständig nur durch Protektion weiterzubringenden dicken Onkels, das Ende des dichtenden Deputierten und Senatorssohns (die alle gemein haben, dass sie Simons Vater gut finden, diesen absoluten Selfmademan); dann, nach dem Kolonialleben, auch für sie die Schiffsreise zurück, nach Europa, in den Krieg für ihn (*... Freudenschreie, Rufe dringen aus den Decks des Überseedampfers und der sich hinter den Zollgittern stauenden Menschenmenge. Die Tränen rinnen langsam über ihre Wangen ...* 140 (150)).

VI. 27. August 1939 – Der Zug, alte Waggons, in dem die von den Angehörigen begleiteten, verabschiedeten Ausgehobenen abfahren (gegenüber der Zug mit den Boulespielern, erinnernd an den vorbeirauschenden Zug im Winter, GEORGICA; wie Abfall die zurückbleibenden Frauen, erinnernd an den Schluss des Heimreiseabschnitts davor, die Küssenden, in der Luft Hängenden), der Zug hält überall. Dann Lyon, Nacht; im Zug, Rückblick auf sein Leben, während der Offizier schimpft, weil er und sein Kumpel im Erster-Klasse-Abteil liegen. – Dazwischen jetzt, innerhalb des autobiographischen Abrisses Simons, die Reise mit seinem mexikanischen Malerfreund nach Russland (Erinnerungen an Berlin, Nazideutschland, das muss 37 gewesen sein), in Moskau dann, Käppchen kaufend, das Mausoleum besuchend, mit den Geheimpolizisten und den Mädchen irgendwo in einer Vorstadt, betrunken. Dann Erinnerung, das war drei Jahre vorher, 36 also, an die Reise nach Spanien (der Amerikaner und der junge italienische Terrorist bei der Einreise, der Österreicher ein paar Tage später bei der Ausreise: nur ein paar Tage, vierzehn Tage insgesamt, hatten ihm genügt). Dann die Gruppe der Käseessenden in ihrem Abteil, danach noch eine Gruppe, alle wieder weg. Dann ist er allein im Abteil, es wird Tag, er steigt aus, nimmt noch einen Bus, dann Fabriken, Hochöfen, Kirchtürme.

VII. 1882–1914 – Der alte Mann, aus Perpignan vertrieben (sein halbes Haus hat er längst verkauft), jetzt offenbar in Salses (wir haben wohl das Jahr 82: also der alte Mann ist Simon, dieses Buch schreibend), jetzt mit den beiden Frauen, damals jungen Mädchen (seinen Kusinen?), Erinnerungen an den General, der sich hier, vor wohl 120 Jahren, erschossen hat, zurückkehrend, und dem jungen Hauptmann, Simons Vater, der von hier aufgebrochen war, und dann die Nachricht von seinem Tod. Lange noch einmal dann nachts sein Abschied, sein Wegreiten, das Zumachen des Tors.

VIII. 1939–1940 – Die jungen Einberufenen: er, dann der Jude, dann der Jockey, der Italiener: diese drei nun also. Rückblende: im Zug (darin Rückblenden: erstens Jahre davor in Deutschland der Zug mit den Juden, zweitens jetzt ein Zivilzug: ein öfters vorkommendes Motiv) (im Zug auch dann die Gefangenen) jetzt erst, nach den Tagen im Obstgarten, die Einberufenen also; dann das Aussteigen nachts bei Regen. Der Regen hört auf, Mondlicht, die langen Trecks mit den vertriebenen Zivilisten ihnen entgegen. Morgenappell dann der Schwadron am nächsten Tag, und so monatelang im Quartier, unterwegs, es wird Herbst, dann Winter, endlose Ritte (der Jockey, der sich was gebrochen hat, ist seit Kriegsbeginn weg), nur der Jude ist da, dann wieder Zugfahrten, Sedan, Winter, Weihnachten, ein Fest; Urlaub, dann Alarm, es ist aber nichts; dann bei Winterende an dem Teich mit dem Strandbad. Der Frühling dann, irgendwo, Flugzeuge, der Gefreite mit der Schuhcremedose (Simon), Trompetensignale.

IX. 1914 – Der träge gästelose (nur die Simons sind da) Sommer in dem kleinen Pyrenäenbadeort (Amélie-les-Bains), der dann 1940, als Simon im Lager ist, in der Naturkatastrophe vernichtet wird. Rückblick noch einmal, jetzt die Gläubigkeit der südlichen Familie, der Tadel der Schwestern, seine

Beschwichtigungen (er muss sich taufen lassen), das seien nur blöde Formalien etc., dann wieder die drei oder vier Jahre Glück, noch einmal im Kurort, das Auto mit Fahrer, die Todesnachricht.

X. 1940 – Fortsetzung des Kapitels IV, die Müdigkeit, als er hinter den beiden Offizieren herreitet – der Oberst jetzt aber auf einem Zugpferd mit herabhängenden Riemen (offenbar verrückt geworden sei der Oberst, heißt es), der Ritt durch die gesperrte Stadt, dann draußen weiter, der plötzliche Flugzeugangriff, er stürzt vom Pferd, dann weiter; die Rast an dem Gasthof, die Kellnerin mit dem Bier, die Offiziere rauchen, das Geld, wieder ein Flugzeug, und weiter, dann dieser Mann, der nicht aufs Handpferd darf (das erzählt er sechs Monate später alles einer kleinen Hure; und hat es uns öfter schon erzählt, seit der STRASSE IN FLANDERN); dann der Tod der beiden Offiziere, sie, der Jockey und er mit den drei Pferden, zurück, die beiden toten Radler unterwegs.

XI. 1910 – 1914 – 1940 … – Lauter kleine Momentaufnahmen (sozusagen mitten in dem fast statischen Stil dieses ganzen Buchs eine Wiederaufnahme des alten Stils, andeutungsweise jedenfalls, fast als wäre der doch die Konsequenz aus dem hier Erzählten: sodass also diese ganze Erzählung, und das deutet ja auch das wunderbare letzte Kapitel dann an, eine nachgelieferte Begründung von Simons Ästhetik wäre: eine Begründung der neuen Form, geliefert in der alten, und so weiter): Die Hochzeit, das Hochzeitsfoto. Film vom deutschen Kaiser unter den Soldaten, und wie er in einem Auto wegfährt. Der Eisenbahnzug mit den gefangenen Franzosen. In den Mannschaftswagen auf der Straße die Stummen, die am nächsten Tag alle tot sind. Die ausgegrabenen Kugeln, die der kleine Simon (er mit Mutter und den beiden Schwestern, wenn sie bei denen wie jeden Sommer Ferien machen) sammelt. Vermutungen über den verrückten Oberst. Wenig Genaues über den wirklichen Tod des Hauptmanns, des Vaters Simons, dort an dem Baumstamm. Der Protest, den der Jude vermutlich ausdrückt, wenn er wie ein Idiot auf seinem Pferd sitzt. Rommel. Erinnerung des kleinen Simon an die Morphiumspritze, den Schrei der Mutter, das sepiafarbene Bild des Vaters in ihrem Zimmer. Weiter in dem Film mit der deutschen Truppenparade, der Kaiser ist weg. Die vier musizierenden Mulatten im Gefangenenlager, mit Sonnenuntergang.

XII. 1940 – Jetzt in Perpignan, nach fünf Monaten Gefangenschaft: ein glänzendes Kapitel, Freiheitsluft, doch ohne Triumph, vergleichbar vielleicht mit Brands Haide von Arno Schmidt. Die nackten Frauen, die Obszönitäten, die er im Lager gezeichnet hat; der jüdische Zuhälter aus Oran, der dann arbeiten muss. Dann die Flucht (immer in der Erinnerung, er kann wieder baden, essen, schlafen, mit den beiden Frauen – die aus dem Norden angereisten Tanten – in seinem, ihrem alten Haus), auf der er den andern trifft (auch einen ebenfalls fliehenden Neger), zusammen dann weiter sie, Kleiderwechsel bei dem ängstlichen habgierigen Bauern, Schlafen in Scheunen, manchmal Essen bei Bauern, dann über die innerfranzösische Grenze, beschossen noch. Macht jetzt Licht, zieht sich an, geht durch die nächtliche Stadt, zwei Bordelle sind geschlossen, ein drittklassiges, das er nicht kennt, ist geöffnet, dazwischen Erinnerungen an die Bahnhofsgaststätte (kein Zucker, keine Croissants), Gang vom Bahnhof frühmorgens zu seinem Haus, Perpignan also; in dem Bordell die beiden Mädchen in dem sonderbaren Saal, kurze Erinnerung an das letzte Weiterreiten mit dem Oberst (nach der Bierpause – auch hier Bier), dann blickt er in einen Spiegel, dabei die flüsternde Rothaarige (als ob er in diesem Moment erst wieder in die Welt eintritt: *in ein jetzt beruhigtes, zuverlässiges Universum*, sagt er), flüstert, während sie sich sehen lässt, schöne obszöne Worte in sein Ohr, dann geht er mit beiden nach oben, nimmt erst rasch die Klobigere, bleibt dann mit der Rothaarigen: zu der er zwei Nächte später wieder geht, und jeden zweiten Abend dann. Wieder im Lager der Oraner, die Pokerspieler, die Hure wieder. Dann friedliche Tage, wieder das Mädchen, er bereist seine Güter, er hat sich dann ein Fahrrad gekauft, Geld hat er, es hat sich angesammelt, während er weg war. Er beginnt Pflanzen zu zeichnen, es wird Spätherbst. Er fährt mit der Tram an den Strand, sieht den Wellen zu. Winter. Kein Bordell mehr, denn die Frau, die er während eines Fronturlaubs geheiratet hat, kommt, sein Modell von damals. Es wird kalt, die Juden verschwinden von den Caféterrassen, er kauft sich Balzac und liest ihn, ganz. Er liest allmählich wieder Zeitung. Dann das weiße Blatt Papier, die Akazie …

Claude Simon, Die Akazie, 1989, übers. Eva Moldenhauer 1998

Jardin des Plantes – Le Jardin des Plantes – 1997

Auf hundert sichtbare und weniger sichtbare Arten verbunden und nicht verbunden (schön konstruiert, aber ebenso auch bedenkenlos gereiht, assoziativ verknüpft oder auch nicht) stehen hier tausend (genauer 300, in vier Teilen des Buchs mit insgesamt fünf Motti) Stücke eines Lebens, mehrerer Leben auch, neben dem Leben Simons, etwa das Leben des russischen Dichters Brodski, oder, besonders schön, das Leben des mit Simon befreundeten Malers Novelli, nebeneinander, vereinzelt, oder immer wiederkehrend in sukzessiven Momenten, oder wiederkehrend in sozusagen immer wieder anderer Beleuchtung, anderer grammatischer, stilistischer Form (wunderbar zerrinnt oder verflüssigt sich die Grammatik besonders im ersten Teil des Buchs, mit den gegeneinander versetzten Textblöcken, die in der Makrostruktur den flüssigen Charakter der Mikrostruktur wiederholen – man ist, beim Lesen, geneigt, diese Prosa für die beste Simons zu halten, für das Beste eigentlich überhaupt an jetzt noch denkbarer Prosa; es liegt dann an den Themen, denkt man weiter, wenn das dann wieder aufhört, und man freut sich am Ende bei einer und auf ihre Weise noch radikaleren Wiederaufnahme dieser Schreibart; es wäre manches dazu zu sagen, etwa dazu, in welcher Weise abgewandelt er sich selbst zitiert, auch dazu, auf welche Art sich Liebeserlebnisse jetzt aufhellen, bewusster sind, ihr oft so rabiates Wesen ablegen; aber das reicht jetzt).

Einige dieser durchgehenden Elemente sind Simons Russlandfahrt Mitte der achtziger Jahre, mit dem kleinen Skandal, dass er als Einziger eine Resolution nicht unterschreibt, und der Lust, die er mit einer Geliebten hat, der er gleich nach dieser Reise die ganze Geschichte erzählen kann; dann, festgemacht an einem Interview (oder dieses am Erleben, diesem Trauma, festgemacht), das er in den neunziger Jahren in seiner Pariser Wohnung einem wahrscheinlich nicht dummen Mann gibt, das immer schon in so vielen Büchern aufgetretene Erlebnis des Kriegs, Flandern, diese idiotische Schlacht, der wahnsinnige Tod des Obersten (jetzt ist der Oberst definitiv verrückt, sitzt ohne Sattel auf dem Zugpferd mit den abgeschnittenen Zugriemen) – sowohl Russland als auch Flandern haben jetzt, das erste, sehr viel Sarkasmus, das zweite, fast Witz: Elemente, die offenbar immer mehr Gewicht bekommen, oder hier jedenfalls wie in einer festgehaltenen Phase haben; dann das sächsische Gefangenenlager, später in Südfrankreich die Flucht.

Hinzu an solchen durchgehenden Elementen kommen einige, von denen in andern Büchern weniger die Rede war: im Zusammenhang mit Flandern die großen Gegner Churchill und Rommel; im Zusammenhang mit der Flucht das Leben danach: die Episode mit dem spanischen Waffenschmuggel, das Leben in Perpignan, und, sarkastisch, aber auch sehr schön (etwa die duftenden Frauen, die wohlhabenden Künstler), das Leben im Krieg in Paris, sarkastisch bezüglich der Intellektuellen; und mit ihnen zusammenhängend einige anhand von zitierten Einzelheiten aufgeschriebene Notizen zur Kunst, namentlich des Romanschreibens: fortlaufend tritt Proust auf, aber auch Picasso, Stendhal, Dostojewski und andere. Dazu noch, von früher, das Pariser Gymnasium, die dazugehörige Kapelle, Krankheiten in der Kindheit und später; und immer wieder Eindrücke von vielen weiten Reisen; und die Nähe zweier Stadtlandschaften, des Botanischen Gartens in Paris und des Platzes, an dem Simon in Paris wohnt.

Claude Simon, Jardin des Plantes, 1997, übers. Eva Moldenhauer 1998

Die Trambahn – Le Tramway – 2001

Simon erzählt, sich erinnernd, oder erinnert sich eben einfach und erzählt nun, wie er damals Straßenbahn gefahren ist, es gab eine Linie aus der Stadtmitte ans Meer, die Schule war in der Stadt, und einige Schüler wohnten in den schickeren Häusern oder Landsitzen an der Straße zum Meer hinaus; er beschreibt die Fahrkurbel der Straßenbahn, die der Fahrer an der Endstation, wenn er Pause machte, mitnahm, er beschreibt die erstaunlichen Farben der kleinen Fahrscheine, verschieden je nachdem wie weit man wollte; er beschreibt Häuser; er beschreibt seine sterbende Mutter, er beschreibt die schreckliche Magd im Hause (Thérèse; junge Katzen warf sie immer an die Wand, bis sie tot waren, gefangene Ratten tötete sie, indem sie sie lebendig übers Feuer hielt; grausamer noch als Prousts Françoise); dann erzählt er, wie er lungenkrank in der Klinik liegt; das Sterben in Flandern spielt hinein; und dann wieder am Strand bei Perpignan die leisen Wellen, gegen deren sanftes Geräusch die Tanzmusik jener Jahre anspielte, und er erinnert sich dabei der Wellen und des Winds, wenn er umschlägt, oder kurz ehe er umschlägt, als er, der sich da nun erinnert, am Vorabend des

Kriegs irgendwo auf einem Boot vor jener Küste lag, und schreibt: … *und die Stille, und nur manchmal hier und da das frische Geriesel einer jener Wellen, deren Kamm sich brach, indes das Licht des Sonnenuntergangs bronzefarbene Reflexe aufleuchten ließ auf dem Wasser, das nicht mehr blau war, sondern von einem immer dunkler werdenden Flaschengrün, am Ende schwarz in der schwarzen Stille, in der man im schwachen rötlichen Schein einer Laterne das Deck nicht mehr erkennen konnte, während das Boot sanft auf der Stelle schlingerte und schaukelte, der schwarze Schaft des zum gestirnten Himmel gereckten Mastes träge von einem Sternbild zum andern schwankte, sich manchmal infolge einer stärkeren Woge jäh aufrichtend oder zur Seite neigend, dann sein lässiges Hin und Her wieder aufnehmend, das leise Plätschern und sonst nichts* … 45 (56 f.)

Und was immer er jetzt beschreibt, ganz anders als damals, im WIND, vor fast fünfundvierzig Jahren, es liegt, aber ganz fern von aller Nostalgie, die damit verglichen ja eigentlich so etwas wie eine Blödheit ist, ein endlich Eingeholtwordensein, über allem jetzt liegt eine beinahe heitere Ruhe; also nicht eigentlich eine Versöhntheit, sondern eine Stimmung wie ohne den, der mit den eigenen Stimmungen noch zu tun hätte. Sogar die schwulen älteren Männer, die es in seiner Stadt damals gab, kommen ihm vor, als hätte Proust um die seinen doch ein bisschen viel Wind gemacht. Und widerspruchslos berichtet er, wie seine Mutter, als wären sie mit schuld am wirklichen Tod ihres Mannes, in ihren Worten, mindestens in ihren Worten, die Kriegskrüppel verachtete, die Halben, die sich in ihren Wägelchen immer in der Stadtmitte trafen. Alles Schlimme ist da, nach wie vor (etwa in der Klinik, im selben Zimmer, der entsetzliche Greis, der sich immerzu kämmt, mit Bewegungen, die exakt berechnet sind auf das, was sie bewirken sollen, ohne den Überschuss, der sie vielleicht erträglich machen würde, und der womöglich sogar jene Magd menschlich gemacht hatte; oder der Tod, überall), alles ist da, und das Auge, das es sieht, ist scharf wie immer, und die Sätze, die es fassen, fassen es wie immer, schwingend, schön wie nur durch sich, für sich selbst: ja, vielleicht ist es das, dass jetzt, endlich (oder endlich wird es klar), nur noch sie da sind, nur noch diese Sätze, Bilder nur noch der Gefühle der Menschen, mehr nicht. Was Kunst ist, muss dem moralischen Menschen ja nicht gefallen – aber hier kann er es lernen, oder, denn lernen wird er's nicht, sehen wenigstens, sehen, was das ist: Sätze, Bilder.

Claude Simon, DIE TRAMBAHN, 2001, übers. Eva Moldenhauer 2002

Lesen Sie von Claude Simon!

CLAUDE SIMON
JARDIN DES PLANTES
Roman. 368 Seiten, gebunden, 1998

Der *Jardin des Plantes* ist eine klassische Pariser Gartenanlage, in deren Nähe Claude Simon im Sommer wohnt, deren Alleen er beinahe täglich abläuft. Ein Ort nach geometrischem Plan, der umgeben von botanischen und zoologischen Gärten und Museen die Vielfalt der Natur erinnert, pflegt und zähmt. Erinnerung und Wiedererzählung von Ereignissen der Lebensgeschichte prägen das Romanwerk des Literaturnobelpreisträgers Claude Simon. *Jardin des Plantes* ist das Portrait eines Gedächtnisses entlang der Geschichte unseres Jahrhunderts.

»Ein Kolossalgemälde des Jahrhunderts.« SÜDDEUTSCHE ZEITUNG

CLAUDE SIMON
GESCHICHTE
Roman. 382 Seiten, gebunden, 1999

Unvergleichbar radikal präzis und elegant hat der Erinnerungsartist Claude Simon in seinem faszinierenden Erzähluniversum die Weltgeschichte begleitet.

»Wer sich einmal in das Simonsche Erzähluniversum eingelebt hat, wird damit zum Mitbewohner einer der eigenwilligsten und farbigsten literarischen Landschaften, die man in diesem Jahrhundert finden kann.«

FRANKFURTER RUNDSCHAU

CLAUDE SIMON
DER WIND
Roman. 270 Seiten, gebunden, 2001

Antoine Montès kommt in eine südfranzösische Provinzstadt, um das Erbe des ihm unbekannt gebliebenen Vaters anzutreten: Der als Sonderling empfundene merkwürdige Fremde gerät ins Räderwerk eines unverstandenen Geschehens, das andere ins Unglück reißt und ihn selbst beinahe vernichtet hätte. Der Erzähler in Claude Simons epochalem Roman rekonstruiert aus Berichten, Gerüchten und Vermutungen das unglückliche Geschehen um Antoine Montès. Wie der Betrachter eines Barockaltars die Stationen im Leben eines Heiligen in einen Zusammenhang zu bringen versucht, so macht in aufeinander folgenden Sprachtableaus die neu erfindende Kraft der Vorstellung das wirkliche Geschehen wieder bildlich lebendig.

»Wie groß und faszinierend ist die Welt, wenn ein Dichter wie Claude Simon sie mit seinem Schreiben sieht.« NEUE ZÜRCHER ZEITUNG

CLAUDE SIMON
DIE TRAMBAHN
Roman. 113 Seiten, gebunden, 2002

Claude Simons jüngstes Werk *Die Trambahn* ist aufs Neue ein Buch, das die im Schatten des Gedächtnisses ruhenden Erinnerungen befreit und in eine Kindheit im frühen zwanzigsten Jahrhundert zurückführt – nach Perpignan, in die südfranzösischen Sommer- und Herbstmonate des Erzählers. Im Echo auf Marcel Proust wird *Die Trambahn* Claude Simons zum Gefährt durch die Erinnerung: von der Endstation in der Stadt vor dem Kino mit seinen grell lockenden Plakaten, vorbei an den »Rumpfmännern«, den Kriegsinvaliden auf ihren Wägelchen, und entlang den Villen der Provinzbourgeoisie bis hinunter zum mondänen Badestrand, wo die Tanzmusik spielt.

»Der Roman *Trambahn* ist ein subtiles und elegantes Meisterwerk, luzide übersetzt – ein leichtes und großes Lesevergnügen.« DER SPIEGEL

CLAUDE SIMON
DIE STRASSE IN FLANDERN
Roman. 335 Seiten, gebunden, 2003

Wie wenige andere Autoren hat Claude Simon die welthistorische Situation der ersten Hälfte des vergangenen Jahrhunderts eingefangen, und seine bewegte Biografie hat in all seinen Werken ihre Spuren hinterlassen – vielleicht am nachhaltigsten in *Die Straße in Flandern*. In diesem vor nahezu fünfzig Jahren erschienen Roman wird in unvergesslichen und berührenden Szenen von schmerzhafter Eindringlichkeit der Krieg zum zentralen Thema. Es ist die traumatische Lebenserfahrung, die sich von nun an wie ein roter Faden durch das literarische Werk von Claude Simon zieht: einer von zwei Überlebenden seines Dragonerregiments zu sein, das die französischen Offiziere 1939 den deutschen Panzern entgegenführten.

»Ein höchst faszinierendes Buch, ein erzählerischer Monolith, ein sprachliches Kunstwerk sui generis.« FRANKFURTER RUNDSCHAU